SHOUXIAN WENSHI ZILIAO
（DI JIU JI）
SHOUXIAN DIMING GUSHI

寿县文史资料

（第九辑）

寿县地名故事

寿县政协文化文史和学习委员会 ◎编
寿　县　民　政　局

时代出版传媒股份有限公司
安徽文艺出版社

图书在版编目（ＣＩＰ）数据

寿县文史资料.第九辑,寿县地名故事/寿县政协文化
文史和学习委员会,寿县民政局编.—合肥：安徽文艺
出版社,2023.12

ISBN 978-7-5396-7871-9

Ⅰ.①寿… Ⅱ.①寿… ②寿… Ⅲ.①文史资料－寿
县②地名－介绍－寿县 Ⅳ.①K295.4

中国国家版本馆CIP数据核字(2023)第216402号

出 版 人：姚　巍
责任编辑：张　磊　　　　　　　　装帧设计：张诚鑫
....
出版发行：安徽文艺出版社　　www.awpub.com
地　　址：合肥市翡翠路1118号　邮政编码：230071
营 销 部：(0551)63533889
印　　制：安徽联众印刷有限公司　(0551)65661327
....
开本：710×1010　1/16　印张：20.75　字数：390千字
版次：2023年12月第1版
印次：2023年12月第1次印刷
定价：88.00元
....

《寿县地名故事》编委会

主　　任：李　琼

副 主 任：施性平　李尧利　戴　龙　朱运阔　余澄清

　　　　　吴　标　孙纯珠

委　　员：张应树　李广敏　金　鑫　高　峰　龙　军

　　　　　周大兵　张　震

主　　编：朱运阔

执行主编：高　峰

副 主 编：张应树

编　　辑：赵鸿冰　王晓珂　楚仁君

目　录

中国地名文化遗产保护促进会文件

中地文〔2018〕鉴字 3 号

中国地名文化遗产保护促进会关于寿县为地名文化遗产"千年古县"的通知

寿县人民政府：

根据《民政部关于印发<全国地名文化遗产保护工作实施方案>的通知》（民发〔2012〕117 号）和《民政部关于发布<地名文化遗产鉴定>行业标准的公告》（民政部公告第 251 号）的要求，经中国地名文化遗产保护专家委员会 2018 年第一次"千年古县"专家认定评审会议鉴定，确认寿县为中国地名文化遗产"千年古县"。

中国地名文化遗产保护促进会

二〇一八年十二月十一日

抄送：民政部区划地名司　　安徽省民政厅

中国地名文化遗产保护促进会　　　　2018 年 12 月 11 日印发

寿县被认定为"千年古县"的文件

"千年古县·寿县"牌匾

千年古县，以"寿"为名

——《寿县地名故事》序

李 琼

寿县古称寿春、寿阳、寿州，以"寿"为名，源远流长，历时 2200 多年没有改变。在漫长的历史长河中，寿县形成了底蕴丰厚的地域文化和独具特色的地名文化。

"寿春"地名最早见于《史记·楚世家》，考烈王二十二年(前 241 年)"楚东徙都寿春，命曰郢"，可知楚人迁都前已有"寿春"之名。始皇帝二十六年(前 221 年)始置寿春县。汉高祖时，寿春为淮南国地，刘长为淮南王，都寿春；武帝元狩元年(前 122 年)废淮南国，复九江郡，郡治寿春。东汉末年，改称淮南郡，辖寿春、下蔡县，扬州刺史和淮南郡守治所设此；袁术称帝，都寿春。三国时属魏，仍称淮南郡，治寿春。西晋沿用。东晋至南北朝时期，战争频仍，社会动荡，区划调整，命名频繁。东晋孝武帝时，因避帝后郑阿春讳，改寿春为寿阳。南朝宋改寿阳为睢阳。南齐复改睢阳为寿阳。北魏改寿阳为寿春。南陈改寿春为寿阳。北周改寿阳为寿春，至隋开皇九年(589 年)。隋初改称寿州，设总管府，炀帝废州置淮南郡。唐时，废郡复州，属淮南道。五代十国时，属南唐忠正军，后改称清淮军，节度使驻寿州。后周击败南唐，领寿州，徙治下蔡。宋熙宁年间复治寿春，设寿春府。元属河南行省安丰路，治所寿春。明属凤阳府，领霍邱、蒙城。清沿明制，仍称寿州。民国元年(1912 年)，废道府，改寿州为寿县，沿用至今。

2200 多年来，从寿春古城到今天的寿县县城，尽管地域和行政区划几经变更，但寿县以"寿"为名，从未间断。寿春、寿阳、寿州，与寿县一脉相承，一个"寿"字如同 DNA 序列中的最强基因，传承着历史，展现于今日，决定着未来。

地名是历史文化的活化石，其中蕴藏的文化内涵十分丰富。地名是重大历史事件的遗存，是各个历史时期的政治、经济、军事、文化等方面人类活动的结果，也是自然环境变迁的见证，不仅传达着重要的地理信息，也承载着历史人文的形象记忆。可以说，地名是中华五千年文明的重要见证和文化传承的载体。

文化兴国运兴，文化强民族强。党的十八大以来，以习近平同志为核心的党中央坚持马克思主义在意识形态领域的指导地位，把文化建设摆在全局工作的重要位置,坚守中华文化立场,传承中华文化基因,坚持以社会主义核心价值观引领文化建设,在守正创新中构筑中华文化新气象、激扬中华文明新活力,为新时代坚持和发展中国特色社会主义、开创党和国家事业全新局面提供了强大正能量,吸吮着五千多年中华民族漫长奋斗积累的文化养分。我们坚持走自己的路,具有无比广阔的时代舞台,具有无比深厚的历史底蕴,具有无比强大的前进动力。坚定文化自信、担当使命、奋发有为,共同努力创造属于我们这个时代的新文化,建设中华民族现代文明。

2018年,寿县荣膺地名文化遗产"千年古县"称号,这是继"国家历史文化名城"之后寿县又一块具有国际影响力的金字招牌。为加快"文化旅游融合发展",在促进"寿州古城创建5A景区"中发挥积极的推进作用,我县开展"寿县地名故事"征集活动,编纂《寿县地名故事》等,履行好传承和发展之责,切实保护和传承好地名文化遗产,弘扬优秀地名文化;发扬工匠精神,铸造地名文化精品;坚持服务为要,加强成果应用,做好地名公共服务体系的建设工作。通过形式多样、载体丰富的宣传活动,以期提高地名文化遗产保护的影响力和知名度,增强全社会的保护意识,营造良好的社会氛围。

寿县政协本着"存史、资政、团结、育人"的理念,怀着历史责任感和对文化的敬重,探微索源,广征博采,记录地名故事,为后人留下珍贵的历史人文史料。随着社会的变革、城市化的推进,生态环境与人文景观将面临很多变化,有的将会逐渐消失。我们当务之急就是要留住祖先的生存智慧,留下地域文化的记忆。

通过《寿县地名故事》,我们追寻一个个地名的产生、形成和变迁的历程,感受历史的沧桑巨变。而历史是不能割断的,记录地名故事就是梳理历史,就是继承历史文化。如今,寿县迈入新的历史阶段,绘就了新的宏伟蓝图,城乡巨变,令人鼓舞。在发展中,我们要珍惜已有的宝贵资源,要像保护有形文物一样保护地名这种非物质文化遗产,不能让一些富有历史文化价值的地名因无实体可载而消亡、湮灭。一个个地名如寿县大地上的一只只眼睛,让我们看清由空间秩序构成的地域人文标识,它们展示着寿县这片古老土地上自然与人文沿革的清晰脉络,让我们顺着一个个地名找到回家的路。

(作者系寿县政协党组书记、主席)

楚风汉韵寿春镇

寿春镇为寿县人民政府驻地,位于寿县北部,东、南两面濒临瓦埠湖,北依八公山,西连寿西湖农场。

寿春镇古名郢、寿春、寿阳、寿州,是一座有着2500多年历史的古镇,从战国起即名寿春。公元前241年,楚考烈王由陈迁都于此,命曰郢。寿县地名多以郢做通名,即源于此。据《史记·货殖列传》载:"郢之后徙寿春,亦一都会也。"当时寿春地处南北交通冲要,不仅是楚的政治、文化中心,而且是中原与吴越的经济交流中心。自秦汉以来,州、府、郡、县治所多设于此。

秦统一中国后,以寿春为首邑。汉初寿春城为两代淮南王都,前后60余年。淮南王刘安及门客于此编撰了"牢笼天地,博极古今"的《淮南子》。据方志记载,寿春故城的外郭,南起陡涧河,东、北两面顺淝水(今东淝河),西尽大香河入淝处,倚山傍水,绵延三十余里,内有中城,约在今城东南,包括今城的一部分,魏晋以来称为金城。三国时期,江淮之间成为魏、吴相争的战场。曹魏据有沿淮,设扬州刺史于寿春城,作为对抗东吴的军事重镇。魏晋之际,魏将王凌、毋丘俭、诸葛诞都在寿春城拥重兵,反对司马氏。东晋偏安江左,寿阳城成为保卫晋都建康的大门。为争夺这座重镇,383年在寿阳城下,淝水之滨,秦、晋之间发生了著名的"淝水之战"。东晋以8万军队打败前秦80万大军,奠定了南北朝对峙的局面。"风声鹤唳,草木皆兵"等成语典故皆源于此。隋唐以来,由于寿春城偏于淮南内地,已不是南北主要交通干线的要冲,政治、经济地位也不如前,但仍是一个工商业发达的城市。唐末,群雄割据,战争频仍,杨行密自雄江淮,扼守寿春。五代末,后周世宗柴荣三驾江淮,两次攻打寿春城。南唐守将刘仁赡矢志不渝,死节守城,民间俗传"赵匡胤困南唐"的故事即源于此。

世宗柴荣占领寿春,城池毁殆,州治迁下蔡(今凤台县城)。宋神宗熙宁年间在旧址重建新城,返治寿春镇。光绪《寿州志》载:"嘉定间许都统重修。"城墙长"十三里有奇,高二丈五尺,广二丈"。经测,城墙周长7147米;相对高度为南门至西门段均高 5.6 米,西门至北门段均高 5.7 米;墙基底宽为东门处 21 米、南门处 20.5 米、西门处 31 米、北门处 30 米,顶宽 4—10 米。墙体以土夯筑,外侧贴砌砖壁。墙上旧时有雉堞、亭阁、角楼与警铺,今多不存。城有四门:东曰"宾阳",南曰"通淝",西曰"定湖",北曰"靖淮"(又曰"清淮")。四城门均设瓮城。宋政和六年(1116 年)升寿州为寿春府,寿春城为淮南西路首府,后为安丰军治。元代在寿春城设安丰路总管府。明、清时,寿春城为寿州治。民国时期为寿县治所。抗日战争时期,古城三次沦于敌手,受到严重破坏。

1949 年 1 月 17 日,古城和平解放。中华人民共和国成立后,寿春镇一直是寿县人民政府驻地,是全县政治、经济、文化的中心。1949 年置城关镇。1961 年成立城关公社。1963 年复置镇。1992 年 2 月撤区并乡,永青乡并入,改名寿春镇。2004 年 9 月撤乡并镇,九龙乡并入。

改革开放以来,随着社会经济的发展,寿春古城焕发出新的生机,寿县人民政府做出"建设新城,保护古城,打造名城"的决策,拉开"人口出城"的序幕,到 2015 年,古城区机关事业单位全部搬迁完毕。2017 年 12 月,《淮南市寿州古城保护条例》正式颁布实施。近年来,寿县旅游发展全面提速,文化遗产保护全面提标。"十四五"期间,寿县将全力推动寿州古城创建国家 5A 级旅游景区。(从圣)

寿县之"寿"

寿县位于安徽省中部,淮河中游南岸,国土面积 2948.41 平方千米,总人口 140 万。寿县古称寿春、寿阳、寿州。战国晚期,楚国以此为都。自秦汉以迄明清,本地迭为郡、县、州、军、道、路、府的治所。历时 2200 余载,一个"寿"字贯穿其中,绵延至今。

"寿春"之名,最早见于《史记·楚世家》,考烈王二十二年(前 241 年)"楚东徙都寿春,命曰郢",可知楚人迁都之前已有"寿春"之名。探究其源,考烈王初年,此地为春申君黄歇的食邑,"寿春"之"春"即指春申君。回溯历史,"寿春"之前,因蔡国迁都于此历时 47 年,故史称"下蔡";"下蔡"之前,此地为淮夷部落所建的"州来"古国。寿春、寿阳、寿州、寿县之"寿"名,是由淮夷部落所处位置与古天文学的星次分野相互结合而来的。

夏商周之时,先民对华夏民族的分布,统称为东夷、西羌、南蛮、北狄。淮夷部落是东夷集团的重要组成部分,是以鸟为图腾的氏族部落,主要分布在淮河流域,活动于今山东南部、河南东南部、江苏北部及安徽境内。

俯瞰古城

古代天文学家将天上黄道带分为四象,即东方苍龙、北方玄武、西方白虎、南方朱雀。他们对天上的星辰进一步细分,便有了寿星、星纪、大梁、实沈、鹑首等十二星官,即十二星次。古人认为天地之间处于一种相互映射的状态,"在天成象,在地成形",便将地上的州、国划分为十二个区域,使其与十二星次相对应。东方苍龙与东夷相对应。东方苍龙的三个星次是寿星、大火、析木,其中寿星与东夷的淮夷部落相对应。《新唐书》:"郑、汴、陈、蔡、颍为寿星分。"五地恰为昔日淮夷的活动区域。

"州来"为古淮夷部落所建氏族方国,历时超过600年,是当时淮河中游地区的政治、经济、文化中心。据史学家曲英杰先生考证,古时"州"与"寿"音义相通,两者可假借,"州"即"寿"。"寿地"为寿星分野之地,先民以"寿"名其国土,上承天命,下应民意,是以流传于后世。

由汉入唐,天下一统的政治格局深入人心,民心思定,历代统治者希望江山永固,社稷安泰,国祚绵长,所以在对行政建置调整命名时,多取吉祥之意。2200余年来,地名中的"寿"字一直是首选。

寿县素有"一山三水六分田"之说,资源丰富,稻、麦种植历史悠久,"龙泉之陂,良畴万顷",自古以来,民多长寿。光绪《寿州志》单列《老寿》《寿妇》二节,有

118 岁的高寿记录,其他年至耄耋、期颐者不绝于书。乾隆、嘉庆年间立"百岁坊"于城乡,为长寿者祝贺。"寿"人之长寿,历代不乏,是为县名"寿"字之发扬。著名书法家司徒越先生曾说:"寿州佬爱写'寿'字。"

头顶"寿"星亘古闪耀,脚下"寿"地千载兴盛,其间"寿"民历代遍布,寿县的"寿"字是历史文化的产物,更是地名的活化石。(赵阳　李家景)

寿春城遗址

楚都寿春城遗址现已探明的柏家台南、西南庄、邱家花园、柏家老圩、西南小城等重要遗存点和一部分被叠压在寿州古城之下的寿春遗存,分布范围约为 14.1 平方千米。

寿春城遗址是战国晚期楚国最后的郢都所在地,是 800 年楚国的终结之地。《史记·楚世家》载:"(考烈王)二十二年,与诸侯共伐秦,不利而去,楚东徙寿春,命曰郢。"先秦有寿春地名,在战国晚期青铜器铭文上有确切的证据。战国晚期楚国都城寿春的地理位置,在文献中主要有两种说法:现寿县城和城西南 40 里的丰庄铺。自 20 世纪 50 年代以来,有学者关注今寿县城东南一带,在那里陆续发现了一些陶器及残片、青铜器、金币等重要文物,并在其西南的双桥、东南的杨庙一带发现了一些重要的墓葬。1983—1984 年,考古学家在柏家台南发现了重要的建筑遗迹。1987 年,利用卫星遥感技术,考古学家解译了寿县城东南一带的重要发现和通过考古手段获取的资料。至此,寿春城遗址的大致位置和范围基本上固定在今寿县城及东南一带。

据历史考古发掘及研究所获信息并结合历史地理研究成果,楚文化层堆积集中于今明珠大道以北、淝河以南和以西、寿西湖以东的区域。在寿春城南郊和东郊,特别是在靠近东侧淝河一带,所发现的多处楚文化遗址和遗物被认为是楚王室城郊游观建筑或楚国王公大臣的宅第。楚寿春城遗址的规模可能包括今寿县县城区域,东南至柏家台南、东至吴家嘴、南至明珠大道、西南至小马庄南、西北至护城河注入淝水处对岸的范围,在此区域内散布着金币、玺印、高品级铜器、陶制建筑构件和夯土建筑遗址等遗存,是楚寿春城已探明城市文化遗存的主要分布区域。寿春城遗址南另有西南小城(古城拐古城),同为楚文化遗存。

寿春城遗址是楚国东迁后的政治、经济和文化中心,是中国南方地区不可多得的大型先秦城市遗址,对研究了解楚国晚期城市发展、比较战国时期中国南北方都城的异同、探索中国都城从周制向汉制的转变等城市发展史的研究课题,都具有十分重要的科学、艺术和文化价值,是我国珍贵的历史文化遗产。2001年6月,寿春城遗址被国务院公布为第五批全国重点文物保护单位(古遗址类,编号47,年代战国),先后被列入全国"十二五"时期(150处)、"十三五"时期(152处)、"十四五"时期(150处)大遗址保护利用专项规划。2017年12月,寿春城遗址被国家文物局批准立项为国家考古遗址公园,规划面积1413.79公顷。近年来,寿县坚持国家属性、考古支撑、保护第一、合理利用、创新驱动、融合发展的原则,加大对寿春城遗址的保护利用,先后投资近百亿元,迁移古城内人口、征迁对寿春城遗址有影响的部分村庄、关停污染企业、调整产业结构、整治遗址环境,促进遗址景观环境的改造与提升。在新时代的背景下,寿春城遗址正以全新的视角,向世人完整、系统地讲述着楚国800年悠久宏大、波澜壮阔的历史故事。(楚仁君)

古城墙

寿县筑城始于楚迁都寿春之时,今古城墙为南宋宁宗嘉定十二年(1219年)建康都统许俊重筑。800多年来,古城墙迭遭战争和洪水的破坏,历代均有修整,是国内当今保存完整的古城墙之一。寿县古城墙是典型的半坡土城墙,是防御所需。它平面略呈方形,城区街巷布局为"三街、六巷、七十二拐"。"三街"为东街、南街、北街,无西街。城墙外东、南、西三面有护城壕,北环肥水,西连城西湖,四隅有塘,东北、西北、西南各设水关1处。城墙置四门,东宾阳门,西定湖门,南通淝门,北靖淮门。古城布局严格,按照阴阳五行学说而设。城垣保存完整,周长7147米,高8.33米,底宽18—22米,顶宽4—10米。墙体以土夯筑,外侧砌砖石,砖石之间用糯米汁、石灰等物弥合,非常牢固,旧有"铁打的寿州城"之称。城墙于四门之外设瓮城,内外门洞为砖石券顶结构。东、南、西、北四门的瓮城门均与城门不在同一中轴线上。西瓮城门朝北,北瓮城门朝西,南瓮城门朝东,均与所在城门在平面上呈90度角,东瓮城门与城门平行错置呈40度角。城墙现存1处马面遗址、3处敌台遗址,城外设有泊岸,城内设有水关,即城涵。寿县古城墙的特殊性体现在三个方面:其一,护城河与古城墙一起构成了完整的古城防御体系;其二,城门与城门错开,有利于防水御敌;其三,古排水涵洞上筑月坝,可防倒灌并控流自如。城门内镶嵌的"人心不足蛇吞象""门里人""当面鼓对面锣"等石刻作品都具有深厚的文化内涵和极高的艺术价值。2001年,国务院公布寿县古城墙为全国重点文物保护单位。2012年,寿县古城墙入选世界文化遗产预备名单(中国明清城墙)。(从圣)

南北朝时的寿春城

南北朝时的寿春城既是军事重镇，又是区域中心城市。城池依山傍水而建，充分利用了周围的地形和水文条件，"城临肥水，北有八公山，山北即淮水，自东晋至今，皆为要害之地"（北宋《太平寰宇记》）。

寿春城在西汉时为淮南王都，建有宫城，城池为内外两重。东晋末年，城内又新建相国城，形成外城内包两城的格局。寿春城比较完整的结构最早见于《水经·肥水注》记载："肥水又西经东台下，台即寿春外郭东北隅阿之榭也。"由"外郭"可推知城内必有内城或子城。芍陂渎水入城后，"渎水又北经相国城东，刘武帝伐长安所筑也，堂宇厅馆仍故，以相国为名"。清顾祖禹《读史方舆纪要》引《太平广记》记载得更为明确："寿阳城中有二城，一曰相国城，刘裕伐长安时筑；一曰金城，寿阳中城也。自晋以来，中城率谓之金城。"

为保卫城池，寿春城在城外不断新筑小城，与主城在防守上形成掎角之势。《读史方舆纪要》说，寿春城城东"一里有诸葛城，相传诸葛诞所筑"；《水经·肥水注》说，城北有小城名玄康城，"不知何由得名。考其地，当在今八公山下，肥水北屈处"；《南齐书·垣崇祖传》说，垣崇祖"乃于城北立堰塞肥水，堰北起小城，周为深堑，使数千人守之"；《魏书·李崇传》说，李崇"又于八公山之东南更起一城，以备大水，州人号曰魏昌城"。

《中国古代战争的地理枢纽》收集了南北朝时期史书中出现过的寿春城城门。根据史书散碎的记载，寿春外城四垣城门有长逻门、象门、沙门、石桥门（草市门）和芍陂门。

长逻门为东垣城门。《南齐书·刘怀珍传》记载，义嘉之难中，晋安王刘子勋与宋明帝刘彧争夺帝位，寿阳镇将支持刘子勋。宋明帝派宁朔将军刘怀珍讨寿阳，其部属王敬则破叛军"四垒于横塘死虎，怀珍等乘胜逐北，顿寿春长逻门"。横塘垒、死虎垒均在寿春城东。刘怀珍军破诸垒后乘势追击，可知长逻门为寿春东垣城门。

象门、沙门为西垣城门。《水经·肥水注》记载，烽水渎"侧经寿春城西，又北历象门，自沙门北出金城西门逍遥楼下，北注肥渎"。

石桥门又名草市门，为北垣城门。《水经·肥水注》记载："肥水左渎又西经石桥门北，亦曰草市门，外有石梁。"

芍陂门为南垣城门。《水经·肥水注》云，芍陂渎"引渎寿春城北，经芍陂门右,北入城"。清杨守敬作"疏"云:"芍陂渎自南而北入寿春城,出城入肥,不得,至寿春北始入城。且芍陂在寿春南,芍陂门当为寿春南门。渎水在芍陂门右入城,益见自南入城。"内城中金城和相国城的城门分布情况不详,见诸史书记载的只有"金城西门"和"相国东门"。(周强)

寿阳八景

寿州山水得天地光华,享沐风雅,孕育出其特有的壮美与神奇。寿阳烟雨、西湖晚照、东津晓月、珍珠涌泉、紫金叠翠、八公仙境、茅仙古洞、硖石晴岚,这八景皆为画境诗情。寿阳八景,景色各异,展现了楚山、淮水、古城的迷人风姿。历代文人对此或寄情山水多次游历,或诗性勃发极尽歌咏之能事。

一、寿阳烟雨

寿阳襟江带河,青山列屏,淝水绕城。早春二月,平野烟起,长空线落,雨潇潇雾霭霭。登百雉之楼,锦册漫览,雅曲轻弹。骋目淝陵,山色空蒙,佳气扶舆,萃于一脉。烟雨山水城,千载名都,万种风情。"几回凭眺难收拾,仿佛王维画里诗","楚山重叠蠹淮渍,堪与王维立画勋"。先贤在烟雨寿阳留下了他们的游历足迹,也留下了他们的隽永诗章。

二、西湖晚照

西湖古称"蔚升湖"。每当夕阳西下,信步城头,放眼望去,远山透紫,岸柳披红,苍苍兼葭,白鸟一行。西湖之上,渔歌互答;汀洲侧畔,牧笛弄晚。夕阳影乱,宿鸟西飞,衔去斜晖一缕;暮色渐至,人影憧憧,辉映万家灯火。新中国成立后治理淮河,筑起了寿西淮堤,把一片泽国改为良田。1952年成立国营寿西湖农场。如今,寿县西门外已成为粮仓。西湖晚照成了人们美好的记忆。

三、东津晓月

东津渡在寿县东门外4千米处,旧名"长濑津",为淝水入淮要津。拂晓漫步桥上,东望百里煤城,灯火通明;北望群山起伏,郁郁葱葱;回望寿县古城,灯火闪烁。晓月凌空,桥下碧水悠悠,波光粼粼,渔火点点,如置身于一幅山水画中。晓气浸润,野芳沁脾;水中举棹,平畴初耕。回首长空,依稀晓月已渐隐晨曦之中。

四、珍珠涌泉

珍珠泉位于寿县城北2.5千米处,人至其旁,大叫则大涌,小叫则小涌,若咄之,涌弥甚,因此又名"咄泉"。珍珠泉是八公山的神奇造化。长林高柯之下,一涧清泉汩汩涌出,如串串珍珠,日可万斛。若闻人声,泉涌益欢。其水淳澄,不容垢污,游赏者莫不称奇。有兴酣情痴者,竟倚栏探首,以为泉底有万斛珍珠,俯掬可得。

五、紫金叠翠

紫金山在"州东北十里,古传山有黄金色,故名"。紫金之山,重峦叠翠,遥拥峥嵘,茂林修竹深径樵歌,曲洞水鸣雅音徕鹤。烟岚触处,亦仙亦佛。山麓淝水似练缓缓西流,远山近水,交相辉映,身临其境,飘飘欲仙,令人流连忘返。

六、八公仙境

传说刘安与八公仙升紫霄,"一人得道,鸡犬升天",八公仙山声名远播。及至秦晋淝水之役,"风声鹤唳,草木皆兵",仙山又以名战远闻。八公仙山,南参差而望越,北逦迤而怀燕。层岩回互,云聚翠岫,藏雾含阳,万千气象。岩壑闲远,水木清华。取东谷甘泉,煮西麓香茗,拂花弄琴,物我两忘。放浪其间,如临太虚妙境。

七、茅仙古洞

《名胜志》记载:"硖石山有茅仙洞,相传茅君寓此。"山上有真假两洞,真洞系天然形成,假洞为人工所造。据传,西汉年间,居士茅衷、茅盈、茅固三兄弟无意仕途,遍游山水,以访仙道。岁月流逝,茅仙洞几经兴废。状元孙家鼐游茅仙洞作《游茅仙洞》诗一首:"茅仙古洞几千秋,淮水滔滔仍自流。风景一时观不尽,不知何时再重游。"1935年,道家弟子苏理纯、苏宗善到此化钱修庙,改名"清天观",寿州书家汪以道书"清天观"三字匾额。

八、硖石晴岚

传说大禹治水到此,因山阻流,遂以神斧开道,一斧劈成东西硖石,使淮水畅通而下。后人为纪念大禹,在山上建禹王庙、禹王亭。硖石形胜,奇诡险妙,是古代兵家的必争之地,长淮如练,穿峡而过。明人傅君锡来此览胜,曾写《硖石晴岚》一诗:"何时凿得此名山,夹来淮水列两边。鸟度高峰千仞窈,人行空峡几层湾。"硖石晴岚为淮上第一景致。(陈立松)

州署兴废

从古城内十字街口沿着东大街向东500多米,有一条南北走向的照壁巷。在照壁巷的北端与东街交口处,可见一座隔街相对的镌刻着"古寿春"字样、状如古城门的建筑——谯楼,此乃明清时期寿州官衙的所在地,时人称之为州署。

寿州州署不仅是古代官衙所在地,也是折射当地历史进程的见证地。据清光绪《寿州志》记载,州署为汉唐太守刺史治所,其创建、修葺时间俱不可考。明洪武初,建于州城宣化坊。天顺年间(1457—1464年),"知州罗训即旧址重建",中有节爱堂三间,东为幕厅,西为武库,后面有退食堂和观我楼,楼后有一座水台,左为泉布所,右为卤簿厅。节爱堂下为甬道、戒石坊、六曹吏舍,前为仪门,两旁为祠、为馆、为仓、为狱,前为大门,立谯楼。

这是寿州城内规模最大的一组建筑。有清以来,尤其是康熙和光绪年间都曾对州署进行过重修或增建。

这样一个经过几个朝代不断经营出来的署衙,到了清同治二年(1863年),却在苗沛霖进攻寿州时遭到无情摧残。兵燹之余,一片瓦砾中,州署仅存谯楼、仪门及大堂、耳室。时隔10年,至同治十二年(1873年),始由寿州知州王寅重修。今查看光绪《寿州志·州署图》可知,此次重修对州署内各种功能设置得更趋严谨和完备,除设管理机构"三衙""三班""六房"外,其厅、堂、楼、台、坊、馆森然林立,同时尚有园、阁、门、石点缀其间,是一处官署、园林兼备的建筑群。

寿州州署之名称,到了民国时期才有了改变。民国元年(1912年)初,改州署

寿州州署

为"寿州行政厅",置知事主管行政,配参事若干名。时隔16年,改州为"县",州署改为"县政府",置县长,其行政职能、机构设置亦随之改变。

1949年1月17日,寿县和平解放。2月,寿县民主政府成立,驻地仍在州署处。时隔百多日,寿县人民政府成立。同是政府名称,这里有着"民主"和"人民"两个称谓,二字之差,却有着本质的区别。从此,寿县迈上了新的发展征程。1955年11月,寿县人民政府改称"寿县人民委员会"。1960年冬,随着寿县人民委员会驻地迁至城内东南隅,州署之地又先后作为县公、检、法机关驻地。

现在的寿州州署所存古迹不多,仅有谯楼、熙春台两处建筑基本保留着天顺年间的风格、形制。谯楼,自天顺年间建,迄今已500多年。其楼下砖石结构的拱券甬道,稳健厚重,气势雄伟。今正面券眉上嵌篆体石刻"古寿春"三字,为清末民初州人张树侯书丹。熙春台,为清康熙二年(1663年)知州黎士毅于州署后院"因水台旧址改筑"。道光二十七年(1847年),"知州饶元英始建亭于台上"。熙春,取《老子》"众人熙熙,如享天年,如登春台"的美好意愿。台基高丈许,上立四角攒尖形凉亭,设石柱与木柱组合,形式别致。柱上镌刻楹联:"霞布星罗,天开寿域;花明麦秀,人乐春台。"联句内嵌"寿春"之名,对仗工整,妙趣横生。(方敦寿)

状元街

状元街北起棋盘街,南到扬叉股巷,长约250米,宽3米不等。

在寿县,孙状元的大名可谓家喻户晓,妇孺皆知。孙家鼐(1827—1909年),字燮臣,号容卿、益生,别号澹静老人,安徽寿县人。清咸丰九年(1859年)中一甲一名进士,金榜题名,喜中状元。他与翁同龢同为光绪帝师,官历工部、刑部、户部、礼部、吏部五部尚书,文渊阁大学士。戊戌变法时,他倾向维新变法,首创了京师大学堂,也就是后来的北京大学。他的发迹和扶摇直上,跟他的文学才能,特别是诗联功夫有直接关系。

传说孙家鼐咸丰九年参加殿试时,咸丰帝命他以大清朝兴盛为内容撰联,他略加思索,饱蘸浓墨,一挥而就:

亿万年济济绳绳,顺天心,康民意,雍和其体,乾健其行,嘉气遍九州,道统继羲皇尧舜;

二百载绵绵奕奕,治绩昭,熙功茂,正直在朝,隆平在野,庆云飞五色,光华照日月星辰。

学者余音在《百年黄昏·回到戊戌变法历史现场》中,为孙家鼐归纳了"七大历史贡献":一是殚精竭虑,培养了一位富有维新思想的明君;二是对变法做出了理性思考和具体贡献;三是创立新型的教育体系,促进了中国教育的转轨;四是创办京师大学堂,捍卫变法成果;五是眼界高远,开"兼容并包"教育思想之先河;六是倡开官报,并提倡自由办报;七是身先士卒,堪称民族工商业的先驱之一。

宣统元年十月十七日(1909 年 11 月 29 日),孙家鼐病逝于北京,享年 83 岁。皇帝赐其谥号"文正",赠太傅,入祀贤良祠,赏银治丧。在清朝近 300 年的历史上,只有曾国藩、李鸿章等八人获赠"文正"谥号。孙家鼐是清朝,也是中国历史上最后一个享有"文正"殊荣的人。宣统二年三月二十二日(1910 年 5 月 1 日),他的灵柩被送回寿州祖坟地安葬。

传说,民国八年(1919 年),一个叫王长乐的人从北京回到寿州城,他曾在京城孙府帮工 20 多年。回寿州后,他告诉亲戚朋友一件鲜为人知的事:当年,孙大人病故,他参与了移尸入殓的全过程,亲手把陪葬品放入棺内。就在当夜,有两个窃贼趁人不备,移开了孙老爷的棺盖,在棺内细细搜寻陪葬的金银珠宝。可他俩忙活了好久,把棺材里摸了个遍,竟然一无所获,只得大失所望地怏怏离去。当守灵的人回到灵堂,看见棺盖被移开,大家都被吓坏了,赶忙拿灯照着查看,只见棺盖下压着一张纸条,上面写着:

> 状元本是天命定,行走世间八十春;
> 当朝首辅是一品,棺盖定论是清臣。

这个传说,无论真假,都让人由衷赞叹孙公为官不贪、死后不奢的清廉自守,的确是松竹品格。寿州城内,北大街当年钦赐的太傅第是安徽省文物保护单位。西大街的孔庙棂星门和戟门之间有一座小石桥,叫状元桥,寓意后人走过此桥,沾孙状元灵气,步步高升。而状元街,也同样作为一个有纪念意义的历史遗迹,和一代帝师孙家鼐的名字紧紧联系在了一起。(赵志刚)

月 坝

月坝,即用于排除城内积水的古城涵,分别位于古城东北拐和西北拐。清光绪《寿州志·营建》载,明代以前,古城城涵的作用就是排泄内涝,与其他城涵设置没有区别。后来因古城洪水连年，城涵常被城内积水吞没，致使涵闸启闭失控，有时还有洪水倒灌入城的危险。明万历元年（1573年），"知州杨涧修涵洞，盖泄市圃中潴水，已则坚闭之，以防外水浸灌。其一在城西南，地势稍峻，近塞弗通，而东北并西北者，则今存也……"《全国重点文物保护单位记录档案》记载两涵道情状："涵洞方体，宽0.6米，深0.8米，长50米，其一端连接内河，另一端通城外，经过城墙石堤部分深15米。"现存涵洞，由城墙下的涵道和地面部分的月坝两部分组成。清光绪《寿州志·城郭》载："乾隆二十年（1755年），知州刘焕重修（城墙），并修涵洞，创建月坝。"所谓月坝，即以城内涵段之转角角顶为圆心，向上建筑砖石结构的圆筒状坝墙，直径7.7米，壁厚0.5米，与城墙等高，以防止水从月坝溢出。周围又围护以厚实的堤坡，远远看去像个小山包。月坝内设石阶，可沿级递下，坝底涵沟上砌砖旋，设闸数道。

月坝

月坝主要有四个功能：一是从整体上保护涵闸，使之与外隔离，避免内河积水淹没；二是供随时进坝启闭闸门，控流自如；三是能及时比较内外河水位；四是可彻底消除外水倒灌的隐患。正常时期，城内污水顺涵洞排出城外，流入护城河，注入东淝河，最终流入淮河；洪水来临时，涵洞则自动关闭，即便是洪水水位接近城墙的高度，也不会有洪水通过涵洞倒灌进城里。更加神奇的是，虹吸原理使洪水即使高出城内地面,城内污水也仍然能够排出城外。因此,光绪三十三年(1907年)时人对两涵进行重修时,东、西月坝分别立了"崇墉障流"和"金汤巩固"两方石刻,成为古城墙一大胜迹。

正是因为古人在城市防洪上独具匠心的处理,寿县古城被人们传说为"筛子地",下再大的雨,地上的积水也总是能够得到及时排出。月坝被水利专家誉为水利科苑的一颗明珠,成为古往今来人与自然和谐共生的典范。自明嘉靖四十五年(1566年)大水"坏城"后,无论洪水如何咆哮,寿州古城再也没有受过内涝。这个奇迹造就了"铁打的寿州城"之说,使"金汤巩固"成为现实。

岁月悠悠,世事沧桑。随着淮河逐步得到治理,洪水已不再汹涌,月坝的御水功能减弱了。作为寿县古城墙的重要组成部分,月坝现已成为著名的旅游景点,用《寿县志》中的话说,"成为城墙上的又一胜迹"。越来越多的中外游客来到这里,看城内鳞次栉比的古建筑,望街道车辙深陷的青石板路,观绕城一周碧波荡漾的护城河,领略古人的智慧,感受今天的发展,内心涌起无限豪情。(赵阳)

报恩寺和大寺巷

报恩寺位于寿县古城东北隅,旧名崇教禅院、东禅寺,建于唐贞观年间,迄今已有1300多年的历史,明洪武年间改名报恩寺。报恩寺于宋天圣五年(1027年)建塔,清乾隆三十三年(1768年)和光绪八年(1882年)先后两次遭火灾,现存屋宇为多次扩建修葺而成。全寺面积达14700平方米,分三进,自照壁由南向北,依次为山门、天王殿、大雄宝殿和毗卢阁。嘉靖《寿州志》中说:"报恩寺,旧名东禅寺,即僧正司,州治东北,天圣年修。"

关于报恩寺之名的来历,有民间传说云:以前东禅寺有位老和尚救了条受伤的小花蛇,花蛇养好伤后,被老和尚放生。后来,在老和尚病重将亡之际,花蛇回到寺里用舌头舔遍老和尚的全身,老和尚的病痊愈了。为感激花蛇救命之恩,老和尚把东禅寺改名为报恩寺。而佛学研究者提出的看法则是:"报恩"一词源于《大乘本生心地观经》中关于"四重恩"的说法。经中曰:"世出世恩有其四种,一父母恩,二众生恩,三国土恩,四三宝恩。如是四恩,一切众生平等荷负。"东禅寺改名报恩寺,即意为报父母恩,报众生恩,报国土恩,报三宝恩。寺名"报恩"乃是无尽之意。关于报恩寺改名,更有地方史志专家考证出与明成祖朱棣报生母之恩有关。

众说纷纭,古寺更名的真相,仍为寿州古城的未解之谜。或许,这个谜终有解开的一天。正如寿州内八景之一的"三步两桥"所在位置之谜,也因近年修北梁家拐巷,掘出了古代"三步两桥"的遗址得以解开。大寺巷因报恩寺而得名。"三步两桥"位于西大寺巷与北梁家拐巷交叉处。曾听老人说,从前的寿州城内有畅通发达的活水。寿州城地处襟江扼淮重要位置,自古为兵家必争之地,历代主政者对城垣修筑极为讲究,屡毁屡建,终成重关叠雉、守卫森严的铁壁铜墙。正如生于寿州城内的清末状元孙家鼐所记:"城堞坚厚,楼橹峥嵘,恃水为险。""三步两桥"遗址的重现,见证了古人拒水于外、恃水而居的智慧。

大寺巷之名源于报恩寺,依据巷子与报恩寺的方位关系,大寺巷分东大寺巷和西大寺巷。奇特的是,东大寺巷居然位于报恩寺以南,南起东大街,北至马营巷,是一条长 235 米的断巷。西大寺巷则是由报恩寺往西迤逦至北大街,长约 680 米,因位于报恩寺以西,故名西大寺巷。据光绪《寿州志》记载:始建于明天启二年(1622年)的循理书院,其址在州治北,春申坊大寺巷内(寿县一中原校址)。循理书院虽几经兴废,但前后存续 300 余年,对寿县封建社会教育的发展起到了重要作用,培养了众多有识之才,"故一时人文蔚起,称极盛焉"。至光绪二十七年(1901 年),清代状元、时任管学大臣的邑人孙家鼐斥资扩建循理书院,后改为寿州公学,后历经寿县初级中学、寿县县立中学、皖北公立寿县中学、安徽省寿县中学、寿县五七中学、寿县一中,现为中共寿县县委党校和寿县老年大学所在地。(黄丹丹)

寿州的桥

百年以来,见证寿州发展变化的,就有寿州的桥。2021 年 7 月 1 日,东津渡大桥通车。这对于寿县来说具有划时代的意义。东津渡,原名长濑津。郦道元《水经注》载:"肥水自黎浆北,经寿春县故城东,为长濑津,津侧有谢堂北亭,迎送所薄,水陆舟车,是焉萃止。"郦道元时代,东津渡还没有桥的概念。郦道元之后,东津渡有了浮桥。明嘉靖《寿州志·桥梁》记载:"淝桥,城东五里。周世宗显德三年(956年)征淮南,亲行视水寨,至淝桥自取一石,马上持之至寨以供炮石,从官过桥者人齐一石,即此。"那就是说,956 年,周世宗柴荣率军攻打寿州时过淝桥,自带一块石头,当炮石用。柴荣的部下每人都携带一块石头。据司马光《资治通鉴》记载,柴荣打寿州时应该是三月枯水季节,不然,淝桥是过不来的。

清乾隆《寿州志·关津》篇载:"东津渡大桥即东肥水渡也。旧建长桥以济人行第,遇夏秋淮水倒漾,桥顶长堤俱没于水,乃以舟济。年来议欲加高桥顶,更筑长堤而未果。是有望于后来之急公尚义者。"如今的东津渡大桥上跨引江济淮工程江淮沟通段航道,全长 1900 米,主跨 130 米,设计标准为双向 6 车道,车辆通行设速

60千米每小时。新桥比老桥高约18米,2000吨货船可以从桥下自由通航。

东津渡大桥通车后,瓦埠湖大桥于2021年10月也建成通车了。瓦埠湖大桥位于瓦埠古渡口,1996年版《寿州志·码头》载:"瓦埠码头,位于瓦埠湖东岸的瓦埠镇,是寿州通往庐州合肥古道驿站所在地。"

如果有一座桥能见证一座城的沧桑、屈辱和辉煌,那么非靖淮桥莫属。嘉靖《寿州志·桥梁》载:"淮南第一桥,北门外,旧名通济桥,跨淝水,长二里许。旧桥卑隘颓圮,知州刘天民始大之。王莹、刘永准易中洞为石。嘉靖乙酉栗永禄重修,复开二洞。"光绪《寿州志·营建》记载:"北门桥,在州城北门外,明正统年间建。知州刘永准更建石桥。万历戊戌,兵备詹公捐奉倡修,乙酉知州栗永禄重修……光绪七年(1881年),凤颍道任兰生拨款重修。"1938年初夏,日本侵略者踏过此桥,占领了寿州城。1983、1985年,靖淮桥曾先后重修。

如今的靖淮桥是引江济淮的配套设施工程,全长1742米,主桥塔柱采用钻石形塔,结构形式为双塔双索面半漂浮体系钢混组合梁斜拉桥,双向4车道,车辆通行设速60千米每小时。随着老靖淮桥的拆除,寿州北上的通道被彻底打开,寿州人的出行变得更加畅通。(陈立松)

圆通寺及圆通寺巷

圆通寺位于寿县城北门内,元代至正元年(1341年)建,明正德十四年(1519年)修。圆通寺依附城墙根,左为小阁达城楼,阁上祀方孩未。圆通寺于民国初年改为张氏家庙,并有庙地五十亩,住持僧一人,名本能,后有慧修、能如来住。抗战前,每于农历三月十五日四顶山泰山奶奶庙会时,赶会人多经圆通寺,顺路游观与焚香,所以香火较盛。抗战胜利后,圆通寺渐废。1949年后,该寺为寿县搬运站北门队住用。因庙房几经维修,明万历年铜铸十八罗汉原在圆通寺,1962年移入报恩寺,后庙房也于"文化大革命"时被拆。

圆通寺巷北起北门西侧,南至紫城街,因北端为圆通寺而得名。巷子长330米,宽约4.4米,现属于寿春镇新民社区,平行处与北大街相距70米左右。

小城旧有七十二拐头,在圆通寺巷的中段,西边是花家拐,长60米,宽3.7米,西端古时有庵。清末民初时有姓花的农民在此居住,主要是存储粮食。花姓人家原来住在八公山团结村边家条子,粮食收割后,常遇山中土匪盗抢,于是在圆通寺巷西拐处购得旧房,把收获的粮食储存于此,故有"花家拐"之称。新中国成立后,社会安定,花家将此处房屋卖给毕家,又回到八公山老住处。

圆通寺巷中段往东有单牌坊巷，东出口旧时有一个石雕大狮子及一座牌坊。清代时，单牌坊巷住有方家母子俩，寡母含辛茹苦将儿子养大，后儿子官至两广总督。寡母死后，方家儿子从南方运来雕好的石料，建起了单牌坊。至新中国成立前，每年三月十五四顶山庙会期间，正阳抬阁肘阁民俗节目都会来单牌坊前表演。

圆通寺巷南西侧，现今保留着县级文物保护的单位郑明甫民居。

古时圆通寺巷比现今宽敞，单牌坊巷以北到城门前是廖家的菜园，巷子路西曾有个小桥，桥石板上刻有蛤蟆图形，故百姓称之为"蛤蟆桥"。

朱鸿震旧居在巷子路东，现为其侄子朱恩忠居住，对面隔路的西边有民国时期忠义社的旧址。再往西是西坛旧址，光绪《寿州志》记："社神、稷神凡二主，每岁春秋仲月上戊日致祭牲少牢。"用牛、羊、猪为祭品，祭于西坛。巷西贾家保留下来的石官砣，重约百斤，形如宋代官帽，两面有字，一面写有"官砣"，另一面的字迹已经模糊不清。

新中国成立初期，圆通寺巷中段路东的铁业社，后来改成城关中学，再后来学校迁走。北端路西原是清代官员的王家大院，现在其后人王振海住在这里。王家大院对面围墙里为老水利局仓库，民国时期是金家的宅院，金家以南是郑家粮行。

（王晓珂）

祖庞寺巷

祖庞寺巷位于古城南门北侧，是连接南大街和状元街的东西横亘的一条支巷，本也寂寂无闻，但随着对寿春名人刘之治及南明史研究的深入，祖庞寺及其巷名也成了寿县地名故事的重要题材。

在古城寿春，无人不知刘之治。在人们的印象中，刘之治亲和又损人，既才高八斗又机灵狡猾。在民间传说中，他做了不少滑稽事和恶作剧，"歪才刘之治"在老百姓口中竞相流传。刘之治的故事与坊间传说的纪晓岚、刘墉的故事多相仿佛，总之是民间口耳相传，不见得真有其事。从张树侯先生撰写的《淮南耆旧小传》"刘之治"条中可知，在刘之治怪诞传闻的背后隐藏着一段鲜为人知的历史。"刘之治，字彦叔，寿州人，忠介公长卿子，生于明天启时。文采秀发，名噪一时。嗣值国变，忠介遇害。彦叔乃舍宅为寺，塑忠介公像于西庑，即今南门内之祖庞寺也，不久，遂悲愤而殁。"

楚樵先生有如下记述："（刘之治的父亲）刘复生，字长卿，出身于官宦之家，世居寿春。先祖在明初开国有功，家族世袭寿州卫百户昭信校尉之职。刘复生在天启甲子年(1625年)会武试,中武解元。崇祯十六年(1643年),永城总兵刘超及其弟刘越据城反叛,刘复生出兵讨平之。李自成陷北京,明亡。福王监国,晋升刘复生为光禄大夫、太子太傅。当时马士英、阮大铖等当国,不但傲慢对待刘复生,而且对其政见主张多有沮抑。后刘复生渡江招兵,与叛清的刘良佐遇于江中,被刘良佐麾下曹虎刺死。刘复生既殉国,母亲方氏、妻梁氏也投江自杀。"

刘之治就是在这样的背景下由明入清做了"遗民"。这位曾在寿春极负盛名的才子为了躲避清算,只得佯狂避祸。刘之治卖掉父亲留下的产业,在寿春城南门"舍宅为寺"建祖庞寺(一座家庙),立父亲及与父亲同时遇难者遗像,时时祭祀,"不久,遂悲愤而殁"。今祖庞寺巷因祖庞寺而得名。只是曾经的刘氏宅早已不复存在,也少有人知晓祖庞寺的来历了。

刘之治一切异样行为都与国运和家庭背景有关,但绝不是某些传说所形容的猥琐小人,连人书俱老的张树侯先生也在寿州广搜其墨迹,其中有残句是这样写的:"吾闻食人肉,可随以鞭扑之戮;乘人之车,可加以斧钺之诛,不如醉卧牛背,丑妇自能搔背痒。"看似胡言谵语,但其中不免流露人世浇薄、英雄末路气,从侧面可以窥见一个王朝的背影。(王继林)

南、北过驿巷

在寿春古城,南、北过驿巷是一条狭长且繁华的巷子。它北与西大寺巷路交接,南到棋盘街,中间横穿寿县东大街。按1∶15000比例尺来推算,在"寿县城区图"上,此巷南北长约3厘米,据此可得知南、北过驿巷南北距离为450米。北过驿巷长度约为南过驿巷的两倍,北过驿巷300米,南过驿巷150米。

据史志记载,明嘉靖年间,寿州有驿站10处,南过驿巷和北过驿巷是供传递书信的邮差、军士歇脚、休息、给马补充草料的地方。清末民初,当地商务渐繁,坐商、行栈、酒馆、茶肆滋增,集市贸易日趋兴盛,盐粮鱼畜山杂诸货,皆有牙行主互市;铁木器具大都产销一体,亦坊亦店;肉食蔬果沿街陈列,任人选购;禽蛋购销,就地为行,有"戳摸经纪(秤戳以验伤病,手摸以辨肥瘠,故称为戳摸经纪)"司秤议价。

南过驿巷见证过这座城池的繁华。在清末,行会和帮派组织的触角已经伸向官府的漕运,也就是沿淮和运河的各大码头。北过驿巷的升平园浴池和南过驿巷口的聚红盛饭店都是安青帮的徒弟们所创立的。聚红盛饭店始办于清光绪初年,以包办筵席为主要经营业务,菜品色、香、味居行业之首。

这条巷子有一家孙蟠当铺,与北过驿巷的刘少海当铺,分别简称为"南当"和

"北当"。"南当"现已荡然无存了。（王继林）

老三中

寿县城东大街将爷巷（将衙巷）斜对面有一座古建筑，高耸的大门上悬挂着"寿春镇总兵署"匾额。这是古代地方军事防御管理机构的所在地，曾作为寿县第三中学校址。

寿县第三中学始建于清宣统元年（1909年），办学百余年，数易其名。民国十二年（1923年），校名改为寿县县立初级中学。新中国成立后，校名先后改为皖北公立寿县中学、寿县第三中学、寿县城关中学。20世纪70年代中期，正式定名为寿县第三中学。80年代初期，学校在全县率先开办职业教育，1994年成立寿县职业技术学校，1997年正式更名为寿县第二职业高级中学，实现"一校两牌"，对内一套班子，对外两块牌子——寿县第三中学、寿县第二职业高级中学。

2015年9月，学校整体搬迁至寿县城南新区（通淝路与时苗路交口西南）。

总兵署位于寿春镇东大街67号，坐北朝南，现有门屋和鼓、乐二厅。门屋面阔三间、进深两间，悬山叠瓦屋面，明、次间均为穿斗式结构；东侧鼓厅、西侧乐厅，面阔、进深均为一间，抬梁式歇山顶建筑，该建筑是寿县目前仅存的一处古代军事文

寿春镇总兵署

化建筑。

寿春镇总兵署，原系明朝时期的大察院(负责各地的监察、纠风工作，职责是代朝廷出巡)。顺治二年(1645年)置寿春营副将署，设副将一，守备、千总各三。乾隆二年(1737年)改副将署为寿春镇总兵署(州人俗称"镇台衙门")，设总兵官一员，以下守备、游击、都司、千总、把总等弁凡129员，统辖中、左、右、庐、六、亳、泗七营，其中的中、左、右三营的主要防地为寿州。总兵署所辖之七营共有马步战守兵4375名。

这里曾是一个庞大的古建筑群，旧时有大门、仪门、正堂、大堂、后堂，有亭、有池、有假山，有竹坞、有射圃、有观德亭，等等。现今除大门尚存以外，其余均不存。此处1994年10月由寿县人民政府公布为第一批县级文物保护单位，2017年5月由淮南市人民政府公布为第六批市级文物保护单位。

寿春镇总兵署以东毗邻处，有一个规模宏大的古代建筑，那是城内妇孺皆知的城隍庙。城隍庙始建时间已不可考，清乾隆乙丑(1769年)州人郑潆重修。逾年，大殿、寝宫、前楼、旗杆、轿围、执事、红衣、土地祠一应修建完备。在此之前，清雍正十一年(1733年)，寿、凤同城而治，"其庙隶于凤，而列之祀典，寿凤合享，无分畛城"，城隍庙亦适时而祀。

此庙是道教设立，后被佛教之僧住持。每月朔望日上香，每岁春秋仲月上戊日合祀于南坛(在南门外)，不庙祭。当时，民众对该庙非常崇拜。多神论者认为："社稷如慈母生之养之而善恶无择，城隍犹严师善与不善者搏击之，不少贷"，"治明者人，治幽者神，治明者恃法而法有所不及，神之祸福无不及之，故足以左法而维教"。他们认为，城隍老爷协助地方官治理一方，在暗地里惩治不良，是主持公道的神。

旧时，城隍庙内的旗杆、大门、殿堂、廊庑、寝楼、戏楼等建筑，亦一应俱全，今已不存，现为寿县三中的一部分。

寿春镇总兵署在民国时期还曾经作为寿县民众教育馆驻地。民众教育馆最初称作"通俗教育馆"，是民国初期依照蔡元培等人提出的"向民众传授通俗文化、科学、时事、礼俗和公民道德知识的社会教育"的主张而设立的。在当时，这个机构的宗旨就很不一般："提高民族意识，促进社会文明，改革不良风俗，摒弃繁文缛节，造成坚毅、诚实、简朴的风尚。"1932年冬，通俗教育馆改名为"民众教育馆"。1933年，馆内成立"民众艺术研究会"，分图书、音乐二部。1934年，民众教育馆由西大街孔庙内的节孝祠，迁往东大街总兵署内。馆舍拥有房屋50多间，工作人员增加到14人，设教学、健康、生计三部，分设民众阅览室、民众学校、国术馆、讲演厅、文

娱室和问事代笔处等,是当时重要的文化、教育场所。(方敦寿)

古城周边的防洪圩堤

寿县古城东濒瓦埠湖,西临寿西湖。历史上,这里的人民为了抵御洪涝,在古城周边兴建了一大批保庄圩和生产圩堤。

寿县古城里的人凭借周长 7147 米的古城墙防洪,古城外的人自古以来依靠构筑保庄圩保护家园,兴建生产圩堤保护农田。由于保庄圩、生产圩堤功能显著,体量巨大,顺理成章地成为地标建筑,很多地方以此命名。

寿县古城东门外与东津渡之间,过去居民为了防御瓦埠湖内涝,兴建了一座生产圩堤,距离古城约千米,俗称"二里坝"。二里坝下靠北有座村庄,绿树掩映,月季盛开,一圈生满莲花的圩沟使之与周边稻田分开,只有庄前一道桥梁通到坝上,供居民早晚进出。正是因为这座小桥,人们习惯地将村庄称作"二里桥"。

1991 年淮河大水,寿县古城犹如汪洋中漂浮的一个"小腰盆"。大水过后,政府发动群众,自力更生,把沿瓦埠湖西岸、靠近古城东侧的二里坝、东津圩、九里圩、陡涧圩等生产圩堤进行封闭加固,形成一条北抵护城河、南连陡涧河、总长达 31.14 千米的四级堤防。经过多年整修完善,目前该堤防等级提高到二级,防洪标准达到 15 年一遇。这条堤防联结前数九里圩最长,建成后就被称作"九里联圩"。

九里联圩的作用是防止江淮分水岭北侧的来水泄往瓦埠湖形成内涝。而古城西边的寿西湖属淮河行洪区。寿西湖一旦行洪,古城需要一道堤坝约束洪水、减少损失。聪明的寿县人民因势利导,依托丘岗地区的逶迤地势,在古城西南建起一道全长 30.3 千米的洪水隔离带,防止洪水串入护城河和瓦埠湖,当地人称之为"二道防线"。因其处在相对平坦的沿淮岸边,蜿蜒突凸,被人们形象地称作"牛尾岗堤"。

2000 年后,随着城市建设步伐的加快,寿县城南新区建设全面上马。新区平均地面高程不足 22 米,属洪涝高发地带。为防止水患,建设者们沿新区外沿建起一道全长 11.74 千米的防洪圈堤,将过去由九里联圩保护的防洪标准 15 年一遇提高到 40 年一遇。这段防洪圈堤,北自古城护城河红领巾闸,南到牛尾岗堤,保护城南新区面积 17.8 平方千米。从古城迁出来的人将其称作"城南防洪圈堤",原来住在这里的人将其称作"城南保庄圩"。

进入新时代,国家基础设施建设投入进一步加大,淮河发生洪涝的概率降低。寿县古城周边以前建设的这些圩堤,也逐渐像古城墙一样,防洪功能被淡化,成为人们寻幽探古、休闲散步、生态观光的好地方。二里坝变成游客集散中心，繁花似锦，每日里游人如织。九里联圩、城南防洪圈堤鸥鹭飞舞，云蒸霞蔚，被规划为"引江济淮"百里画廊主景区。牛尾岗堤作为连接"合周""济祁"两条高速的城乡主干道，已经成为带动地方经济社会发展的大动脉。世事沧桑，一日千里。但不管怎么变化，这些防洪圩堤的名字将永存于历史。（赵阳）

红领巾水库

出了东门，宾阳桥以南的一段城壕有一片向外延伸的水面，它南界水闸，东接东津排涝站、临东南城墙，北通宾阳桥，这就是"红领巾水库"。

红领巾水库

一座水库建在千年古城墙下，这是世上少有的情景，由此也可想见寿州古城地势之险要。当初，红领巾水库的建造既是有意为之，更是不得已之举。

大水来袭，淮河洪流悬于头顶，两肋间尽受瓦埠湖和寿西湖行洪蓄洪的夹击，一座千年古都犹如漂浮在大水中的"小腰盆"。一道道堤坝以古城为中心呈放射状散开。于是，城墙的西北角连着二里坝，西南角连着牛尾岗堤，而东南角就是连着九里联圩和东津圩的红领巾水库坝。

红领巾水库的名字是怎么来的呢?

1958 年 1 月 2 日,《新民报》刊登南京市雨花台区第一中心小学少先队向江苏省少先队员提出,开展"我们也来支援四十条"活动的倡议。倡议的主要内容是,将我们集体劳动收入的一分钱集中上缴,在最有意义或最需要的地方修建红领巾水闸和水库,作为少先队员对第二个五年计划的献礼。1 月 10 日,新华社播发了《我们也来支援四十条——江苏少年儿童决定修建红领巾水库》的电讯。随后,《人民日报》《新华日报》等 20 多家报刊、电台刊播转发。当时,寿县立即号召全县少年儿童每人捐献一分钱,投入修建红领巾水库。

据县水利局退休干部祝老先生介绍,1952 年东淝闸建成后,瓦埠湖已经不再受淮河洪水的倒灌影响,于是,沿湖围堤工程得以兴建。1956 年冬至 1957 年春,寿县兴建九里联圩堤,当瓦埠湖蓄洪后,保护寿县城关郊区及附近 2.2 万亩耕地,堤线自东门外牛尾岗起。水库是在原来护城河的基础上开挖修建的,为了纪念这个活动,所以起名为"红领巾水库"。

红领巾水库修好后,又陆续建成了东津、陡涧等 20 余座圩堤。由于圩堤的防洪能力有限,1959 年在九里圩上建成了东津电力排灌站,使九里圩内和东津圩内的内涝均可排入瓦埠湖。同年底由双桥镇出工 4000 人在一个月时间内完成 4.5 万立方米土方,将九里圩与东南城墙连接,在红领巾水库封闭堤坝上建造水闸一座。红领巾防洪闸是依附在红领巾水库上的第二个防洪工程。当瓦埠湖洪水水位超过 23 米时,闸门一关,城南直至陡涧河间不受侵害,机关、学校、工厂及交通枢纽不被淹没,更为当时倡建"城外城"提供了保障。

红领巾防洪闸以琉璃瓦的仿古风貌出现在古城墙外。闭闸,拦住从东淝河到东南城壕的瓦埠湖洪水。开闸,则可以分流从九里涵顺牛尾岗排涝渠而来的洪水,西南城墙与堤合拢后,寿西截涝之水过南门桥,直奔红领巾防洪闸,经东城壕排入城东北的东淝河。2015 年,红领巾防洪闸移址重建于城东北角。(高峰)

东津渡

东津渡位于今淮南市谢家集区唐山镇和寿县寿春镇交界的东淝河上,古名长濑津,是寿县宾阳门外的淝水古渡,距寿州古城 2 千米。

《水经注》载:"肥水自黎浆北,经寿春县故城东,为长濑津,津侧有谢堂北亭,迎送所薄,水陆舟车,是焉萃止。"意为淝水从黎浆北流,流经寿县古城东名为长濑的渡口。渡口旁设有谢氏家族的亭子,专门迎送往来贩运木料柴草的客商,水路来的舟船和陆行的车辆都到这里停靠。可知东津渡古时称"长濑津"，以"濑"取名，可见当年水流之急。王粲在《浮淮赋》中写道："长濑潭浼，滂沛汹溶。"后代有人认为赋中的"长濑"便是长濑津。郦道元在《水经注》提及的"寿春县故城"，即现如今柏家台楚国故都遗址。至于"谢堂北亭"，或许就是为纪念谢安、谢玄所设，令人不由得联想起383年发生在寿春古城东淝河畔那场以少胜多、以弱胜强的著名战役——淝水之战。淝水之战，不仅在历史上留下了浓重的一笔，还在公共语汇中留下了"八公山下，草木皆兵""风声鹤唳""投鞭断流"等典故，流传至今。

昔日古渡现已成长虹卧波，伫立在崭新的现代化大桥上，寿州古城、八公群山与逶迤淝水尽收眼底，桥下水波微澜，如历史的回声。据《资治通鉴》载，956年，后周征战南唐时，周世宗率部包围寿州时曾踏过"淝桥"。由此可见，淝水古渡上架有古桥。

后世在此建桥修桥，不可计数。孙家鼐撰文曰："东津渡汇东南之水，由城东绕而北循山麓，西与淮水汇，州之东门为往来孔道，旧有桥，今且圮。修治之桥长七十二丈，宽二丈三尺，往来行人得以遵坦途。"光绪《寿州志》称：清顺治十年（1653年），东津渡即开始创建淝水桥，但后来的一场大水，将桥梁冲毁。至乾隆七年（1742年），署寿州知府孔传檀与凤台县知县鹿谦吉捐个人的俸银为资，令乡绅孙珩监办，在东津渡口修建较大的桥梁。该桥修完一孔后资金用尽，工程只好中止。此后到了乾隆三十五年（1770年），乡绅郑纯（文颖）捐银千两助修东津桥，修桥工程复工，于是又修成一孔。乾隆四十二年（1777年），大水屡发，冲击东津桥，导致桥墙坍塌。

历史上的淝水桥，"上行车马，下通舟楫"，但由于连年黄泛，东津渡在新中国成立前夕已经淤塞严重。20世纪50年代，政府在淝水入淮口兴建五里闸，防御淮水倒灌，同时挖一条与淝水平行的新河，以扩大淝水下泄流量，并在新河上重建一座3孔石拱桥。20世纪60年代末，跨越淝水古渡的原石桥被拆除，兴建了一座全长500多米的钢筋混凝土公路桥，这座东津渡大桥，亦成了历史。2022年12月9日，全长1900米，大桥主跨130米、宽16.25米、双向6车道的新的东津渡大桥全线贯通。淝水古渡，因一座座桥梁，被世人铭记。（黄丹丹）

柏家寨

柏家寨位于寿县城南13里、寿六路东侧，为原九龙乡政府所在地，是中国近代史上赫赫有名的"辛亥四杰"之一柏文蔚的家乡。柏文蔚当年出生的祖屋已坍塌，现已成为庄稼地。

柏文蔚,字烈武,号松柏居士,1876年出生于寿县柏家寨的一位私塾先生家,1947年病逝于上海。在72年的生命历程中,柏文蔚当过秀才、塾师、小卒、督军等;参加同盟会,领导辛亥革命;参加改组国民党,率兵北伐;领导抗日队伍,为两次国共合作做出过特殊贡献。他历任国民革命军第一军军长(辛亥革命时期)、安徽省都督兼民政长、安徽讨袁军总司令、国民革命军第三十三军军长、国民党中央执行委员等要职。他历经民主革命过程中的重大事变,结交过中国当时许多重要人物,始终站在反帝反封建时代大潮的前列,是当时著名的政治活动家、名闻遐迩的军事将领。

在柏家寨,关于柏文蔚的故事至今仍被传说。据说,柏文蔚11岁那年在寨子外玩耍,遇到缠着蛤蟆的大蛇。同行的人见到如此大蛇,吓得四散逃去。柏文蔚捡起大石头就去砸蛇,被砸中的大蛇丢下蛤蟆逃窜而去。大人责怪他不要命了,居然敢去打蛇。他说:"蛤蟆是良善之物,有益于农家。蛇是五毒之一,残害善类,生性毒辣,必须灭杀。"寿州有句俗语:"从小看老。"柏文蔚一生刚烈果敢、英武不凡,有蔚然超拔之才。

柏文蔚12岁时读完了《尔雅》、"四子书"等;13岁能背诵七经;16岁已经在私塾里做先生;21岁参加科举考试,从州试到府试五场皆中,通过院试,考取秀才。那时,甲午战争后,清政府的割地赔款震醒了他,他认为八股文章都是雕虫小技,只有新学才是济世之学。他创立了阅报书社,从《申报》《湘学报》《盛世危言》等进步书刊中寻找富国强兵之道。他组织大家筹款购置图书,在位于安庆(时为安徽省会)北门的藏书楼创立天足会,宣传进步思想,与地方守旧派进行斗争。24岁时,他毅然放弃开馆授课的教书生活,到安庆报考求是学堂(后改名安徽大学堂)。其间,与陈独秀、常恒芳、宋少侠等进步青年创建反清的岳王会。他们从安庆到皖北,串联皖北义士,联络淮上健儿,在柏家寨柏文蔚家中逗留近二十日。"会党兄弟、绿林豪杰,群相附骥",成为"安徽革命最先之组织","从此淮上同志深相契合,革命思潮遍于乡里"。此举引起了当时安庆知府的忌恨,他下令封锁了藏书楼,通缉陈独秀,岳王会的领导人纷纷逃亡日本。柏文蔚离开安庆,到南京组建岳王会南京分会,并任分会长。1906年,柏文蔚率领岳王会南京分会全体会员加入同盟会,从此与孙中山并肩战斗。

1904年夏天,同时任教于芜湖安徽公学的柏文蔚和陈独秀,利用暑假"作皖北之游,访江湖侠义之志",为创建秘密革命团体奠定基础。他俩先后考察了怀远、蚌埠,经蒙城、涡阳、亳州、太和、阜阳等地,乘坐木船顺颍河而下,在正阳关登岸,后在柏家寨住了半个月之久。

2016年,柏文蔚外孙闵大洪先生向寿县捐献了一幅书画作品。作品为1936年柏文蔚居住南京时,邀请老友于右任以及张大千等三位画家聚会,三位画家当场画下兰、竹、芝,于右任即兴题诗的雅作。其时,为柏文蔚诞辰140周年,作品创作80周年。如今,这幅作品陈列在柏文蔚家乡寿县的安徽楚文化博物馆内。(黄丹丹)

白石塔

寿县东门外原来有座白石塔,北宋诗人苏东坡所写的"寿州已见白石塔,短棹未转黄芽岗"说的就是这座塔。白石塔也叫"白虎塔",说起来这里还有一段故事呢。

传说白石塔未建之前,这里住过一户人家,丈夫叫石灰,妻子叫吴氏,二人30多岁生下的儿子取名石块。石块很小时,石灰就病死了,孤儿寡母好不凄凉。所幸的是,吴氏心灵手巧,能耕善织,总算把石块养大,并送进娘家私塾就读。石块在母亲的激励下,刻苦学习,成了远近闻名的才子。

这年朝廷开科大选,吴氏给儿子凑足赴京盘缠,为此倾家荡产,连织布机也卖了。行前,石块跪在老母面前大哭,发誓一旦有了前程,就接老母同住,让老母安享晚年。

可是儿子走后一直没有音信,生死未卜。吴氏望穿了眼睛,流干了眼泪,最后双眼全瞎了。困境中,邻居纷纷给予帮助,并劝说吴氏,说不定哪天石块就会骑着高头大马回乡接母呢。吴氏不信之中又带着几分希望,等呀等,盼呀盼。到了吴氏60岁生日那天,四处哄传石块要带着人到寿州办案。吴氏心中大喜,邻里也不待言,到那日天没亮,邻里就搀扶着吴氏坐在东门口等待。

天近晌午,京官石块终于在人们的前呼后拥中走了过来。看那春风得意的模样,谁心里都清楚,他早把老母和乡亲们忘得一干二净了。邻里把这一切告诉了吴氏,并要吴氏拦道认子。吴氏愤然拒绝,独自回到草庵,不思茶饭,在无声无泪中回忆着昔日的悲欢。

几天过去了,吴氏奄奄一息地躺在草庵里,再也无人过问。天下雪了,刺骨的寒风中传来了吴氏的哀号。到了半夜,这哀号将一只白虎引进了草庵。它不仅没有伤害吴氏,而且送上它饱含乳汁的奶头。从此这只白虎半夜就来,救活了吴氏。久而久之,左邻右舍都知道了这件事。

春天到了。这天清晨,人们就听得一声虎啸,接着狂风大作,吴氏坐在白虎的

背上,飞走了。邻里决定修建一座白石塔来记述此事。塔上有碑,碑文曰:"官子不如虎。"(许传先)

孔庙今昔

寿州孔庙又称黉学、学宫、文庙,地处寿春镇西大街历史文化街区中段,唐时建于城内东南角,元泰定初年移至西街今址,距今已有 700 多年。寿州孔庙坐北朝南,清代规模最大时占地 2 万多平方米,原五进重院,建有万仞宫墙、训导署、仰高坊、泮宫坊、快睹坊、棂星门、奎文阁、文昌宫、儒学门、忠义祠、节孝祠、戟门、大成殿、学正署、敷教坊、明伦堂、崇圣祠、敬一亭、尊金阁等建筑 30 余处,规模宏大,气势雄伟,布局严整,是一组典型的反映儒家思想古建筑群,也是当时皖北地区建筑体量较大的孔庙之一。

寿州孔庙经元明清三朝建设,格局多变,见于历史记载的修建、修缮就达 42 次。历次维修中都把各时期寿县人民对儒家的尊崇、对文化的理解、对生命的理念融入孔庙的建筑中。21 世纪以来,寿县按照"修旧如旧,保持原貌"的原则,采取多种方式筹资 500 多万元,相继实施棂星门恢复,大成殿及"三坊"、戟门、泮池、东西廊庑、乡贤祠、名宦祠、明伦堂等古建筑维修,恭塑孔子及四配塑像,设立孔子圣迹图及礼器,恢复悬挂"万世师表"等匾额和楹联等一系列重修工程,使寿州孔庙"亭台重叠、殿宇恢宏、古树掩映、碧水潆洄"的胜景得以重现。

寿州孔庙现存规模占地近 6000 平方米,是安徽省现存 17 座孔庙中保存最完好、规模最完整的孔庙之一。寿州孔庙现于西大街以北中轴线上布置四进院落,第一进院落南侧临街为棂星门,中心处为泮池,池北中轴线上为戟门,东耳房为名宦祠,西耳房为乡贤祠。第二进院落主体为大成殿,两侧为东西廊庑。大成殿后为第三进院落,北侧敷教坊为中心建筑。最北侧的明伦堂与两庑碑廊构成第四进院落。西大街以南有泮宫、快睹、仰高"三坊",与上述建筑构成寿州孔庙中路建筑群。中路以东,街北有奎光阁;中路以西,原为忠义祠、节孝祠建筑群,现仍有三处清代遗存。中路文物建筑遗存主要有"三坊"、戟门、大成殿、明伦堂、奎光阁等五处,棂星门、东西两庑、敷教坊等为新建复建建筑。

寿州孔庙是祭祀先贤孔子的庙宇和施学教义的学宫之所,具有浓郁的人文气息和文化氛围。自建立以来,当地文运昌盛,人才辈出,尤以明清两代为甚,其中最杰出的代表人物就是从寿州孔庙泮桥上走出来的清咸丰九年状元、与翁同龢同任光绪帝师的寿州人孙家鼐。他幼年在寿州学宫(寿州孔庙)苦读诗书,咸丰元年院试中举后,初下南闱不第。他目睹诸兄名登金榜,益自奋勉,终致及第。相传,孙家鼐在参加咸丰九年殿试时,咸丰皇帝命他以大清王朝的兴盛写一副对联。孙家鼐即兴书联曰:"亿万年济济绳绳,顺天心,康民意,雍和其体,乾健其行,嘉气遍九州,道统继羲皇尧舜;二百载绵绵奕奕,治绩昭,熙功茂,正直在朝,隆平在野,庆云飞五色,光华照日月星辰。"这副对联既歌颂了朝廷的丰功伟业,又巧妙地把清朝历代皇帝的年号"顺治""康熙""雍正""乾隆""嘉庆""道光"等嵌入联中。咸丰皇帝看后,惊呼"绝妙",遂举起朱笔点他为头名状元。孙家鼐"妙语连珠中状元"的故事,一时间在朝廷上下传为佳话,成为家乡寿州人的骄傲,寿州孔庙也因培养出孙家鼐这样一位奇才而声名远播。(楚仁君)

奎星楼

在寿县古城西大街中段的孔庙古建筑群里,有一座别具一格的建筑,它融于孔庙古建筑群中,又因其亭亭玉立于大街一侧而相对独立为一处特殊景观,这就是奎星楼。

奎星楼是一座清代乾隆年间建造的楼阁,主持建造者是时任寿州知府张佩芳,因匾额题写"奎光"二字,所以最早的名称为"奎光阁"。楼阁共有三层,高二十米,木质结构,自上而下逐层收缩。从上面俯瞰,阁的平面呈六角形。阁基为石台,五面的护栏也是石质结构,围成了一个宽敞的回廊。阁内有六根粗大的木柱从一层直通到顶层,每层的梁木与木柱紧紧相连。阁内的木质旋梯沿阁壁盘旋而上,拾级登临,凭窗远眺,因心境不同,可生发不同的感想。

后来,奎光阁之所以又改称"奎星楼",是因为"奎星"与"魁星"同音,而"魁星"是中国神话传说中主宰文章兴衰的神,在学子心目中具有至高无上的地位,奎光阁后来也慢慢地被叫作了"魁星楼"。有传说,寿州学子孙家鼐咸丰九年赴京赶考,因才华出众,被咸丰帝钦点了头名状元,就是在奎星楼改建不久。

到了道光元年(1821年),因为年久失修,奎光阁到了摇摇欲坠、岌岌可危的境地。时任知府龚式谷为保护这座古建,拨出专款对奎光阁进行了大修。民国期间和新中国成立以后,对奎光阁都有过多次抢救性修复。但无论什么时候,修葺都是在原址进行的修旧如旧,没有改变其原貌。

奎星楼飞檐斗拱,造型别致,堪称阁类建筑的上品。而奎星楼的六角斗拱飞檐,比别的楼阁的飞檐显得更长一点,这里有一个有趣的故事。传说奎光阁已经基本成型的时候,州官到了工地,一看楼阁虽然高大,却不美观,看上去就像个古堡,

奎星楼

立刻大发雷霆,限令十天内重建一座好看的楼阁。成型的楼阁扒掉要时间,重盖更要时间,工匠们忧心如焚,一个个急得像热锅上的蚂蚁。第二天中午,工匠们坐在地上,端着饭碗却吃不下饭。忽然,一个满头白发的叫花子来到工地,一个工匠顺手把自己碗里的饭菜一股脑地倒在了老头的碗里。老头扒了一口,吐了出来,嘴里说:"啊,太淡了,没咸味,加盐!"说着,把碗里的饭菜倒在地上,又把碗伸了过去。这个工匠本来就一肚子心思,看他一个要饭的还这么挑三拣四,很不耐烦,拿来盐罐子,抓了一把盐倒进老头的碗里。老头看都不看,尝也不尝,连声说:"不咸,加盐,加盐!"工匠一气之下把罐子里的盐全都倒在了老头的碗里。老头高兴了,连声说:"好,加盐好,加盐好!"说完,一转身不见了踪影。工匠们个个是丈二和尚摸不着头脑,菜本来就咸,老头为什么总是叫加盐呢?大家你看着我,我看着你,都搞不清楚这个疯疯傻傻的老头葫芦里卖的什么药。突然,一个老工匠跳了起来,大声叫道:"我知道了,刚才来的是祖师爷鲁班,他老人家说加盐,是提醒我们给斗拱加长飞檐,这样就好看了。"听老工匠这么一说,大伙茅塞顿开,立刻给三层楼阁都加了六角斗拱飞檐。果然,这么一改,宝瓶顶直冲云霄,斗拱飞檐新颖别致,整个楼阁显得雄伟壮观。没扒楼阁,没重新翻工,等到州官十天后来到工地,一看奎光阁,连连称妙。工匠们对着楼阁磕头叩拜祖师爷鲁班显灵,助他们渡过了难关,也给后世留

下了一座建筑经典。（赵志刚）

臊泥塘巷

臊泥塘巷位于寿县古城北街北段，西连北大街，东至仓巷，长100米，宽4米。旧时巷南有个鸭子塘，后演称臊泥塘，故名。

巷子在清代及民国初是蔡公馆门前的一条路，新中国成立后才形成巷子。蔡公馆对面有一个大塘，塘水清澈，野鸭成群，旧时称鸭子塘。

如今住在这里的是蔡公馆后人蔡元华夫妇俩，也都已80多岁了。

蔡元华是蔡公馆第四代人。蔡公馆是两名武官府第，这俩人也是兄弟，老大明善府，老二福成府。据《寿州志·选举》记载："蔡明善，花翎，尽先游击。"蔡明善是蔡元华的曾祖父，木牌位上记载，他生于咸丰壬子年（1852年）三月初四日寅时，卒于光绪甲辰年（1904年）九月十二日戊时。其夫人洪氏，生于道光庚戌年（1850年），卒于光绪戊戌年（1898年）。洪氏生有文海、文彬、文铭、文檀四子。孙辈三人，长孙少时生病，娶妻张氏冲喜，不久病亡，张氏守寡，蔡公馆房产也由张氏继承。张氏过继妹家女为干女，干女成人后也守寡，州城人称"双寡妇"。另二孙辈为思则、思贤。与大公齐名的是二公蔡福成，花翎，记名提督，娶妻程氏。蔡家与迎河周家有亲戚关系，于是在古城西乡迎河乡村购买了大片农田用于耕种和居住，又在大炭集和小炭集建有蔡家墓地。蔡明善和蔡福成也葬在了那里。蔡元华的父亲是老二蔡思则。蔡元华在新中国成立后拉过板车、卖过早点，后到县国有酒厂工作，由于厚道本分，勤俭持家，生活殷实，育有一子四女，均已成家。岁月沧桑，豪华恢宏的蔡公馆早已不在，而它遗留的痕迹，唯有如今蔡元华老人中堂案桌上的清代名家何子林浅绛彩花鸟六方开窗帽筒和青釉瓷香炉，以及三个刻有文字的木牌。

臊泥塘巷子里有两口井，路南路东各一口，东边井已被建房填实。现住在巷中的孙奶奶说她十几岁时嫁到臊泥塘巷，常到井边洗菜洗衣服。她说以前井的四周呈簸箕形，北宽南窄，井位于中央。圆形的井口有十八条绳道，称"十八罗汉井"，如今井石依旧在。

抗战时期，鸭子塘逐渐成了垃圾场，污水杂物横陈，人们称其为臊泥塘。后来，塘被填实，周围建起了房屋，形成了小巷。（王晓珂）

老县委会大院

老县委会大院位于寿县城内东南隅旧时称作"考棚"的地方,现今大门西向正对棋盘街。这里曾因其地理位置的特殊,在历史上是一个被反复利用的地方。

清代,科举考试盛行。其时各类大小文人无不祈盼搭上科举这艘艰辛的人生航船,以求飞黄腾达。清朝地方政府为适应一年两度的科考和众多的考生,于寿州城东南隅兴建了寿台试院,民间称作"考棚"。

清光绪《寿州志》记载:"寿台试院,在州治东南德化坊。道光七年(1827年)八月,知州朱士达捐廉银一千两创建。"这个考棚,在初起时规模就十分庞大,大门、仪门、大堂、后堂、东棚、后棚、大堂耳房、后堂耳房、鼓乐棚、月池等建筑一应俱全,还在城东南角城墙上原青云楼遗址处建造"文峰塔",塔上悬匾额曰"天乙阁"。

随着晚清时期科举制度的废除,寿州考棚随即渐渐淡出人们的视线,特别是经过战乱及日寇破坏,其建筑被毁,土地亦被州人重新辟为菜地。

当时人们之所以选择城内东南隅这个地方建考棚,大概是因为八卦所称东南地属"巽位",具有内敛、谦逊、安静的特质,在风水上是"文昌位"的吉祥之地。这样一个位置重要而又风水尚佳的地方,自然被民间称作"风水宝地",引得后世人们十分重视对这个地方的利用。

继寿台试院之后,历史上不同时期都对这一地方进行利用:

1.安徽省立第三女子师范学校。

1920年,寿县知名人士方闲佛、洪晓岚等,联名具文呈报省政府,请诉在寿县设立女子师范学校,并以原寿台试院为校址。1922年春,省教育厅派视学赵伦士来县勘察。勘察后,这位大员一拍脑袋,决定将附近的圣公祠、英公祠等房屋统统划归为校舍基址。经过紧张施工,次年学校正式开学,定校名"安徽省立第三女子师范学校",叶沛青(女)任校长。

2.安徽省第六中等职业学校、安徽省立寿县初级女子工艺职业学校。

1928年在原安徽省立第三女子师范学校校址上,设立"安徽省立第六中等职业学校",毕仲翰任校长。学校设染织、缝纫二科,学制三年。州人时称其为"六职"。至1934年,省里将六职改为"安徽省立寿县初级女子工艺职业学校",设缝纫、针织、刺绣、染织等科。1937年,因抗日战争需要,设立军事看护科,招收学员225名。后来,县城被日寇侵占,学校停办。

3.20世纪50年代前后,"安徽省卫生厅干校""安徽省治淮指挥部"等省直单位,先后进驻以上这些学校的旧址。

4.中共寿县委员会。

1960年9月,实行"归口领导,合署办公"体制,将县委会、县人委会等13个办公室合并为9个,组织人事、工农、财贸、卫生、水利、宣教、司法各口均成立党委会。同年冬,寿县人民委员会迁至城内东南隅,县委会随迁,兴建办公楼。

2013年11月25日,寿县县委、县政府、县人大、县政协四大班子正式从城内迁出,拉开机关单位全体出城工作的大幕。根据统一安排,老城区原县委大院所有机关单位一律迁至新城区办公,大大缓解了古城内人口及交通压力,为保护千年古城迈出坚实步伐,老县委会这个地方仅作为少数留守单位以及部分干部家属宿舍小区。(方敦寿)

晒场巷及余家硝场

传说寿州城是"筛子地",又有人说寿州城是硝盐地。过去城中,土路土房,辟有菜园,到了冬天,硝盐沿着路基墙根、菜畦地垄泛出来,白茫茫一片。地势低洼的硝盐地对房屋侵害最大,天气变化时,房间回潮犹如水帘洞,层层剥蚀墙壁。

沿鲍家井巷向南走,中间左拐,是一条更狭窄弯曲的巷子,再往里行进,几个拐弯后,像到了不能再走的尽头。一户人家敞开大门,门头上钉了一块蓝底白字的搪瓷门牌——晒场巷。

晒场巷,晒的是什么东西?晒的是硝。过去这一带住户不多,全是空地,赶上天气好,又有太阳,全是摊晒的硝土,小巷因而得名。

城中西、北菜园,每到冬季,天气寒冷,地里硝盐都泛了出来,其他什么也种不了,只有黄心乌、黑叶白菜了。看来,黄心乌完全适应了城中的硝盐地。

从晒场巷到西菜园,再返回北大街,路东臊泥塘巷南边有一条巷子,巷口有一块牌子,上书"余家硝场"。巷口正对着武家巷,与南北走向的仓巷形成一个小小的十字路口。

听老人说,寿州城中过去熬硝制硝的硝场不止一家。比如从仓巷往北走,拐进东岳庙巷与小马家巷口有一家硝场,这是当时城里最大的一家硝场。东大寺巷路南的撒金塘沿,过去有一家硝场。南过驿巷走到头,穿过棋盘街,状元街里还有一家硝场。余家硝场不算大,却以它命名一条巷子,也算是"命中注定"。原来这里没有房子,只是一大片晒硝的场院。

硝是怎么熬出来的?硝场有一口口铁锅灶台,有一排排石头墩子,上面放着直径近一米的大缸,缸底钻眼,安上竹筒嘴子,下面放小缸。将晒好的硝土倒入缸中,再注水,充分溶解。这样,硝水过滤,从大缸通过竹筒嘴流入小缸。流出来的是深红色的硝水,把一个鸡蛋放里头,根据水面浮力判断硝水浓度。浮起鸡蛋,是为达标。

硝水可以出售,是粗制品,价钱不高,需要熬制提纯,结晶成团,制成上好的"硝坨",才好销售。

新中国成立前寿地食盐紧缺,硝可当盐吃,但是不能多吃,容易中毒。

硝还是火药原料,比如遍布城乡的炮仗店要用硝,过去用火铳打猎,需要用硝自制火药。那时,寿县硝场遍布,如果熬出来的硝都用来制造火药,那么寿州城就是一个大的军工厂。

嘉靖《寿州志》曰:"额销小引盐一万四千六百二十四引……岁办硝额一万一千斤……除寿春营就近支用外,余剩尽解藩库交纳。"把盐与硝同日而语,其中课税几近相当,可见寿地硝盐的盛名。

1940年4月,寿州城第三次为日本侵略军占领,并在此驻扎作恶五年之久。其间,日本鬼子管控食盐专卖,进行谋利,老百姓吃不上盐,也吃不起盐,只能用硝代盐。城中硝土也令日本鬼子日夜不安,胆战心惊,于是,城中一律严禁晒硝熬硝。他们因害怕老百用硝姓制造炸药,所以日伪勾结,派出伪县政府保安队的"鬼变"与汉奸日夜巡逻,挨家挨户搜查,如有发现,严惩不贷。(高峰)

实验小学旧址

在古城寿县寿春镇南大街的楼巷内,有一所历史久远的小学校,是现今实验小学的前身,始建于光绪二十九年(1903年)。该校历史上几易其名,先后经历了私立阜财高等小学堂、私立道华小学、公立城南小学、寿县城南小学、寿县师范第一附属小学、寿县城关镇第一小学、寿县师范附属小学、寿县实验小学等演变进程。

说起这所学校的前身,不得不提起寿州晚清状元孙家鼐。

光绪二十四年(1898年),朝廷中维新派实行变法,废科举,兴学校,倡导新学。当时在清廷担任吏部尚书、协办大学士、掌管学务大臣的孙家鼐,受光绪皇帝之命,在北京创办了京师大学堂(今北京大学前身)。倡导新学的思想激起他大声疾呼,各省要多办中学、小学堂。他更不忘故土寿州家乡的教育,以至多次传谕族中侄、孙在寿州创办学堂。

孙家鼐侄孙孙多森(号荫庭),寿州城关人,晚清著名实业家。1898年2月,在上海创办国内第一家华商面粉厂——阜丰面粉公司,他亲任总经理,其兄孙多鑫任协理。1903年5月,他们接受族中长辈孙家鼐之谕,由上海回到寿州,选址购买城内南大街楼巷内一处民居,兴办学堂。因经费系阜丰面粉厂提供,学堂定名"阜财学堂"。当时,学堂相当于现今的小学,依清廷规定,分为"初等学堂""高等学堂"和初高等合办的"两等学堂"。据此,阜财学堂依其办学设想,为阜丰面粉厂培养可用人才,拟改旧时儒学教育制式为以西学为主的教育制式,称为"阜财高等学堂",是寿州当时最早的学堂。

阜财学堂一直办到宣统三年(1911年),因政权更迭而停办,但其产业仍属于孙氏家族。

当时,寿州陆续兴办学堂的不止这一处。1904年春,州人孙毓筠(字少侯,孙家鼐又一侄孙,曾于民国元年首任安徽都督)借城北僧王祠(祀僧格林沁的祠堂)创办"蒙养学堂"。办学期间,他与州人柏文蔚、张树侯等人建立"天足会""强学会"等革命组织,宣传革命,抨击清廷腐败,提倡妇女放足。

1915年,停办4年的阜财学堂权属有了变化。当时,美国基督教长老会派宗璧如女士来寿州传教,于阜财学堂原址续办"私立道华小学"。学校一直到1940年才宣告停办。

1950年学校收归人民政府管理,改私立为公立,定名"寿县城南小学",1959年改名为"寿县师范第一附属小学",其后屡易其名。

随着寿县教育事业的发展,2015年9月1日,该校整体搬迁到城南新区状元路与东津大道交叉口处的新校区,实验小学以崭新的姿态展开了新的翅膀,翱翔在寿春大地上。(方敦寿)

三步两桥

"三步两桥"与"当面鼓对面锣""门里人""人心不足蛇吞象""三眼井""城里城""石羊抵头""无梁庙"一起并称为"寿州内八景"。

过去,其他七景都有实物可证,唯独"三步两桥"有其名而无其物。民间传说寿州城里过去有着完备的水系,四通八达。"三步两桥"是走三步跨两桥,还是走三步望两桥?

"三步两桥"位于西大寺巷与北梁家拐巷交叉口,现在这个地方不但无水,更没桥,白天人来人往,夜晚有一只监控大灯照射,亮如白昼,纤毫毕现,就是不见风景。

2021年北梁家拐巷改造,人们口耳相传的"三步两桥"惊现于施工现场。昔日

三步两桥

城池中石头垒砌的排水沟重见天日,引来百姓的围观。经文物部门现场清淤后发现,排水沟结构完整,砌石上仿佛还留有流水之痕,桥上条石一直铺到北边的郑家庄。受平板独轮车长期碾压,石头上留下了深深的车辙,又因深埋地下而显得苍旧古朴,且十分牢固,仿佛还能承载车马千钧之重。尤其是清理出排水的流向,与老人们的回忆相当一致。因此,"三步两桥"神奇独特的地名历史文化就活灵活现地呈现在我们面前了。

寿州城拒水于外,恃水而居,水是它的大气象、大智慧,也是它的大魂魄。历次大水绕城而过,只在城墙上留下了两道杠杠,一道是1954年的最高水位25.78米,一道是1991年的最高水位24.46米,但城内百姓都得以安居。

"三步两桥"的源头在哪?从地理上讲,它的源头来自古老的东淝河、淮河,也许还来自楚国的芍陂。

"三步两桥"在历史和岁月的变迁中为人们解开了一个谜,它是古代城中排水系统的物证,也是乡愁。现在,政府在这里进行了原址保护,设了石头护栏,竖了保护牌,人们每每从此经过,遥想当年它曲水拱桥的样子,常常驻足流连,发思古之幽情。(高峰)

无蚊巷

寿县古城东街有一条北梁家拐巷,史称"无蚊巷"。为什么在古城的其他地方都有蚊子,而此条巷子却没有蚊子呢? 老人们会给你讲起"赵匡胤困南唐"的故事。

五代十国时期,寿州地属南唐。南唐清淮军节度使刘仁赡奉命镇守寿春。周世宗显德二年(955年)十一月,周举兵伐唐,十二月"败唐二千余人于寿州城下",次年春正月、二月、三月、五月多次进攻、围困寿州。

显德四年(957年)春,世宗水陆并进再度亲征,赵匡胤又"从征寿春"。赵匡胤率师拔唐之连珠寨,生擒唐应援使陈承昭。刘仁赡在外失救兵、内缺粮草的危境中死守城池,拒周劝降。城内的疲劳、饥饿、疾病接踵而至,此时刘仁赡已不省人事。其副使孙羽看大势已去,开城投降。刘仁赡旋病死,刘夫人绝食殉节。州人皆哭,刘仁赡部将及士卒跪倒灵前,自尽以殉者数十人。

周、唐之战前后三年,双方死伤惨重。据载,仅正阳关一战,唐兵就被斩首万余人,伏尸三十里。可以说,这次周、唐之战是继秦晋淝水之战后发生在寿州境内的又一次重大战役。

此次战役之后,"赵匡胤困南唐"及"大救驾"的故事广为流传,而南唐清淮军节度使刘仁赡死节守城、忠贞不贰、大义灭亲的行为,更为后人所称道。明正德年间《重建忠肃王庙碑记》云:"(仁赡)生抗国难,死勤王事,夫妇忠节,诚罕予俦。"明代在寿州城内建"忠肃王庙"祀之。

赵匡胤身骑白龙马,手持盘龙棍,来到了州城东北隅的东禅寺安营。

这年,寿州的梅雨季节来得较早,连日的闷热使得蚊子越发多了起来,特别是傍晚时分,蚊子嬉戏簇拥,团团飞舞。赵匡胤坐在案前研读《淮南子》,不时受到蚊子的侵扰,在他坐立难安时,脱口说了一句"如果没有蚊子就好了"。未承想他的一句戏言,次日就使得蚊子渐少,数日后,东禅寺方圆数百米以内已不见蚊子踪影。

960年,陈桥兵变后赵匡胤成为大宋太祖,人们为了表达对太祖皇帝的爱戴之心,将他在寿州城内居住过的东禅寺西侧的巷子命名为无蚊巷。后来人们将无蚊巷又改称为北梁家拐巷了。无蚊巷的传说随着"赵匡胤困南唐"的故事,经历代人们的口口相传,流传至今。

古城村

古城村西侧 3 千米有国家级重点文物保护单位——西南小城。古城村因此而得名。

《太平寰宇记》记载,"西南小城"旧为春申君居所,属于寿春城遗址范围。现在城垣还在,残高 1 米至 2.5 米,呈方形,周长 1200 米,面积约 9 万平方米。

黄歇当初的受封地包含寿春,也就是今天的寿县,其封号春申君,与寿春有着十分密切的联系。"寿"为长远之义,"春"是万象更新的季节,象征楚国永远保持下去。春申君黄歇受赐的淮北十二县,包括寿春在内成为黄歇的封邑。黄歇受封后,开始正式经营寿春城。经过 14 年的兴建,寿春在黄歇的治理下,成为春秋战国后期中国南方繁华的大都市。

寿春城的繁盛期,正是楚国与秦国交战最为激烈的时期。秦国步步紧逼,形势对楚国十分不利,黄歇向楚考烈王提出"徙都寿春"之议,立即得到楚王的赞同。

西南小城考古航拍

据《史记·楚世家》记载："（考烈王）二十二年（前241年），与诸侯共伐秦，不利而去，楚东徙都寿春，命曰郢。"《汉书·地理志》"九江郡寿春邑"下自注云："楚考烈王自陈（今河南淮阳县）徙此。"后记又说："后秦又击楚，徙寿春。"春申君黄歇为楚国迁都做了十分周密的安排。据史料记载，楚都寿春城建有金城、相国城。金城为楚考烈王之城，相国城又称西南小城，为春申君黄歇所居。从现代考古发现来看，楚都寿春城不仅规模宏大，而且都有很细致的功能区分，宫殿与国库、匠作等相对集中。如此规模，绝非仓促可成。一方面，寿春经历了淮夷人、蔡国以及春申君黄歇的长期经营，一直是淮南名城。另一方面，楚国人在与强秦交战时，已经为迁都做好了充分准备，依照都城的要求和规模，对宫殿建筑区、仓储区、作坊区等，提前进行了建造。营建基本就绪，才徙都寿春，改称郢都。一时间，贵族士卿、将佐军吏、工商庶民纷至沓来，寿春很快成为拥有10万人口的大都市。（赵鸿冰）

蔡侯墓遗址

1955年5月24日，六安专区治淮民工在寿县西门定湖门内取土时，发现2件甬钟，于是继续挖掘，共取出大件铜器鼎、鉴、缶、豆、甬钟等30余件。26日，安徽省博物馆筹备处吴兴汉得知此种情况后，及时电告上级。省人民委员会立即派省文化局副局长李则纲会同考古人员赶赴寿县进行清理挖掘工作。

墓葬遗址位于寿县西门内偏北的地方，西距城墙约40米，南距城门约300米，东面半里许即为密集的城内居民的房屋。该墓形制为土坑竖穴，南北长8.45米，东西宽7.1米，深3.35米，无墓道，墓坑正中略偏南有长2.4米、宽0.8米的漆棺痕迹，满铺朱砂一层，厚约2厘米。朱砂下面有玉佩1副，并有玉璧与扁形玉环等，其间排列着圆形、六角形、三角形、长方形的金叶；偏东处有铜剑1把，剑锋向南；墓主人的骨骼未能保存下来。从玉饰、金叶的排列次序与铜剑的位置看，宛似人形卧地，可知是头北足南。

墓葬出土器物经整理共584件，有铜器、玉器、金饰、骨器、漆皮等，其中青铜器486件。礼器百余件，器物主要有鼎、鬲、簋、簠、敦、豆、方壶、尊、盉、缶、鉴、盘、匜、甬钟、镈钟、钮钟、钲、镎于等。随葬物品如鼎、钟、鬲、豆、方壶、鉴、盘、尊与编钟等，都置于墓坑北部；墓坑的东南隅除车马器、兵器外，尚有一些小铜器、骨器；西部以兵马器居多，也有一些小铜器、骨器；墓葬南壁底部长方形小坑内有绳纹陶器碎片，可能是给陪葬者的。蔡器与楚器虽然国别不同，但在文化面貌上却基本一致，主要是由于春秋时期，江淮汉地区的诸侯经过长期征战、频繁的交往，文化交流也与日俱增,从而互相渗透,逐渐融合,最后形成了具有独特风格的楚文化。

部分青铜器镌有铭文,其内容反映了弱小的蔡国周旋于吴、楚两大国之间的困难处境。蔡侯盘与尊的铭文各有 92 个字,为蔡侯嫁其姊于吴王时铸;吴王光鉴有铭文 52 个字,是吴王之女嫁蔡时所赠。蔡侯钟上 82 个字铭文,有"辅佐楚王"等词句。由此可知,蔡国一方面与吴国结成姻亲以为外援,另一方面又要讨好楚国,而最后仍为楚所灭。(赵鸿冰)

寿州古井

据统计,1958 年以前,寿县城区尚有宋、元、明、清时代砖井 179 口,主要分布在人口密集的东大街、南大街,以及居民集中的北大街西北角、西大街西南角。

清真寺无像宝殿门前有一口古井,井沿边被井绳勒出一道道印痕。寿县清真寺建于明朝天启年间,建寺当筑井,方便生活。据此推算,清真寺之井当在 400 年以上。寿县城区的穆斯林兄弟多居住在南大街西南角清真寺巷附近,所以附近回民多到此汲水,以示洁净。寺内二道门也有一口井,已干枯淤实。

要说寿县城区最有名的古井,三眼井当列为其中之一。三眼井位于东街南过驿巷内的民居旁,井边就是人来人往的菜市场和小商品摊点,每天井边都围满了汲水洗涮的人。三眼井以其优越的地理位置,加之能从三个井口汲水,着实为这片人口集中的地方提供了极大的方便。南过驿巷和北过驿巷曾设过驿站。据记载,明清沿用元代制度,建立驿站网络。明嘉靖年间,寿州有驿站 10 处,南过驿巷和北过驿巷就是供传递书信的邮差、军士歇脚、休息,给马补充草料的地方,当然少不了水井。即使是设驿站时建的井,三眼井亦当在 400 年左右。

寿县城内不仅井多,而且还有非常有趣的名字。如按数字划分,有山下一井(山墙下面压了一口井,在三英庵东山墙下)、一山隔二井(北门内东环路)、二眼井(老一中对面西侧一点)、双灌井(关帝庙西边)、三山夹一井(原实验小学门口)、三眼井(南过驿巷内)、八里井(县医院老住院部东北角墙外);如按姓氏分,有鲍家井、梁家井、袁家井等;如按大小分,有大观井、小观井等。

古井所处的位置成了人们后来命名街区的依据。如原寿县福利院东边有两条巷子,因巷内各有一井称之为观井,后人就把这两条巷子命名为大观井巷和小观井巷。老外贸局后边的巷子因有鲍家井,故称之为鲍家井巷。

据说,在北大街呈"寿"字形的孙家鼐故居里有一口古井,当年孙状元是否得益于古井之水的惠泽而文思泉涌,成为一代帝师的呢?鉴于古井对人们生活的重要性，人们还在井上建亭，刻石题咏，供汲水之余纳凉、观景，成为人们发思古之幽情、追求闲情逸致的好地方。

随着时光的流逝，很多古井在旧城改造、市政建设中被掩埋了。如笔者曾考察过的大观井、小观井只留下了名字，而它们的原始模样只能任后人去想象了。

清真寺井、三眼井、鲍家井、营房井（营房巷内）、北梁家拐井（南入口处西侧居民区内）、白帝巷内等古井仍在造福于古城的百姓。它们斑驳的勒痕、深邃的洞口，仿佛告诉着人们历史变迁的沧桑，又仿佛是洞穿世间百态的目光，诉说着发生在古井周围五光十色的生活故事。（赵鸿冰）

中共寿县一大会址

中共寿县第一次代表大会旧址——基督教堂（时称"福音堂"），位于寿县城内东大街北照壁巷口东侧。该教堂兴建于 20 世纪初，是当时基督教在本地传授教义的地方。

1927 年 4 月 12 日，以蒋介石为首的国民党新右派在上海发动反对国民党左派

中共寿县一大会址

和中国共产党的武装政变,使中国大革命受到严重摧残,导致第一次国共合作失败。对此,中国共产党初步积累了正反两方面的经验,为领导中国人民把斗争推向新的更高阶段做准备。

1928年3月4日,中共安徽省皖北特委派员来寿县开展工作,鉴于寿县各界人士反帝反封建斗争的情绪高涨,决定在县城基督教堂内召开"反对蒋介石叛变革命大会"。参加大会的中共党员和各界人士数百人,国民党寿县县长魏谦光也参加了大会。大会由王影怀、薛卓汉、陈允常、方敦一、孙健、石玉鼎、曹练白等七人组成主席团并先后发言。他们揭露了蒋介石、汪精卫策划的一系列反革命事件的真相,陈述五四运动对中国革命的影响以及寿县籍人士参加革命和北伐战争的情况,号召人民继续战斗,打倒蒋介石等新老军阀,夺取国民革命的最后胜利。

大会结束后,寿县党组织利用这次反蒋大会之机,接着举行了中共寿县第一次代表大会。会议清除了当时残留在党内的机会主义思想余毒,决定发展群众组织,进行游击战争。会议选举产生了中共寿县第一届县委:书记王荫槐,委员薛卓汉(负责组织)、方敦一(负责宣传)、孙一中(负责军事)、曹广化、石玉鼎、洪克杰等。会议做出了新的工作任务决议:一、开展反对封建势力的宣传和斗争;二、从斗争中吸收党员;三、夺取全县教育机关作为发展党员基地;四、发展共青团、工会、农会、妇女会、儿童团等组织;五、立即组织暴动。会后,党员分赴各所在地宣传、发动、组织农民起来斗争。共产党在人民群众中的影响日益扩大,党的主张逐渐被劳动大众接受。

基督教堂是一座仿古建筑,始建于1922年,建成于1923年。建堂之初,由耿林父经办购买此处原黄姓等人所有市房,后由美籍传教士赵伯林负责筹建。建筑为仿中式,砖木结构,重檐歇山顶,筒瓦屋面,天花用红、黄、绿三色绘制成外方内圆图案,白色天鹅绘于其中,讲台上挂涂金十字架。其木座上的色调和图案配置,给人以肃穆和神秘的感觉。教堂原有正殿35间,正门向东,青石台阶。此外,尚有配房数十间,今存不全,唯大殿经维修尚完好。

1982年12月12日,寿县人民政府公布该处为"全县重点文物保护单位"。

(方敦寿)

清真寺

相传,唐宋时期寿州清真寺建于城内西北隅,后因回民人口增加,原有寺院已不能满足教民活动需要,于明天启年间移建于城内西南隅清风坊内。该寺现位于清真寺巷与留犊祠巷交口处,为华东地区最大的清真寺。

明万历十一年(1583年)春日的一个清晨,一位英俊的青年迎着薄雾,身披粗布长衫,背挎一简易行囊,由北门进入古城。一夜行船,肚子早已提出抗议,青年匆匆前行,来到北大街中段,看到街上有一家早点铺已开门,他循着油馍的香味来到早点铺,让店家上一份早点。店家说:"有油馍、油茶、烫牛肉,客官需要点什么?"青年说:"来一碗烫牛肉,八两油馍。"青年边吃边称赞早点太好吃了。青年问店家多少钞,店家答:"十文小钞。"青年打开行囊翻来覆去,没有找到宝钞银两,不好意思地说:"离家匆忙忘带银两,我来寿州大概三日,可否在你这吃住?我打欠条给你们,日后十倍奉还。"店家夫妇相视以对,问道:"客官贵姓?从哪儿来?"青年答道:"本姓朱,从凤阳而来,到寿州巡游。"店家听后,看来者相貌堂堂,姓朱,又是从凤阳而来,便猜想来者非寻常之人,便答道:"我们是本家,你在寿州几日可在我家吃住,费用全免。"三日后,青年收拾行囊,准备离开寿州,他拿出纸笔写下:"寿州几日,本家款待,他日来京师,定当重谢。朱翊钧。"送与店家说:"他日若遇到什么难事,可拿此信到京师来找我。"青年走后,店家将此信放入木匣保了起来。

时光流逝,转眼到了明天启三年(1623年),寿州城内的回民猛增,原清真寺已不能满足他们的需求,众议之下,就出资购得了时公祠西侧的陈家花园,重建清真寺。寻找工匠,筹备材料,择吉日动工。当木框架立起后,城内一汉族乡绅带一干人来到施工工地要求停工,理由是无像宝殿的高度高出了位于西南方的关帝庙。一番争议后,大家来到县衙。县官判定锯柱降高。回民兄弟对县官的判定不服,正在一筹莫展的情况下,一位朱姓老者突然想起说道:"几十年前,我有一封京师人给我写的书信,当时他对我说有什么困难可以去找他。"当即大家推选了两名青年陪同老人水陆兼程赶往京师。到京师后,他们几经周折,找到了一位寿州籍的官员,将此信送进了紫禁城。七日后,这位寿州籍官员为他们送来了御批的无像宝殿图纸和银两,并告诉他们给老者写信的人是万历皇帝朱翊钧。

他们回寿州后,清真寺在官方的支持下顺利开工建设。两年后,一座御赐的无像宝殿拔地而起,飞檐翘角,雄伟壮阔,浑然一体,凝聚着古人的营造技艺和智慧。

寿州清真寺是明万历皇帝批建的,清乾隆皇帝又御批半副銮驾,可在寿州回民出殡时使用。这些有关寿州清真寺的传说,口口相传,流传至今。(李凤鑫)

扬叉把巷

扬叉把巷东起照壁巷,西至南、北扬叉股巷结合部,长200米,宽4米,旧称"扬叉街"。北扬叉股巷西起状元街,东至扬叉把巷,长 75 米,宽 4 米;南扬叉股巷西起南大街,东至扬叉把巷,长 200 米,宽 2.5 米,后扩建东内环路,现已不存。

扬叉是一种叉禾草用的木制农具,长把,叉头如"丫"字。古城的小巷有很多,而以农具命名的巷子,这里是唯一一处。顾名思义,扬叉的叉把叫扬叉把巷,东西走向,叉头向西,叉把向东。两个叉头分别叫南、北扬叉股巷。

青石板路历经岁月,被打磨得圆润而光滑。从扬叉把巷里 3 号往北拐进深处,有一处老房子,是清乾隆年间孙统领的故居。旧时孙统领住宅有 32 间房子,其中 10 间学堂、4 间绣楼,门前两个 2 米高的石狮子,高大威猛。现存老房子面积 189 平方米,由满文祥等三户居住。古时前后三进两层楼房,后院花园亭阁。孙统领巡视淮岸,奔走城环,每当公务下班,便回到巷里家院。昔日孙统领大门前,深色的木门栅格,雕刻镂花的木窗,散发着历史的韵味。扬叉把巷路南住着侯家,东边是侯家老宅,即侯幼斋住处。侯幼斋于民国十八年(1929 年)把东街升平园浴池让给原主黄氏,转而租下了北过驿巷其表叔齐某开办的浙绍会馆房舍,从上海请来建筑师,筹建新浴池。经过近一年的施工,建成了当时县城最先进的浴池。浴池建成后,取兴盛、吉祥之意,仍用侯氏"升平园"字号(东街老升平园同时易名"龙园")。民国十九年(1930 年)九月廿四日,新升平园正式开业。

扬叉把巷北边还有潘家花园及张家花园。北扬叉股巷有小路通往郭家花园。据老人们说,古时扬叉把巷周围居住的大都是官员和富商,庭院亭阁,高门石狮,古朴而肃静。这里的 4 个花园连成一片,风景典雅,东南与文峰塔遥遥相对,城河春柳依依,夏荷玉立,绿树葱郁,成了古时城里最佳街区。

旧时扬叉把巷的东边住着一户沈家,沈家建有三间佛堂,日本侵略寿县时,损毁青云庵,附近老百姓将铜铸十八罗汉抢救出来,搬到巷里的三间佛堂藏起,抗战胜利后,移到报恩寺博物馆中。旧时在北扬叉股巷后有菜园,园中有辘轳井,周边人们都到此井打水。南大街所有的水系都从扬叉把巷与南、北扬叉股巷交接处地下窨井进入东边的河塘。

2022 年秋,在扬叉把巷北 50 米处的小区修建中,发现一长石条,上刻着"淮王丹椀桥"五个大字及"未斋先生浚池,获古椀二,因名其桥,并属王城书石"一些小字,印章为"王城私印"。最左处有"道光癸未"款,可知为 1823 年立石。"未斋"乃孙克仿之号,其人急公好义,清道光年间曾多次捐款修考棚、广济坝及东门城垣,迭赈水灾。他靠捐钱得官,负责修学宫等处建筑。而八公山里的大孙家花园是孙蟠所建,后孙克仿在花园挖池修桥时,得到汉代淮南王时期的两个碗,"椀"即"碗"。淮南王炼丹,他就给桥取名"淮王丹椀桥"。此石桥原在八公山孙家花园,而何时

移至扬叉把巷北孙统领府第的孙家花园,已无从考证。(王晓珂)

蚂蟥集

蚂蟥集位于鲍家湾中部,现在的湖光村九里联圩二道坝上。

九里联圩二道坝修建于1954年大水过后,距瓦埠湖约3里,距兴隆集约3里,新中国成立初期属玉皇乡管辖。玉皇乡因蚂蟥集附近有玉皇庙而得名。该庙新中国成立初作为小学使用,名玉皇小学。玉皇庙于"文化大革命"期间被拆除,如今仍可见庙基。

新中国成立前至20世纪70年代此地没有蚂蟥集,只有兴隆集。1981年春天,当地人吴兆华拉着架车卖酱油、小糖等日杂用品,开始创建集市。开集时叫华明集,开集那天吴请来了三班锣鼓队和戏班子,大唱了三天,吸引了周边众多村民,从此当地始有了集市贸易。因吴兆华诨号"蚂蟥",当地人遂昵称此地为"蚂蟥集"。

蚂蟥集是寿县25个乡镇中最小最年轻的集市,它没有大集的悠久历史,也没有大集的繁华热闹,至今集上也只有两家小吃铺、一家茶馆、一家浴池、几家小超市,但它却多了一份祥和与宁静。(岳文生)

中华名关正阳关

正阳关镇地处寿县西南部,位于淮、颍、淠三水交汇处,是一座历史悠久的文明古镇。它东与丰庄镇、双桥镇、安丰塘接壤,南与板桥镇相邻,西与迎河镇相衔、与霍邱县潘集镇隔河相望,北与丰庄镇共界、与颍上县赛涧乡隔河相望。正阳关镇现为中国民间艺术之乡,安徽省第三批千年古镇。

正阳关镇,又名正阳关,古称颍尾、颍口、阳石、羊市、羊石城等。早在东周中期已具雏形,《左传·昭公十二年》有"楚子狩于州来,次于颍尾"的记载,以此计算,正阳关镇已有 2550 多年历史;又据明嘉靖《寿州志》载"东正阳镇,州南六十里,古名羊市,汉昭烈筑城屯兵于此",据此推测正阳关城墙至今已有 1800 余年。

正阳关扼守淮、颍、淠三水之咽喉,是淮河中游重要的水运枢纽,有"七十二水通正阳"之说。淮河黄金水道流经正阳关,陆路 328 国道纵贯全镇,地理位置十分优越,自汉、三国、晋、唐、宋、明、清以来,正阳关均为军事重镇,是历代兵家必争之地。

正阳关因得水运之利,擅舟楫之便,商贩辐辏,市场繁荣,自古就是淮河中游重要的货物集散地,明成化元年(1465 年)在此设立收钞大关,直属户部管理。"正阳关"因此得名。清乾、嘉时期,正阳关商贸繁荣,成为淮河流域最大的货物集散中心,有"凤城首镇"之称;年征收税银最高时有 62400 多两,又有"银正阳"之誉。新中国成立前,正阳关素有"小上海"之称,"商贸繁荣甲于皖省",今为沿淮经济强镇。

正阳关古属淮夷部落,夏为扬州域,商、周属州来国,春秋属楚地,秦属九江郡,汉属淮南国,三国时属魏国,南北朝时属北魏,隋隶于淮南郡安丰县,唐属淮南道安丰县,宋属淮南西路寿春郡安丰县,元属安丰路总管府,明、清属寿州,民国至今属寿县。

正阳关镇于 1949 年 1 月 17 日晚和平解放,1 月 21 日成立寿县正阳民主市政府,2 月 16 日,撤市改区,成立正阳区民主区公所。1950 年 2 月,正阳区升格为正阳市,将正阳镇及寿县城关地区以南、堰口区以西、迎河区以北之地区划为正阳市,隶属皖北六安行政区。同年4月20日撤销正阳市,恢复正阳区。1950年10月,正阳区划分为正阳、苏王两个区,正阳区制不变,但辖区缩小。1956年6月,正阳区改为正阳镇(区级)。1960年5月,正阳人民公社(县辖社)成立。1963年5月,正阳人民公社撤销,恢复正阳镇建制。1969年4月,十字路公社、建设公社及枸杞公社杨圩大队与正阳镇合并,成立正阳人民公社革命委员会(区级)。1970年4月,正阳人民公社革命委员会撤销,划出十字路、建设及两个农村公社、枸杞杨圩大队,恢复正阳镇。2004年9月,建设乡整建制并入正阳镇,正阳镇更名为正阳关镇。(李天仁)

羊石溯源

正阳关镇中心地段的三元口,原先耸立着一座飞檐翘角的高大牌坊,古色古香的拱门上方两面各嵌有一块石刻匾额,面东上书"古羊石",面西上书"三元口"。该牌坊建造年代不详,由于年久失修,于1966年被拆除。此牌坊明确昭示,正阳关古名羊石。另据明嘉靖《寿州志》记载:"东正阳镇,州南六十里,古名羊市,汉昭烈筑城屯兵于此……"此段文字又昭示正阳关又名羊市。

从羊石到羊市,其间经历了怎样一段历史呢?这还要从正阳关古时是牧羊滩的传说说起。相传,东周时期,正阳关还只是一个被淠河、淮河水流冲积而成的滩涂地。当时,镇中心的三元口一带,乱石垒垒,荒草丛生,是个天然的牧羊场,逐渐引得周边牧羊

羊石雕像

人纷至沓来。牧羊滩上升起了人间烟火,所养山羊自然也成了牧羊人的生活来源。为了招徕生意,牧羊人在河边的滩涂上用一块块白色的片石,精心堆叠成高大的羊状石堆,借以引来河面上往来行舟的船民和周边的渔猎人家,用羊、羊肉、羊皮、羊油等以物易物,换取粮食、布匹……羊石地名由此而来。日久天长,"羊石"由船民、渔民口口相传,声名远播,生意愈来愈兴隆,逐渐成为淮河中游著名的"羊市"。老正阳关人说,过去的古镇人祖祖辈辈会做生意,就是缘于此,而如今的羊石广场上耸立着的羊石雕像,也生动地诠释着正阳关镇的古老起源。(汪洋)

正阳关的传说

正阳关原名羊石,可羊石怎么变成正阳关的呢?这里面有一个神奇的传说。

传说在明永乐年间,有一年淮河两岸大旱,沟塘干涸,羊石有许多口井都汲不出水,而位于羊石北端玄帝庙里的这口井,井水却源源不断,不论有多少人汲水,水位总不见下降,且井水清冽,甘甜可口,一时间成为许多人的饮用水来源地。更奇的是,这井水还能祛邪去病,据说是玄帝老爷为普救众生特赐的圣水。一些得暴症的病人,若喝了井水,就能病愈,因此这口井又成为一些人心目中的"圣井"。

当时主持玄帝庙的是一个德高望重、不妄虚言、说话灵验的张道长,已年届花甲。张道长是个善心人,为方便过路行人及一些香客饮水,在庙门口放口大缸,每天都叫庙里干杂活的道人汲水倒入缸中供他人饮用。

有一天,干杂活的道人外出办事,庙里只有张道长一人忙前忙后,招呼来往香客。快到午时,张道长见放在庙门口的缸里水没了,就拿着水桶去井边汲水。这时骄阳似火,万里无云,张道长到井边刚要汲水,往井下一望,见井里有个太阳,恰好此时太阳正照在井里,这可是张道长几十年来第一次见到的奇事。老道长心想,只有"井中捞月"的典故,哪有"井中捞日"的呢?想到这,他忙大声喊来一些人观看。众人一见井里出现这等奇事,议论纷纷,不知是凶是吉。众人忙请教张道长,让其破解其中的凶吉奥秘。张道长一捋长髯,掐指一算,正色道:"烈日落井,羊石更名,若不更名,人要遭瘟。"众人一听都吃了一惊,因张道长说话一向极灵验,从不妄言。众人吓得赶忙跪下,请求张道长快给羊石更改个名字,好救救羊石苍生。

老道长沉思片刻,心想:此时正好太阳照在井里,给羊石更改个何名好呢?忽然灵机一动,回想去年到山东访道友登临泰山,拜谒岱庙时曾见岱庙大门叫"正阳门",何不把羊石更名为"正阳"呢?一来"正阳"二字暗含正好太阳照在井里之义;二来借助岱庙诸神的法力,必能禳去羊石的人瘟之灾。羊石若避过此灾,后来必将人旺财旺,此乃"大难不死,必有后福"之谓也。想到这,道长微微一笑,对众人说:"诸位快请起!现在太阳正好照在井里,贫道以为,若把'羊石'更名为'正阳',非但可免遭人瘟之灾,不久家家还可人旺财旺。"众人一听,都很高兴,于是一传十,十传百,"正阳"这个名字就叫开了。

张道长给羊石更名为"正阳"的第三天,就下了场大暴雨,人们都觉得身体比以前舒服多了,淮河两岸的旱情也得以缓解。后来正阳四周乡村连续多年风调雨顺、五谷丰登。正阳街上的生意也一天天兴隆繁荣起来,商贾云集,行人接踵,茶舍酒肆林立,店铺货物丰盈,街面上通宵喧闹,叫卖声在几里外的地方都能听到,每天河下停泊的船只有上千只之多,真可谓:道长更名逢盛世,人旺财旺归正阳。

后来,朝廷见正阳商贸繁荣,是个征收商人和船民赋税的好地方,就在正阳设立一个税关,专司收取商人和船民赋税,以后"正阳"又叫"正阳关"了,一直沿用至今。（李天仁）

正阳关红色革命旧址

一、中央交通站正阳分站旧址,位于正阳关镇解阜社区南大街东侧。

1929年冬,中共中央在安徽建立一个交通中站,下设四个分站,设在寿县境内的是正阳分站。分站站长由中共地下党员李乐天担任。李乐天在正阳关南大街马家行租用一间房子,为分站的联络处,以开香烟铺做掩护。分站的主要任务是为上海的党中央和鄂豫皖苏区搜集皖北地区的军事、政治、经济情报,传递文件,接应和护送人员。中央交通员李和经常往返于上海和正阳之间,曾护送过舒传贤、方英等中共六安中心县委、皖西北特委主要负责人往返上海等地,护送过沈泽民等鄂豫皖省委领导人及工作人员安全进入苏区。1932年5月,分站为苏区提供情报,红二十五军顺利占领了正阳关,获得大批军需物资。该站于1934年秋撤销。1983年1月,寿县人民政府公布该旧址为县级重点文物保护单位。

二、红二十五军军部临时驻地旧址,位于寿县正阳关镇解阜社区。

1932年5月,中央交通站正阳分站获悉国民党十一军要到正阳关驻防。当时正阳关有大批食盐、药品以及粮食等物资,中央决定派红二十五军抢在敌军的前头占领正阳关。红二十五军一部在红四方面军政治部主任刘士奇的率领下,于5月11日从六安出发,沿淠河挥师北上,经木厂、马头集、迎河集,打垮了陈调元沿途设防的军队,经过一天一夜的行军作战,于12日占领淮上重镇正阳关。国民党正阳关商团大队长俞禹门、商会会长牛幼臣闻风丧胆,星夜登船潜逃。红二十五军军部设在正阳关福音堂。住在北门外的中共寿县县委联络站站长曹广化，到军部向刘介绍了地方党组织的情况。刘士奇还指示秘书陈振昆召集当时鸣社正阳分社李孔琴等人，要他们把地主、豪绅、资本家名单造一册子。红二十五军指战员宣传革命政策，揭露地主、豪绅、资本家的罪恶，逮捕了部分罪大恶极的地主、资本家，得到广大群众热烈拥护。红二十五军在此住了三天，没收了豪绅、资本家油、盐、布匹、西药等物资，并将没收的百万石粮食分给饥民，同时攻打了牛家堆坊大西圩子，扒了地主的粮食。红二十五军于5月14日撤回苏区时，县委组织一支百人游击队，在县委书记曹广化的率领下跟随红二十五军前往苏区，接受军事训练，为寿县开展游击战争培养人才，后来这批人均随红军长征。

1983年1月，寿县人民政府公布红二十五军军部临时驻地旧址为县级文物保护单位。

三、中共寿县中心县委联络站旧址，现位于寿县正阳关镇拱辰社区木匠街与北外街交汇处。

1931年3月27日，中共中央巡视员方英在寿县上奠寺召开寿县、凤台、阜阳三县党的联席会议，传达中共六届四中全会精神。会上成立中共皖北中心县委（寿县中心县委），选举李乐天为书记，姚万彬为组织部部长，曹鼎为宣传部部长，方贯之为秘书。中心县委机关设在正阳关，指导寿县、凤台、阜阳、颍上、太和、固始、新蔡、息县、霍邱（非苏区部分）9县的工作，隶属苏区的皖西分特临时委员会领导。4月，中共皖西北特委成立，中心县委属皖西北特委领导，后又增加指导涡阳、蒙城2县工作。中共皖北中心县委成立后，寿县县委撤销，寿县党组织直属中心县委领导，辖瓦埠、保义、堰口、史大郢、城关5个区委，党员347人，农协会会员3400余人。

为了加强同各县党组织的联系，1931年冬，中心县委在北外街盐锅巷口（今木匠街与北外街交汇处）开一家馄饨馆，在此设立了中心县委联络站，由曹广化负责。该馄饨馆与众不同，别处的馄饨馆都是灶口向外，烧火方便且不占店堂，而这个馄饨馆却是灶口朝里，这样坐在灶口烧火，便可清楚地观察店外的一切情况。曹广化当时就在这个馄饨馆里当跑堂、打杂，以此为掩护，从事地下工作，主要任务是向各地党组织传达上级指示，加强上级与地方联系；向上级汇报各地群众斗争情况及国民党驻皖北各地军队活动情况；接应、护送革命同志。

1932年5月，红二十五军占领正阳关，曹广化代表地方党组织与红二十五军负责人刘士奇联系，为红军提供了重要情报，使红军获得了大量的军用必需品。该站于1934年秋撤销。

1983 年 1 月,寿县人民政府公布中共寿县中心县委联络站旧址为县级文物保护单位。(李天仁)

迎水寺遗址

正阳关西北的淮河边上,至今仍屹立着一个四周用青长条石砌成的椭圆形石台子,高约 6 米,面积有 400 多平方米。这个石头台子就是以前曾闻名于淮河两岸的正阳关迎水寺遗址,今为市级文物保护单位。

迎水寺遗址

迎水寺又名三官庙,供奉的是天官、地官和水官。史载,该寺始建于清光绪二十年(1894 年),系当时的正阳关税务大关总办英钟山修建,后又经多人出资整修、重修、扩建,逐步成为正阳关乃至淮河岸边一大名寺。原来上寺敬香拜佛要踏 37 级石阶,由于泥沙淤积,现在只剩下不到 10 级台阶了。寺内前后有两进院子,前面大殿安放泥塑释迦牟尼佛,两旁有十八罗汉,后面两边各有娃娃山一座,在佛像旁边还有八大将军塑像;后面大殿供奉三尊木胎镀金的天官、地官、水官塑像。大殿雕梁画栋,庄严肃穆。寺庙四周砌着半人高花墙,院内环境清幽。前殿门口迎面一副楹联:"五六月间无暑气,二三更后有渔歌",真实地记录了迎水寺幽美怡人的环境。正因环境幽美,游客、香客络绎不绝。最热闹的当数迎水寺的庙会(原为农历二月十九,自 1999 年起改为玄帝庙会日),届时周围四乡八集的人都来赶庙会,"抱娃娃"。遗址处,每年还有人放炮烧香磕头,膜拜许愿。据说迎水寺不论上去多少香客、游客,从不显拥挤;还有一些船民,为求得迎水寺三官老爷的保佑,凡经过迎水寺,都在船头烧香、撒铜钱、放鞭炮。迎水寺就这样香火鼎盛了整整 60 年。1954年,迎水寺遇一场灭顶之灾——一场罕见的特大洪水冲垮了所有大殿,僧人流落他乡,洪水又冲走了三尊三官像。水退后,整个寺庙被荡为平地。从此,再也没有人出资重建。1961 年春,正阳公社党委用水泥 8 吨、黄沙若干,加固维修迎水寺遗址,淮河岸边的一座名寺宝刹从此消失了,今仅存一遗址。(李天仁)

贤良街

贤良街位于正阳关南大街东侧靠近南城门处,东西走向,长约 100 米,宽约 3米,明显比其他巷子宽。巷内原是青石板铺路(现已不存),两边多为砖瓦结构起脊民房。贤良街看起来与其他巷子并无两样,却远近闻名,皆因巷内流传着两个充满传奇色彩的民间故事。

第一个故事关于正阳关历史人物俞化鹏。俞化鹏,字扶九,清顺治末年出生于正阳关南大街,幼读私塾,曾就读于安丰书院(今寿县正阳中学前身),康熙三十年(1691 年)中进士,历任宁海县知县、贵州道御史、奉天府府丞、大理寺少卿、顺天府府尹。俞化鹏为官清廉,以不畏权势、刚正不阿著称。

俞化鹏进京做官后,这一年因为祖屋年久失修,破旧不堪,家人决定将其拆掉重起新宅。巧的是巷子对面一周姓铁匠家也在盖新房,两家都想向中间的巷子延伸,如此一来,巷子变窄就无法行人了。双方争吵不休,互不相让。俞家人认为自己有权有势,就派人进京向俞化鹏陈述情况,要他过问此事,压制周家让步。俞听明来意后,委婉地向送信人申明大义,无论是官是民,处事要以大局为重,为人要友善亲邻,相与谦让,并修书一封交来人带回。俞家人接信拆开后,见信中有诗一首:"千里传书为堵墙,让他三尺有何妨?万里长城今尚在,不见当年秦始皇!"俞家见诗,惭愧万分,便主动退后三尺建院墙。周家人知道原委后,为俞化鹏的宽厚为人而感动,捐弃前嫌,也主动退后三尺建墙。此事传开后,巷内的居民后来建房,纷纷效仿将自己的房屋退后三尺,窄巷成宽街。从此,这条巷子便被人们称为"贤良街"。

贤良街还流传另外一个故事。传说此巷住有一张姓人家,一对新婚小两口带着老父亲过日子，家中很穷，经常吃了上顿没下顿。儿子无奈只得外出做工谋生。临别，儿子依依不舍地拉着妻子的手千叮咛万嘱咐，一定要照顾好老父亲。妻子流着泪答应说："你放心出门，家中一切有我。"儿子走后多年未归，家中靠儿媳妇为人缝补和洗衣服为生，日子过得极为清苦。儿媳妇非常孝顺，宁愿自己挨饿，也要让公公吃饱吃好。多年后儿子回到家，见老父亲身体尚可，妻子却面黄肌瘦，唯肚子挺大，便怀疑自己离家日久，妻子耐不住寂寞，与人有染。于是追问妻子肚子大的原因，妻子无论怎么解释，丈夫总是不信。万般无奈之下，妻子剖开了肚子，只见里面有许多没有消化的树皮、野菜甚至还有棉花、线团。原来儿媳妇为了不让公公挨饿，把家中很少的粮食都给公公吃了，自己靠野菜、树皮和棉花、线团充饥。此事传开后，大家都被媳妇的贤良和节烈而感动，说贤良街出贤妇了！（苗鹿泽）

广嗣宫巷

广嗣宫巷现在是正阳关一个热门旅游打卡地。巷内南侧有座基督教堂（福音堂），教堂后的一座两层西式木楼曾是红二十五军军部临时驻地。与教堂隔巷相望的是原镇文化馆，新中国成立前是一座旅馆，名为"淮安旅馆"。院内有20多间古建木楼，曲折回环，首尾相连，人称"转楼"，现为市级文物保护单位。

广嗣宫巷，"广嗣"的意思是多生子嗣。据老辈人说，过去广嗣宫巷北侧靠近北大街处有一座娘娘庙，供奉着送子娘娘。人们为求子求女，多到娘娘庙祈拜许愿，善男信女众多，香火连绵不绝。这条巷子原来不叫广嗣宫巷，得此名称缘于发生在巷内的一个感人至深的"白银相让"的故事。

很早以前，一对夫妻在巷内开了一家小剃头铺，夫妻俩诚信老实，艰苦度日。有一天，一位外地茶商来到铺里剃头，不巧的是，前面还有两个人，只好排队等着，这位茶商便随手把身上背的褡裢放在旁边的凳子上。剃好头后，天色已晚，茶商离家已久，归心似箭，便急匆匆赶到董家码头搭船回到山里老家。到家后方才发现褡裢丢了，他开始怎么也想不起来丢在何处，后来想在理发时可能丢在剃头铺了，但也只好作罢。再说剃头铺这边，天黑打烊后，夫妻俩清扫整理铺面，在凳子上发现了一个沉甸甸的褡裢，打开一看，竟有白花花纹银二百两，他们思来想去也弄不清是哪位客人丢的。老婆说："不管是哪位客人丢的，明天定会来找，还给他便是。"遂小心翼翼地将褡裢放在屋内护棚上，二百两纹银可不是一笔小数目。斗转星移，多年过去了。

一天，这位茶商又来到正阳关，进剃头铺，与剃头匠闲谈中提及当年银两丢失之事,剃头匠猛然想起数年前捡到的褡裢,忙从屋内护棚上取下交给茶商。茶商接过,掸去褡裢上厚厚的灰尘,打开一看,发现里面的银两分毫不少,大为感动。他为表谢意坚持要把一半银两赠送给剃头匠,并说:"我这些年经营茶叶生意,手头比较宽裕,你们生活不太好,这少许银两赠送给你们贴补家用,请千万不要推辞。"剃头匠坚决不收。双方相持不下,最后商议将这些银两全部捐出用于整修这条巷子。此事传出后,街坊邻居对两人的高风亮节交口称赞。有人听说这位茶商长年在外奔波,至今未有后人,建议将这些银两转捐重修娘娘庙,以期感动送子娘娘,为这位茶商求得子嗣。大家都说这个主意好,也纷纷解囊相助,捐款捐物,将娘娘庙修葺一新。

听说这位茶商回去不到一年就得一子,这真是善有善报。而娘娘庙在一位私塾先生的建议下更名为"广嗣宫",巷子随之更名为"广嗣宫巷"。(苗鹿泽)

水家巷

相传在清朝光绪年间,正阳关街上有一家卖火烧馍的店铺。老板姓马,外号马三,有一手做火烧馍的好手艺,生意十分红火。马老板见自己的火烧馍不愁卖不掉,为了更多盈利,昧着良心,在秤杆上打起主意。他私下到外地找人特制了一杆秤,别人的秤一斤是十六两,而马老板的秤一斤只有十四两。这一秘密有一天被马老板的独子马丰在李家茶馆喝茶时泄露了出来,结果小马被老马一顿狠揍。但没有一个人敢去官府告发马老板这种不道德的行为,因为马老板有钱,与官府一班人员交往过密;也没有人敢公开讲马家卖馍不够秤,因为马老板有一个愣头青加无赖的儿子,没人敢惹他家。虽然周边一些邻居不再买马家的火烧馍了,可一些外地人特别是一些船民不知道马老板秤杆子里的秘密,还都认马老板的火烧馍,马家生意仍十分红火。就这样生意做了许多年,马老板赚了很多不义之财,富得流油,置家业、盖房子、雇伙计,成为正阳关的富翁之一。

有一年中秋节,马老板一家三口正坐在天井大院赏月吃月饼,忽然听大门外有人喊"十四两大火烧",马老板一听十分刺耳,赏月的雅兴顿时全无,忙与伙计出去看个究竟。只见马家大门外站着一个老汉,浑身上下脏兮兮的,左臂弯挎一个长竹篮,正在叫卖火烧馍。马老板一见老汉卖的馍与自己的差不多,就上前问老汉:"你老汉叫卖火烧馍就是了,为何要叫十四两大火烧呢?"老汉待理不理道:"我老汉这馍就叫十四两大火烧,我这么吆喝关你屁事!"说完头一昂,继续喊他的"十四两大火烧"去了。马老板碰了一鼻子灰,闷闷不乐回到屋里。

有一天晚上，马老板与伙计收拾好店面回到后堂，把一天卖馍赚到的银子交给老婆保管后，刚脱衣躺下，忽听前院伙计大喊："失火了，快救火啊！"马老板慌忙起身穿衣，向前院跑去。老婆吓得瘫在床上。马老板跑到前院一看，火光冲天，火苗有几丈高，一些街邻在拿救火工具救火。那时，四周有城墙挡住，到淮河取水十分不便。大伙正忙救火，忽听远处传来"十四两大火烧"的叫卖声。众街邻突然一下都明白了，这场大火烧马家是天意，这是报应。

众人想起马老板平时缺斤短两的缺德行为，救火积极性顿消，只是叫喊应付，有人甚至溜走了。马老板叫天天不应，喊地地不灵，眼看着两进院落、万贯家财顷刻间化为灰烬，老婆、儿子也葬身火海。奇怪的是，这么大的火专烧马家，前后左右邻居都没有被波及。

马老板心灰意冷，出家当了和尚，忏悔从前缺斤短两的种种坑人罪孽。而喊"十四两大火烧"的老汉自从马家失火后便消失了，再也没有人见到过他。据说这老汉就是火神老爷装扮的。

后来，正阳关一些绅士为预防发生类似马家失火取水救火难的情况，就在马家废墟不远处扒开城墙，修了一座小城门，叫"水西门"，门内额题"通济"，外额题"西映长庚"。此门毁于新中国成立前（今遗址犹在）。后来人们又开辟了一条巷子，用于方便取水，这条巷就叫"水家巷"，至今尚存。（李天仁）

七十二水通正阳

千年古镇正阳关位于淮、颍、淠三水交汇处，水运发达。据记载，这里曾经"日过千帆，河下帆樯林立，民船三千多艘"，上自清河口下至沫河口4千米长的河道上停有许多船只，是淮河流域的水运枢纽，曾有"七十二水通正阳"之说。现在许多人认为所谓"七十二水通正阳"之说，只是形容正阳关水运极其发达，"七十二水"并非实数，乃虚数而已；有一部分人认为"七十二水"是实数，确实有七十二条河流流经正阳关。但是哪七十二水呢？

据正阳关海事所已故老职工戴戒华先生考证，这七十二水分别为洪河、蒙河、谷河、润河、颍河、史河、淠河、东汲河、西汲河、东沛河、西沛河、淮河、西河、牛山河、白沙河、松子关河、竹根河、牛食畈河、南溪河、麻河、血水河、熊家河、鲶鱼河、洪家河、长江河、羊竹河、急流河、石槽河、泉河、赵河、找母河、牛角河、汲河（东西汲河汇流而成）、黄涧河、漫流河、头道河、二道河、油坊河、黄尾河、阔滩河、石板河、胡家河、板里河、清潭河、扫帚河、童家河、孔家河、柳林河、方河、高庄河、深水河、戴家

南堤俯瞰图

河、龙门冲河、漫水河、三道河、六道河、五桂河、清水河、马槽河、安家河、午旗河、石羊河、黄氏河、宋家河、乌鸡河、青龙河、莲花河、老沛河、十里桥河、沛源河、山源河、石坝河。

现在上述绝大部分河流或断流,或改道,许多河流变成了"桑田"。所谓"七十二水通正阳"之说已名存实亡。(李天仁)

中正街

正阳关中正街,原名后街,因蒋介石到正阳关视察而改名。该街原北自木匠街拐,南至营房巷,是正阳关主要大街之一,长 540 米,原宽 3.5 米,青石板街面,车辙很深,现为水泥路面,宽 6 米。

据《寿县志》记载,民国十七年(1928 年)秋,蒋介石视察淮河来寿县,抵正阳关,召见县长曹运鹏,询问政事,曹未能应对,唯诺诺而已,蒋深为不满。次日,蒋由当地商会会长牛幼丞、缙绅代表皮寿山等人陪同,县保安大队长袁少仪率警卫前呼后拥,步出西门沿淮堤巡视,蒋问及"哪七十二水通正阳"?皮寿山从容为之解说,蒋颔首称是,云:"皮老先生很有学问。"蒋离寿时,便撤去曹运鹏的职务。

据健在的老人讲,蒋介石从东门进入正阳关,在众人陪同下,一路向西走在东街上,表情严肃,不苟笑言。当走到东街尽头,遇到一条南北走向的街道,蒋用手一指,问这是什么街?一名陪同蒋的绅士(有人讲是皮寿山,有人讲是陶悦斌)不假思索,脱口而出,告诉蒋,此街是中正街。蒋听后露出了微微笑容,从此这条后街就叫中正街了。新中国成立后,中正街改名为东后街。

20世纪末至21世纪初,正阳关镇政府拓宽改造此街。该街现东接正新路,西至正阳中学北校门,宽敞的街面两边铺设了方砖人行道,中间为水泥车行道,平直整洁,是古镇集商贸、医疗、休闲、文教为一体的街区之一。(周子骅　汪洋　李天仁)

正阳凉亭

正阳凉亭坐落在正阳中学内南侧,师生习称为"读书亭",又称"徐公亭"。传为昔日一位姓徐的盐务总办,热心教育,捐资办学,人们建祠立亭,以示怀念。遗憾的是,徐公之事只是口口相传,于史失考。

凉亭基础呈正方形,石砌台基高1米有余。四根木质和四根方棱青石柱顶托着木质排架叠梁,四角处斜撑上刻着雕兽和"福、禄、寿、禧"。飞檐高翘的黛筒瓦、锥形亭顶,古色古香。亭的来历,得从唐代乡贤董邵南讲起。

董邵南,曾名董石南,又称董生、董子,唐代文学家。

董邵南自幼酷爱读书,曾经在正阳关读书成长,做官讲学。所谓的"乐道之所"即今正阳关镇(唐属安丰地)。唐贞元年间(785—805年),董邵南考进士落榜,回老家百炉镇(今东隐贤镇东)赡养父母。挚友韩愈在董邵南临行时赠诗《嗟哉,董生行》并《送董邵南游河北序》。

董邵南回到家乡后,安贫乐道,朝耕夜读,赡养父母,誉满乡里。唐永贞、元和(805—820年)时,董功名成就,被天子(皇帝)封为巡安抚(皇帝下派基层巡查、赈灾、安抚百姓的官)。他清明廉政,一心为民,深受百姓拥戴。

为纪念董邵南在正阳乐道时的功德,明弘治年间(1488—1505年),"刘东山太守以行,春经其里,募读书台,不可得,乃于东岳庙(今正阳中学址)列二先生牌祀焉,盖崇二先生之孝也"(嘉靖《寿州志》)。

后来,寿州太守王鏊,按旨选择正阳关东岳庙建安丰书院,"因基拓址,撤故关而新之,改置书院以祠。祀董行颂"。将董子读书台盖作读书亭,读书楼盖作藏书楼。现中学水井东北15米处,旧有六间黛瓦顶砖木结构藏书楼,在凉亭西对面15

米处,建三间黛瓦房为董生祠。后董生祠和藏书楼因失修于1987年被拆除,今仅存读书亭。

后安丰书院废,其址称"董生遗址",明嘉靖年间列为正阳八景之一。

清乾隆二十一年(1755年),"庐凤道尤拔士,当时筹得千金,贷出生息,供师生修缮,置董事经营之"(嘉靖《寿州志》),将书院复兴,改名寿阳书院。光绪三十二年(1906年),寿阳书院改办羹梅学堂。新中国成立后,在羹梅学堂原址兴办了正阳中学。

庄重典雅的凉亭见证着学宫(旧有孔子庙)、书院、学堂、学校教育的庚续传承。该凉亭于1998年被寿县人民政府公布为县级文物保护单位。(周子骅)

苍沟今昔

正阳关苍沟位于正阳关南门外,何时形成不可考,旧时西通淮河,东连秀涧,与南湖相接,为护城河一段,长约500米,宽约33米,深3米余。早在明嘉靖年间,此处就相当繁华,有"苍沟舟市"之说,为正阳八景之一。

自明代以来,正阳关苍沟南岸月坝上就有造船作坊。至民国,苍沟南岸月坝处有船厂、船行18家,拉锯、捻船、排船工匠有400余人。从大别山淠河通过放排,顺流而下的杉木、杂木是造船的上好材料。这里造的船售价低,船型多,质量好,淮河、颍河上下游百里船户都乐意来正阳关买船,就连租船、修船,以及小船换大船也到这里。人们习惯于在苍沟北岸买卖街上的茶馆酒楼,品茶吃酒,评议舟事,洽谈交易,苍沟舟市由此得名。

每当夕阳西下,买卖街头的喧闹景象犹如金陵的秦淮河畔。苍沟西岸,青石板街,庙宇林立,有祖(岱)庙、鲁班庙、火神庙、尼姑庵等众多庙宇,香客信徒,络绎不绝。苍沟内停泊着很多船,几乎一条紧贴着一条。售卖日用百货的小划子来往穿梭不息,苍沟舟市终日热闹非凡。

新中国成立后,苍沟圈入淮堤之内,苍沟西首的桥上楼、楼下桥址早已被拓为堤基。2022年秋冬,国家拨款,将此处改建为苍沟公园。改建工程实施雨污分流,清淤护坡,苍沟两边浇筑了水泥路,重新修整了位于苍沟中的两座古石桥,苍沟北边买卖街新铺上青石路面。苍沟内的水清澈了,岸边有路、沟上有桥,是人们休闲散步的好去处。(周子骅)

苍沟舟市

南北船塘

　　正阳关旧时有两个船塘——南船塘和北船塘。南船塘人人皆知,目前尚存;北船塘因淮堤从中穿过,早已废弃。南、北船塘由时任盐务督办王文敷发起修建。

　　清咸丰年间,正阳关经济发达,市面繁荣。朝廷为筹集镇压太平天国的军饷,在正阳关设盐厘局,收盐厘税。盐厘局旧址在今正阳第一小学南校区,设官盐行十二家。然而,每逢雨季,河水暴涨,正阳关成为孤岛,盐无处放置,商船无处避风浪。面对城外汹涌的洪水,城内百姓忧心忡忡。清同治丙寅年(1866年),盐务督办王文敷及时报请凤阳府同意,以工代赈,修筑南堤700米,堤上建近百间盐库;还建了些旅馆,供盐商歇脚;又将南堤延伸到河岸,砌石植柳,改建了码头,便于淮盐出入库及装船外运;又将原月坝的首尾与南堤合围成船坞,即南船塘;又自正阳关玄帝庙西北修筑长400米的北堤,接迎水寺围成了北船坞,即北船塘。南、北堤和南、北船塘的建成,能够抵御南、北方的巨浪,保护城池和城内百姓生命财产的安全,也为往来商船提供了避风港,并且一旦出现洪水险情,还能有足够的船只救援,人们称之为"护城之堤""救命之塘"。

王文敷因爱民之举,深得正阳关各界人士的拥戴,于是人们就在南船塘口的北岸立石一方,作为纪念,称作"王公碑"。

南、北船塘曾于光绪十七年(1891年)、民国二十年(1931年)历经修整。1992年5月1日,寿县治淮工程指挥部封堵南船塘入口处,先堵口后复堤,从船塘部分老堤上取土,使之成为淮堤一部分,至此该塘已成为废塘,失去避风港的功能。

今日之南船塘,每当莲花盛开之季,花香四溢,为正阳关一景。(周子骅)

缎街子

正阳关东门外,旧时向东延伸着一条长长的土路,路面呈凸埂状,高出两边的低洼湖地,这是东乡连接正阳关的通道。正阳关东乡的人们习惯将收获的农副产品,或赶着牛马车,或推着独轮车,或挑着担送到正阳关街上出售,俗称"赶正阳关"或"上关",再捎回油、盐等生活日用品。这条路上,终日人来人往,充满商机。江浙一带的丝绸商人和正阳关一些生意人便纷纷把绸缎店堂开到东门外,这样自然形成了"绸缎一条街",俗称"缎街子"。街长约310米、宽约4.5米。旧时的东门青石板街面,车辙深约6厘米,反映着昔日缎街子的繁荣。

缎街子,为何又称"断街子""断羯子"?

这里每逢雨季,正阳关以东的湖水暴涨,缎街子因西高东低,自东向西被水淹没,店面房屋时有倒塌,街市中断,人们故称之为"断街子"。

东门内居住着很多回族同胞,多以做小生意和牧羊为生,几乎家家都养羊,少者三五只,多者数十只。大东门外的湖地,湖草茂盛,是他们的天然牧场。每年的秋末冬初,牧羊人家都把养肥的羊和多余的羔羊出售,留下健壮优良的羊自己喂养。

一天,有位东乡人专程来正阳关买羊,远远看见缎街子东头一群白羊,十分惊喜,连声吆喝:"那位牧羊人,你赶的羊卖吗?"牧羊人听到吆喝声,便响亮地答道:"我的羊卖呀!"并反问道:"你买羊做什么啊?是吃、是养啊?"买羊的人回答道:"我是买羊喂养的。"牧羊人便逗趣地说:"我的羊品种优良,膘肥体壮,可就是断羯子啊!"买羊的人哈哈大笑,心想城里人真逗,连声说:"我买羊喂养,发展生产,就是要买水羊才能下羊崽啊!"于是,三言两语,谈成买卖。"断羯子"一名从此便流传开来,后来正阳关有句谚语,一群水羊出东门——断羯子(缎街子),说的就是这件事。

新中国成立后,正阳关西边筑起坚固的淮河大堤,拦住了洪水,东边修筑了国防公路。南湖东湖洼地,开渠挖河,改田成方,成立了国营正阳关农场,昔日荒野之地变成了万顷粮仓。一街三名的缎街子,因国防公路从中穿过,分为东、西两段。东段街面兴建了正阳关农垦学校、农场一队队部和职工住宅区;西段街面拓址,兴建了正阳关变电所及职工住宅楼。

20世纪末,镇政府与正阳关农场联手开发建设,自正阳关南、北大街的中段至圈门街,沿旧时的缎街子南坡下,兴建了一条新街,西段取名批发街,东段命名为新缎街子。宽敞笔直的水泥街面两旁,整齐的店面展现着现代街区风貌。(周子骅)

河南街

正阳关北外街有一条大关巷,因清廷税务大关设在此巷而得名。这是一条东西走向的巷子,向西直通轮船码头、迎水寺,东与北外街、打席街相连。20世纪60年代初,人们亲切地把这条巷子叫作"河南街",这是为什么呢?

原来,河南街的故事发生在三年困难时期的后期。那时,为了解决人民群众的吃饭问题,从1961年开始,国家统购统销的粮食市场开始松动。受灾严重的河南省,有很多人跑到安徽的自由市场上来买议价粮。而水运交通便利的正阳关,自然就成了河南人买粮运粮的中转站。

那时的正阳关轮船码头宽阔的河面上,白帆点点,帆樯林立,来自蚌埠、阜阳、南照、淮滨的一艘艘帆船,沿河岸停泊,绵延数里。这里还是正阳关三条轮船运输航线的起始点,终点分别是蚌埠、阜阳、固始三河尖。

这样,轮船码头、候船室、大关巷,包括大关巷附近的北外街、打席街,无形中成了当时正阳关最繁华的地方。四乡八集的人要去周边县市购物、访亲、办事,大都要从正阳关乘坐客轮。此时大量涌入的河南人,使原本就热闹非凡的大关巷一带更加热闹了。听老人们讲,那时,这里每天的客流量有几千人,其中一半以上是河南人。他们在此吃住,转运粮食,白天黑夜看到的都是他们忙碌的身影,由此正阳关人约定俗成地称这里为河南街。

正阳关老人们仍记得那时的河南街车水马龙,商贾云集,灯火灿烂。码头上,站满了翘首以待接亲友、客商、搬运货物的人;街两边,旅社、大通铺、饭店、酒馆、杂货铺……人头攒动、宾客盈门;道路旁,卖小吃的摊点一个紧挨着一个,烧饼、油条、面条、高桩馍、菜包子、蒿饼子……应有尽有,特别是那一锅锅热气腾腾的杂烩汤,成了人们口中的佳肴。

自由市场的开放，河南街的应运而生，为那时许多正阳关人带来了实惠，许多人在这条街上做点小生意，填饱了一家人的肚子。生意好的人家，还能抽出钱来为家人添置新衣服，给孩子交学费，过上较好的生活。这些美好的记忆，至今还被正阳关一些老人津津乐道。（汪洋）

北隆兴和南隆兴

离正阳关北城门不远有一条巷子叫张家巷，走进巷子不过十几米，就可以看见一处古色古香的建筑群，它就是古镇著名的"北隆兴"，2017年被公布为市级文物保护单位。

北隆兴、南隆兴是旧时正阳关的老字号，属于李氏家族。据李氏家族后人李心培先生所著《李氏简介》一文介绍，李家原系山东曲阜老鸹巷人氏。元朝末年，朱元璋带领沿淮农民揭竿而起，推翻元朝统治，建立大明王朝后，见中原大地迭经战争荼毒，沿淮人烟荒芜，便于洪武四、五年（1371、1372年）间，从苏、浙等省将大批百姓移民到淮河两岸。李氏祖先就是在此时来到寿州众兴集一带定居务农的。到了李兴培先生曾祖父这一代，李家有兄弟三人。其曾祖父李金澜，以经营货郎担起家，生意逐渐兴旺，后举家定居寿州城内清真寺巷，后门就在十八茅厕巷。因地处回民聚居之地，天长日久，生活习惯受其影响，遂全家信奉伊斯兰教。当时，李家在寿县东大街开设有全兴杂货店，生意越做越大，继而在正阳关三元口开设隆兴号，人称"南隆兴"，在正阳关北外街开设隆兴永字号，人称"北隆兴"。两个商铺均经营南北杂货、糕点、茶叶、酱园等。南隆兴还开设有烟厂、中药柜台，在江苏镇江、河南周家口设有分庄，每年春季，派人进山专门收购茶叶……北隆兴由李兴培先生的祖父李少澄、父亲李士昆先生经营管理。当时全家老少及店员、勤杂人等总计有百余人，可谓生意兴隆、人财两旺。可惜的是，在其祖父辈中出现了几个纨绔子弟，整日只知吃喝玩乐，不知经营理财，旷日持久，家势渐衰。以后只得分家，所有生意、田地，由李兴培先生曾祖父兄弟三人划分。长门分得正阳关隆兴永即北隆兴，生意为李兴培先生的祖父所有，乡下田地在李兴培先生大祖父的名下；二门分得寿县东大街全兴生意及田地、房产等；三门分得南隆兴生意、房产、田地等。

据李氏后人介绍，过去的北隆兴大致呈矩形，纵横有50—60米，约3000平方米，前后85间房屋。北面与薛大春药店紧邻，南面即张家巷。沿着小巷一直向西可见两进小院，青砖黛瓦，石墁天井，遍植花草，宽绰疏朗，四面房屋各自独立，南、西、北三个方向有走廊连接，起居十分方便，自然形成了一个深宅大院。临巷有高墙,开有边门,内宅连廊与酱园作坊相通。紧邻北外街的一面为店铺,正门两边为厢房。从正门走进院落,首先映入眼帘的是一栋坐西朝东的二层砖木结构木板楼,清一色的青砖灰瓦、马头墙(火焰山)。镂空雕花的木格窗、木板门,油漆锃亮,尽显通透之美。

正阳关南门

南隆兴建筑群的规模也和北隆兴相仿,是当时镇子上比较规范的前店后坊制式,也是一处典型的融店铺、作坊、住宅为一体的家族营生之所,展现着当年商贸重镇浓郁的商业气息,是不可多得的清代古建筑群。

新中国成立后,北隆兴建筑群除留一处宅院作为李家的居室外,其余全部交给房管所代管,全家人的生活用度就靠这房租,直到20世纪60年代末。后来这里一度曾为水运社、复制社的办公和生产场所。南隆兴则在新中国成立后的公私合营潮流中,被收归公有,成了供销社的棉麻仓库和百货日杂门市部。可惜的是,1960年的一场大火将南隆兴绝大部分建筑烧成了一片废墟,只幸存了几间"李氏民居"。

现在的北隆兴、南隆兴都在进行仿古修缮,要不了多久,两处古色古香的建筑群定会以崭新的面目出现在世人面前,再现古镇商贾文化的厚重气息。(汪洋)

神秘的石龟

正阳关南堤粮站的东面,在清朝时期有一排淮北督销正阳关盐厘总局的盐仓,背靠南塘子,旁边有一座大王庙,有人叫它新大王庙,有人叫它护官大王庙,现在遗址尚存。说到这个地方,许多老正阳关人都记得,在大王庙附近驳岸台子的边上,不知从什么时候起卧着一只巨大的石龟,而关于这只石龟的传说,更是云遮雾罩、众说纷纭,为它蒙上了一层神秘的面纱。

话说清朝时的某一天,一艘运盐的大船快到正阳关时,天已经黑了。船老板知道正阳关泊位紧张,此时到正阳关肯定靠不了岸,便将船泊在了离古镇三里的一处荒滩岸边。深夜,月光朦胧,船老板起床查看盖盐的篷布盖好了没有,忽然,隐隐约约听见岸边幽深的荒草丛中传来一阵对话声,船老板顿生好奇:什么人深更半夜躲在这里干什么呢? 于是,他悄悄摸下船,拨开草丛,见是一对巨大的石龟在说话。他屏息凝神,也只听见末尾的一句:"那好吧! 就这样讲定了,我到凤阳,你到正阳……"可能是石龟觉察到有人在偷听,瞬间停止了对话。船老板一阵惊恐,也没敢再停留,悄悄退回船上。天亮后,雾散日出,船老板想起昨夜的怪事,又重返荒草棵里一看究竟,竟没有那两只石龟的影子,不免更加觉得奇怪。吃罢早饭,盐船起锚,扬帆驶向盐厘总局盐仓。将船靠好后,船老板匆匆上岸找人卸盐,忽见驳岸台子上一群人里三层外三层地围在一起,不知在看什么,时而还议论纷纷,说昨天夜里驳岸台子上莫名其妙地爬上来一只大石龟,大家都觉得诧异。船老板费尽力气挤进人群,注目一看,这不就是他昨天夜里看到的两只石龟中的一只吗? 于是,他便把自己在昨天夜里的亲眼所见、亲耳所闻给大家讲了一遍,众人惊异之中议论又起。有人说:"这龟是神龟,能给正阳关带来好运!"又有人说:"这龟既然自己能爬来,也能爬走啊!"这时,人群中的一老者出了个主意,他捋着胡须说:"过去镇子上也发生过类似的事情,大家还记得皮家商行的那六个银人是怎么留下来的吗?"一语点醒局中人,有好事者立马跑去找来錾子、锤子,大家一拥而上,七手八脚一阵忙乱地錾去了石龟四只爪子的爪尖子。

从此,这只石龟就留在了正阳关,在那驳岸台子上一趴就是几百年,直到 20 世纪 70 年代还在。后来,那只神龟就神秘地失踪了,有人说它爪子长好后,又爬走了……其实不然,目击者孟某曾说,20 世纪 80 年代,南堤粮站在驳岸台子上建厕所,在石龟旁边醉石灰,也许是嫌石龟误事,也许是施工人员闲得发慌,有两个建筑工人用杠子将石龟掀翻到了驳岸台子下面,后被土淹埋。(汪洋)

竹丝门

竹丝门位于正阳关镇政府东南方约9千米处，属正阳关镇王祠行政村。

竹丝门与王祠村王姓关系密切。王祠村由一支从太原迁徙而来的王姓于光绪九年（1883年）在此建王氏宗祠而得名。从前，人们称此地"王巷子"或"太原王家"。

当年王氏族人修筑便道土路，经过一处低洼水沟时（现王祠村尚圩组境内北边），发现曾经有人用石块在此垒砌桥状建筑物，其中一较大石块上刻有"竹丝门"三字。20世纪70年代此石尚存。此古桥应为竹丝门桥。后来这里先后曾出土石刻绵羊、零星古钱币以及马道子、庙台子、羊圈子等建筑遗迹，充分证明竹丝门桥这个地方很久以前就有人类居住。

"竹丝门"三字出土后，因"竹丝"二字出自东晋书圣王羲之《兰亭序》，且含义高雅隽永，王姓便以"竹丝门"命名所居之地，取代了过去"王巷子"或"太原王家"等称呼，家谱中也以"寿春西南乡竹丝门太原郡王氏"称之。后来有人发现一奇特现象：每逢正阳关周边涨大水时，只要水漫竹丝门桥面，远在40千米外的寿州四座城门就要闭门防洪。于是人们戏称"竹丝门"为"阻四门""堵四门""堵死门"。然而，戏说归戏说，真正的称呼应该是"寿春西南乡竹丝门"。（王绪璋）

枸杞园

枸杞园地名由"枸橘园"演化而来。据本地余益谦（时年91岁）老人述说：从前这里有一片菜地，主人为防人为盗采和牲畜糟蹋，在菜地四周栽植了枸橘（枳树，带刺的灌木），围成篱笆墙，形成"枸橘园"。这里地处偏僻，无正式地名，唯有一片生长茂盛围成一周的枸橘园较为显眼，被人们视为地标，因此人们就称这里"枸橘园子"了。可能人们以为"橘"字笔画较多难写，又因此处后来发展成一小集市，在文字书写过程中，人们常将"枸橘园子"简写成"枸集"。因"枸橘""枸集""枸杞"三者读音相似，且"枸杞"二字既好写又通俗响亮，于是人们在书写时就将"枸橘园"写作"枸杞园"。久而久之，"枸杞"二字则深入人心，便成了永久性的地名。

此园地处古时颍州通往六安州的大道（现029县道）旁。当初，路边有几家供来往行人或商贩歇息、住宿的简易店铺，久而久之，自然成了周边人们时常聚集的地方。开始，有人在这进行牲畜、柴火等交易，后来逐渐有了针头线脑、日用小百货的商贩在此交易，最后发展到手工织造、染坊、饭店、住宿等。从民国初期，经抗日战争到新中国成立前，这里已形成初具规模的集市贸易地，规定农历双日逢集、单日闭集。民国时这里也曾以"枸杞"作为乡名。

新中国成立后，这里建起了学校、医院，曾一度是苏王区政府、枸杞乡政府驻地，现在是枸杞街道居委会驻地。2004年9月，该地并入正阳关镇后，镇党委、政府大力开发枸杞街道集镇建设。现在的枸杞园，每到逢集，周边群众都来赶集贸易，市面生意兴隆，是正阳关镇东南部重要的农村集镇。（王绪璋）

青龙桥

老正阳关人都知道，小东门外原先有一座砖砌小拱桥，名曰"青龙桥"，离城墙大约6米。20世纪50年代初建设国营正阳关农场时，此残桥才被拆除，但有关青龙桥建桥的感人故事、美丽传说，一直被人们传颂至今。

老人们说，民国年间，小东门外在没有修这座小桥之前，有一处水洼地，水洼虽然不大，就像个沟缺子，但给进出大、小东门的行人造成了极大的不便，尤其是阴雨天气，沟缺增大，地面泥泞不堪，一些老人、小孩路过此处时常摔倒。所以，每逢有行人路过此处，无不感叹："哎，这里要是能修座桥就好了!"有一天，一群人经过这里又发出同样的感叹。此话被一挑水的听见了，因这挑水的就在这附近住，也许是听得多了，他当即把扁担一放，讥讽地说了一句："你们光知道讲，怎么就不能做点善事，行行好，在这修座桥呢?"那群人一听不乐意了，反唇相讥道："你也说得轻巧，你有钱你修啊!"挑水的一拍胸脯说："好! 我修就我修，这桥还就我修了!"众人一听，不禁哑然失笑，心想："你也就说说罢了，一个挑水的每天能挣多少铜钱? 能修得起这桥吗?"随后，一个个带着一脸的不屑进城去了。

没承想，挑水人还真说到做到，第二天就雇来人，将他每日挑水的那口水井抽干，从井底捞出好几筐铜板来。原来，这挑水的是孤身一人，平时勤奋得很，仗着身强力壮，每日挑水不止，倒也挣得不少铜钱。但他数十年来从不胡乱花销，更不大鱼大肉，所挣之钱，除去自己每日的用度外，其余全部抛入井里储存起来。这次，他就是用这些平日里一点一点积攒下来的血汗钱买来砖头、石灰等材料，请来泥瓦匠，自己也亲自参与，一鼓作气，不过月余，就在那洼地上修起了一座砖砌的小巧玲珑的拱桥。因为这桥是用从井里捞上来的钱修的，人们又都相信井里有井龙王，故而把这座小桥命名为"青龙桥"。从此，水洼变坦途，人们再经过此处时，无不跷起大拇指,啧啧赞叹挑水人。至于那个挑水人,可能是因为太普通,人们渐渐忘记了他姓甚名谁。但他这种修桥补路、造福于人的精神,被正阳关民众世代称颂。(汪洋)

打席街

正阳关北外街的尽头处有一条南北走向的巷子,宽不过 3 米,长不过 300 米,往北直通玄帝庙,往南临近盐卡巷和大关巷。这巷子原先叫下厂,后来被群众约定俗成地称为"打席街"。为什么呢?这主要缘于 20 世纪 60 年代,镇党委、政府组织闲散劳力开展副业生产时,这里的家家户户、男女老少人人善于打席子、编圈,打席街由此得名,极具当年的时代特征。

正阳关镇政府的资料室里保存着一份珍贵的资料,资料表明,20 世纪 60 年代初正阳关的副业生产是镇党委、政府按照姚克副省长到正阳视察工作时的指示精神,根据本镇情况,因地制宜,全镇发动,组织有劳动能力的闲散劳力开展的,其初衷为变消费城镇为生产城镇。当时,在一无原料、二无设备、三无资金的情况下,汪德树书记、肖兆礼镇长和党委、政府一班人,带领群众自力更生,自己动手解决生产工具,组织人员到外地学习技术,或从外地聘请师傅来传授技术,克服重重困难,终于把副业生产发展了起来。初兴起时,全镇组织 2089 名闲散劳力(包括部分家庭妇女)开展编织、养蚕、养兔、养蜂等,当年就让群众收入现金 201050 元,人均年收入近 100 元。你可别小看了这 100 元,当时人均月生活水平只有 6 到 8 元。副业生产的蓬勃开展,既解决了镇上闲散劳力的就业问题,又解决了其生活问题,还解决了其他社会问题。而当时的打席街,就是全镇的试验点。所以,直到今天,老正阳关人只要一来到打席街,就情不自禁地想起那火红的年代,当年打席街轰轰烈烈打席子、编圈的盛景,也会立马浮现在眼前。

说到那个年代的打席子、编圈,现在打席街的老人无不记忆犹新、感慨万分,民间至今流传着汪德树亲自编圈的故事。1966 年,镇上人家初开始编一窝圈,根据不同时间进购的原料、含水分的不同,定额用料一般在新原料 15 斤、老原料 10 斤。汪德树在深入打席街调研时,发现有群众不爱惜原料,不由得感到心疼。为反对浪费,节约原料,增加群众收入,他制定出科学的编织用料定额。为此,他亲身参加耗材实验,弯下腰、蹲下身,亲自动手用新原料打了一窝圈,结果一称只用料 9 斤。后来,他用老原料又打了一窝圈,结果只用料 8 斤 1 两。问题的根源找到后,用料定额随即做了科学的调整,用新原料由原来的一窝圈 15 斤降到 9 斤,用老原料由原来的一窝圈 10 斤降到 9 斤半。镇党委书记会编圈，一时间在打席街被传为佳话，后传遍全镇。而汪德树科学严谨的工作作风，更让老百姓口服心服，打心眼里佩服，在此后的生产中，人人仿效汪德树，爱惜原料，勤俭节约，有效地降低了成本，增加了收入。（汪洋）

金鸡坟

金鸡坟位于正阳关东北方向约 5 里处的原正阳关农场畜牧队旁边，和丰庄镇五里村接壤，过去是古镇大户李家的祖坟地，现在是农场墓地。关于这金鸡坟，在正阳关及周边地区流传着许多传奇故事、神秘传说。这些传说、故事，经一代代人口口相传，有的越传越荒诞，有的越传越离奇，有的越传越神秘……当然，也有的传着传着就渐渐地销声于幽深的街巷之中了。

话说当年，李家在正阳关虽算不上首富，但肯定是名列前茅的商贸大户，除老字号商铺的买卖外，还开有钱庄、银号、烟店……而关于李家的发家，老正阳关人坚定地认为，这是因为他家的祖坟地好，是一块风水宝地。相传，早先这块地里有两只金鸡，被李家捉住了其中的一只，李家就用这只金鸡起家逐渐发了起来，金鸡坟也由此得名。

那后来李家又怎么衰落了呢？坊间传说，这与日本侵略军攻占正阳关有关。1938 年，日本侵略军沿淮西犯图谋占领正阳关，先于四月初一派飞机对正阳关及附近区域进行了惨无人道的狂轰滥炸，随后，又在河西的沫河口架炮轰正阳关，其中有几发炮弹落在了金鸡坟，破坏了李家祖坟地的地脉。六月六日凌晨，日军仓林部队攻破西门占领了正阳关。民间传说，在此期间，日本人先偷走了迎水寺基座石壁上那棵灵芝草后，又在金鸡坟偷走了另一只金鸡，彻底破坏了金鸡坟的风水。从此，李家的生意逐渐走了下坡路。

当然，这都是传说，但有的传说比这还要离奇。说是过去的正阳关一发洪水就成了孤岛，四周汪洋一片，而金鸡坟却十分神奇，再大的水从没有漫过坟地。老人们讲，那都是因为它就像中国民间故事《白蛇传》里最为精彩的"水漫金山寺"一样，水涨它也涨，不然怎么称得上风水宝地呢？

而比较靠谱的传说也有几种。一说，金鸡坟位于正阳关古城的郊外，人烟稀少，那里杂草丛生，野鸡出没。而野鸡呢，人们又叫它锦鸡，起初人们称李家的这块祖坟地为锦鸡坟，但因方言土语的缘故，叫着叫着就把锦鸡坟叫成金鸡坟了。二说，金鸡坟根本没有那么神奇，也没有那么多的故事和传说。其实很简单，就是过去人们在旭日东升的时候，站在高处遥望这块地，它在阳光的照耀下，就像一只引吭高歌的雄鸡，金鸡坟由此得名。三说，李家的这块祖坟地，从民国末年至20世纪五六十年代，已经成了一片乱葬岗。那时人们生活贫困，镇子里很多老人去世都葬在那里，省下了买墓地的钱，很是经济，人们就称那里为"经济坟"，由于谐音的关系，叫着叫着就成了金鸡坟。（汪洋）

吴家巷孝子宅

正阳关南大街吴家巷的孝子典故，载于清光绪《寿州志》卷三十四《艺文志》，题目是《孝子奇迹记》，作者也是正阳关人，叫程宗璋。

《孝子奇迹记》全文如下："孝子，寿州正阳人，家北门，居近元帝庙。顺治初年，其父贸易他出时，孝子在襁褓中，初未识父面。甫壮，笃念其亲，辞母遍走天涯，觅音信，无所得，及归，而思念之诚终不自已。每夜至北门桥上痛呼其亲，风雨晦暝不少辍。盖桥外则镇之北郊，茫茫垒垒，即古所谓北邙也。如是者数十年。一夜复出呼，隐隐有遥应者，因急呼之，声渐近。孝子乃号痛审视，声闻而形隐，但显告曰：'吾，尔父某也，少客川湖间，死于某邑，骨埋某乡，为羁魂者历年矣。今于冥冥中，感尔至性，故亲来为尔告，尔可以吾骨归，以慰尔纯孝之志。死生长辞，幽明异路，嗣后，无复风雨呼我也。'言讫，寂然。孝子旋奔其死所，奉骸骨以归。此吾乡父老所传言也。惜乎！其姓字不传，人咸悼之，虽然古今来仁人孝子，有幸载于国史，流布人间者，亦有不幸而名字湮没不传者也。然其仁孝之性，自能长留天壤间，生而为英，死而为神，想其人固未尝以不传为憾也。顾不传其名而并不传其事，此则真足憾者耳。子恐将来并孝子之事而亦不传也，故特表而记之。"

所幸的是，到了清康熙年间，正阳关三府衙门的王爷感于孝子之事，派人四处查访，费尽周折终于弄清了孝子的名和姓。原来，此人姓冷，已举家从北门外迁至南街口吴家巷。后王爷回京述职时上奏此事，康熙帝闻知，甚为感动，亲笔御封其为孝子，着内务府制成匾额，上书"孝子圣旨"，赐予正阳关冷孝子。据说，当年圣旨匾一到，三府衙门即在南街吴家巷内为冷家选址建了一座孝子宅第。此深宅大院坐南朝北，大门朝吴家巷，后门对黄家巷，前后共四进院落，"孝子圣旨"匾堂而皇之地供奉在大门楼的门头上方。历经200多年，直到1954年发大水，大门楼被淹倒，"孝子圣旨"匾被大水冲走。因此，许多老正阳关人都亲眼见过此匾。时至

今日,冷孝子的故事依然在千年古镇流传。(汪洋)

塌坊寺

提起正阳关的七十二座半庙宇,老正阳关人能把它说得头头是道,而综观这些庙宇,其中有个显著的特点,即一寺多名。譬如,南小东门附近的孔庙,又名夫子庙;轮船码头北边的迎水寺,又名三官庙。不仅如此,还有一座寺庙有三个名字呢!

这座寺庙坐落在正阳关东门内南侧,和清真寺隔街相望,据说始建于唐朝,明嘉靖《寿州志·寺观》一章中记载其名为"报恩寺"。这座寺庙,无论是占地面积,还是规格、设施、僧众、庙产等,自唐朝始一直都位居古镇及方圆百里寺观之首,在周边地区享有盛誉。直到民国年间,全省的和尚受戒,还要到这里来举行仪式,其影响力非一般庙宇所能比。因此,人们又习惯地称它为"大寺"。

正阳关东门

这大寺除影响力大外,规模也很大。据东后街的杨永宽和陶德华两位老先生说,当年,他们所见到的已处于衰败边缘的大寺,还有内外两重院落。里面的院子,就是后来国营正阳关农场老场部的所在地,偌大的院落里,错落有致地坐落着飞檐翘角、气势雄伟的大殿;雕梁画栋、古色古香的僧房;造型各异、砖石混合结构的塔林……外面的院子,就是后来农场老场部大门前那一大片开阔地,每年春节期间,大寺庙会从年初一一直延续到年初十。其间,庙内庙外人山人海,寺内有烧香拜佛的,戏台上有唱大戏的,寺外的空地上有卖糖球的、卖灯笼的、吹糖人的、摇会的、套圈的、拉洋片的、叫街的、要饭的、玩大把戏的、卖大力丸的……五花八门,无所不有,那不是一般的热闹!

　　大寺的大还凸显在它的庙产殷实。180余亩的庙地,再加上香火旺盛,佛事连连,寺里从来不缺银子。因此,大寺自古就有开门舍粥的传统,以至于许多老正阳关人至今还记得古镇过去流传的"宣统二年半,大寺舍稀饭"的顺口溜。不仅如此,这寺还与人方便与己方便,出资在寺外的东南角即小东门附近,建了一座颇具规模的水运码头。那泊岸台子依水而建,临水的一面修有七八级青石台阶。那时候,整个东后街、缎街子的商家经营所需的粮油、百货、绸缎、布匹及居民所需的柴火,都在这里卸货,空船再将这里的牛皮、羊皮、牛油、羊油以及皮革制品等运往大江南北。听老正阳关人说,这泊岸台子大得很,不仅是码头,也是人们休闲的好去处。平整的台子上安放有五六张青石方桌,面对面放两把青石椅子,人们坐在这里可以喝茶,可以聊天,可以下棋。每到夏天,许多大人到湖里洗澡,累了上岸后就坐在这里休息……每天早晚来这里散步、赏景、休闲的人更是络绎不绝。人们站在泊岸台子上,往东,极目眺望,东岗的村庄若隐若现,水面烟波浩渺,波光粼粼,白帆片片,百舸争流;往南,关帝庙、青龙桥、岸边的垂杨柳,湖中的芦苇荡,高处滩涂上的田园风光,百般美景尽收眼底,让人神清气爽、心旷神怡……

　　这大寺后来为什么又叫"塌坊寺"了呢?据说,出自这么一个历史故事。元顺帝至正四年(1344年),濠州一带百姓遭受了严重的灾难,旱灾、蝗灾、瘟疫纷至沓来,半年之间,朱元璋的父母兄长相继死去,他穷得办不了丧事,邻居给了一块地才把亲人埋葬了。为求生计,16岁的朱元璋进皇觉寺当了和尚,谁知才去了50天就遇上"寺僧以岁饥罢僧饭食",他只好做了游方僧人,四处乞讨化缘,来到正阳关大寺。其间,他问住持:"你们这是什么寺?"住持说:"我们这是大寺。"朱元璋用手一指坍塌后还没顾上整修的庙门,不屑一顾地说:"什么大寺?你看看那门头都塌了,我看应该叫塌坊寺。"住持不满地瞅了他一眼,没有跟他一般见识,更没把这事放在心上。谁知,到了1368年,朱元璋在南京称帝,建了大明王朝,住持想起这过往之事,皇帝的话就是金口玉言啊,遂把大寺改名为塌坊寺,这才有了以后清光绪《寿州志》上记载的塌坊寺。(汪洋)

地灵寺

地灵寺是正阳关"七十二座半"寺庙之一。听老正阳关人说,地灵寺的旧址就在南大街的万字会,也就是后来正阳第三小学后面,原先西城墙外的城墙根下。该庙虽然占地面积小,建筑比较简陋,但香火也曾兴盛过一个时期。

说起地灵寺,不少老正阳关人都知道关于它的这么一个故事。相传清末的一年,一货运之船顺流而下经过正阳关,恰逢这船民之母身患重病。为给母亲治病,船民就将船停泊于董家码头,自己匆匆上岸到镇里为母亲求医。当走到城墙根的时候,他看见几个孩童在一个用碎砖烂瓦搭的庙不是庙、屋不是屋的建筑前,模仿大人顶礼膜拜的样子,烧纸焚香、叩首祈祷。求医心切的船民,也许是病急乱投医,当即就近买来香烛,也随着这群孩子燃香点烛,拱手下跪,嘴里还不停地祷告许愿:"求求菩萨显灵,若能救我母病愈,今后一定在这里建一座寺庙,以报答菩萨的大恩大德。"祷告完毕,他用手拈了点香灰,急急折返跑回船上给母亲服用。没想到,时隔不久,母亲的病竟然痊愈了。事后,这船民不忘菩萨的救母之恩,打算在原地还愿建一座寺庙。无奈家境贫寒,凭一己之力想要建一座像模像样的寺庙,实在是心有余而力不足,他只能倾其所有加上东拼西凑,在城墙根处搭建了一座简陋的庵厦。因他深信是地之神灵救了他的母,这船民就将这庵厦命名为"地灵寺"。庵厦建好后,地灵菩萨显灵救了船民之母的故事也很快传遍古镇及淮河两岸,一时间来地灵寺烧香许愿的香客络绎不绝,尤以船民居多,很是红火了一个时期。听老人们说,这地灵寺毁于1954年的大洪水。(汪洋)

邱家巷

正阳关东后街,北起原民政纸品厂以南,南至正阳中学以北,全长不过千米左右。街道两边分布着九条巷子,西边有广嗣宫巷、圈门街、三元街,东边有仓房巷、中正街、西皮塘巷、花家巷(过去叫花园巷,革命先烈茅延桢就出生在这里),还有邱家巷、营房巷。今天单讲讲这邱家巷。

邱家巷位于东后街的南端,现在正阳关人俗称"学生街"的街东,夹在花家巷和营房巷的中间。我曾经听不止一位老正阳关人说,邱家巷实为"秋家巷",因为"邱""秋"谐音,正阳关人把它叫作"邱家巷"了。这邱家巷,可是正阳关历史悠久的巷子之一,其中还有一个口口相传的典故呢!

说它古老,可能要追溯到宋元时代。我们都知道,正阳关地处淮、淠、颍三水交汇处,自古就是水上交通枢纽、军事要冲,可谓"通津咽喉,兵家必争要地;扼险墉堤,铁马金戈战场"。1273年前后,宋元两军为争夺这块战略要地,都投入了大量兵力,在小小的正阳关展开了拉锯战。那时的正阳关还叫来远镇。

当年住在秋家巷的秋胡,就在此时被征召入伍,留下新婚宴尔的妻子罗敷女在家伺候年迈的婆婆。为了生计,罗敷女每天到桑园口(现在叫"三元口")采桑叶回来养蚕,日子过得十分艰难。虽然丈夫一去杳无音讯,但她始终不肯改嫁。传说秋胡在外因功做官二十余年后,辞官回乡,在桑园口巧遇妻其罗敷女。他先是不敢冒认,当确认就是自己的妻子时,又故意上前调戏,试探她变心了没有,没想到被罗敷女一通痛骂,而后跑回家中闭门不开。母亲了解情况后,也责骂秋胡,并命其向罗敷女赔礼,夫妻二人这才和好,成就了桑园口的一段佳话,"秋家巷"也因此出名。相传,京剧《桑园会》就是民国年间的正阳关群声剧社根据这个脍炙人口的故事率先创编上演,后来传遍全国的。

20世纪60年代末,国家征用巷子的东半段建了安徽省防汛仓库,邱家巷自此成了一条死巷子,但巷子的西半段还在。20世纪90年代小城镇改造的时候,西巷口盖上了门面房,邱家巷这才彻底消失了。邱家巷虽然消失了,但它留下了脍炙人口的故事,留下了古镇厚重的历史,也留下了正阳关数代人的记忆。(汪洋)

皮塘巷

在正阳关东后街有两条紧密相连的巷子。一条南北走向,北通中正街,南接花家巷,人们称为"东皮塘巷";一条东西走向,西通东后街,东接东皮塘巷,人们称之为"西皮塘巷"。这两条巷子的巷尾,在城东南方向呈一直角互相贯通。

这巷子为什么叫"皮塘巷"呢?原来,清朝的时候,这里集中着全镇熟皮业的专业作坊。皮,皮子,熟的皮子大多是牛皮、羊皮,也有少量的兽皮;熟皮子就得浸泡,因此家家作坊里都至少备有两个大池子,其中一个是石灰池,池中放进石灰和硫化钠加水搅匀,调至糨糊状的料液后,将牛皮、羊皮、兽皮放进池里浸泡,泡好后取出用刀刮毛,再将刮掉毛的皮子放进另一个池子中踩踏,以脱掉石灰水,最后用清水洗干净。这大池子在熟皮业专业人员的口中,被称之为"皮塘子"。塘,主要是彰显这池子之大,皮塘巷由此而来。

史料记载,正阳关的熟皮业在清末民初时走向鼎盛。据老正阳关人说,到了民国时期,这两条巷子里的皮塘子一个接着一个,大大小小的熟皮子和加工皮革制品的作坊不下十余家。那时候,他们的生产都是通宵达旦。到了夜晚,巷子里还是灯火通明,人声鼎沸,进进出出谈皮子、皮革制品的生意人以及进货出货的手推车、架子车络绎不绝。

那时的生意为什么那么好呢?这与当时正阳关繁荣的进出口贸易有关。据《寿县志》记载:寿县的进出口贸易发端于正阳关。清光绪十七年(1891 年),英美商人来到正阳关推销以煤油为主的"五洋"商品。他们在运来"五洋"商品的同时,再购回茶叶、竹席、古玩、瓷器等土特产品。民国三年(1914 年),华商与美商合股经营的正阳瑞东公司,除推销洋货外,并就地收购皮革、桐油、生漆、猪鬃、茶叶等运销国外。其后,当地商家亦渐仿效,转运地产名特品经上海出口。抗日战争以前,正阳关年进出口货物总值逾银币 100 万元,桐油、生漆、茶叶、竹编、麻类均由皖西山区贩来在此转运,而地产货则以畜产品为主。除运销商收购外,一些专业作坊如熟皮业收购畜皮、兽皮,制笔业收购黄鼠狼皮、獾皮,制刷业收购鬃毛,骨器业收购杂骨、牛角等,他们与运销出口商多有业务往来。

由此可见,当年东、西皮塘巷兴旺的熟皮业,正是正阳关那时轰轰烈烈的进出口贸易带动起来的,是古镇经济繁荣的见证。这两条巷子被称为皮塘巷,也是实至名归。(汪洋)

陕西会馆巷

陕西会馆巷位于正阳关南门内的西侧,紧贴南门向西,约 50 米长。巷子的南侧是南城墙,北侧是南大街门面房的山墙,东端临街,西端到城墙拐角处,原有碉堡,向北几步便到达陕西会馆的大门。

进了大门是一个大院子,南北两侧是十几间厢房,是陕西商人客居的房屋。正对大门有一座大殿,大殿正中立有高大威武的关羽塑像,像前摆有桌案、香炉,大殿门内南侧立一周仓的塑像,手持青龙偃月大刀。正阳关居民称此大殿为关帝庙。

大殿外面的院子两边放有两座约 1.5 米高的铁质钟鼎。大殿的后面有一片空旷的草地,放有几座丘子,这是陕西商人在此逝世后,用棺木盛殓,放在后院,用竹木高粱秆包扎厝放在这里,等候家人前来迁回家乡安葬。

从陕西会馆门前北行几步,西侧有一座土地庙,内立有土地老爷的塑像。北侧有一座两层砖木结构的楼房,名叫望淮楼,又叫观澜亭。提起望淮楼,大有来历,这是正阳关的清朝一品官员俞扶九(字化鹏)先生捐资兴建的。俞化鹏于康熙三十年(1691 年)中进士,曾先后任海宁县令、贵州御史、奉天府丞、大理寺常卿、顺天府尹等职。康熙驾崩后,雍正即位,他便急流勇退,告老返乡,回到正阳关南街贤良街(六尺巷)居住。他出资在街对面的西侧,即陕西会馆的北侧,淮河东岸,盖了一座两层楼房,俗称望淮楼,雅称观澜亭,每天和一些文人雅士在此吟诗赋词,凭窗观赏淮上百舸争流、河滩上空雁雀翻飞的美景。望淮楼前悬挂的一副长联为俞化鹏手书,流传千古。

世虑顿消除,到绝胜地,心旷神怡,说什么名,说什么利,说什么文章身价?放开眼界,赏不尽溪边明月,槛外清风,院里疏钟,堤前斜照。

湖光凭管领,当极乐时,狂歌烂醉,这便是福,这便是慧,这便是山水因缘。涤尽胸襟,赢得些萧寺鸣蝉,遥天返棹,平沙落雁,远浦惊鸿。

望淮楼及前面的万字会房屋建筑,在民国时期改为万字会小学。万字会小学是清朝末年德国传教士在这里创办的小学堂。抗战胜利后,该学堂由民国政府接收,继续办小学。1949 年后,政府继续办一至四年级初小。

新中国成立初期,陕西会馆成为正阳关粮站的收购和存放粮食的仓库。院中的两座铁钟被搬移到南门楼上,1958 年大炼钢铁时,这两座铁钟成为大炼钢铁的原材料。

1954 年、1956 年的大水灾,陕西会馆、关帝庙、土地庙、望淮楼、万字会等建筑全部倒塌。(沈世鑫)

正阳井

正阳井位于正阳关镇玄帝庙后门处,是一口有历史、有传说的神秘古井。

此井虽有一千年多年的历史,但至今井水旺盛。相传,此井井水与淮河水位持平,所以,千百年来不论有多少人汲水,只要淮河不干,井内始终有水。此井水清洌甘甜,传说这是玄帝老爷为普救众生特赐的圣水,故名圣井。

坊间传说,正阳地名与此井有关。一年夏天,骄阳似火,庙内道长去汲水,惊讶地发现井里也有一个太阳,正好与头顶的太阳遥遥相对。老道长诧异之时掐指一算:"烈日落井,羊石更名,若不更名,人要遭瘟。"此后即改"羊石"为"正阳",此井也被称为"正阳井"。

这口井还曾被称为"映月井",因"日映阳,夜映月"得名,有著名楹联为证。古镇南端原先万字会的西北角,旧时有一座酒楼,名曰"望淮楼"。站在这座酒楼上,不仅能俯瞰眼前滔滔淮水的壮观景象,往北还能遥望千年古井周边优美的景色,故有才子触景生情,在楼上的廊柱上手书一副楹联,上联曰:望淮楼,望淮流,望淮楼上望淮流,淮楼千古,淮流千古;下联曰:映月井,映月影,映月井下映月影,月井万年,月影万年。楹联中的"映月井"指的就是玄帝庙的这口古井。

2002 年 4 月,人们从井内打捞出两尊金菩萨,一尊为释迦牟尼初生之时一手指天一手指地像,一尊为释迦牟尼坐像,现保存于安徽楚文化博物馆。(汪洋)

望春湖畔瓦埠镇

　　瓦埠镇位于瓦埠湖东岸，依湖设镇，在县城东南 30 千米，是第三批安徽省千年古镇。瓦埠镇西北濒瓦埠湖，东北接大顺镇，东南界小甸镇。

　　瓦埠镇历史悠久，早在春秋战国之交已有雏形，是中原去往吴越的重要通道，有 2600 多年的文字记载历史。春秋末，孔子弟子宓子贱由鲁使吴，病卒葬于此，今墓冢尚存。后人建宓子祠以为纪念，称瓦埠街为"君子镇"。瓦埠在西汉时曾为成德县治，晋废，元朝称瓦埠站，明清时称瓦埠街。民间传说北宋八贤王赵德芳微服私访，路经此地，见民风淳朴、敬贤重义、路不拾遗、夜不闭户，临行之前在客栈挥毫题写"君子里"三个大字，因此，后人又称瓦埠街为"君子里"。古时，瓦埠是往来船

瓦埠老街

舶、客商憩息与货物转销的商埠。志载,明代至清乾嘉年间,河下帆樯林立,市肆人群熙攘,贸易十分兴盛,有"金瓦埠"之说。瓦埠码头是寿州通往庐州(今合肥)古驿站所在地。明嘉靖《寿州志》记载,"瓦埠镇在寿春东南六十里,淝水旋绕,舟楫商贩往来不绝"。瓦埠时属寿州沿河乡。

瓦埠驿为清代寿州四驿之一。清光绪年间,瓦埠属东乡长丰七里。据光绪《寿州志》记载:肥水,今名东淝河,出合肥西北之将军岭分流西行……至廖家桥入州境,始通舟。曲折行三十里至船张埠,北二十里至白洋店;又北二十里至邢家铺;又东北五里会红石桥水;又东北五里会蓼王硐水,至苇摆渡北十余里至瓦埠;又北十余里会墓桥水;十余里至马兰渡,有滩,周二里余;又北至枣林滩、黄家滩、孙家嘴、神树庙,北会东陡涧水,至杨家脑十里至东津渡,经城东北入凤台县境,过北门大桥至两河口入淮。

东淝河是古代江淮之间的重要航道。其中,寿县城北门至瓦埠镇45千米的小客轮航线,直到20世纪80年代初才停航。瓦埠码头曾经也是吞吐量很大的水运码头。瓦埠湖周边渡口密布,其中位于瓦埠街的是官渡口。

东淝河源自江淮分水岭北侧,一般把白洋店以下至钱家滩一段称为瓦埠湖。瓦埠湖成湖当在近代,清光绪十七年(1891年)成图的《江南安徽全图》上绘有长8千米、平均宽4千米的水面。光绪三十四年(1908年)的《寿州志》附图上,才开始有瓦埠湖的标记。黄泛使东淝河河道出口的河底抬升,源于江淮分水岭的来水流程短、洪量大,洪水冲刷侵蚀造成两岸坍塌,湖面随之拓展,今沿湖浅滩上可见大面积粘盘黄棕壤心土出露,可以佐证。

瓦埠湖因瓦埠镇而得名。如今,瓦埠湖是江淮之间最大的行滞洪湖泊,安徽省五大淡水湖之一,水面24万多亩,地面径流涵盖合肥市的肥西、长丰,六安市的金安、裕安,淮南市的寿县、谢家集等,湖水经寿县的东淝闸入淮河。引江济淮工程江淮沟通段的瓦埠湖将建成二级标准航道,可以通航2000吨的船舶。而瓦埠湖大桥"一桥跨东西,天堑变通途",昔日封闭的瓦埠湖变成水陆双通的坦途。

瓦埠镇是皖西北革命斗争的重要发源地。瓦埠镇人民具有光荣的革命传统,早在1924年,这里就建立了中共瓦埠小学党支部,1927年中共寿凤临时县委驻此,中共寿县第二次、第三次代表大会在此召开。1931年爆发的震惊江淮的"瓦埠暴动"是中国共产党领导下的农民反封建反压迫的武装斗争。

瓦埠镇英杰辈出,有立马长城、叱咤风云的抗日民族英杰方振武,安徽省最早的农村党组织——小甸集特支创始人之一的曹蕴真,中共安徽省委首任书记、瓦埠暴动的领导人方运炽,寿县红军游击大队的创始人之一方和平等,他们为民族、为

方振武故居

革命的英雄事迹和献身精神,激励着我们奋勇向前。

    1949 年设瓦埠乡。1954 年置瓦埠镇。1958 年改为公社。1972 年复置镇。1976 年 6 月撤销瓦埠镇,成立瓦埠渔业人民公社。1983 年恢复镇建制,属瓦埠区。(高峰)

池塘郢

    瓦埠镇铁佛村境内有一个村庄叫池塘郢,此名的由来要从宓子贱说起。

    宓子,名不齐,字子贱,春秋鲁国单父(今山东单县)人,是孔子的高徒,"七十二贤人"之一,从祀文庙,名垂青史。他确实像孔老夫子称赞的那样,不仅有辅佐君王之才干,而且是位深仁至德的君子。《吕氏春秋》记载:宓子贱为单父宰时,恐鲁君之听谗人,行前恳请鲁君派两个亲信吏员同往。到单父后,邑吏皆来朝,宓子贱便叫这两个吏员做记录。两吏方将书,宓子贱便从旁掣其肘;两个吏员字写得不好,他又大发雷霆,弄得两个吏员狼狈不堪,只得辞而请归。鲁君闻之,恍然大悟:"原来宓子贱是用这个办法来谏劝寡人啊!"于是鲁君又派了一个亲信前往单父,告诉宓子贱说:"从现在起,无论什么事情,只要对单父有利,你全权处理好了。"宓子贱果然治政有方。"掣肘"就是在别人做事的时候,从旁牵制。窃以为,宓子贱在这方面肯定吃过不少苦头,所以他才采取这种办法。不然,一些人在背后处处给以钳制,事事与其捣鬼,他未必能把单父治理好。看来,背后"掣肘",暗中"捣鬼",连宓子贱这样的大贤也畏惧三分、谈之色变。因为有了这种"害群之马",即使你有颜闵之德、伊吕之能、孙吴之谋、管乐之才,是根擎天白玉柱、架海紫金梁,也只能是空有凌云志气、治世才猷,最终什么事情也办不成。由于无人背后"掣肘",手握宰篆后,他任人唯贤,勤政恤民,廉干公谨,司马迁说他"身不下堂"就把单父治理得很好。

当时宓子贱是鲁国的外交官,受鲁国国君哀公的派遣,前往吴国,途经瓦埠,在此下榻,结果一病不起,后去世,安葬在瓦埠。当地人们为了纪念这位大仁大德的君子,为其建祠修墓,缭以周垣,树以名木,历代崇祀。旧时,四方文人时来凭吊,留下了许多脍炙人口的诗篇,清代宗能徵有《谒宓子墓感述》诗:

> 一堂化雨胜鸣琴,君子岂有契圣心。
> 却为使吴还卒楚,空教杖节至于今。

建祠修墓首先要解决的就是墓砖问题。于是,在墓葬的西边建窑烧砖,墓葬烧砖取土就成了一口塘,曰"池塘"。这口塘在当时起到了很大作用,既能灌溉农田,又解决了周边百姓用水问题。后来人们发现宓子坟是一块风水宝地,于是迁居于宓子坟以东 200 米处,村庄取名"池塘郢"。(方运麓 李露)

宓子祠与宓子墓

宓子祠在瓦埠镇东街,坐北向南,现为瓦埠小学。据光绪《寿州志》:"宓子祠在州之瓦埠镇,建祠之始未详","成化间祠尝废",御史戴珊命知州赵宗重修。正德间(1506—1521 年)御史林有孚题匾曰"君子祠"。清康熙以后屡经修葺,殿宇僧舍整齐。祠分两进,由大门、大殿和后楼构成。大门呈簸箕形,门外东边有一六角亭。大殿两侧为东西相对廊庑,有便门通向东西院;东西院内各有南北相对僧舍、客厅。从东西院均可达后楼。后楼为两层砖木结构,筒瓦屋面,飞檐翘角,木质小方格门窗的古典建筑。1922年,寿县书法家张树侯刻宓子像于祠内,并撰文勒石,记其生平。不久,祠即被辟为瓦埠小学。

宓子墓在瓦埠镇铁佛岗的席郢。墓封土高3米,周长140米。墓南原有石碑,刻"先贤单父侯宓子贱墓",下款刻"明万历二十八年奉直大夫知寿州事舒琛立石"。墓东北里许,路旁立一"先贤单父侯宓子贱神道"碑,下款刻"明万历三十七年奉直大夫知寿州事彭汝贤立石"。(方运麓)

古 城

瓦埠古镇,在水一方。站在西边的护坡上,听着瓦埠湖的潮水声,远望船塘古渡,几十艘船连绵一片,依稀还有当年古渡繁忙时的气势。瓦埠镇西河岸有一个地方叫古城,在没有形成瓦埠湖之前,是一所城池。城池内有一条大河道,此河道北至淮河南岸,南至肥西东流,全长一百多里,后来经过历代暴风雨的洗礼,河床被泥沙覆盖,城池也被淹没了,原古城的岸边就是现在古城了。

此地还有一个村民组叫古城。古城群众有一个习惯,他们在上工或收工的时候,总要经过古城遗址处的湖边,希望能够拾到宝物,哪怕是几片瓷片或残砖烂瓦。古城遗址处为什么有如此大的吸引力?有人考察,在民国二十年(1931年)及1954年两次发大水,来年又干旱,河道因为干旱暴露出来,里面整整齐齐一路一路的是城墙根,很多古器、墓葬品全都暴露在河床上。

据考察,古城遗址处可分为三个文化层:第一层(底层)为新石器时期的文化层,出土的文物主要为石器、陶器等;第二层(中层)为战国至汉时期的文化层,出土的文物也最为丰富,如青铜器、兵器、印章、古钱币等;第三层(上层)为隋唐至清代时期的文化层,出土了大量的瓷器、瓷片和古钱币。(方运麓 杭福贵)

君子镇

瓦埠湖南岸的瓦埠镇又称"君子镇"。传说,"君子镇"是北宋八贤王赵德芳到江南私访,路过瓦埠封时的。

宋雍熙年间,八贤王赵德芳从汴梁到江南微服私访(寻其子王化),路过瓦埠,听说瓦埠古镇上老者高德,少者义气,有心试探,便与两个侍卫扮成叫花子,在街上打起架来。街上人纷纷出来劝架。贤王指着两个侍卫道:"他们两个输了两枚铜钱不给,还要打我。"

瓦埠湖大桥

两个侍卫又指着贤王道:"他曾欠下我等两枚铜钱未还。"

人群中走出一位白发老者,问道:"听口音,你们不是本地人吧?"

贤王道:"河南人氏。"

老者派人拿来三串铜钱道:"你等背井离乡来到此地逃荒度日,整天饥肠挂肚,单衣遮体,哪有银钱相赌?出门人本应相依为命,怎为两枚铜钱打起架来?"说罢,将三串铜钱分给三人,指着对面的一个馆子道,"拿去吃顿和解酒吧!"

贤王等三人谢过老者,进了馆子,向店家要来上等好酒和瓦鱼、瓦虾等特产名菜,大吃大喝一顿。酒足饭饱以后,三人掏出三串铜钱付账。

店家道:"仅此三串铜钱就能付账?"

贤王道:"我等见了好酒好菜,馋起嘴来,一时忘了身边短缺银两。这三串铜钱暂且付上,欠差多少,几日后讨来付上如何?"

店家笑道:"此桌酒菜少说也得四两银子,出门讨饭的,没钱也罢,何必骗起人来?我且把这桌酒菜送与尔等吃了,但愿此后别再争争吵吵,本店也就心满意足了。"

三人谢过店家出门，听见前面鞭炮噼啪乱响，走近一看，原来是一家娶媳妇的。贤王三人递过三串铜钱给主人，讨要喜酒吃。主人接过铜钱，把贤王三人让进客厅，办了一桌酒菜让他们吃过后，又送给每人二两银子。贤王推辞道："我等三人只三串铜钱就讨顿喜酒吃，本就过意不去，怎好再拿主人家的银子？"言罢，迈步就走。主人拦住道："三串铜钱，不知你等哪年哪月才能积得，虽礼轻而意重，胜过百两银子，可谓一份厚礼了。再者，我已将礼收下，这几两碎银子就算送你们回家过年的盘缠吧！"贤王接过银子，谢了主人，感叹道："此镇人人德高、个个义重，可称'君子镇'了！"

至今这里还有"花子送喜钱，一份回两份"的习俗。（方春光）

恋子岗

瓦埠湖湖心有一大一小两个滩，人称恋子岗。瓦埠街往南去20里的路上有三个集镇，人称小天集、上天寺、哑巴街。这里有一段传说。

传说，天上有一位仙女，由于偷看了凡间五谷丰登、人民勤劳的欢乐情景，不愿守天宫寂寞岁月，就私配凡人，生了一子后，被天庭发觉而押回天宫。一日，孩子出来玩耍，不幸丢失。母亲盼子心切，终于不顾天庭戒条，冒着被处死的危险，再次来到凡间，到了小天集（小甸集），扮作民妇寻子，路上经过上天寺（上奠寺），流干了眼泪，哭哑了嗓子，最后走到了哑巴街（瓦埠街）时，已是哭无声、泪流干，但是还没有找到儿子。母亲寻子心切，不顾伤心劳累过河继续往前走，乘船到湖中心的小滩时，由于悲伤过度，离开了人间，尸体就被好心的艄公运到大滩上安葬了。后来人们把这座坟称为"仙家坟"，把滩称为"恋子岗"。

至今，还有人到滩上烧纸，祈求仙家保佑自己的子女平平安安。（方春光）

上奠寺与柳树郢

寿县瓦埠镇上奠集，又称"上奠寺"，紧挨上奠集东边百米处有个"柳树郢"。原"上奠寺"又叫"上天寺"。这"上天寺""柳树郢"名字的由来还有一段故事。

从前，安徽蒙城县内有兄弟二人。哥哥叫张大，在寿州做麻油生意，妻室住在蒙城。弟弟叫张二，因做不好生意，嫂子容不得他，只得常年住在城门洞内，以讨饭为生。

这天，张二饿着肚子在城门洞内翻来覆去睡不着。半夜时，忽听两人在说话。只听一老头问另一正在打扫街道的老头："城隍老爷，深夜打扫街道干什么？"

城隍老爷答道："土地老爷，明日八仙要路过此地。"

张二听了城隍老爷和土地老爷的对话后，心生成仙之念。第二天一大早，他就站在城门口等着八仙的到来。张二想：八仙必是八人同行，其中何仙姑是女的；铁拐李身背大葫芦，是个瘸子。只要发现一行八人，一女一瘸，定是八仙无疑。

第二天，张二从早晨等到中午，从中午等到傍晚，果然，城门外来了八个同行之人，其中有一女一瘸。张二等前面七人走过之后，猛地抱住后面的瘸子。瘸子挣扎道："为啥抱住我？"

张二道："铁拐李，我要成仙！"

瘸子道："放开我，我不是铁拐李，是讨饭的。"

张二指着瘸子背后的大葫芦道："你是铁拐李。昨夜城隍老爷对土地老爷说八仙要从此地经过，我全听到了。"他死死地抱着瘸子不放。

瘸子无奈，伸手从裤筒内挠了几下，挠出一把连血带脓黏糊糊的疥疮疤递给张二。张二接过嗅了嗅，腥气扑鼻，差点吐了出来，回头来找，瘸子早已无影无踪。

张二叹了口气，悔不该放走瘸子。他把疥疮疤用纸包上，放在城门洞的砖缝里。

一次，有个进城卖鱼的人丢了几条死鱼在城门洞内，张二发现死鱼，忽然想起瘸子给他的疥疮疤来。他拾起死鱼，把疥疮疤填进鱼腹，渐渐地，死鱼复活。之后，张二不再讨饭，把拾来的死鱼弄活，再到大街上去卖。

日子长了，人们发现张二经常卖鱼，而又从不逮鱼，感到非常蹊跷。一次，正当张二在为死鱼填疥疮疤时，一伙人闯进来，要看明白，张二惊慌中将疥疮疤填入口中。

张二自吃了疥疮疤之后，走起路来如脚踩凌云，一抬脚就是十里八里的。为讨封（讨口气）成仙，他把拾死鱼卖活鱼攒下的十两银子带回家交给嫂子。嫂子欣喜异常，要擀龙须面给张二吃，并叫张二到街上买麻油。

张二道："何必去买，我到哥哥那里去讨，回来不误吃面就是。"

嫂子笑道："二弟何出此言？寿州远离蒙城，这许多路程，就是明天你也赶不回来。"

张二道："嫂子不信，待二弟带回嫂子给哥哥的鸳鸯荷包便知。"言罢，张二便无影无踪。

果然，未等龙须面下锅，张二取回了麻油和荷包递给嫂子。嫂子仔细地看了荷包,尝了麻油,惊讶道:"二弟真是神仙了!"

张二来到上奠寺(今瓦埠镇上奠村),在上奠寺南的一个村子前,张二见一农夫在犁田,便向农夫打听道:"敢问大哥,上天走哪条路?"

农夫听了,以为此人是个疯子,便顺手指着路边的一棵柳树道:"就从那上天。"

不料,农夫话刚落音,那柳树边果真露出了一条通往天上的路。张二谢了农夫,高高兴兴地上天去了。

农夫看到,忙抛下牛和犁也随张二上天去了。刚走了一截,农夫忽然想起要跟老婆交代一下,便拉牛扛犁回到家里告诉老婆:"你好生照管家,我要上天成仙去了。"老婆哪里肯信,便随丈夫来到那棵柳树前,哪里还有上天的路?

后来,人们在这地方修了座庙,称为"上天寺",日子久了叫白了口,便成了"上奠寺"。张二从柳树边上天的地方便叫"柳树郢"。(方春光)

铁佛寺

铁佛寺遗址坐落在瓦埠镇铁佛村。据传,在宋末元初年间,江淮大地连续下了七七四十九天的大雨,河水暴涨,一片泽国,大批灾民都逃到高岗之上。许多灾民每天都在烧香乞求上天保佑。

一天,一位老者正在河边察看水情,只见顺水漂来一件东西,等到近前,原来是一尊与人体相差无几的佛像。老者打算将其捞上岸来,当他用双手一试,却如何也搬不动,原来是一尊铁佛。等老者喊来人手时,佛像已稳稳地立于干地上。老者连连称奇,慌忙拿来香烛点燃。周边男女老少长跪不起,允诺"只要铁佛能保佑退去洪水,我等为你修寺建庙,常年香火不断"。说来也奇,从第二天开始,雨不下了,天渐渐放晴了,洪水慢慢地退下去了。灾民们陆续回家把地种上庄稼,到了秋天获得了丰收。

为感谢铁佛显灵,大户人家捐田捐地,小户人家捐粮捐物捐工,在铁佛显灵的地点建起一座占地三四亩的庙宇,将铁佛供在寺内,寺名就以铁佛为名,取名"铁佛寺"。大户人家捐的百十亩田地就让给部分贫苦佃户耕种,地租交给寺庙,用于日常支出,确保寺中香火长年不断。后来人们就把佃户住的村庄取名为"庙庄",沿用至今。(方春光)

哑巴街

相传在很久以前,北方遇到百年大旱,赤地千里,颗粒无收,讨荒逃难的人一路南来,其中有一家母子三人,母亲带着一大一小两个儿子,随着南下逃难的人群来到小甸地界,看到这里粮丰谷茂,人们生活无忧,母亲感叹道:"此地乃小有胜天

拐角楼

也。"当看到有人顺着车马大道往西北方向行进时,母子三人又随着人群一路而行,等来到上奠地界时看到一派五谷丰登、六畜兴旺的景象时,再次心生感慨:"此地人们的生活真是上天才有啊!"当听人们说前面有一处集镇比这里还好时,母子三人不顾劳累,再次一路前行十余里路,来到了一处古老的集镇上,街面上青石铺路,临街房屋青砖小瓦,前店后铺,生意兴隆。母亲只顾看着街面上的繁荣景象,而两个孩子不顾劳累,看到偌大的湖面碧波荡漾,湖面上帆影点点,湖中还有很多戏水的孩童,弟兄二人也就跳下水去,准备洗去一路灰尘。当母亲回过神来找自己的两个孩子时,已不见了身影,向人多方打听,有人告诉他,两个孩子已下湖洗澡时,母亲慌忙来到湖边,已看不到孩子的踪迹。顺着人们指点的方向,她看到湖中一大一小两个滩在湖中若隐若现,犹如两个顽皮的孩童在湖面上戏水。任凭母亲如何呼唤,

也不见两个孩子回来。就这样母亲坐在湖边等着自己的孩子,母亲哭干了眼泪哭哑了嗓子。周围的人询问其中缘由,母亲只能用手指指点点啊啊地回答人们的询问。好心人端来饭菜,母亲也不吃不喝。等到第二天,附近的住户发现母亲仍坐在湖边但已经去世了,好心的人们为了不让母亲暴尸在外,就将其葬在湖中的大滩之上。

再后来,人们把埋葬母亲的坟地称为"仙家坟",把大小滩称为大小"恋子岗",又有人把瓦埠街称为"哑巴街"。(方春光)

瓦埠船塘

瓦埠船塘在镇北头,是渔民的避风港。繁盛时,港内密密麻麻地停泊着渔民住家的船。这些船分南北两边,一一对应,中间留出水道。船塘的北岸是个嘴子伸向湖面,嘴子上种着庄稼和蔬菜,也有一家住户。船塘南岸通瓦埠老街北街,岸边有造船厂和冷冻加工厂。

造船厂一年四季都在忙碌着。切割前先是用石笔画出尺寸,像裁缝师傅一样,用切割机将钢板切割出块,接着用电焊像做鞋似的将钢板焊成铁皮小舟,上黑油漆,晾干即可。这些小舟多是外地河湖渔民定做的。

冷冻加工厂大院一年四季都在网板上晒鱼,成筐的腰皮子鱼从湖中捞上来,堆成堆,渔妇们用刀娴熟地去鳞去内脏,摆成排在网板上晒。不可晒得太干,渔民们掌握着度,以便即时出售。

20世纪80年代,北街还是南来北往的人必经之地,因为船塘这里是最繁忙的渡口。一艘当时十分豪华精致的客轮,负责通往寿县城关的客运,早上7点走,上午11点半左右抵达寿县城北门外,人们在旅程中可以感受到"一棹烟波万里船"的滋味。

20世纪90年代,随着交通的日渐发达,镇西出现轮渡代替小木筏,镇北船塘的客轮被迫停运。(马传耿)

望春湖

"岗上樱桃冲里米,瓦埠银鱼天下美。"瓦埠湖又名望春湖,其中有一个凄美的故事。

宋仁宗年间,庞国舅依仗皇亲国戚的身份,无恶不作。一日,他在皇帝面前说:

望春湖畔瓦埠镇

085

"瓦埠湖银鱼好，做汤特鲜！"皇帝叫他采办，他遂携子至瓦埠。名曰采办，他实是趁机大肆搜刮，致使瓦埠湖两岸鸡飞狗跳，很多人家纷纷外出逃难。

瓦埠湖中，十条大官船一字排开，桅杆上挂"庞"字大灯笼。船载金银财宝、银鱼狗肉及沿途抢来之貌美民女，每船皆满满当当的。

时包拯巡按至寿州，听说知县正带衙役抓民夫为庞国舅的贡船背纤。包拯携包兴、张龙、赵虎、王朝、马汉私访至瓦埠湖边，也被抓丁。

一日，船队至集镇边靠岸，庞氏父子及爪牙上岸。包拯遂查看每条船，见第五条舱内坐一少妇，泪满眼，不胜悲，问缘由，妇顾无人，曰："妾乃李望春秀才之妻，夫以新近中举，回乡祭祖，不及躲避，为庞子瞧见，将妾抢至船。夫拟对联一副云：'曰忠，曰孝，口口声声敬皇上；又抢，又夺，桩桩件件害黎民。'告至知县处，知县为虎作伥，不仅不替我夫做主，反将吾夫交与庞父子。夫竟为其所杀，醢之，剁成肉泥，日撒一撮于湖中喂鱼。惨哉！"

包拯义愤填膺，然不动声色，言："闻开封府包大人铁面无私，予余凭证，当替汝告之矣！"少妇掏出一纸，包点船头筐内肉泥，取身边罗帕包之，扔与包拯。包拯转交马汉，言："汝潜之寿州城，宣巡按大人至！"

船至寿州，见旌旗蔽日，"肃静""回避"两牌横路中，人声鼎沸。知县连滚带爬下船，跪于旗下，连称："失迎，失迎！"莫敢抬头。

庞国舅正四处张寻，冷不防包拯自身后出，挽手曰："不想吾为汝背三日纤！"庞转怒爪牙："畜生，何故将包大人拉来背纤！"包拯曰："国舅，此为帝采办银鱼辛苦乎？'曰忠，曰孝，口口声声敬皇上'！""何哉，何哉！""'又抢，又夺，桩桩件件害黎民'！""包大人，尔言吾不解。""汝船上少妇为谁？""乃丫鬟！""哼！马汉，将罗帕包当国舅面解之。"

马汉解包，内有状子、对联、肉泥，血迹斑斑。庞知事不妙，双膝跪地，声声哀告："包大人，望看皇上面，饶臣这遭！"

"呸！升——堂！"包公提笔判言，"勘得庞氏父子，荣膺显爵，身受皇恩，豺狼狼贪，残害百姓。虽为皇亲国戚，亦罪不容赦，虎头铡且把威使。知县身为百姓父母，助纣为虐，狡而多诈，是宜刀割首级，示众三日，立押赴瓦埠湖畔执行！"

一声锣响，庞氏父子及知县人头落地，百姓无不拍手称快。自此，贪官借银鱼大肆搜刮之风为之收敛。文人们亦伸直腰杆，敢于写出激浊扬清之文矣。真乃对联招祸，包拯申冤。

为记住李望春家这段悲惨遭遇，人们给瓦埠湖另取一名"望春湖"。（马传耿）

东岳庙

　　瓦埠建庙宇 7 处,分别是奶奶庙、东岳庙、火神庙、土地庙、三官庙、观音堂和大王庙。其中东岳庙建于南宋末年,毁于民国,位于瓦埠东街老水厂处。

　　东岳庙是民间为纪念抗金英雄岳飞而建,庙内供奉着岳飞的神像,当地人世代敬仰,香火不断。岳飞,字鹏举,相州汤阴(今河南省汤阴县)人,南宋时期抗金名将、军事家、战略家、书法家、诗人,位列南宋"中兴四将"之首。岳飞从二十岁起,曾先后四次从军。自建炎二年(1128 年)遇宗泽至绍兴十一年(1141 年)止,先后参与、指挥大小战斗数百次。1142 年 1 月,岳飞以"莫须有"的罪名,与长子岳云、部将张宪一同遇害。宋孝宗时得以平反昭雪,改葬于西湖畔栖霞岭,追谥武穆,后又追谥忠武,封鄂王。1998 年,水厂在东岳庙遗址处建水池时,曾挖到了大量南宋时期的青瓷瓷片。如今,东岳庙已不复存在,但抗金名将岳飞的精神却永远活在百姓心中。

　　关于东岳庙,还有一个传说故事。庙里主人是个道士,人称"熊道士"。传说熊道士曾被八仙收为徒弟,带到寿州四顶山奶奶庙中修炼。经八仙调教,熊道士已成半仙之体,能够呼风唤雨、撒豆成金。因忘了八仙的嘱咐,熊道士开了奶奶庙的南门,瞧见了瓦埠镇上的东岳庙,立刻归心似箭,执意下山。八仙阻拦不住,赐给熊道士一块翻天印。熊道士向八仙磕了八个响头,洒泪下山。

　　熊道士回到东岳庙后,不读经书不习武,整天游耍在外,专施邪术戏弄百姓。一天,熊道士路过一个正在插秧的农夫身边,他向农夫讨水喝,农夫说没有。熊道士明知罐中有水,心中恼火,顺手从路边红柳上捋下一把树叶,用嘴一吹,撒在了水田里。顿时,树叶变成许多条红尾鲤鱼在田里游来游去。农夫踩坏了刚插上的一田秧苗,却一条鱼也没捉到。熊道士蹲在田边,拍着巴掌哈哈大笑。农夫累得满头大汗,捧起瓦罐刚要喝水,熊道士用手一指,瓦罐裂成两半,茶水流个精光。熊道士又走到一个正在锄地的农妇身边,向农妇讨水喝,农妇递过瓦罐,熊道士一仰脖子喝了个饱。临走,熊道士向农妇要来一根头发,一头拴在地拐角的巴埂草上,另一头抛向头顶上的云彩。这块云彩便遮住了太阳,农妇觉得非常凉快,一会儿就锄完了地。但是,数日后,那块云彩依然遮着太阳,使农妇地里的庄稼发黄打蔫,农妇急得团团转,无意中碰断了拴在巴埂草上的头发,那块云彩这才飘了去。

　　每年农历三月十五是东岳庙的会期,烧香拜佛的、求子求财的、摆摊叫卖的,男女老幼纷纷前来,热闹非凡。熊道士还经常呼风唤雨,捉弄瓦埠湖上的渔民,他作法使渔船打转,使湖岸上的农田遭受水涝。因此,上天曾派龙王抓他,却被他用翻天印把龙爪打掉一只。熊道士打掉龙爪,犯了天条。玉皇大帝派张天师下凡,变作一个叫花子来到东岳庙前,一条腿跷在老槐树的树干上,另一条腿站在地上,手中提着一只画眉笼子。画眉在笼中叫道:"邪老道,抓出庙;邪老道,死期到。"熊道士果然愤愤地出了庙门,不由分说,朝叫花子用力一腿踢去。叫花子纹丝不动,熊道士却一头栽在了地上。他恼羞成怒地爬起来,对着叫花子就是一个"黑狗掏心"。叫花子略一闪身,顺势在熊道士的肩上轻轻一拍。熊道士扑了个空,只觉得肩头麻麻的,脱下道衣一看,五根绣花针深刺入骨。熊道士大惊失色,抬眼看时,叫花子早已不见踪影。熊道士心中明白,这是遇到了哪路神仙了。回到庙内,熊道士叫道士们抬来两口铜钟,自己坐在钟内,然后吩咐小道士把另一口钟合在上面,用火烧上七七四十九天,不到时候,不准揭开。小道士按照师父的吩咐,架上木竹烧了四十八天。这天来了一个老道,老道问小道士:"钟里烧的是什么?"小道士答:"是师父。""烧了多少日子?""四十八天。"老道哈哈大笑:"揭开看看吧,你师父已被你们烧成灰啦!"说罢,扬长而去。两个小道士信以为真,慌忙拿来棍子,撬开铜钟,只听熊道士在钟内大叫道:"我命休也!"从钟内跳了出来,就要被火逼出的五枚绣花针,霎时又钻进肩内。熊道士知道自己死期临头,也没责怪小道士,只嘱咐小道士说:"我不行了,这是天意。我死后,你们把我埋在黄岗,头朝下,脚朝上,把翻天印放在脚心,以免龙抓、雷劈和恶人挖尸,这样,我的灵魂就能安宁了。"说罢长叹一声,离开了人世。小道士按照师父的吩咐,把熊道士安葬在瓦埠镇小咀村的黄岗上。据说,因为埋了八仙送给熊道士的翻天印,那里从来没有发生过雷击事件。(方运麓)

胡王岗

瓦埠镇七庙村有个自然村庄叫胡王岗,这地名的由来,要从明代大将胡大海说起。

胡大海(? —1362 年),字通甫,泗州虹县人,朱元璋手下军事将领。胡大海长身铁面,智力过人。

元朝末年,天下大乱,朱元璋也想逐鹿中原。他看出郭子兴等人胸无大志,成不了什么气候,于是返回家乡募集义兵,打算发展自己的势力。很快,朱元璋手下便聚集了一批能征善战的将才,却唯独缺一个把握全局的帅才。这时,他想起了小时候的玩伴徐达。徐达从小熟读兵法,是做帅才不可多得的人选。于是朱元璋命人备好礼物,兴冲冲地去拜访徐达。谁料,待说明来意后,徐达却以自己没见识,不能担当重任为由,拒绝了朱元璋。

朱元璋不好强求,失望而归。这件事让胡大海知道了。徐达是他的姑表兄,他了解自己这个表哥的脾气,于是向朱元璋毛遂自荐,说可以让表哥出山。朱元璋一听很高兴,就把这个任务交给了他。胡大海第二天带着重礼去了表哥徐达家,对他动之以情,晓之以理。但无论胡大海怎么说,徐达还是不愿意。胡大海知道徐达做事稳重,在没有搞清楚怎么回事之前,是不会贸然加入的,他便打算用车轮战术,多劝几次。谁知,当胡大海再次来到徐达家,劝他投奔朱元璋时,却发现徐达连夜躲到别处去了。胡大海只好开动脑筋想主意,最后还真叫他想出了一条妙计。

一天半夜,徐达家突然起火,一时间浓烟滚滚,将屋子烧了个精光。原来,这是胡大海派人装成强盗放的,并把徐达家人都强行劫走,送到朱元璋的大营去了。

徐达得到消息,立刻赶了回来,可是家已经烧没了。他以为自己的家人也都被烧死了,一时间涕泪横流,悲痛欲绝。

这时,胡大海来到徐达跟前,装成十分悲痛的样子对他说:"表哥,这群强盗还没走远,我们赶紧去追,一定要抓到他们,为死去的亲人报仇!"此时的徐达已经失去理智,一心想杀了这群强盗为家人报仇,于是跟着胡大海一起拼命向前追去。追到天亮的时候,他们远远看到了那伙强盗,于是快马加鞭,紧追不舍。奈何自己这边的马没有强盗的好,所以总是追不上。就这样追追停停,一连几天,最后来到了朱元璋的军营前。这时徐达察觉出了异样,便问胡大海是怎么回事儿。胡大海见妙计已成,就把前因后果和盘托出。到了这个时候,徐达才明白,自己是被这个表弟给设计了。可是家已经被烧,回不去了,而且亲人都在朱元璋的军营中,现今也只能跟着朱元璋干了。

元朝末年,朱元璋渡江后攻取皖南、浙江等地。胡大海率兵将杨完者打败,苗将蒋英、刘震、李福等归降。胡大海任江南行省参知政事,镇守浙江金华。至正二十二年(1362年)二月七日,部将蒋英邀请胡大海前往八咏楼视察士卒演习。胡大海没有怀疑他,欣然前往,未上马时,有苗将钟矮子跪于马前称"蒋英欲杀我!",胡大海未及回答,即被蒋英以铁锤打死。朱元璋取杭州之后,杀死蒋英,血祭胡大海。

胡大海葬于七庙的一个自然村庄的西河岸(墓基现存),落葬时,军民万余人参加祭祀,于是,这个自然村便取名为胡王岗。(方运麓 李露)

方老楼

出瓦埠街向南,沿着老合瓦路行走不远,右拐入村村通水泥路,一边是沟渠,另一边是村舍田畴。春天的瓦埠湖畔,大地一片生机,向着深处走去,便到了瓦埠镇瓦岗村方老楼。提起方老楼,还有一段小故事。

方和平烈士陵园

明代嘉靖年间,方氏始祖礼公自歙县路口村迁徙至瓦埠一带繁衍生息。瓦埠方氏世居寿州南乡瓦埠镇。瓦埠镇古为成德县治,人称君子之乡,有"金瓦埠"之称,为沟通寿州、庐州之要地。明末年间,有一个方氏后裔在田间挖地,突然挖出一口缸,打开一看,发现缸内全是白花花的银子,他又惊又喜,于是,用土掩埋上,做好记号,回到家里,待夜深人静之时,带领全家老少去挖银子,结果竟不止一缸,连挖出六缸银子!

俗话说:"马无夜草不肥,人无外财不富。"这个方氏后生得了这笔外财之后,便从江西请来建筑师建成一处像迷宫一样的楼房。此房内部纵横有道,房舍鳞次栉比,厅堂布局巧妙,空间景观层次丰富,门窗枋板、柱础栏阶,无不精雕细镂,文气盎然。由于此处楼房于中午建成,而此方氏后生又属马,于是,地方名士把楼房取名为"午马转楼堂",现今简称为"方老楼"。

方运炽烈士那一支便在方老楼,民间又称"方家富窝"。方运炽于1906年出生,小时候曾跟张树侯先生读私塾,稍长入瓦埠小学就读。1919年初,方运炽入芜湖公立职业学校。五四运动爆发,受新文化运动的影响,他和薛卓汉等人创建了"爱社",秘密学习革命理论。1923年,方运炽转入上海大学学习,经曹蕴真、薛卓汉介绍加入了中国共产党。不久,方运炽、薛卓汉、曹蕴真等人回乡发展党员,成立党组织。他们在寿县建立了中国共产党小甸集特别支部,直属党中央领导。特支建立后,方运炽负责瓦埠一带工作。他以教书为掩护,积极从事党的工作。(方运麓 李露)

董子故里隐贤镇

　　隐贤镇位于寿县西南边陲,距县城 70 千米,西隔淠河和霍邱县相望,南与六安市金安区、裕安区相连。

　　这里人文荟萃,历史文化源远流长,是寿县四大历史文化名镇、三大千年古镇之一。2014 年 8 月,隐贤老街被列入第一批安徽省传统村落名录。2016 年 12 月,隐贤镇被评为第三批安徽省千年古镇。2019 年 6 月,隐贤老街被列入第五批中国传统村落名录。

俯瞰隐贤集

　　隐贤是个水陆交通便利的地方,自然商贸繁华,天天逢集。不过,隐贤的集市为"露水集",也就是说,到这里赶集得趁早,得"踏着露水"赶集,迟了这个集市就散了。这个习俗究竟源于何时,没有人能说得清,但这种赶集方式确实很科学。农耕时代,庄稼人惜时如金,每天都有忙不完的农活,但每家都要有买有卖,既要不耽误每天的农活,又要兼顾商品货物的买卖,"露水集"便应运而生。

隐贤镇文化底蕴浓厚,有许多传说、典故,其中关于隐贤镇名字的由来故事就有很多。隐贤集最早依水而建,东汉时期得水运之利,南承皖西货物,北达淮水东西,商业、手工业发达,因沿淠河顺河形成街市,得名顺河街。

相传有一年,天气多雾。一天夜里,居住在街边的一位农夫起早使牛耕田,刚把牛套好,突然发现迷雾中有一条巨蟒在游动。农夫吓得连牛也顾不上拉,拔腿就往家里跑,慌忙告诉了家人,家人又把左邻右舍喊了起来。几位老人经过商议,叫家家户户赶快烧香拜神祈求保佑,不要让巨蟒吞人,这样一直闹到天亮。众人再看,顺河街依然如故。有的老人就说:"顺河街是蟒蛇沟,在夜深人静的时候就会现出原形。"这种说法一传十、十传百地传开了,四面八方的人再去赶集,就说到蟒蛇沟去,渐渐把顺河街这个名字忘掉了。

东汉末年,曹操率大军从此经过,并派驻人马在此操练,囤积粮草,制造兵器。后曹操中周瑜计谋,被孙刘联军打败,在这里留下了数百座炼制兵器的火炉,故蟒蛇沟又改名百炉镇。

唐朝时,唐代诗人韩愈挚友董邵南(史称董子)到京城考进士,未中,乘舟沿淮顺淠溯源而上,来到百炉镇隐居攻读,后隐居古镇。韩愈曾作《嗟哉董生行》《送董邵南序》等诗文。宋代大文豪苏东坡作《三瑞堂》盛赞董子贤德:"君不见董邵南,隐居行义孝且慈,天公亦恐无人知。故令鸡狗相哺儿,又令韩老为作诗。尔来三百年,名与淮水东南驰。"他晴耕雨读,教书育人,行侠仗义,慈爱乡里。其道德品行有口皆碑,当地后人十分敬仰他,在此建董子墓以纪念,并在其读书处建读书台(现尚存董子读书台石碑)。为纪念隐士,人们改百炉镇为隐贤镇,沿称至今。

隐贤镇现存文物古迹众多,有省级文保单位1处(赵策烈士故居)、市级文保单位4处(泰山庵、陈德奇住宅、程远山住宅、赵锡珠住宅)、县级文保单位38处,并遗留大量非物质文化遗产,其中包括孝感泉的传说、三十年河东三十年河西、编笆接枣锯树留邻、插灯、手工制香等。

新中国成立后,1953年置隐贤镇,1958年成立隐贤公社,1965年从隐贤公社析出隐贤集置隐贤镇,1969年又与隐贤公社的花园、小桥、隐北、郭园4个大队,太平公社的土城、太平、新安、包公4个大队合并成立红旗公社,1972年再度恢复隐贤镇建制,1992年撤区并乡,隐贤乡、太平乡并入。(隐宣)

孝感泉

隐贤镇的街北头孝感泉,名字源于一个传说。

很久以前,在一个偏僻乡村,有对母子相依为命。母亲由于操劳过度,眼睛瞎了。儿子李兴十分孝顺,四处求医,花了很多钱也未能治好母亲的眼睛。这一天,李兴送走了医生,又饿又累,一头倒在床上,迷迷糊糊中,看见一个白胡子老头远远走来。老头笑着对他说:"孩子,只有用海水清洗你母亲的眼睛,你母亲才能重见光明。"李兴一骨碌爬起来,忙问:"海水在哪儿?"白胡子老头回答:"一直向北走。"说完就不见了。

李兴就背着母亲,带着干粮,跋山涉水,一直向北方走去。一天天过去了,母子俩不知走了多少路,受了多少苦,还是没见到大海。干粮早就吃完了,李兴便沿路乞讨,把讨来的饭菜给母亲吃,自己挖野菜充饥。

这一天,母子俩来到隐贤集北头,在一棵大柳树下歇息。太阳火辣辣地炙烤着大地,母子俩又饥又渴。李兴叹气道:"什么时候才能见到大海呢? 要是海水能从这里冒出来,该多好啊!"没想到,话音刚落,脚下的泥土中突然涌出一股泉水来。白胡子老头的声音又传来:"孩子,快用这泉水为你母亲洗眼吧!"

原来,李兴的孝心感动了天神,天神命大力士从海底打洞通往母子俩歇息的地方。李兴用洞里涌出来的水给母亲洗眼,母亲重见光明。李兴后来刻苦读书,参加科举考试,中了状元,还做了官。皇帝知道他是孝子,派人寻找他的孝迹。人们从李兴捧水救母的地方往下挖,挖出一口清泉,皇帝知道以后,赐名"孝感泉"。

听老人们说,民国初年,泉边还有一座八角形的亭子,亭前立有石碑,但随着岁月的流逝,亭和碑都难觅踪迹了。1959 年大旱,人们为了寻找水源,挖开了淤塞的孝感泉,扒出了许多青砖和条石,还有一块石碑,上面刻了一首五言绝句:"母病思江水,心诚可格天。路径千百里,地忽涌流泉。"

孝感泉是隐贤镇独特的孝道文化,千百年来一直被广泛地传诵着。(卞维义)

厦拉门

隐贤镇的厦拉门始建于明代。因当时水运发达,商贾云集,百业兴旺,店铺林立,镇内有不少富商。有人建议商家共同出资,在四条大街的末端,仿照寿州古城样式修建城门,这样可以防范土匪和强盗袭扰,维护社会治安。因为它高过一般民宅,又建在街尾,故称厦拉门(厦:高大。拉:末尾)。

厦拉门是单层歇山顶重檐结构,马头墙,砖瓦粉脊,柱面平直,高7—8米,宽8—9米,中间是双扇枥树油漆大门,内有铁闩铁链,两边各有一扇小门,以方便人员出入。大门白天敞开,晚上关闭,有专人看管。

东厦拉门位于东大街和榔头街相接处,门楼高大坚固,雄伟壮阔。门的上方嵌有一块2米长的匾额,上书"紫气东来"四个大字,据传是当地名士赵心脉的笔迹。中间有一横匾曰"文昌门",因不远处有一古建筑叫文昌宫,故东门取名"文昌门"。南厦拉门建在南街末端,正前方100米处便是为纪念唐代名将胡敬德而修建的德横涧村,再往西100多米就是大佛庙、柳沟沿、泰山庵,此门取名"德胜门"。北厦拉门建在老油坊附近,出北门不远就是东岳庙、祖师庙、十龙口,还有闻名遐迩的孝感泉,此门命名为"天懿门"。西厦拉门建在西街末端,出门就是堤坝,上了堤坝就是滔滔不绝的淠河和南来北往的船只,此门取名"长胜门"。

这东南西北四座厦拉门在数百年风雨的侵蚀下已经摇摇欲坠,于20世纪70年代被相继拆除,但它们在兵匪肆虐的年代的确起到了作用。(卞维义)

泰山庵

隐贤镇有一座有千年历史的寺庙——泰山庵。它坐落在淠河东岸的滩头之上,占地约为4800平方米。它的取名据说与淠河有关。淠河古称沘水和白沙河,是淮河东岸的一条重要支流,平时风平浪静,汛期洪水滔天,危及群众的生命安全。人们在淠河滩头建造此庵,希望用菩萨的神力来制服洪水。泰山是五岳中的东岳,在山东省中部,有"稳如泰山"和"泰山压顶不弯腰"之说,用泰山作为庵名,也有求安祈稳的寓意。

泰山古庵始建于唐宪宗元和十一年(816年),是隐贤36座庙中唯一幸存的古庙,也是寿县唯一一座尚有佛像和丘尼的寺庙。因年代久远,原庵的规模和丘尼的更迭已无从考证,现在的殿宇是清道光十三年(1832年)于火灾后重新修建的,到民国时期已经残破不堪。新中国成立后,政府又拨款将破庙修葺一新。在"文化大革命"中,这座千年古寺又遭受灭顶之灾。几位丘尼也被赶出寺庙,自谋生路。

泰山庵的丘尼最早可以追溯到清朝咸丰年间的能贵。能贵精通佛法,又年长辈尊,人称大当家的,又因其姓关,背后又有人称她为关老爷。她的两个徒弟是仁安和仁参。仁安的左腿残疾,办事也不太利索。仁参因精明强干、头脑灵活而被称为二当家的。她们圆寂以后,接替她们的是圣宽和圣德。庵内有座圣德塔,是圣宽

泰山古庵

个人捐资修建的。"塔记"上写着:"圣德原名陈式,霍邱人,少孤。她九岁入庵,十二岁削发为尼,为正宗第二十七代法师。她晨钟暮鼓,古佛清灯,潜心修行,身不犯律,于1992年5月圆寂,享年八十三岁。"圣德的徒弟是果成,果成的徒弟即是现在庵内的常志。

莫道浮云终蔽日,严冬过尽绽春蕾。改革开放后,泰山庵维修一新。1998年,泰山庵重塑千佛山和如来佛雕像,并举行隆重的开光仪式,邀请九华山新戒法师上殿诵经。每年正月十五,泰山庵都要举行龙灯庙会,庙会期间人流如潮、香火弥漫、钟声悠扬,加上舞龙舞狮、花灯锣鼓、戏曲杂技和丰富多彩的文艺表演,吸引四面八方的群众前来观看,为隐贤镇旅游业的发展添上浓墨重彩的一笔。(赵玲 卞维义)

三街六巷

在古镇隐贤流传着一副年代久远的对联:"三街桃花面,六巷酒飘香。"

这里的三街,指的是小街、顺河街、榔头街。

小街位于隐贤中学的东边,据说东汉时期,曹操率领几十万大军南下,准备与孙权决一死战,战前曾驻兵于此。曹操命人建了近百个冶铁炉,日夜不停地打造兵器。由于曹兵人数众多,有大量的物质需求,吸引了许多生意人。时间一长,这里自然形成了小集市,建成一条南北走向的街道,称之为小街。曹兵开拔以后,那些工匠由打造兵器转为打造锹锄犁耙以及生活用品,吸引周边群众前来购买,带动了集市的繁荣。后来,铁匠师傅在附近建了一座庙,取名火神庙,供奉火神老爷。每逢农历六月六日火神老爷的生日,周边集市的铁匠们都要来烧香叩拜、燃放鞭炮,祈求火神老爷保佑他们生意兴隆,财源茂盛。

顺河街,顾名思义,就是沿河而成的街市。淠河是淮河的支流,历史上水运发达,是一条黄金水道。从大别山运来的竹木、茶叶、桐油、生漆、窑货等,催生了集市的繁荣。顺河街码头每晚停靠一两百艘大小船只,街道车水马龙。顺河街是百炉镇的雏形,在唐代以前就很有名气了。

榔头街横亘在顺河街东街口,南自蔬菜村,北到官帝庙,长200多米,六安到正阳关的大道穿街而过,是来往客商和贩夫走卒的歇脚之处。相传明代以前,这里只有一对姓曹的老夫妻搭建的茅棚,摆个茶水摊,后来多了几户卖小吃的。小街因地势偏僻而逐渐衰落,榔头街便顺势而起,出现了饭店、米行、杂货铺、竹木行,生意五花八门,客商纷至沓来,自然形成了繁荣的街市。

六巷分别为水巷、日头巷、当铺巷、鲍家巷、涂家巷和公平巷。

水巷在北大街中部,紧贴淠河,因居民到淠河挑水必经此巷而得名。日头巷因巷口朝东能看到日出而得名。当铺巷因清代就有人在这里开设当铺而得名。鲍家巷位于南街末梢,此巷因多鲍姓人家居住而得名。涂家巷是距榔头街较近的巷子,也是“编笆接枣、锯树留邻”典故的发祥地。公平巷,因旧时此巷发生过居民住宅边界纠纷,经名人调解公平处理而得名。(卞维义)

七仙桥

七仙桥坐落在隐贤镇隐贤街道南大塘,又叫乌龟桥。这个桥的名称来源于一段美丽的传说。

古时候,隐贤镇南门外有两口大塘,东边的叫养生塘,西边的叫放生塘。中间有一座南北向的桥,用石条砌成,南头较宽较短,北头较窄较长,中间呈拱形,桥墩就像两个大写的“八”字,分别伸向四个方向,因为形状像乌龟,人们便叫它乌龟桥。听老人们说,它以前不叫乌龟桥,而叫七仙桥。提起七仙桥,人们就会想到天上的七仙女,想到她下凡后和董永结为夫妻,并生下一个孩子。七仙桥就来源于这个美丽而又凄婉的民间传说。

明末清初,隐贤的一座古庙有一位年近百岁的老和尚。一天夜里,他做了个奇怪的梦,梦见一位仙人告诉他,天上的七仙女生下一子要送到人间抚养,叫他把孩子交给一个无儿无女的赵姓人家。醒来后,果然听到大院里有婴儿啼哭,老和尚便按照仙人的嘱咐,把婴儿交给附近一户赵姓的人家。这对老夫妻无儿无女,领养孩子后万分高兴,对孩子十分关爱,取名"心脉",意为"心中的血脉"。

转眼到了上学的年龄,虽然赵心脉天资聪颖,过目不忘,但在学堂里却受到歧视,同学们背地里叫他"野种"。赵心脉哭哭啼啼地跑回家,找养父母追问他的身世,得知母亲是天上的七仙女。思母心切的赵心脉找算命的讨主意。算命的告诉他,正月十五清晨,南门外的石桥上会有七只天鹅走过,他只要拦住最后一只,连叫三声"妈妈",天鹅就会变成七仙女,这样,你们母子就能团聚了。

赵心脉牢记算命的嘱咐,便在正月十五清晨到桥上等候。在曚昽的晨光中,他看到七只洁白的天鹅在养生塘里洗完澡,列队从石桥上走过。他赶紧拦住最后的那只天鹅,连喊三声"妈妈"。天鹅果然变成了七仙女,一把搂住赵心脉,说:"孩子,妈妈对不起你,让你受屈了!"说着说着,母子俩便哭成一团。临别时,妈妈教导他要好好读书,学好本领,做一个有品行、有道德的人,说完又变成天鹅,追赶同伴去了。

这座桥因为有七位仙女走过,所以人们便叫它七仙桥。后来又觉得叫七仙桥有损仙女的形象,于是人们根据桥的形状把七仙桥改成了乌龟桥。(卞维义)

横涧村

横涧村位于隐贤镇南门外,唐代末期所建。村中有一处建筑,形似地下涵道,用石头围砌成圆筒状,直径约 8 米,全长约 200 米。内部立一石碑,碑上刻有"胡敬德"三字。外部东上方有一塘名叫养生塘,西下部有一塘名叫放生塘,附近有一处景观叫柳沟沿,绿柳轻拂,荷花吐蕊,莺啼蛙鸣,游人如织。

横涧村是为了纪念唐代的一员猛将胡敬德而建的。他不仅武艺高强,百战百胜,而且军纪严明,要求官兵做到"三禁",即禁酒、禁淫、禁骄,深受百姓拥护。有一年,胡将军带领队伍路过隐贤镇,当地百姓杀猪宰羊准备犒劳官兵。胡将军知道后婉言谢绝,并在南门外安营扎寨,请名人贤士到军营谈心,了解民间疾苦,对困难群众给钱、给粮、给衣,被百姓称他的队伍为"天兵""仁义之师"。后人为了纪念胡将军,在他安营扎寨的地方建起一座横涧桥,立碑刻名,以示褒奖。(卞维义)

地藏寺与董子家井

地藏寺原址在隐贤镇隐贤街道北街粮站内。它的旁边有一口井,由于20世纪80年代粮站建仓库,该井口被封,上面盖了房。虽说该井被埋在屋下,但地藏寺与井的传说却流传了下来。

传说隐贤集过去有36座庙、72口井,而72口井中只有地藏寺附近的1口是淡水,其余的井水味道偏咸。

过去隐贤古镇有一句口头禅:地藏寺的井水——拔凉拔凉的。地藏寺是一座古庙,这口水井就在庙的旁边,开井人就是唐代贤士董邵南。董邵南因到京城长安赶考屡试不中而心灰意冷,于是沿淠河溯流而上到百炉镇隐居。他在地藏寺旁边建几间茅屋,开一口井,从此刻苦攻读,废寝忘食,诗词歌赋样样精通。他喜欢在夜深人静时对月吟诗作赋。月宫的嫦娥非常喜欢听董邵南吟诗,听到反映民间疾苦的诗时,不由得潸然泪下,眼泪恰好落在这口水井中。"神仙落下千滴泪,化作人间万缸水。"因为这井水是嫦娥的眼泪化成的,不仅又甜又凉,而且人喝了还可以消灾,所以周围的群众都到这里挑水饮用。从前这里荆棘遍地,杂草丛生,挑水的人多了,便踩出了几条路,石井栏也被磨出了印痕。

附近的穷人还把卖水当成职业,地藏寺的井水更是供不应求。炎炎夏日,当人们饱受高温折磨的时候,街上便传来阵阵吆喝声:"卖井拔凉喽,地藏寺的井拔凉,不凉不要钱!""一个大钱买一碗,一个铜板管饱喽!"听到吆喝,人们便早早地等在门口,水桶一放下就围满了人。有的人自己买一碗喝完了,还要再买一碗带回去给老人喝。人们一边喝一边赞叹:"这地藏寺的井水拔凉拔凉的,喝到肚子里真爽啊!"于是,地藏寺因为这口井而名扬千里。吃水不忘掘井人,人们在赞美井水的同时,也不会忘记行侠仗义、慈爱乡里的唐代贤士董邵南。(卞维义)

包公庙

包公村距隐贤镇政府所在地5千米,东邻大树村,南界郝岗村,西连淠河,北邻隐贤街道。包公村是因包公庙而得名。原包公庙址在现包公村庙西组境内,坐北朝南,共三进,灰砖青瓦,有18根柱子。相传明清时期,孙、陈、赵三家为祈福祭祀修建宗祠,因庙内供奉包公神像而取名包公庙。1953年,庙因年久失修而倒塌。

鼎盛时期,由于孙、陈、赵三家后代经常烧香祈福,久而久之形成了庙会,后演变成了节日期间,特别是正月十五期间的娱乐活动。

包公村

庙会的主体活动:一是善男信女进香朝拜、许愿求福;二是借此机会做小生意和开展舞龙活动。从四面八方赶来的信徒加上逛庙会看热闹的人,便形成了庙会人山人海的热闹场面,远近闻名。

正月十五赶庙会,大多是亲朋好友、左邻右舍成群结队前往。四乡八镇聚集来的人,要吃、要买东西、要看热闹,就提供了商机。逢有较大规模的庙会,经营各种吃喝玩乐的生意人、手艺人从四面八方赶来,使庙会成为民间经济文化活动的大舞台。

庙会的真正定型、完善,则是在明清以至近代。早期庙会仅是一种隆重的祭祀活动,随着社会经济的发展,小商小贩们看到烧香拜佛者多,在庙外摆起各式小摊赚钱,渐渐地成为定期活动,所以叫"会"。庙会在保持祭祀活动的同时,逐渐融入集市交易活动。随着人们的需要,又在庙会上增加一些娱乐性活动,于是逛庙会成了人们不可缺少的过年内容。包公村庙会是当地民间信仰的集中展现,体现出民

间文化的独特性,承载着历史上劳动人民的生存方式和生存想象等大量的历史文化信息。(卞维义)

董子读书台

董子读书台坐落在原隐贤小学内,是唐代贤士董邵南归隐后读书的地方。董邵南生活在一个崇尚诗文的朝代,因科举失意到百炉镇隐居。他晴耕雨读、手不释卷,既读出了个性、读出了感悟,也读出了贤士的风采,奠定了百炉镇的书香氛围和文化底蕴,连大文豪韩愈都称赞他"朝出耕,夜归读古人书,尽日不得息"(《嗟哉董生行》)。后人为了纪念他,将百炉镇改为隐贤镇,还在他读书的地方修了一座凉亭,内置石桌石凳,命名为"董子读书台"。

董子读书台历经千年风雨早已荡然无存,只有一座古碑静静地躺在原隐贤小学的西北角。读书台离董邵南居住的茅屋只有百米,他在这里潜心苦读,躬耕垄亩,践行着"隐居行义"之理。他在隐贤行侠仗义、慈爱乡里,道德品行有口皆碑。清代就有人在董子当年读书的地方开办私塾,教授《三字经》《百家姓》《千家文》。民国时期,开明士绅赵吉甫将读书台旁边的东岳庙改造成洋学堂,校名为三育公学,教授"四书五经"和唐诗宋词。新中国成立后,政府又在三育公学的基础上创办了隐贤小学,培养德智体全面发展的接班人。一代又一代的读书人都像董子那样刻苦诵读、孜孜不倦,用琅琅的读书声压倒了市井的喧嚣。或许,这就是对读书台最好的凭吊和对董大贤士最好的纪念吧。(卞维义)

火神庙

火神庙坐落在隐贤中学内,占地4000多平方米,面阔五间,深进三间,飞檐翘角,雕梁画栋,古朴典雅。供奉的火神老爷端坐于大殿之上,浓眉大眼,山羊胡须,一派仙风道骨模样。两名护卫面目狰狞,手握剑戟,眉宇间透出一股威严气。两边的佛台上排列着十八罗汉塑像,它们或交头接耳,或喜笑颜开,憨态可掬。

这座庙的建造可以追溯到东汉末年。赤壁之战(208年)之前,曹操率领几十万大军驻扎在顺河街(隐贤原名),建近百座铁炉,招募铁匠师傅打造兵器。曹兵开拔以后,这些铁匠便由打造兵器转为打造农具、炊具等生产生活用品。打铁作为一种产业,带活了一方经济。到了唐代,由于国家统一,人民安居乐业,加之佛教传入,统治阶级又大力倡导,在全国上下掀起了求神拜佛的热潮,庙宇就像雨后春笋般建立起来，各路的神佛和菩萨都有了一席之地。古镇的铁匠师傅们自然不甘落后，他们自发集资建造了火神庙，供奉他们心中的菩萨——火神老爷。每年六月初六是火神老爷的生日，铁匠师傅都要停业三天，到庙上烧香祈祷，三叩九拜，还要敲锣打鼓、燃放鞭炮为火神老爷庆生。周围群众也来烧香磕头，求火神老爷保佑风调雨顺、水火平安。

到民国时期，这座历经千年风雨的古庙已经破败不堪。抗战时期，安徽省第十一临时中学为躲避日寇袭扰从定远迁到隐贤，将火神庙改造为男生宿舍。新中国成立后，隐贤中学又将火神庙改造为学生食堂，后来扩建，食堂搬迁，火神庙也就不存了。火神庙是隐贤36座庙中名气较大的一座，是古镇人民永远的记忆。（卞维义）

十龙口

隐贤北门外有一个地方叫十龙口，这里原是一处地下涵洞，为明朝时一位汪氏寡妇个人捐资修筑。这汪氏何许人也？为何要捐资修建涵洞呢？

传说明朝中期，北街的一座四合院里住着一位姓汪的中年女性。说起来也真命苦，她结婚才几个月，丈夫就病故了。她既不改嫁，也不回娘家和父母一起生活，而是靠在娘家学到的纺纱织布的好手艺，挣钱养活自己。由于她勤劳和节俭，手头渐渐有了积蓄。汪氏平时乐施好善，邻居们都夸奖她。

汪氏性格内向，少言寡语，逢年过节既不观灯也不看戏，只是对墙上挂的观音菩萨画像非常敬重，平时也祈求菩萨显灵，保佑百姓能过上安稳的日子。

有一年夏天，连日暴雨，内涝成灾，淹倒了不少房子，灾民流离失所。汪氏心急如焚，她在案桌上摆放十个香炉，燃起十炷香，跪求观音显灵让老天停雨。为表诚意，她从早上跪到天黑，一天汤水未进，渐渐体力不支，眼也慢慢地闭上了。迷迷糊糊之中，她猛然觉得这香火变成十条龙在上下舞动，墙上的观音也用亲切的声音对她说："汪氏，你多年的诚心感动神灵，我已命这十条龙保佑全镇人民免受水患。"话音刚落，头顶一个炸雷把汪氏惊醒了。这时，雨停了。她回想梦中观音所说的话，心中暗自欢喜，自己多年的心愿终于实现了。

几天以后，河上来了几只装满石料的大船，有十位壮汉推着石料沿街叫卖。汪氏听到吆喝忽然来了灵感：是呀，要是用这些石料在北门外修个地下涵洞，不就能使百姓免受内涝之苦了吗？于是她就问壮汉能不能包修涵洞，他们满口答应。汪氏非常高兴，拿出全部积蓄买下石料，委托这十位壮汉帮助修建地下涵洞。

汪氏的义举感动了街坊邻居,他们有的把食物和茶水送到工地,有的关上店门前来帮忙。涵洞修好后,汪氏想到梦中观音所说的话,就把这项排水工程命名为十龙口。后人在十龙口旁立一块石碑,以铭记其功德。(赵垒)

隐贤集的寺庙

寿县隐贤镇历史悠久,水运方便,是淠河中游一个重镇,传说历史上有 36 座庙。其中比较有名的寺庙有:

关 帝 庙

隐贤集的关帝庙在地藏寺的正前方,两进院子。前门(山门)是徽式砖石结构,两边是廊房,正中三间高大气派的瓦屋便是大殿。殿中央供奉着关羽神像,两边是神龛,供奉着四大天王牌位。大殿内两根大石柱高七八米,石柱上镌刻对联一副,上联:师卧龙友子龙龙师龙友;下联:弟翼德兄玄德德弟德兄。上有一木匾额,题:威震华夏,志在千秋。这座庙建于何时,无从考证。新中国成立后,经人民政府修整,这里成了人民大戏园。1986 年正月十六日,庙被大火焚烧殆尽。大殿旧址今尚存。

庙 里 庙

出了北厦拉门,穿过十龙口,眼前是一座高大的古建筑物,坐北朝南,这就是东岳庙。前面是一个飞檐翘角、雕龙画凤的歇山顶式砖木结构建筑,这是东岳庙的山门。进了山门是一个很大的院子,两边厢房有十几间。西厢房前长有几棵遒劲苍老的龙柏,东边长有一棵不知道有多少年的老槐树,主干已枯,周围发了很多新枝。大门向北约 60 米处,有一石砌台基,长 20 米,宽 8 米,台基上建有一座明三暗五的大瓦房,青砖灰瓦,这便是东岳庙的主殿。殿内神台上供奉着东岳大帝神像,两边是他的八位弟子的木牌位。大殿正门两边各挂着一个约 3 米长的大木牌,上写一副对联:孽涤茫茫叹人世无多一误岂容再误;轮回辘辘仰圣贤有赫今生要想来生。

东岳庙往北 100 米处,还有一座庙,名叫"祖师庙"。此庙不是很大,三间瓦房,里面供有祖师塑像,与前面的东岳庙连成一个整体。在东岳庙通往祖师庙之间,有一条碎砖铺成的小路,路中间有一条自东向西的下水沟,沟不算很宽。水沟中间立一石墩,上面盖着一块青石板,1 米多长,形成了两个方孔的小石桥面。石桥南侧有一口庙里和尚饮水用的古井,于是就叫响了隐贤集的名句"抬头一座庙,低头一口井""三步跨两桥,庙里庙"。东岳庙修建于清道光年间,由本地士人集资建造,有"功德无量"石碑一块。民国时期,隐贤集开明人士赵吉甫在此开办三育公学。大革命及抗战时,这里曾是中共地下党秘密活动的场所。新中国成立后,经当地人民政府改建,隐贤小学在此诞生。

三官庙

隐贤集的三官庙(天官、地官、水官)建于清咸丰年间,坐落在北厦拉门外淠河东岸,坐北朝南,前后两进院子。大殿正中供有天官、地官、水官三尊泥塑神像,东边供有十八罗汉像,西边供有送子娘娘神像。每到农历正月十五,有很多善男信女来到这里许愿、还愿和抱小娃娃;行船人家也来敬香,以求一帆风顺、四季平安。大殿门口原有一副楹联:江淮河汉何莫由斯道也;鼋鳌蛟龙岂得暴彼民哉。

此庙于1954年被特大洪水冲倒,现仅存一个土台子。(赵垒)

石公亭

寿县隐贤中学创建于1942年,办学历史悠久,远近闻名,为国家培养了一大批人才。回溯学校历史,不得不提学校的创始人石寅生。石寅生(1878—1944年),

石公亭

名德纯,字厚斋,寿县人。他早年求学日本,加入同盟会。宣统二年(1910年),石寅生回国,先后任刑部佥事和安徽省参议会参议员,投身爱国运动。他心系桑梓,出资修复淮淠大堤。民国二十九年(1940年),鉴于战时家乡小学毕业青年多数失学,他倡设寿春私立初级中学,建议将罗陂塘公田拨作校产,以每年的收益作为办学基金,呈报省教育厅备案。但是,教育厅厅长不允许。石寅生亲自拜见厅长,据理力争,力排众"阻",终于在民国三十一年(1942年)在寿县隐贤集建立寿春私立初级中学(寿县隐贤中学前身),并被公推为董事长。民国三十三年(1944年)夏,石寅生因病逝世。得知石寅生先生不幸病逝后,学校师生万分悲痛,自发捐款在校内建一凉亭,命名"石公亭",以示纪念。因年久失修,石公亭破败不堪,后于2022年10月1日复修,以彰石公之德。(赵垒)

城隍庙

隐贤镇东街菜市场曾是城隍庙的遗址。这座庙始建于明代中叶,民国时期已经破败不堪。新中国成立后,因破庙影响市容而被拆除了。人们不免要问,弹丸之地的隐贤怎么会和城隍老爷扯上关系呢?说起来还有一段脍炙人口的故事呢。

明嘉靖年间,隐贤有一位朱员外,他祖上曾在朝廷做官,留下许多财产,据说他有豪宅数栋、良田千亩,富甲一方。他有两个儿子,大儿子名叫得光,二儿子因五行缺水,故取名得水。

朱家附近有两口大塘,东边的叫白蟒沟,西边的叫柳沟沿。两塘相连处有一座石桥,像乌龟的脊背,因此叫乌龟桥。有一年夏天,淠河涨水,洪水把两塘连在一起,乌龟桥也没入水中。一天下午,塘里不知从哪里漂来一个木头疙瘩,几个年轻人跳下水,想捞上来劈柴卖钱。谁知拖上岸以后,他们却愣了神,原来这是一尊雕刻精美的神像。这究竟是哪位菩萨?缘何流落他乡?人们不得而知。有人把消息告诉朱员外,朱员外赶到塘边一看,认出是城隍老爷的雕像,心想:城隍老爷大驾光临,蓬荜生辉呀,千万不能慢待了菩萨。他便对几个年轻人说:"你们把城隍老爷抬到我家,我家柴火多,有力气你们尽管挑吧!"

朱员外命人把堆放杂物的东厢房腾出来,打扫干净,砌上佛台,又派人到外地买来袈裟给城隍老爷披上,然后选黄道吉日,举行庄重的神像安放仪式。从此,他每天烧香磕头,乞求神灵保佑他家人财兴旺、水火平安。

这事不知怎么传到了县官的耳朵里,有一天,差役传令朱员外到衙门问话。大堂之上,县官问道:"朱员外,知道我找你所为何事吗?"朱员外双膝下跪,磕头说:"回禀大人,小民从水中捞得城隍老爷雕像,供在家中,不知大人有何吩咐?"县官说:"你行善积德,自有好报,可城隍老爷比不得一般菩萨,老是供在家中,佛祖会怪罪的。本官劝你捐资修庙,给城隍老爷建个安身之所,不知你意下如何?"对于修庙,朱员外何尝没有想过?只是这几千两银子的开销他真有点舍不得呀!朱员外想了想,说:"大人不知小民的难处,修庙可不像撑一把伞那么容易,银子虽然可以筹措,但只有州县所在地才能修城隍庙,这是佛门规矩,小民怎敢冒犯佛规呢?"县官不假思索地说:"你的意思是要把庙修在县城,然后把城隍老爷请过来?"见朱员外不再吭声,县官狡黠地眨了眨眼睛,接着说,"朱员外,要是在县城修庙,你先拿五百两银子购买庙地,其余开销全部由本县承担,庙修好后本官在庙门口的石碑上刻上你的名字,让你流芳千古,你看这样好不好?"为了把这块烫手的山芋扔给县官,朱员外只好答应。他哪里知道,县官只是想借修庙敲他竹杠,等他把银子装进腰包后,再也不提修庙的事了。

转眼到了大年三十,朱家张灯结彩,欢庆新年。朱员外命丫鬟给城隍老爷上香,丫鬟拿着钥匙打开房门,但见佛台前红烛高照,香火缭绕,大少爷身着红袍站在左侧,二少爷身着绿袍站在右侧,绿袍的袍襟湿漉漉地往下滴水。丫鬟吓得大叫一声,昏死过去。醒来以后,她向朱员外细说了刚刚见到的情景。朱员外知道这是城隍老爷向他暗示两个孩子的结局:一个金榜题名,光耀门楣;另一个可能遭遇不测,溺水身亡。

朱员外的猜测不久就得到验证。第二年春,得光在科举考试中仿佛有神力相助,一帆风顺,考中头名状元。得水骑着白马踏春时,白马一头扎进河里不见踪影,随后人们在河边发现了得水的尸体。报喜和报丧的人几乎同时来到朱家,朱员外又悲又喜,在办完丧事后即送得光进京接受皇帝封赏。得光做了大官以后,立即下令在隐贤修一座城隍庙,把家里的城隍老爷安放在庙里,还把敲诈父亲五百两银子的县官摘去乌纱,打进大牢。从此,隐贤便有了城隍庙。(赵垒)

太平寺

　　太平寺位于隐贤镇郝岗村。据村内老人介绍,寺庙为三姓氏庙堂,寺内碑刻遗存不多。据碑文记载,寺庙始建于明嘉靖年间。碑文中详细解说了庙堂由来:洪武

太平寺

定鼎以后,瘟疫成灾,百姓苦不堪言。为繁衍生息,山东枣林三姓(姜氏、马氏、戚氏)兄弟举家搬迁此地,自此家族兴旺,传脉有谱。道光年间由戚氏先祖建庙兴火,寺有僧人住持,香火不断,方圆百里皆为妙传。后因咸丰年间兵变,民国变革,支族散失,宗谱残缺,修缮未尽。由于战争原因,寺庙被拆毁而改作粮站,荒废多年。改革开放以后,庙中香火气荡然无存,碑毁庙废。三姓族人为传宗谱,溯源祭祖,纷纷捐款重建庙堂,各姓氏佛堂及庙殿也相继建成。此后郝岗村每年正月十五举办庙会,影响极广,各姓氏族人和附近乡亲纷纷赶来,焚香祭祖。太平寺保太平,在当地乡亲口中传为佳话。(赵垒)

蓄圣表仙八公山

八公山乡地处寿县北郊,距离古城寿县2千米,位于淮淝之滨,东连谢家集区,西与北邻凤台县,与毛集实验区、颍上县隔河相望。

八公山乡得名于蓄圣表仙的八公山。八公山古称北山、淝陵山、紫金山、楚山,位于淮河岸边,方圆200余平方千米,大小山峰40余座,峰峦叠嶂,灵秀神奇。"八公山"一名源自西汉淮南王刘安炼丹学道成仙的神话。西汉时,八公山是淮南国属地,刘安是汉武帝刘彻的皇叔,被封为淮南王。此人尚文重才,广纳天下贤士3000多人,他带领门客研究当时盛行的黄老学术,从神话传说到天文地理,无所不包。其中有8人最为刘安赏识,被封为八公。刘安常与门客在淝陵山上研究天象、编制历法、冶丹炼砂。相传一日,刘安与八公炼成仙丹,服食后得道成仙。《太平寰宇记》记载:"昔淮南王与八公登山埋金于此,白日升天。余药在器,鸡犬舐之,皆仙。其处石皆陷,人马之迹犹在,故山以八公为名。"

这也许是八公山得名最早的记录。而当地民众则是从山形观看,推断山的得名。从大泉村豆腐街往西沿着山走,确见八个山头相连,联想到刘安带领八公炼丹成仙的传说,大泉村背倚的山头就叫八公山。

八公山地区属亚热带半湿润季风气候,境内雨量充沛,气候宜人,日照时间较长。八公山区的残丘石灰岩土、紫色土,腐殖质丰厚,林茂草丰,山场面积广阔。独特的小区气候和优质的土壤条件是发展果林种植的最佳环境。麦豆和林果是八公山乡主要农副产品,盛产的八公山酥梨和安农水蜜桃驰名省内外。20世纪90年代,石料开采加工和应运而生的运输业拉动了八公山经济发展,同时也带来一些负面效应。2008年,县委、县政府为打造"南工北旅生态县",建设八公山文化旅游胜地,依法整治石料加工污染企业,关停了72家,并开展八公山环境综合治理,加大了旅游基础设施的投入,为八公山文旅发展奠定了基础。

八公山乡水陆运输便捷,通信设施完备,商合杭高铁寿县站坐落于此,合阜高速公路穿越而过,千吨级江淮运河寿春港正在建设,是全县唯一一个通铁路的乡镇。境内自然资源丰富,矿藏储量多、品位高。境内旅游资源丰富,拥有 AAAA 级风景区八公山森林公园,淮南王墓、廉颇墓、珍珠泉、玛瑙泉、淮王丹井、四顶山奶奶庙等名胜古迹分布其中,有寿县外八景中的八公仙境、紫金叠翠、珍珠涌泉、寿阳烟雨等景观。这里不仅是淝水之战古战场,而且是世界豆腐的发祥地。春天的梨乡雪海吸引越来越多的游客,梨花景观被评为"全国最美田园",郝圩村入选首批安徽省特色旅游名村。围绕豆腐文化做文章,八公山乡是全省首批特色旅游名镇,八公山豆制品公司农家乐、豆腐小镇是八公山乡新晋旅游热点。

八公山乡因八公山得名,1950 年置八公乡,1955 年废,1956 年复置,1960 年划归城关人民公社,1961 年恢复八公公社,1983 年改社为乡,直到 1986 年隶属双桥区,1987 年隶属城关镇,1992 年撤区并乡,沿用八公山乡称谓至今。(李振秀)

大泉村

大泉

大泉村是八公山乡 5 个行政村之一,位于八公山麓。除了外出务工,村民们主要以种植麦豆和豆腐加工为业。一个小小的行政村,由于地理位置特殊,背倚八公山,居于淝河入淮口,境内旅游资源非常丰富,自然风光有八公山主峰、大泉、玛瑙泉、引江济淮寿春港,人文景观有淝陵山刘安墓、刘安庙等。大泉村得名于大泉,此泉水是做豆腐的主要用水。世界上第一块豆腐诞生在八公山下,要说具体的位置就是大泉村。山上的刘安庙和村里保存的古老豆腐作坊、家家户户掌握的传统磨豆腐技艺,足以佐证中国豆腐村的名副其实。

大泉豆腐街历经几次改造。1995 年改造后的豆腐街初具规模,改石渣路为水泥路。一座仿古大牌坊矗立在村口,上有书法家王家琰书写的"中国豆腐村"五个遒劲有力的大字。2017年,八公山乡获批为全省25个特色小镇之一,大泉村成为豆腐小镇建设核心。当地党委、政府围绕豆腐小镇核心区建设做了许多工作,采用清华大学规划设计方案,在突出山水城整体格局的基础上,立足八公山地域文化,围绕豆腐文化、汉文化,仿古建设,建新如旧,构建出一个整齐整洁的大泉村。同时,当地发挥中国书法之乡的国字号优势,由书法家书写豆腐街头牌匾,提升了豆腐小镇的文化内涵。制作豆腐的主要水源大泉井经过改造,与亭台楼阁、山涧溪流构成了如画的风景。

在大型纪录片《舌尖上的中国》热播之前,大泉村已走进境内外媒体的屏幕。说到豆腐,终是绕不过刘安和八公山,更是绕不过大泉村。日本的电视台采访过做豆腐的陆氏三姐妹,韩国的江原道电视台采访过胡学山。有意无意中,这些普通的村民成了豆腐文化的传播者。《舌尖上的中国》第三集《转化的灵感》中,非遗豆腐传承人胡学兵本色出演,给人留下了深刻印象。胡学兵豆腐刀下的豆腐,与众不同,它细若凝脂、洁白如玉、清鲜柔嫩,托于手中晃动而不散塌,掷于汤中久煮而不沉碎,味道在清淡中藏着鲜美,吃起来适口、清爽生津。八公山豆腐再一次从寻常百姓家搬上了镜头,在世界各地展播。

大泉村前通着高速、高铁和轮船,交通和地域优势得天独厚,随着豆腐小镇初具规模,美好前景已化为美好现实。当地政府围绕打造豆腐文化胜地,促进文旅融合发展,令大泉村开启了属于自己的新时代。以胡学兵非遗豆腐、杨氏豆腐坊、大泉豆腐坊豆腐制品为代表,通过微信等网络平台,辅以快捷的物流加持,大泉村的豆腐一天之间就能到达北上广深人家的餐桌。(李振秀)

廉颇墓

八公山乡驴蹄山至东套耙齿山之间,有座高大陡峭的狮子山。狮子山前有座郝圩村纪家郢孜的小放羊山,当地人称"坡孤堆"(县志上记载"颇古堆"),这就是人们常说的"廉颇墓",先前的史志记载为"赵廉将军墓"。1988年,著名书法家司徒越先生题写"赵大将军廉颇之墓"八个大字于墓碑。

廉颇墓在此的依据有三。

一是史记记载。公元前283年前后,廉颇相继打了几场胜仗,让赵国扬名诸侯。赵王封廉颇为信平君,代相国。但是这些胜利却让纸上谈兵的赵括终结了。赵国换了君主后,廉颇得不到赏识,被迫到了魏国。在魏国的廉颇对赵国依然很眷

廉颇墓

恋,很想为赵国出力。这时的赵王也想召回廉颇,而派去的使者因为受恶人指使,回来报告说,廉颇虽然老了,但胃口很好,然而一顿饭工夫上了三趟厕所。这最后的"然而"断送了廉颇的前程。后来,廉颇来到楚国,可惜他再也没能建立什么战功。一代名将,郁郁而终。据《史记》记载,廉颇死于寿春。

二是楚王允诺。当年楚王给出允诺,那就是待将军百年后,楚王将把将军葬在"面水,背山,日受千人跪拜,夜观万家灯火"的地方。古人有"事死如事生"的传统。所以,有了这个条件,廉大将军才同意来到了楚国。廉颇墓面朝淮河,背靠青山。墓前是奔流不息的千里淮河,连绵不绝流淌的淮河边每天来来往往的拉纤人(古时使船都用人力拉纤)用力拉纤时常是匍匐前行膝盖着地,一步一拜,即跪地参拜。墓前田园,农人锄地,一锄一锄,好似点头礼拜。还有很多上山的人,一步一步,也像是朝拜,所以说是"日受千人跪拜"。每当夜晚,俯瞰南面山下,整个寿春城尽收眼底,万家灯火,灿烂辉煌,如同白昼,故又可谓"夜观万家灯火"。

三是练兵故地。楚幽王四年(前234年),楚王暗中派人把廉颇从魏国接到了楚国。廉颇当了楚国的将军,虽然未能建立什么战功,但是他没有忘记自己的重任——操练兵马。在都城北面连绵不断的山脉前，淮河淝水之间一马平川的一大块地方，他排兵布阵，驾车驰骋，日复一日，厉兵秣马，随时准备冲锋陷阵，立功受勋。时至今日，每逢雨季，人们总能在廉颇墓附近隐约听到隆隆的战鼓声和萧萧的马鸣声。山的后面至今还有石城轮廓，墙基清晰可见，也许是当时的营房、堡垒、山地操练指挥部留下的遗迹吧。

廉颇墓后山顶是古烽火台，也是最佳的观景地。大墓前是玉带般的淮河，后边是白鹗山白塔寺，左边是四顶山奶奶庙，右边是寿阳八景的茅仙古洞、硖石晴岚及寿唐关。小学课本《将相和》，史记中的《廉颇蔺相如列传》，稼轩翁词"凭谁问，廉颇老矣，尚能饭否？"等，千百年来，都成为人们传颂的佳话。（王献龙）

店疙瘩

出寿州古城，沿寿凤路行至张管村张管小学，往西便是一片广阔的湾地，前面就是千里淮河，左边不远处就是古淝河入淮口。在这片湾地中凸起了一个鼓包，当地人俗称"店疙瘩"。

实地考察可见，店疙瘩的确是石头，且是自然形成的。它是八公山山脉中海拔最低的且未被入籍的小山峰。据测量，店疙瘩海拔高度在 35 米左右。

远看店疙瘩就是一个大墓冢，与其北面的廉颇墓遥相呼应。由于它与八公山群峰在地面上未有连接，加之个头小，仿佛被人遗忘，所以在所有资料中都见不到"店疙瘩"这个名字，它究竟何时被称为"店疙瘩"，还是难下结论。

关于店疙瘩，当地有两个传说：一是，每逢涨大水时，店疙瘩跟寿县城一样水涨店疙瘩涨，从未被淹没过。其实，这与寿县城"水漫狮子头，水从孤山流"原理一样，因为店疙瘩的高度跟寿县城墙的高度相似而已。二是，店疙瘩是传说中寿县至凤台十二廉颇墓之一。据现场观察，确有古墓并有盗洞，盗洞已被填平，周边还散放着多块不同年代、规格较大的墓砖。

1947 年，中国著名地质学家谢家荣先生亲临八公山刘老碑店疙瘩进行地质钻探研究。之后谢家荣将店疙瘩至白鹗山剖面命名为刘老碑系。书法家司徒越先生在 1972 年 9 月 23 日的日记中，记录有省博三人到疙瘩店等地钻探、考古等事项。

店疙瘩还盛产紫金石。根据寿州紫金砚非遗传承人冯长文先生介绍，店疙瘩紫金石质地细腻，硬度适中，色彩绚丽，纹理清晰，无杂质。其颜色有 30 余种，分焦叶白、褐色鸭蛋绿、蛋绿混合、鳝黄等，多有俏色。

20 世纪 90 年代中期，由于紫金石的文化价值被再次挖掘，给环境造成了严重破坏,村里在上面建有平房并派专人看管,滥采行为才渐渐得到控制。

眼下,正阳关至硖山口行洪区河道疏浚工程正酣,由此筑起了一道防洪大坝,引江济淮工程在此不远处设有大型港口泊位码头。相信在不久的将来,这片古老的土地将焕发新的生机。(岳文生)

八公山泉

据说八公山上有泉水 72 处,目前仍在喷涌的有 12 处,在八公山乡境内的不少于 5 处。

珍珠涌泉

珍珠泉位于团结村境内,古城北门外 2 千米处的凤凰山脚下马山山口,为我国十大古泉和十大趣泉之一,又名咄泉。对着这眼清澈的泉,你喊它应,数十股泉水从池底上涌,你声音的分贝值决定着它回应珍珠颗粒的大小。关于珍珠泉的传说故事有很多,流传最广的是一位叫珍珠的姑娘,为缓解本地旱情,用手掘地求水,最后累死在出水口。泉水奔涌,旱情得到了缓解,民众生活生产得到恢复,可珍珠姑娘却再也没有醒来。吃水不忘挖井人,人们为了纪念珍珠姑娘,将此泉以珍珠来命名。神奇的是,泉水从地下出地表的模样,竟如一颗颗透明晶亮的珍珠。

璞 如 玛 瑙

珍珠和玛瑙是来自自然的饰品。玛瑙泉位于五株山下大泉村境内,乡政府驻地不远处,和珍珠泉一样至今涓涌,冬温夏凉,从未枯过。玛瑙泉和珍珠泉的故事一样动人。珍珠姑娘的双胞胎妹妹叫玛瑙,从小被住在西村的舅舅抱养。珍珠姑娘走了若干年后,八公山地区又遭遇一场大旱,河床见底,禾苗被毒太阳烤得冒烟。一奶同胞的姊妹,个性相像,同样心怀民众。玛瑙姑娘带领着乡民问天问地四处寻水,她踏遍了八公山,可水迹难寻。玛瑙姑娘毫不气馁,找啊找啊,由于脱水过多补给不足,玛瑙姑娘累倒在八公山下。她眼望着焦黄的大地,深知自己再也站不起来了,无法找到润泽乡民的水源,她流下了最后的泪水。说来也神奇,在她故去的地方,当下就有泉水流出,人们挖出了藏在深地的泉,直涌到现在。为纪念玛瑙姑娘,人们便以玛瑙命名此泉。泉水深碧如玛瑙姑娘乌溜溜的眼睛。传说因为眼泪滴到泉水里,玛瑙泉泉水多用于洗涤,饮用的少,豆腐村磨豆腐的泉水来自位于玛瑙泉西边的大泉。

大泉流响

大泉,顾名思义,泉眼大、泉水多。大到什么程度呢?当地老者举了例子:新中国成立后不久,为响应毛主席"一定要把淮河修好"的号召,政府举几地之力大兴水利,在沘河入淮口修建五里闸控制丰枯时节的水位。几县民工好几万人,都到大泉取水喝,队伍排得很长,每天如此,水从不见少,由此可见其大。大泉现在是当地制作豆腐的主要水源。泉水冬温夏凉,水质特别好,这也有例可证:据说大泉泉底一直有白鳝生存于此,白鳝就是白鳗鱼,鱼类中的软黄金,对水质和水温要求都很高。白鳝生存的地方,本身就能说明水体环境好。这条白鳝在大泉里生活了很多年,每天天蒙蒙亮,起早取水磨豆腐的人们都会看到这条通体白亮的神奇物,又有人说它是白龙。1991年大水,大泉被埋没在洪水里,白鳝消失不见了。近年来,通过八公山环境综合治理,以及豆腐小镇的建设,大泉周边环境得到了很大改善,泉水叮咚,疏桐流响,民生和谐。大泉水是当地群众最重要的生活用水,仍旧在促成豆子转化的灵感中发挥着妙用。

观音屋泉

观音屋泛泉,北门口摆船。这一处泉水只有在涨水季节才出现。观音屋泉位于大泉村十一村民组东边。有个故事和这泉水有关。

清朝,在五株山下的大泉村住着方氏一族。那年春夏之交,已有身孕的方家儿媳妇正乘舟从城里往回返,此时大雨滂沱,风急浪高,眼看小船就要沉了。就在船上的人绝望之际,头顶一声炸响:勿要急慌,翰林在此!船上的人感到船似被一物托举,稳行水上,不一会儿就到了山下。后来,有看到的人说,是一条龙把船驮过河的,头落在五株山,正对着方家的院子。不久,方家儿媳妇生下一子,长大后参加了科举考试,日后成了翰林院的学士。方翰林小时候常在一处石头屋里玩耍,村民将之取名为观音屋。屋子处有泉眼,只要此处涌泉,寿县城附近十有八九会涨水。这是被历次洪水所验证的。据说,方翰林死后葬在八公山下,墓冢故址在大泉村十一村民组附近。现墓已不在,观音屋也不存,只有一堆奇美的石头见证着泛泉和洪水的关联。

淮王丹井

淮王丹井位于团结村境内八公山雷山下,老林场场部。虽名丹井,实则是一泉,因当年刘安等取水炼丹而得名。

淮王丹井距离珍珠泉很近,地势稍高于珍珠泉。据附近村民说,老水泥厂建设之前,丹井和珍珠泉一样水源丰沛,长年不歇。从雷窝的来历可见淮王丹井水丰的程度。丹井泉水喷涌,满了井,满了井边的月牙池,泉水叮咚,顺着地势蜿蜒而下,遇洼成渊,直到变成一方塘。有水就有鱼,还是清一色的鲤鱼。老百姓就用鲤鱼窝称这口小池塘。当地人读"鲤"为"冷",冷鱼窝,冷鱼窝,在较快的语速下,鲤鱼窝变成了雷窝。地处凤凰山系的小山包也变成了雷山。

明嘉靖十八年(1539年),御史杨公和刺史吕公在丹井处建振衣亭和房舍,开办涌泉山房书院,广纳学子,培养了不少人才。到万历年间,从中丞方震孺"因山为台,因泉凿池,又有茂林修竹,云楼月榭,故习静者乐栖之,而耽游者往来不绝"的记述中,可见涌泉山房书院幽美的自然环境。书院在明末毁于战乱。清顺治年间,隐吏孙公与和尚募捐修复,更名涌泉庵。

现已干涸的丹井遗址砌有井栏,旁有出水口,月牙池今已不可寻。井后有一摩崖,上刻"万古涌泉"四字,于"文化大革命"期间被炸毁。(李振秀)

东套和西套

张管村的东套和西套是群山围抱的两处山谷,以刘老碑所在的白鄂山为限,山东叫东套,山西叫西套。

东　套

东套在刘老碑东。据说,自古以来,四顶山上香火鼎盛,香客敬奉的香燃后,香灰都往后山倾倒,长此以往,香灰覆盖,加上树木的枯枝残叶腐烂发酵后形成了营养丰富的腐殖土,特别适应种植植物,尤其是茶树。八公山地区属亚热带半湿润季风气候,四季分明。东套山的土质特殊,且有天赐山泉,名为老龙源,为植物的灌溉水源。为留下泉水和山水,人们还修筑了堤坝,兴建了一座天然的东套水库。茶树引种进来,经过精心培育,育出的茶泡出来回甘悠长,令人喝过难忘,人们给它取名为八公山云雾茶。后因矿山开采,茶山被毁,东套水库干涸。

茶山向上,有一处景点叫"犀牛回首望寿州"。传说,从前寿州城里的一位富家小姐整日在绣楼上从事女红。斜阳西下依楼栏的场景被一位书生捕捉在目。到了半夜,小姐被不紧不慢的叩门声敲醒,推门一看,斯人音容笑貌正是梦中人。二人相见恨晚,爱情迅猛发展。时间不长,小姐珠胎暗育,被母亲发现了,就问详情。小姐禀告母亲,郎君说他家住花龙岭吴家顶下。小姐的母亲心下暗喜,有这样的住处绝对是个大户人家,就和女儿说,等他来时,让他来家提亲啊。可这位先生却左等不来右等也不来。谁也想不到，原来这位先生是犀牛精变的。在小姐向母亲报告详情的时候，他正在渡劫。他的劣迹被云游回来的仙翁发现，仙翁一拂尘把它打进八公山窝，现了犀牛的原形。这位犀牛先生在人世的情缘未了，整日整夜地遥望着寿州，遥望着自己的心上人，直到化为一个石头墩，仍是回首翘望的样子。这块犀牛石至今憨卧在东套里，也见证着东套的变化和发展。

西　套

西套和东套隔在白鹗山的两边，像人衣服上的两只袖子。西套从张管村部南的山路进入，一直蜿蜒深入八公山的腹地。西套也有个茶场，据说刘安寿州事变后，八公唯一幸存的雷被在此居住，种植八公山云雾茶。此处至今还存有个小茶山。西套有个放羊山，石头像玉石，仿佛可爱的羔羊，扎在深草处，等着牧人来放。西套还有个石头棚，鬼斧神工，天作而成，仿佛是上天为误入山中不知归路的人们而搭建。石头的地阶离地一米有余，整块石头形成了屋顶和廊坊，冬不冷夏不热。据说站在石头棚下，举头可望东山明月，垂首可听清泉吐珠泛玉声。可惜，石头棚因为早年的石料开采，被炸消失。

西套有一处险象环生的地方，名叫狼洞，是八公山草狼生活过的地方。翻过狼洞，就到了淮南八公山地质公园。狼洞也有故事，说太平天国时期，苗沛霖在狼洞待过。苗一生三次反清，两次变节，首鼠两端，反复无常。为讨好清廷，他设下计谋诱捕了太平天国后期重要将领英王陈玉成。陈玉成听信了苗沛霖花言巧语，出庐州打算到寿州与苗会合一同抗清。谁知一切都是阴谋，到了寿州，陈玉成等一干将领全部被骗进苗沛霖设下的诱捕圈。英王就义前大喊："吾今日死，苗贼明日亡耳！"一年半后，被历史学者称为"无原则的军阀"苗沛霖在八公山狼洞躲避了清廷的围剿，一路狂逃，最终落得丧命乱军之中的下场。

八公山上泉水多，有名字的有72泉。东西套子里都有山泉，泉水在山中的某处涓涓而出，积少成多，顺着地势起伏，汇成溪流。群众的生产生活都需要水，不能让这泉水白白流走，先是群众自发，在水丰下泄处筑起了一个拦水坝，取名西套水库。（李振秀）

淮南王刘安墓

民间传说，刘安为人好道，欲求长生不老之术，因此不惜重金，广泛招请江湖方术之士炼丹。一天有八公登门求见，门吏见是八个白发苍苍的老者，轻视他们不会什么长生不老之术,不予通报。八公见此哈哈大笑,遂变化成八个角髻青丝、面如桃花的少年。门吏一见大惊,急忙禀告淮南王。刘安一听,顾不上穿鞋,赤脚相迎。八公又变回老者。恭请入内上座后,刘安拜问他们姓名,原来是文五常、武七德、枝百英、寿千龄、叶万椿、鸣九皋、修三田、岑一峰八人。八公一一介绍了自己的本领:画地为河、撮土成山、摆布蛟龙、驱使鬼神、来去无踪、千变万化、呼风唤雨、点石成金等。刘安看罢大喜,作了琴曲《八公操》,立刻拜八公为师,同在都城北门外的山中潜心炼长生不老仙丹。

当时淮南一带盛产优质大豆,这里的山民自古就有用山上珍珠泉水磨豆浆作为饮料的习惯。刘安入乡随俗,每天早晨也总爱喝上一碗。一天,刘安端着一碗豆浆在炉旁看炼丹出神,竟忘了手中端着的豆浆碗,手一抖,豆浆泼到了炉旁供炼丹的一小块石膏上。不多时,那块石膏不见了,液体的豆浆却变成了一摊白生生、嫩嘟嘟的东西。八公中的修三田大胆地尝了尝,觉得很是美味可口。刘安见状就让人把他没喝完的豆浆连锅一起端来,把石膏碾碎搅拌到豆浆里,一时,又结出一锅晶莹嫩白的东西。刘安连呼"离奇、离奇"。这就是八公山豆腐的初名"黎祁","离奇"的谐音。

后来,仙丹炼成,刘安听从八公所言,登山大祭,埋金地中,白日升天,有的鸡犬

淮南王墓

舔食了炼丹炉中剩余的丹药,也都跟着升天而去,流传下"一人得道,鸡犬升天"的神话,也留下了恩惠后人的八公山豆腐。

崇尚道家学说的刘安,以"无为而治"的思想治国,同时对道家思想加以改进,不循先法,不守旧章,在遵循自然规律的同时,还制定了一系列轻刑薄赋、鼓励生产的政策,善用人才,体恤百姓,使淮南国出现了国泰民安的景象。淮南国国力越来越强,威胁到了朝廷。刘安崇道的思想,和汉武帝"罢黜百家、独尊儒术"的统治思想相左。道不同,不相为谋。公元前122年,汉武帝以刘安"阴结宾客,拊循百姓,为叛逆事"等罪名派兵进入淮南,刘安被迫自杀。

刘安升天后,肉身不知所终,衣冠被埋在淝陵山上,衣冠冢被定为汉淮南王墓。墓位于寿县县城北2千米处的淝陵山,南临淝水。《清一统志》载:"刘安墓,俗称淮南王墓。"墓冢呈覆斗状,底部用青石叠砌1米高环周挡土墙,其周长120米,墓冢高6.4米,面积约3800平方米。墓南立有清同治八年(1869年)安徽巡抚吴坤修书丹的"汉淮南王墓"碑。(李振秀)

四顶山

寿县城北有座四顶山,山上有座奶奶庙。传说,为建此庙,泰山奶奶与九华老爷之间还有一段故事呢。

四顶山

这一天，九华老爷路过寿州四顶山，发现此山北濒淮河，南临瓦埠湖，苍松翠柏，郁郁葱葱，是块风水宝地，便插剑为记，准备在此建庙敬佛养道。

九华老爷刚走，泰山奶奶云游天下也到了寿州，她也看中了四顶山，准备立下记号时，发现了九华老爷插下的宝剑。泰山奶奶灵机一动，脱下一只绣鞋埋在了剑下。

数日后，九华老爷和泰山奶奶齐到四顶山，二人都要在四顶山修建寺庙，争执不下，竟动起武来。

四顶山山神赶来劝阻，向九华老爷和泰山奶奶说："仙爷、仙姑暂且住手，小神有话不知该说不该说。"

九华老爷和泰山奶奶道："山神但说无妨。"

山神说："此山乃风水宝地，建寺立庙，得天独厚。但二位为争此山动起武来，失了和气，岂不叫天下诸神耻笑？依我之见，谁先在此山立了标记，就由谁造寺庙最好！"

"说得有理！"九华老爷立刻赞同，他指着山顶上的宝剑说，"是我先到此山，早已插剑为记。"

泰山奶奶道："是我先到此山，早已埋鞋为记。"

山神为难地摊开双手道："这倒难办了。谁先谁后，如何判定？"

泰山奶奶道："此事容易，是我先到此山埋下绣鞋，九华老爷后到此山，把剑插在我的绣鞋之上，如若不信，挖土可见。"

山神拔剑掘土，果然剑下露出绣鞋来。九华老爷明知泰山奶奶作假，但又无言可辩，只得愤然离去。后来，泰山奶奶在四顶山顶建造了寺庙，后人称此庙为"奶奶庙"。（*方运麓　孟堃*）

凤凰山

寿县城北有一片连绵起伏的群山，群山中有一座山叫凤凰山。关于凤凰山，民间有不少神奇的传说。

传说原来凤凰山下住着一户三口之家，老两口和一个小伙子。这家姓王，小伙子叫王小。王小每天上山打柴养活爹娘。王小家不远处住着一个财主，叫王三，心狠手毒，在村里横行霸道。

有一天，王小到山上砍柴，砍着砍着，忽然听到远处传来一阵哭声。王小想，这深山野林里哪来的哭声呢？他便循声找去，看见一个姑娘在扶着岩石哭泣。王小走过去一问,那姑娘说:"俺原随父母走姥姥家,父母不幸染病身亡。一个姐姐走在山下,被强盗劫走,自己无依无靠,只求早死。"王小听后,十分同情,便请姑娘到他家住,姑娘同意了。王小的母亲也是个善良的人,知道了姑娘的遭遇后,便待姑娘如女儿一样疼爱,一问姓名,才知道姑娘名叫凤凰。此后,王小照例每天上山打柴,凤凰姑娘在家帮忙操持家务。凤凰姑娘长得十分美丽,而且勤快,为人又贤惠,村里人都十分喜欢她。

但是不久,祸事临头了。王小家来了个美丽姑娘的消息传到了财主王三的耳朵里,王三便生了霸占凤凰的歹念。

一天,王三借口说王小砍了他家山上的柴,便叫王小拿银子赔柴钱,没有就以凤凰姑娘抵债。王小一气之下,拿起砍柴刀和财主拼命。王三打手多,王小被打伤在地。接着王三便带人来抢凤凰姑娘。凤凰姑娘拔腿就跑,由于慌不择路,一口气跑到一座大山的山顶上,一看前面是悬崖峭壁,后又有追击。姑娘知道,如落入财主手里,一定会被糟蹋,便心一横跳下了悬崖。财主没有抢到人,只好气急败坏地带着人回去了。

后来,王小和乡亲们在山下找到了凤凰姑娘的尸体,把她埋在了山顶上。从此,这座山便叫凤凰山了。据传,后来常有一只美丽的凤凰落在山顶上唱歌,其声非常悲壮。有人说,这凤凰是凤凰姑娘的灵魂变的;也有人说,这是凤凰姑娘的姐姐来找妹妹了。(张浩德)

花靥夫人小姐山

小姐山在张管村境内刘老碑旁,当地百姓称之为小姐山,和白鄂山相邻。

因山顶有个大的坟墓,据说里面埋葬着一位大家闺秀,当地人便以小姐山称谓此山。小姐山面朝淮河,实在是个风水宝地,从这样的位置可以推断,这里埋葬着的一定是一个非富即贵之人。至于为什么会是小姐山,而非夫子山、壮士山,并无文字记录,只从口口相传的民间传说留下了小姐山这个记忆符号。

小姐到底姓甚名谁,萧景云《古墓考》说,八公山十一峰南即花靥夫人墓。有学者根据《古墓考》上所述位置推断,小姐山应该是南朝宋刘裕之女刘兴弟之墓。在光绪《寿州志》记载:"恭帝元熙元年(419年),宋公裕晋爵为王,八月,移镇寿阳。"刘裕定都寿阳,将长女刘兴弟封为会稽长公主。刘兴弟孀居后回到娘家,是刘宋皇宫里的顶级人物,又叫寿阳公主。

寿阳公主刘兴弟发明了梅花妆,也就是寿县人所讲的"美眉俏"。据《太平御览·时序部》引《杂五行书》记载:"宋武帝女寿阳公主,人日卧于含章殿檐下,梅花落公主额上,成五出花,拂之不去。皇后留之,看得几时。经三日,洗之乃落。宫女奇其异,竟效之,今梅花妆是也。"

寿阳公主刘兴弟下嫁振威将军、彭城太守徐逵之为妻,因为梅花妆,又被称为花靥夫人。她生于383年,卒于444年。小姐山的墓葬位置符合寿阳公主的身份。据说,小姐的墓前有碑,详细地记载了小姐的生平,只可惜在"文化大革命"中被砸烂,小姐的身份成了悬念,但小姐山的称谓却留了下来。(李振秀)

刘老碑

刘老碑位于八公山乡张管村,由于"淮南虫"化石的发现,刘老碑在地质学和生物学上的名气大于它在历史文物上的名气。1936年,地质学家李四光教授到八公山一带做过考察。1945年以后,又有不少科学家相继来到八公山考察。1979年,合肥工业大学郑文武教授宣布把在刘老碑等处发现的生物化石正式命名为"淮南生物群",把留有印记的化石称为"淮南虫"化石。这个族群含有宏观藻类、蠕虫类及造迹生物的遗迹化石,是世界珍稀的化石类型。依据同位素地质年代学和同位素地层学的研究结果,在刘老碑发现的生物化石发育的时限范围在8.4亿至6.5亿年,记录了地球上前寒武纪的生物活动。

据当地老人介绍,以前寿县城通往凤台县的官道,绕着八公山西麓,从淮河故道经过,具体路径是出北门,过船官湖,经大泉村,从五里闸旁经过,走八公山西十户庄,取道郝圩村关庙,沿着淮河岸边,到茅仙洞,后至凤台县渡口。1938年左右,日本侵略军到了淮河流域,为了战事需要,开通寿凤捷径,作为运输军械的通道,修路修到了刘老碑。刘老碑上有墓碑,从远处看,它是一座大墓,连接着白鄂山和八公山。据说,日本人围着刘老碑研究了很长时间,一座坟像一座山,气象非凡,他们断定这是一座王墓。谁也不知真相和详情,当时,八公山地区住户稀少,目击者少,流传下来只是民间的只言片语。日本人挑选了携带方便的文物,把带不动的砸了。被砸的包括墓碑在内,镌刻着刘姓先人的前尘往事。后来,人们推测,刘老碑是刘安父亲刘长之墓。刘长谋反被镇压之后,按规定是不能进汉室王陵的,只能被草草薄葬。刘安世袭淮南王后,在八公山选了这块背靠大山面朝淮河之地厚葬了他的父亲。

刘老碑上依青翠白鄂山,下瞰果园千顷,远眺淮河卧波。不管是从地质学、生物学、汉室墓葬考,还是今天的交通上看,都绕不过刘老碑。(李振秀)

和尚冲

在八公山乡团结村洪家山和孔家山附近有两个冲子,当地人给取名大和尚冲、小和尚冲。这两个和尚冲的得名是有故事的。

据说当年洪家山旁边有尼姑庵,孔家山附近有和尚庙。在艰难度日的农业社会,人对自然环境更为依赖,民众的朴素信仰就是敬天畏地。既然有需要,就会有市场,作为信仰传播者的和尚与尼姑,在当时社会就是一种职业,上可普度众生,下可养家糊口。

和尚与尼姑依靠当地百姓的香火和布施生活,当地百姓信奉和尚侍奉的神仙赐福,怎么说,他们都应该彼此奉若神明才对,不该敌对。尼姑庵的尼姑规规矩矩,寺庙里的情况恰恰相反。和尚因种菜的田地之故,与山民发生了争执,后来竟然大打出手。和尚是佛的代言人,本当为民造福,你反而与民争利,这还得了?山民就拉着和尚去见官,县官在县衙里,听讼断案。两边人马,公说公有理,婆说婆有理,吵个不休。县官一听,没有什么值得引起纠纷的事情,寺庙附近的地归和尚,寺庙之外的地是山民的,这不都明摆着吗?于是,这个县官就把惊堂木一拍,喊道:"罢了,罢了,给我退堂!"

山民一听到"耙了"高兴坏了,他们把这个"罢了"听成了"耙了",这个"耙了"他们再熟悉不过了,犁田耙地庄稼人的庄稼活嘛。他们一哄而上,押着大和尚和小和尚,执行县官判定的"耙了"的刑罚。大和尚被带到了孔家山凹,小和尚被带到了洪家山凹,一群胸中燃烧着愤怒之火的山民把大、小和尚埋进了土,就地对大小和尚执行着"耙了,耙了"的刑罚。

这次判罚不能服众,有人上告于官。上级官吏下来调查,县官便原貌重现演示一番。阳春白雪和下里巴人有云泥之别,便造成了执行政策错误,既定错误无法改变,杀鸡儆猴吗?可是,多人参与了"耙了"事件,法不责众,最后只得不了了之。

大小和尚被送上了西天,八公山下从此没有和尚敢来了。至今,当年耙大和尚和小和尚的地方分别被当地人叫作大和尚冲和小和尚冲。(李振秀)

吕蒙正寒窑

八公山乡团结村龟山脚下有一个天然窑洞,据说是北宋宰相吕蒙正未得志前住过的地方。

吕蒙正(944—1011年),字圣功,北宋初年任三朝宰相。他出生于官宦人家,祖父吕梦奇官至户部侍郎,父亲吕龟图官拜后周起居郎,叔叔吕龟祥官拜寿州知州。按说这样的人也算含着金钥匙出生,怎么会与寒窑扯上关系呢?这还要从他的父亲吕龟图说起。当时,吕蒙正还未成年,父亲吕龟图娶了多房内眷,吕蒙正母亲刘氏是父亲的发妻,理应是糟糠之妻不下堂,但父亲却与刘氏不和,非但如此,他甚至不顾夫妻父子情分,硬是把刘氏和吕蒙正从家里赶了出去。吕蒙正的母亲刘氏也不简单,她出身莱州名门望族,生性刚烈。被吕龟图赶出门后,好女不嫁二夫,她发誓不再嫁人。按照今天的话说,母子二人相当励志,她带着儿子,依靠双手,为大宋培养了一代良相。

　　离开河南,母子二人非常穷困窘迫,他们打算投亲奔友。这期间,母子颠沛流离到过很多地方。吕蒙正住寒窑,为解决生计,在街头卖画卖字,跑寺庙赶斋。后来吕蒙正被员外小姐抛下的绣球砸中,员外嫌贫爱富,为了阻止女儿,跑到寒窑捣了吕蒙正唯一的小锅底。可小姐一眼千年,不离不弃,追随吕蒙正。吕蒙正后赴京赶考,一举高中。寒窑出了高士,老泰山托人道出自己砸锅的深意,乃是为了激将贤人发挥潜能。"只知其一,不知其二"的典故自此流传。

　　据说,一天夜晚风雨大作,天气寒冷。吕蒙正头枕着瓜瓢,脚蹬着灰烬取暖,心里却惦记着天下那些无家可归的芸芸众生,随口赋诗一首:"脚蹬清灰头枕瓢,天下穷人怎么熬?有朝一日我拜相,人人有屋住且牢。"吕蒙正母子在寒窑生活到第八个年头时,吕蒙正的二叔吕龟祥到寿州任知州。吕龟祥经过多方打探,得知嫂侄境况,想方设法多方关照,都被吕蒙正的母亲拒绝了,依然住在古城北郊的山洞。后在叔叔的资助下,吕蒙正一路北上,高中状元,开启了他为相三朝的亨通仕途。在吕蒙正的影响下,吕氏一门辅佐大宋七朝,三人官拜为相,三十多人在朝廷任职。

　　做官后,吕蒙正不计前嫌,接父母同住,对他们奉侍得非常周到,做到了人子当尽的本分。(李振秀)

千秋芍陂安丰塘

　　安丰塘镇位于寿县城南 30 千米,东与堰口镇相邻,北与双桥镇搭界,西和板桥镇、正阳关镇相连,位于闻名中外的中国古代四大水利工程之一的安丰塘畔,总面积 90 平方千米。

　　安丰塘,古名芍陂,地处淮河中游南岸,位于寿县古城南 30 千米处,是中国历史上最古老的大型蓄水灌溉工程之一,被誉为"世界塘中之冠",与都江堰、漳河渠、郑国渠并称为"中国古代四大水利工程",比都江堰还早 300 多年。史书记载,芍陂为春秋时期楚令尹孙叔敖主持修建,距今已有 2600 多年。1988 年,国务院将其列为全国重点文物保护单位。2015 年,国际灌排委员会将其列为世界灌溉工程遗产。

　　芍陂之名,始见于《汉书·地理志》,传说因当时陂塘建有"白芍亭"而得名。东晋时期,此地侨置安丰县,又称安丰塘。从此以后,安丰塘与芍陂两名并用,自清以来,多称安丰塘。

　　在漫长的历史岁月中,安丰塘屡经兴废,历尽沧桑。据民国二十三年(1934年)勘测,塘面 37.4 平方千米,库容 1000 万立方米,实际灌溉面积只有 8 万亩。中华人民共和国成立后,党和政府十分重视这份珍贵的古代水利遗产。1950 年,灌区成立安丰塘水利委员会,先就原貌检修加固。1954 年大水后培堤修闸,将环塘斗门 28 座合并为 24 座。1958 年,安丰塘纳入淠史杭工程总体规划,寿县组织 15 万人苦战四个冬春,开挖干渠和大型支渠 39 条,斗、农、毛渠 7000 多条,相应建成大小建筑物 1 万多座;与此同时,还沟通了淠河总干渠,引来了大别山区佛子岭、磨子潭、响洪甸三大水库之水,安丰塘成为淠史杭灌区一座中型反调节水库。1976年,寿县再次组织 11 万人,奋战两冬一春,运来八公山之石,修筑加固周长 2.5 万米的安丰塘大堤护坡及防浪墙,完成砌体工程 6.6 万立方米,安丰塘蓄水面积虽为 34 平方千米,蓄水量则由 5000 万立方米增至 1 亿立方米,从而真正成为发展寿县商品粮基地的大动脉,灌溉面积达到 63 万亩。1988 年,国家再次投资 278 万元对安丰塘进行除险加固，把水库内的蓄水全部放干，用推土机将塘底深推一层，借以扩大库容量。同时用块石和混凝土垒砌、加固护坡。在 1991 年夏季淮河流域那场历史罕见的洪水洗劫中，安丰塘凭借牢固的堤坝，抵御住了洪魔的侵袭，保证了堤下百万人民安居乐业，为寿县灾后自救创造了一片希望的绿洲。2007 年，寿县人民政府针对古塘多年运行、一直没有得到彻底加固整修的实际情况，多方筹资 1.01 亿元，对安丰塘涵闸护坡、防浪墙、堤顶道路等进行全面维修加固，灌区人民生产生活用水从此得到根本保证，灌溉面积达到 70 万亩，粮食年产量达到 60 万吨，千年古塘真正成为寿县人民的"当家塘""幸福塘"。当代著名古建筑史学家罗哲文考察时曾经赋诗："楚相千秋业，芍陂富万家。丰功同大禹，伟业冠中华。"

安丰塘碧波万顷，水天一色，号称"天下第一塘"，"不是西湖，胜似西湖"，素有"芍陂归来不看塘"之誉，古往今来吸引了无数文人墨客、志士仁人来此领略它那壮观而丰富的姿容，接受美的陶冶、哲理的启迪。近些年来，寿县县委、县政府在大兴蓄水、防洪、灌溉、航运、水产、发电之利的同时，还根据水库历史条件和地理优势，大力发展古塘旅游事业。安丰塘文化名片越来越亮，千古芍陂奏出更新更美的华彩乐章！

1992 年撤区并乡，苏王乡和戈店乡合并成安丰塘乡，乡政府设在原戈店。1994 年秋，乡政府搬迁至安丰村境内，古安丰县城遗址东北角办公。2000 年乡改镇，正式称为安丰塘镇。（赵阳）

安丰塘航拍图

戈家店

戈家店为古安丰县城东关,相传,明朝时在此设有驿站。因为驿站由朱元璋的郭姓亲戚掌管,所以人们称之为"郭家店",后被谐音叫成了"戈家店"。

戈家店的历史可追溯到春秋战国时期,公元前519年,吴、楚为争霸江淮流域的战略要地州来,进行了一场重要战争,历史上称之为"鸡父之战",吴国大胜楚国等诸国。戈家店最早有迹可循的地名,叫鸡心地,是吴国当时控制淮河流域的军事要地。《杜注》云:"鸡父,楚地,安丰县南有鸡备亭。"直到今天还有些当地老人把戈店粮站一带叫作鸡心地。

古时候的戈家店,因地理位置上的优势,战略价值突出,是兵家必争之地。它东边有安丰塘充沛的水源,同时也是天然的防御屏障,南有石马河作为物资运送的水路通道,又加上地势较高,没有洪水的袭扰。在此筑建城池屯兵驻军,对淮河中游一带的战略防控来说作用非同一般。正是具备了这些条件,一座名叫"安丰"的城池应势而生。

安丰古城在不同时期有着不同的名字和地位。南朝梁国置安丰郡,南宋初属安丰军治。此后,朝代更迭、江山易主,古城也在战乱中更换着叫法,比如安丰县、安丰路、安丰铺等。一场场战争,使这座城池消失在了历史的长河之中。1237年,蒙古军大举入侵南宋,老将杜杲率军顽强抵抗,蒙古军三个月未能攻破安丰城,最终在南宋军队的增援下,蒙古军惨败而去,延缓了南宋的灭亡。

1351年5月,刘福通在颍州率众起义,点燃了元末农民起义的烽火,红巾军不断壮大。1355年,刘福通迎韩山童之子韩林儿到亳州,称"小明王",建立政权,国号宋,年号龙凤,刘福通与罗文素同为平章。1356年,因大军远征,亳州城陷,遂迁寿州安丰。不久,军威重振,于1357年6月光复汴京。翌年军事失利,再退安丰。1363年春,张士诚命部将吕珍领兵10万围攻安丰,韩林儿告急于朱元璋。朱元璋率徐达、常遇春前往救援,大败张氏。战争中严重受创的古城从此废弃在了安丰塘畔。

朱元璋率军多年征战,最终平定天下,建立了大明。戈家店作为一处地名,也慢慢被人们所熟知和使用。驿站在接待信差、官吏的同时,也常有商客入住。由于店家姓郭,久而久之被叫成了郭家店。它还有一个官方的名称叫安丰铺,从一块刻于清光绪八年(1882年)的石碑上,还能看到"安丰铺西建有清真寺"的字样。特殊的地理位置和历史纷争,造成了戈家店一地多名。

曾经的战乱纷争早已成为历史,一切归于了平静。古老城池下的文明和那厚重的历史,都值得我们去探访和敬仰。(陶标)

史大郢

史大郢现属安丰塘镇大树村。

据《史氏宗谱》记载:寿州史姓是京兆郡杜陵侯的后裔,先祖位尊北方。相传,史氏先人于明洪武五年(1372年)从山东老鸹巷移民来到寿州西南的芍陂(今寿县安丰塘)北,开荒种地,聚族而居,后取名为史大郢。史大郢位于安丰塘北,土地肥沃,又得千年芍陂灌溉之利,加之族人世代耕读持家,繁衍生息,人丁兴旺,家族逐渐壮大。

寿州史氏还有一个令人敬佩之举就是于20世纪初在史大郢创立史大郢小学。该校不仅教史氏子弟读书识字,而且注重启蒙心智、传播先进思想,在20世纪20年代中共寿县革命斗争史上留下了彪炳史册的一页。

1924年11月,在上海复旦大学读书的史大郢(现安丰塘镇大树村境内)人史迎宾、史慰民、史载权三兄弟加入了中国共产党。1928年,他们受党组织委派回到家乡史大郢小学教书,成立中共史大郢特支,在寿县瓦西地区开展革命活动。1932年党组织先后派小甸集特支的曹静、曹广化两位同志来中共史大郢特支协助革命运动。曹静同志在开展工作中被反动势力杀害,壮烈牺牲。1933年,中共史大郢特支不断壮大,更名为中共史大郢区委,下设妇联会、青年团、农协会等组织,周边大批有志青年纷纷加入,游击队壮大到300多人,建立了以史大郢为中心,东到十字路(属堰口镇),西到团城子(双桥镇梨树),北到申桥集(属双桥镇),南到双门铺(属板桥镇),方圆50多里的革命根据地。1934年4月,史迎宾带领中共史大郢区委大部分游击队员参加了红二十五军。在寿县迎河集战斗、霍邱黄岗战斗和颍上黄家坝战斗中,中共史大郢区委的游击队员有200多人壮烈牺牲。1934年4月、1935年1月,国民党反动派对中共史大郢区委展开疯狂报复,搜捕中共党员,两次火烧史大郢,140户人家生灵涂炭。

据《中国共产党安徽省寿县组织史资料》介绍:"1928年元月成立史大郢党小组。同年7月建立中共史大郢特别支部,下辖三个党小组,党员10人。"两个月后,"1928年9月,在史大郢特支的基础上,在团城子小学建立中共团城子区委,下辖9个支部","由于团城子区委党组织缩小,县委于1929年6月撤销团城子区委,成立史大郢特支,下辖正阳等5个特组。书记薛卓汉……1930年3月15日,县委扩大会议后,史大郢一带党组织发展很快,县委于同年秋在史大郢特支的基础上,建立中共史大郢区委,下辖团城子、菱角、李套、井亭、苏王、余庙、马庄、窑口、三十铺等10个支部……1931年春后,区委下辖5个支部,党员35人。1932年5月下旬,红二十五军离开正阳关不久,史区党组织遭到国民党的严重破坏,只剩下3个支部,党员19人"。

《寿县志》上记载了8名史姓烈士,他们是史龙昭(1898—1932年)、史开邦(1911—1932年)、史载权(1895—1932年)、史寅(迎)宾(1899—1932年)、史钱昭(？—1932年)、史代权(1899—1932年)、史学俊(1912—1932年)和史学信(？—1932年)。8名烈士,同出一门,世所罕见,感天动地。

史大郢在寻求革命真理的血雨腥风征途上,谱写了一曲流血牺牲、前赴后继的悲壮之歌。(高峰)

井亭铺

井亭铺,又称九井铺,因当地有九口古井而得名,位于寿县安丰塘镇井亭村,距离有"天下第一塘"美誉的安丰塘5千米左右。一道沟渠从安丰塘向北流往瓦埠湖,以这道沟渠上的一座小桥为界,井亭铺现在分为店东、店西、桥东、桥西四个村庄,住着夏、刘、朱、张、侯、孔、陶、邓等一些姓氏人家。

村庄往北三四百米,沟渠上原有一座古石桥,目前已经倒塌,据说这里以前有条官道,南可通六安,北可通寿州,而这座古石桥,被当地人称为"官桥"。古石桥西端的路边有口古井,据说以前建有凉亭,由于位于官道,有一户孔姓人家发现商机,最早在此处开了一家饭庄,供过路行人歇息。

明朝初期,有一支夏姓人家从江西迁来此地,在井亭铺南边定居。他们在村庄四周建有高大的围墙,村庄则以"夏墙"命名。到了明万历年间,这支夏姓人家已发展壮大,更是出了一位户部郎中夏之凤。到了清顺治六年(1649年),夏人佺(字敬孚,号寒山)又高中进士,曾任夏津知县,充乡试同考官,康熙年间擢京都御史。

据当地一位夏姓人说,那时夏墙夏姓人家名望已达到极盛,高门大院,青砖黛瓦,屋檐飞翘,精雕细刻,尽显富贵豪华,门额上悬挂皇帝御赐匾额,上书"进士及第"四个大字,门前置放上马石、下马石。此时,夏姓人家拥有良田千顷,安丰塘专门为其私设一道夏家私闸。文武官员来访,到井亭铺处的官桥,文官必须下轿,武官必须下马。

民国时期,井亭铺一带土匪横行,流行这么一句,"愿走十里路,不歇井亭铺,雁过拔毛,鬼过脱衣"。抗战时期,一支广西兵夜里经过井亭铺时,听说了当地土匪的恶行,便剿灭了这伙土匪。

新中国成立以后,这条官道逐渐被废,井亭铺不复存在。1949 年,此地设置戈店乡,夏墙成了戈店乡政府所在地,井亭小学、戈店农中相继在夏墙办学。50 年代初期,戈店乡政府搬至戈店,井亭小学搬至戈家墙子,戈店农中也随之搬至戈店,后来改为戈店中学。因为修复附近一座周桥需要石块,上马石、下马石被运至周桥,做了周桥的桥墩。到了 60 年代,破"四旧"开始,夏墙也没能幸免,包括皇帝御赐的匾额一并被砸烂毁坏。

据当地人说,夏墙老村庄原来很大,2000 年以后,被平整成了农田,种上了农作物。后来南边的一大片土地被人承包,修成了水塘,成了鱼虾养殖场。村民则搬到新的居民点,分成了桥东、桥西两个村庄,而井亭铺的村民现在所居住的地方,则分成店东、店西两个村庄。官桥西端路边的那口古井被一大块混凝土紧紧盖住,看不见井里的情况,而其他八口古井早已被土填埋,很难再寻见其踪迹。(乡下老果)

老军营与老军小学

"出了寿州城南门,四十五里老军营。"这是流行在老军营一带人人皆知的顺口溜。今年 89 岁的门国勇告诉笔者,1958 年修建寿丰干渠时,将老军营的圩子冲开了,河东叫东老军营,河西叫西老军营。现在的老圩子只剩一两户人家了。

门老先生向我大谈《三国演义》中董卓驻梨树的传说,说团城岗子即是当年董卓练兵的遗址。抛开董卓这个人物不说,单就梨树店的团城子来说,名气很大,东有杀人场,西有点将台,东南即是大名鼎鼎的老军营。

但是,门传高老先生断然否定了老君营是董卓的营盘的说法。他说,寿春是楚国的国都,老军营是楚国集中供养那些不能上前线打仗的老兵的地方,过去也曾经叫老兵营。老兵们为国征战,戎马一生,到老了,国家出钱"养活"。楚国灭亡后,这里还有人居住,沿用老地名。过去老军营的圩子大啊,一条大道,南通板桥集,北通团城子。听老人说,圩子中间有一条街道,有酒坊、糖坊等,有杂货店、布匹店、饭店等,花生小糖、纸烟洋火、小孩零嘴等,应有尽有。

没修寿丰干渠拦水坝前,袁家湖一带一旦涨水,人们就往老军营庙台上跑。幸亏庙台子又大又高,要不然这里不能住家。如今那一片高滩子还在,紧挨着寿丰干渠的西坝埂。

袁家声先生最初创办的私立袁祠小学,与老军小学又有什么关系呢?

老军小学

抗战时期,私立袁祠小学曾经纳入公立顾寨中心小学,1950年为民办公助袁祠小学,因为紧挨袁家湖边,地势低洼,经常受淹,后迁到稍高的大孤堆,拆祠堂老砖建新校墙基。学校于1952年转公办完小,更名为大田小学,20世纪90年代又恢复为袁祠小学的校名。

袁祠小学是当时袁家湖畔唯一的一所学校,学生渐多,加之湖之东西跨度太大,尤其是涨水期间,道路阻隔,学生无法到校。后来,袁祠小学一分为二,1949年有一部分迁到湖南边孙家瓦房,叫瓦房小学,1951年又迁到苏王公社老河坝的双沟,因为双沟离老军营不足一千米,改名老军小学。

1954年发生特大洪灾,双沟被淹,当年秋天,学校再次迁到地势较高的邵家坊,这块高滩子1954年没有上水,于是,在现在的新建村民组择址建校,以图永安。

作为袁祠小学的创办者,袁家声在新中国成立后被聘为安徽省文史馆研究员,又担任明教寺佛教理事长、省佛教协会会长,1956年应邀出席了全国首次佛教协会会议。学校最后一次迁校时,家乡派人向他汇报,他同意仍然叫老军小学。

百年以来,袁祠小学也好,老军小学也罢,绝不是继承一个老地名那样简单。学校赓续的启蒙、求知、奋发的精神,在新时代又有了新的内涵。(高峰)

苏王坝

苏王是位于寿县城南 20 千米处的一个乡村集市,在安丰塘北 10 千米处,隶属于安丰塘镇。这里地势平坦,良田万顷,物产丰富,民风淳朴。受安丰塘千百年来的滋养,它成为寿州大地上一处有名的米粮仓。

苏王,作为地名使用是新中国成立以后的事,新中国成立前人们叫它苏王坝。现在有些年长者还习惯称它为苏王坝。据说此名是清朝一位县令所取,其中缘由是这样的。清朝时期,在现在苏王街的西头有一条起源于安丰塘的季节性小河,在流经苏王时转弯东去,汇入瓦埠湖后流进淮河。早年的苏王集市就位于小河湾处的高滩上,住在街西边一带的居民上集时必须跨过这条小河。然而河上简易的木桥常在一次次的暴雨和洪水中被冲垮,只好垮了又搭,给人们的出行带来许多不便。后来一苏姓人家召集众人,一起取土建坝,经过辛苦劳作,一道高大的水坝终于建成,中间为洪水留出了通道,上面搭上木头成为木桥,极大地方便了过往的乡亲们,受到路人们的称赞。第二年春天,苏姓人家把一块刻有"苏家坝"字样的石碑立在了水坝边。

苏家此举引起了当时同样是大户的王姓人家极大不满。王家人认为,为建此坝,王家没少出人力物力,苏家在王家不知情的情况下,单方面立碑"苏家坝",不仅是不公,也是对王家的藐视。两大家族的矛盾就此产生。王姓要求苏家移走石碑,苏家断然拒绝,经多次交涉无果后,一块又高又大刻着"王家坝"字样的石碑竖立在了苏家石碑的对面。

这让苏家人大为恼火。苏家认为王家高大的石碑不仅有损苏家的形象,还破坏了苏家的风水,但苏家又不好制止王家的行为,因为王家曾多次上门要求苏家移碑,都遭到了拒绝。于是,苏家人趁着夜色挖去了王家石碑下的泥土,把石碑推倒在坝下的河床。次日,王家人发现石碑倒在了河床,不动声色地就当什么事都没发生,结果第二天一早,苏家人发现他们家立的石碑也神奇地失踪了。

按捺不住怒火的苏家找上王家的门,质问石碑的去处。王家人却反问自家石碑倒在河床是怎么回事。话不投机,双方矛盾激化,最终交上了手。幸好众乡邻及时阻止了这场打斗,并极力调和才使一度紧张的事态缓和了下来。可这事关两家名声、地位之争,双方互不让步难以调和,最终闹上了县衙。

县官问清缘由后,便说:"你们两家共建水坝,方便过往百姓实属善举,值得称赞。可为了水坝署名问题而发生争执,伤了和气实不应该。依我之见,这水坝就叫苏王坝。不过,因这水坝是用你们两家的姓氏所取,你们两家以后都有自觉加固维护的责任。"这时王家提出异议,问为什么要把苏姓排在前面。县官略有所思后说:"苏字的笔画比王字多,当然应该排在前面。"王家听了之后感觉也有道理,就没再说什么。

县官用智慧化解了两家的纷争,让两户都觉得有了面子,苏、王两姓又和好如初。苏王坝这个让双方都能接受的名字,成了地名,并一直沿用到新中国成立前。

如今,这条环抱苏王街道的小河,见证了街道的兴起与发展。宽敞整洁的大街,取代了昔日茅舍低矮、泥泞狭窄的街巷。这里是周边十里八乡的物资集散中心,每当农历逢双之日,周边赶集的乡亲汇集这里各求所需,生意非常红火。

茶馆

这里的人们对品茶的热衷程度,或许让你难以置信。一个小小的乡村街道上竟分布着二十几家茶馆,每当逢集都是茶客盈门、座无虚席。前来喝茶的都是赶集的乡亲,三五知己围坐在一起,弄上两盘瓜子,品茶小叙,那份悠闲,那份惬意,成为苏王街道上一道独特的风景,也让当下快节奏忙碌的人们羡慕不已。(陶标)

吴家桥

在安丰塘镇东北边3千米处有一条不知名的小河,小河不宽,长流不息,自南向北注入瓦埠湖。

小河上有座五家桥,五家桥的旁边有一座废弃的老桥,名叫吴家桥,是早年河西边吴姓家族出资所造。提及这座老桥,还有一段悲壮的历史。

从前,住在河西边以地为生的吴氏家族,因连年丰收家境宽裕,又加上人丁兴旺,便有了修桥的想法。因为以前沟通两岸的是一座简易木桥,每年夏季都要被大水冲毁或冲垮,不时有过路人跌落桥下丧生的悲剧发生。

说干就干,这一年,吴家人买来石料,请来工匠开始建桥。谁想吴家这一民心所向的善举,却遭到了河东一个大户人家的阻挠。理由是河东边的地是他家的,新桥建成后来往的行人增多,会踩踏他们家的庄稼,于是三番五次带人到河边要求停工,却都在吴家的坚持和乡亲们的反对中未能得逞。

新石桥建成后,取名吴家桥。吴家桥的建成,极大地方便了过往行人,也为吴家赢得了声誉。

可就在石桥建成半年后的一个夜晚,河东那家阻挠建桥的大户人家遭到了强盗的洗劫,多年攒下的钱财几乎被抢光。气急败坏的大户人家认为这次之所以遭受浩劫,就是因为吴家在此建桥,交通便利了,才使强盗注意到了这里。

一天清晨,这门大户人家请人来砸桥。吴家人听说后急忙赶来制止。一方执意要砸桥,一方却要誓死保护,冲突随即发生,后来双方又不断有人增援,直到最后混战造成了多人死伤。双方各自安葬了死难者,仇恨也就此结下。处于弱势的吴家人带着无尽的伤痛,选择了举家外迁。

十年后,严重受损的吴家桥在夏季的一场暴雨后轰然倒塌。之后,河东河西的五户人家联手,在原址上再建了一座石桥,为记住吴家人的善举,石桥依然取名吴家桥。现在新桥旁的吴家桥,早已不是以前的老桥,是经过一辈又一辈人的重建才得以留存到现在的。

2013年,安丰塘镇政府在老桥旁再造了一座新桥,道路也修成了宽阔的水泥路。之所以没有拆除老桥,就是为了留住这段历史。新桥取名叫五家桥,也是想让人们记住这五户联手建桥的善举和美德。(陶标)

十里碑

十里碑是安丰塘西岸的一处地名,因一方石碑而得名。它不仅仅因离戈家店(现安丰塘镇政府所在地)十里的路程而得名,还流传着一段坚贞不渝的爱情故事。

早年,十里碑西边的村庄住着一邹姓人家,是当地的一个大家族,人丁兴旺,家风淳朴。他们依水而居，种地为生。邹姓有一女子熟读诗文，貌若天仙，自幼许配于一塘之隔的顾家书生。

君在塘东妻在西，碧水遥寄情相依。一季季的花开花落，一年年的春来冬去。塘西的邹家收到了塘东顾家的聘书，待秋后顾家公子赶考回返，便择日完婚。邹家应允了婚期，也开始为女儿置办嫁妆。

转眼秋天已过，寒意渐浓。塘西的邹家迟迟未能等到塘东顾家的迎亲队伍，却捎来了顾家公子病亡的噩耗。原来顾家公子在赶考途中身染疾病，回乡后治疗无效身亡。

邹家小姐闻讯肝肠欲断，执意要去塘东奔丧。可在当时，一个未出嫁的女子抛头露面去悼念尚未成亲的郎君是礼节所不允许的。但邹家小姐摆脱了家族人的阻挠，义无反顾地去了塘东，为顾家公子泪洒灵堂。

后来，邹家小姐终生未嫁。顾家的后人为表感激之意，便在邹家女子门前的大树下立下了一块石碑，上书"节如冰霜之清，操与日月齐光……"。此碑因位于寿州通往六安的大道旁，距戈家店十里，当时有邹姓人家在此处不远的古塘边开有客栈，所以来往的客商都习惯把它叫作十里碑。

新中国成立后，安丰塘水利管理处在此设立水利站。如今的十里碑，站在塘埂上东眺，一塘碧水的东岸就是安丰塘的邻居保义镇。塘中又建成一座人工岛屿，岛上的一湾浅水是鸟类栖息繁育的天堂。（陶标）

潭子沿

潭子沿，原名孙家潭，位于安丰塘西岸，因一湾泉水而得名。它因处于古塘边而遭受过决堤之苦，又因紧临古塘而享受它的恩泽。

古时的安丰塘面积远比现在的大得多，塘南的保义、双门、安丰、众兴的大片肥沃农田都曾受益于安丰塘的水。因为遭历代围垦造田的不断蚕食，安丰塘的面积一再萎缩。新中国成立后，当地政府响应党的号召，大力兴修水利，安丰塘四周低矮的塘埂才得以加固加高。安丰塘西岸的老塘埂内也在水利兴修中修建了新埂，因为安丰塘镇以南到十里碑，历史上曾有过多次大大小小的决堤，修修补补的老塘埂有着许多安全隐患，所以在部分地段实行了堤埂整体内移，特别是五里湾地段向塘内移得更深，形成了现在安丰塘西埂一处弯弯的堤岸。

在许多人眼里，它是一道美丽的风景。殊不知就在五里湾北边的潭子沿，曾有过灭顶之灾的决堤。那是清嘉庆年间的夏季，连日的暴雨使塘内的水位猛涨，低矮单薄的塘埂上险象环生,最终戈家店南2千米处的堤埂被汹涌的洪水撕开。由于古塘西边的地势较低,乘势而下的洪水像脱缰的野马,顷刻之间毁掉了塘下的孙家庄园,淹没了石马河、板桥集以及周边的广大区域。

此处溃堤一个月后才被成功封堵,可决口处下方被冲出的深坑,一直有水向外涌出,涓涓细流不知疲倦地流进了石马河,成了小河的源头之一。原来决口处地下正好有泉眼,封口的泥土被水冲走,泉水才得以流出。泉眼在当地被称为"潭",又因为此处是孙家的庄园,一时间都称它为孙家潭。

清澈见底的孙家潭,在四季更迭中长流不息,成了当地住户洗衣、洗菜的好地方。因决堤而遭重创的孙氏家族却日见衰落。不远处的夏姓成了当地的大户人家,后又有江姓、许姓的迁入,慢慢地,潭子沿作为地名取代了孙家潭。

潭子沿,作为安丰塘西岸边上的一座村庄,历史上遭受过多次破堤之灾,人们饱受水患之苦。从现在的地貌上依然能看到当时水患所留下的痕迹——那一道道冲田、一片片高滩和高低不平且较小的农田,环抱着这个和周边有所不同的村庄。

以前,这里的人们采用建淮河、淠河岸边人们的做法,先建起高高的庄台,然后再在庄台上盖房,目的就是防止水患。

如今,这个临塘而居的村庄,尽享水利的便捷,实现了自流灌溉旱涝无忧,人们终于过上了安居乐业的日子。得天独厚的水利条件和优越的生态环境,也成就了石马河两岸草丰水美的大片湿地。水草茂密的河湾,觅食的白鹭自在飞翔,芦花随风摇曳,许多不知名的小花默默绽放。

今日的潭子沿,已焕发新的生机。随着寿县及安丰塘旅游业的发展,这里必将成为安丰塘旅游风景区的一处独特景点。(陶标)

红色沃土小甸镇

小甸镇位于寿县城东南 40 千米,东南与长丰县接壤,西与双庙集镇毗邻,北界瓦埠镇、大顺镇。

小甸镇的来历,一是来自 1986 年版《寿县志》:小甸集原为寿州城经瓦埠到庐州驿道上的一个小店,后来渐成小甸集市。二是寻访当地大鼓书艺人曹化军所得:相传春秋末年,宓子贱由鲁使吴。那时,南方文化落后,一些中原有学问的人前去办学教书,传授文化。宓子贱途经楚国的瓦埠镇,曾在此广招贤士,传道授业。后又继续使吴,没有想到他在南方水土不服,得了腹泻,客死异乡,众学子一路"盘灵",准备返回鲁国将他安葬。当来到现在小甸集的一个地方,有一道河沟挡住去路,村民听说后,一齐挖土填沟垫路,听说是令人景仰的宓子贱,村民要求在田里稍事停灵,烧纸祭拜。举重(抬棺材)的队伍走到上奠寺铁佛岗的时候,村民越聚越多,强烈要求就地安葬宓子贱。光绪《寿州志》说:"墓在州南六十里铁佛岗。"后来,在宓子贱停灵的田里出现一个神奇的泉眼,人们就地挖掘一口土井,打水回家饮用,传说可以消灾祛病。人们又在宓子贱停灵的大田中建了一座小宓子庙,香火不断。后来,有人捐钱在高旷的地方盖了一座大宓子庙,引来周边群众来此聚集经商,慢慢形成集市。过去,小甸集叫白了口便成了小田集。大宓子庙就在现在老街西边的庙塘,冬至逢会,远近闻名,直到抗战期间日本鬼子在这里建炮楼,群众不敢上集而中断。

瓦埠街因宓子贱在此授业建有宓子祠。寿州古有"金瓦埠、银正阳"之说。明代从凤阳府的瓦埠镇有一条通往庐州府水西门的古驿道,是古代官方传递文书的交通古道,刚好经过小甸集大宓子庙所在的地方,于是,开始设有供人休息的茶马小店。到了清末民初,此处慢慢成为一个人群聚集、商贸繁盛的集市,由"田野停灵"到"茶马小店",再到最后的"小甸集",既是谐音的流变演称,也是小甸集名称的来历。说到小甸集的来历,大鼓书艺人曹化军解释,因为这里田地曾经停过宓子贱的灵柩,"甸"字外围是"勹",有"包"的意思,里面一个"田"字,"甸"就是"田"。

后来字意扩大，人们来此赶集，把这块田地围起来做起买卖，渐成集市。

明朝中叶，山东曹州府有兄弟二人南迁安徽，几经辗转，最后定居于瓦埠湖南畔的万小河东西两岸。这里东临小甸集，北靠瓦埠镇，是土地肥沃、宜于繁衍生息的好地方。从此，曹氏一族耕读持家，历数百年，人丁兴旺。曹氏宗祠原位于老街南边，门朝街心，有四间大殿，砖木结构，飞檐斗拱，很是气派。20 世纪 20 年代初，曹氏宗祠改为小甸集小学，孕育了安徽最早的红色革命基因。

1923 年冬，在上海入党的曹蕴真、薛卓汉、徐梦秋等根据党的指示，接受了在寿县建立党组织的任务，从上海返回家乡。他们介绍上海大学学生方运炽、小甸集小学校长曹练白和在宣城安徽省立第四师范读书的陈允常等人入党，在小甸集小学内成立中共寿县小甸集特支，特支书记曹蕴真，组织委员鲁平阶，宣传委员徐梦周。特支直属中央领导，这是安徽成立的第一个农村党支部。"星星之火，可以燎原"，到 1924 年特支已发展党员 20 余人，约占当时全省党员总数的一半。这是在安徽大地上点燃最早的革命火种。从此，八皖之内，革命浪潮风起云涌。

小甸集是红色田园，革命先烈前仆后继，浴血奋战。尤其是曹氏一族，满门忠烈，为革命付出了巨大牺牲，做出了重大贡献。"曹氏三门七烈士"，家喻户晓，令

中共安徽第一面党旗纪念园

人景仰。1993 年 6 月,烈士曹渊之子曹云屏(广州市政府原秘书长)、郑锐(安徽省人大常委会原副主任)共同发起倡议并筹资,寿县县委、县政府在小甸镇建成寿县革命烈士陵园。

今天,在小甸集寿县革命烈士陵园的基础上,又建成了中共安徽第一面党旗纪念园,现为国家 AAA 级旅游景区、红色旅游经典景区、爱国主义教育基地。纪念园重要景点有中共小甸集特支纪念馆、淮上中学补习社、寿县革命烈士陵园、中共安徽第一面党旗纪念园广场。

小甸镇 1950 年置小甸乡,1958 年成立小甸公社,1960 年并入瓦埠公社,1961 年复置小甸公社。1976 年,瓦埠区公所由瓦埠街迁至小甸集,辖小甸镇、瓦埠镇、李山乡、马集乡、刑铺乡、双庙乡、仇集乡、大顺乡、瓦埠乡、邵店乡 10 个乡镇。1983 年改社为乡。1984 年撤乡设镇。1992 年撤区并乡,由小甸镇、马集乡合并成立。2004 年,李山乡并入。(高峰)

曹渊故居

曹渊故居位于小甸街道曹家岗。曹家岗是一个自然村落,北高南低,周围修有沟渠。沟渠内外,树木成荫。站在渠边北望,村庄背靠高地,这就是岗。岗中人家多是曹姓,所以谓之曹家岗。

曹姓是当地的大姓,散居在周围几十个村子中。现在的曹家岗,以前属于三岗村,即曹家岗、王家岗和邢家岗。曹家岗和周围的村子一样,都是土墙垒砌的,上铺茅草作顶。曹家岗因参与革命的人数众多,被赞为"曹大户"。

1923 年冬,安徽第一个农村党组织——中共小甸集特支成立。在中国共产党的带领下,这里的人们英勇献身、前仆后继。当时仅 20 多户人家的曹家岗,十之八九都是共产党员或游击队员。曹家岗成为鄂豫皖苏区有名的赤色村庄,曹家英烈的故事也广为流传,现在曹家岗中还有曹渊故居(三烈士故居)遗址。

故居原在曹家岗村内,后迁到村边的园子上。故居从村内迁到村外,与三烈士的革命活动有关。三烈士,即曹守身的次子曹少修、三子曹渊和大孙子曹云露。曹家岗共 60 亩土地,曹守身一户就占有 10 多亩,所以早年可以把孩子都送往与曹家岗只有一路之隔的邢家岗,在著名民主革命教育家、同盟会会员张树侯创办的私塾读书,接受革命思想洗礼。

辛亥革命时期,曹少修就带领乡民参加淮上军,先后光复安徽 23 个州县,后淮上军编入国民革命军第一军。曹少修返乡设馆教学,"二次革命"时又复起参加讨袁斗争。讨袁失败后，曹少修遭受通缉，曹家圈养的牲畜全被抢走，房屋被焚烧殆尽。

村外菜地有两间茅屋，曹守身在此安身。菜地边为池塘，三面环水，革命者在此聚会议事安全隐秘，北上县城南往合肥又路途便利。1923年，曹渊准备结婚，在屋后建新房四间，东北角设有更楼。此后，曹家住宅成为众多革命志士之家，许多革命同志，或隐藏在此，以逃避反动派的追捕；或在此学习开会，策划行动方案。这里常常是游击队员战前出发地，或是战后休息地、伤员们养伤场所。

1926年，曹渊率领叶挺独立团一营攻打武昌城时壮烈牺牲，叶挺当众痛哭流涕，称曹渊是"模范的革命军人，且是我最好的同志"。1939年5月，叶挺与张云逸一行专程到寿县曹家岗看望曹渊家属。他们慰问了曹渊父母、妻子，并留下一同吃饭、聊家常，并给予曹渊妻子及老父各100元。离开前叶挺还命副官用相机拍下了他们与曹家人的合影，并表示等革命成功后会再来看望他们。在曹家岗留下了一段"北伐名将慰烈属"的感人故事。

现在的故居是根据曹渊烈士之子曹云屏及侄孙曹定炎的回忆修复而成的，总体为四周绕水，玉带环腰，是一处两进的农家大院。院前还有一座小石桥，旧时，曹家岗的孩子总是缺衣少食，曹渊的母亲在园子里种有很多枣树、桃树，每每看见孩子们饥饿难耐时，就站在桥上喊孩子们去摘果子吃。村里人人都夸曹母慈悲心肠，于是将曹母经常站立的小桥称为"慈心桥"。（韩志坚）

曹渊故居

筑城铺

筑城铺，又名齐王城，即汉成德县城址。光绪《寿州志》记载："筑城铺距城九十里。"即今天的小甸镇筑城村筑城铺村民组东侧100余米处。相传，此城始建于东汉齐王之时。由于战乱屯兵，其间在此地筑有城戍，后被荒置，久成废墟。当时，城垣西边住一祝姓大户，开有杂货铺，取名"祝城铺"。随着祝姓移居，演称为"筑城铺"，后逐渐繁衍发展成村，并将"筑城"作为村名沿用至今。

筑城遗址呈长方形，夯土城垣，残高约2米，面积约15万平方米。城垣的东北角、东南角较高，有大量的汉代瓦砾。西南、西北角有豁口两处，城内有一处面积较大的高地，上有云纹瓦当、绳纹筒瓦残片等。除此之外，城址还有不计其数的古水井，仅城垣东一个滩塘内就挖出12口古井。在城址周边开挖，随时都能发现古井、古钱币、旧瓦罐、旧兵器等。

相传筑城铺原是一个天然湖泊，大禹治水时，用神鞭打开硖山口，湖水汹涌而下，经淮河入大海。这里湖地肥沃，宜居宜种。有一年大旱，山东老鸹巷人畜断水，庄稼枯死，民不聊生，纷纷逃离他乡另谋生路。其间，赵公（赵宽公）携任姓表弟肩挑货郎担，历经艰辛，流落到草木葱茏、鸟语花香、宜居宜种的筑城。于是，表兄弟二人弃商务农，开荒种地，日子逐渐红红火火。而后，赵公娶徐姓女子，繁衍后代，赵氏后人一直安居赵家湾（筑城）。其任姓表弟移居任岗，安居乐业。（《赵氏宗谱》记载）

1984年，寿县文化局对此地进行了复查。筑城铺现为县级文物保护单位。

（赵子科 赵吉平）

李山庙

李山庙原名孔李集，相传，集的南、北头孔、李两姓居多。明代时在集的北头建庙，曰李山庙，集因庙名。光绪《寿州志》记载："李山庙距城八十里。"李山庙是一个中等规模的集镇，东连小甸镇，西邻双庙集镇，南接刘岗镇，北濒瓦埠湖。李山庙于1949年置李山乡，后多次变更建制，2004年并入小甸镇。

据当地老人说，元末明初时期，江淮之间因连年战乱和旱涝自然灾害频发，老百姓死伤无数。迫于生计，百姓拖家带口逃荒要饭，背井离乡的不计其数，导致本地区百里无人烟，蒿草齐腰深，一片荒凉凄惨景象。直到朱元璋建立了明朝后，从山东省人口稠密的老鸹巷迁移了很多人口,安置到江淮之间人口稀少的地区,江淮之间才出现了生机。

明朝政府为了使臣民安分守己,听命守法,不至于造反作乱,便在全国范围内大建庙宇,对臣民施以佛教思想灌输,教导百姓积德行善,勤恳耕作,自食其力,乐善好施,捐资纳税。李山的庙宇就是在那个时期建造起来的。因为主持建庙的人名叫李山,后人便管这座庙宇叫李山庙(庙宇坐落在今李山小学校北面围墙外,一沟之隔)。庙宇的东面、北面有庙田,雇人耕种,收下的粮食供庙里的和尚食用,种地人住的村子东面的村名叫庙洼,北面的村名叫庙庄。庙宇西面为菜园,种菜人住的村子名叫西里园。

民国初年,当地徐姓大户中有人提出办学主张,于是顶着压力将庙堂改建为学堂,办学育人。其间较有名气的教书先生有张树侯、徐子香等。尤其是张树侯先生,在瓦东地区无人不知、无人不晓,他不仅学问高深,而且是一位具有民主思想的老同盟会会员,教学的同时,传播先进思想,提高人民思想觉悟,培养了许多人才,如徐梦周、徐德文等。徐梦周1922年春经施存统介绍,加入了中国共产党,是寿县党团组织的主要创始人之一。他们后来都为中国人民的民族解放事业奉献出智慧和生命。庙宇后来被日本侵略军炸毁。(徐为醒)

邵家老湾

邵家老湾位于小甸镇邵店村西北部,濒临瓦埠湖,西与保义镇开荒村隔河相对,北与陶店回族乡邻湖相望。邵家老湾是一个古老的村落,从远处看像一张弯弓镶嵌在绿色的湖岸边。这个现在看上去并不起眼的村庄,不仅有千年的将军古庙遗址,还有邵氏祖先保家卫民的丰功伟绩。

相传宋朝时,邵家老湾已经是寿县邵姓的主要聚居地之一。在宋金征战期间,家族中出了一个武状元,跟随岳飞元帅屡立战功,官至将军。后来岳飞被害,他被迫返回家乡,人称邵将军。邵将军为人正直,英明贤达,始终有报国之志。他组织家人习文练武,时刻准备为国效力。在邵将军的带领下,邵氏家族人丁兴旺,钱粮充裕,远近闻名。附近村庄的人也都十分尊敬邵将军,尊称老湾为邵家老湾。

富裕的邵家老湾被吴山一带的土匪盯上了,土匪头子组织了几百号人,趁着黑夜突然包围了邵家老湾。精干的村民发现土匪来了,立刻报告给邵将军。久经沙场的邵将军不慌不忙地组织村民护村,他手拎弯月大刀,不到三个回合,便将土匪头子一刀劈成两节。邵将军带领村民乘胜追击,土匪死伤惨重,之后再也不敢招惹邵家老湾。现在民间还有一句顺口溜:"家住邵老湾,辈辈保平安。"

庆功宴上,邵将军举杯自豪地大声说道:"我老邵打外侵,是越打越有劲。"不承想,这句话传来传去,变成了"姓邵打外姓,越打越有劲",实是误传。

一年中秋佳节,邵将军酒后到湖边散步赏月,无奈蚊虫碰脸。一怒之下,他回家拎起弯月大刀,从西往东一阵猛砍,口中大喊:"都走都走,不走都杀,看哪个蚊虫还敢在我湾西撒野!"村民们听见喊叫,纷纷赶来,只见邵将军人刀合一,寒光闪闪,如一阵旋风向前滚动。没有人敢上前一步,无人敢说,无人敢劝。黑压压的蚊虫哀号着四散奔逃,地上铺了一层蚊虫残肢。说来也怪,此后一直到现在,邵家老湾西边,哪怕是盛夏,连一只蚊虫都没有,至今成谜。

后来岳飞元帅被平反,邵将军高龄寿终,朝廷念其功德,赐资修建庙宇供奉,赐名孟佛寺,俗称"将军庙"。孟佛寺周边有政府划拨的几百亩良田,作为寺庙的口粮田。据说邵将军多次显灵,救助落水村民,当地人下湖捕鱼前,都习惯性地到庙里敬一炷香,祈求保佑平安。

1929年夏天,接连月余大雨,湖水暴涨,眼看寺庙就要被洪水浸泡倒塌。一些有远见的邵氏族人提议,寺庙是保不住了,不如在洪水冲塌之前,抢救一些木料出来,建一所学校,培养当地后生,也是造福一方的善举,想来神灵也不会怪罪。之后在有威望的邵氏家族长辈的号召下,大家有钱出钱有力出力,很快建起了一所颇有规模的学校——邵店乡中心国民学校,也就是现在的邵店小学。多年来,学校为国家培养了一批又一批建设人才,实现了前辈人的愿望。

现在的邵家老湾也叫邵老湾,前几年因瓦埠湖治理改造,全村民组拆迁,移居到邵店新村。但是脍炙人口的传说传承一代代人,激励着无数后生发奋读书,报效国家。(葛广琪)

华佗庙

华佗庙位于小甸镇田铺村东边的一个自然村落,源于之前此地建有一座与古代名医华佗有关的庙宇,在当地名声很大。

华佗庙毁于新中国成立前的战乱,现已不存,却有一个巧建庙宇、积德行善的故事代代相传。

相传,东汉末年,曹操率领大军向合淝(今合肥市)进发,准备攻击孙权,经过此地,并在沿河(瓦埠河)南冲(今小甸镇杨圩村英冲)休整。有一天,曹操头疼病发作,急忙命人寻找名医华佗前来治疗。

华佗得知后,不敢丝毫怠慢,日夜兼程赶来。快到军营时已是傍晚,恰巧一场大雨阻碍了行程,无奈借住在李员外家。李员外热情相待,却又欲言又止,华佗看出李员外眉头间的一丝无助神态,又听到屋内叹息之声,已略有所知。相问之下,华佗得知李员外仅有一子,年已16岁,本打算成家立业,却不知何故突然间神志不清,精神恍惚,多处求医未见好转。又得知华佗是专为曹操治病而来,不敢开口求医。华佗了解后,哈哈一笑,说道:"天降大雨就有留客之意,你我有缘,不请自到。"说罢起身看病治疗,不一会儿,病人好转,思路、言语渐渐正常起来。李员外激动得无以言表,叩首拜谢,愿拿出所有家产感恩。华佗又是哈哈一笑,说道:"你若是真心感恩,就多帮帮那些需要帮助的人吧。"

雨过天明,华佗告辞而去。李员外望着华佗的背影,暗暗下了决心,一定要多行善事。从此以后,周边谁家有困难,都能得到李员外的帮助。慢慢地,大家都知道了李员外是受了华佗的感化,行善报答华佗的恩德。

过了不久,人们听到了一个震惊的消息,受人敬仰的神医华佗被曹操杀害了。人们纷纷请求李员外牵头修建一座庙宇,供奉华佗先生。因为修建庙宇需要一笔不小的开支,李员外感到力不从心。

李员外看到每年涨水季节,都有大批的木料从不远处的水道上经过,他心里便有了主意。

这一年春天,来往的木料商人常常看到一个叫花子模样的人在河边溜达,时不时冲着他们喊道:"木料卖不卖?我都要了。"大部分木料商都不当真,却有一个大商人觉得好玩,心想,一个叫花子怎么可能买得起一大批木料?我得要要他。于是,大商人搭话道:"我的木料卖,你买得起吗?你要是拿出钱,都卖给你,一文钱一根,现钱现卖,过来数数,一手交钱一手交货。"叫花子乐呵呵地问道:"你说话算不算数?当真一文钱一根?我都要了。"大商人有意大声说道:"算数算数,由大家做证。"搭话的其他商人和附近的人们都聚集过来,想看看热闹。只见叫花子不慌不忙地上前,伸出脏兮兮的双手不紧不慢地点起木料数来,大家也一起上前帮着点数。点好数后,大家都想看看这个叫花子怎么掏钱出来。叫花子还是不慌不忙地,先脱下外套,又把缠了多道的腰带解了下来。大家都以为叫花子不是想跑就是想赖账,让人大跌眼镜的事情出现了,叫花子笑眯眯地从腰带里倒出铜钱,不一会儿就摞成一堆,拆开破外套露出一堆金元宝。原来叫花子就是李员外,他大声招呼大家帮忙数钱付款。大商人傻了一样站在那,大张着嘴,却没有发出一丝声音。

得到消息的村民飞快地赶过来,争先恐后,扛起木料就走,不一会儿就把购买来的木料全部运走。

当大商人得知这些木料是为了建华佗庙时,不恼却喜,主动来到李员外家,把卖木料的钱悉数还给李员外,还捐出了一些钱财作为建庙工人的伙食费。当地的乡亲们看到这个情景深受感动,纷纷请求加入建庙队伍做义工。四方乡邻听闻,也都自愿前来做义工,很快,一座规模宏大的华佗庙就建好了。

据说,庙建好后,华佗多次显灵,香火极旺,远近闻名。在华佗庙的感召下,当地民风大好,做善事行善举的人越来越多。慢慢地,原来的村庄名字被人忘记,华佗庙代替了村名,一直沿用至今。(葛广琪)

鹅毛井

小甸镇邵店村黄庄村民组有一口奇特的老井——鹅毛井。井水清凉甜润,一年四季水位不变,遇到干旱年头,方圆十里村民都来此取水,从未干枯。老人们常说,这是通地下神河的水,当然好喝、不干。

相传康熙年间,久旱无雨,眼看田地开裂、庄稼干枯,村里几口水井每天只能渗出几碗黄泥汤,人畜用水都保不住。人们被迫没日没夜地到处挖井找水,始终没有找到一点水源。组织抗旱挖井找水的领头人戴清老族长,不顾年迈,多日不合眼,眼见找水无望,急火攻心,眼前一黑,倒地昏死过去。

戴清老族长感觉迷迷糊糊的,控制不住自己的身体向前飘。不知怎么回事,眼前突然出现了一位全身雪白的仙女向他微笑,还递给他一碗水。老族长一饮而尽,顿觉神清气爽,全身不适一扫而光。仙女告诉他,她本是天庭鹅仙,因见人间大旱,趁在天河神洗澡时用翅膀向人间偷偷洒了一些水,缓解了一些地方的旱情。不料被天河神告发违反天规,天庭震怒把她关押在地下神河中,身上压了一盘大磨石,无法逃脱。只要人们见黄土堆开挖,大约三丈就能挖到大磨石,打开中心磨眼,她就能获救,到时候无尽的神河之水也会涌到地面,任由人们饮用、灌溉。一定要记住,千万不要把大磨石掀开,如果没有出口镇石,神河水会淹没村庄,造成无法预测的大灾难。

仙女说罢摇身不见,老族长猛然一惊,醒了过来,发现自己睡在蒲草上,周边众人披麻戴孝,哭声一片。老族长轻轻咳嗽几声,缓缓坐了起来,环顾四周,朗声说道:"不要哭了,跟我去找水。"呆呆傻傻的众人战战兢兢地跟在老族长身后向田间走去。看着老族长阳光下的影子,众人的心才渐渐平稳下来。

不一会儿,大家来到一堆黄土堆前,老族长指挥着众人向下开挖,慢慢地发现土层有点潮湿,满怀希望的人们干得更有劲了。半天的工夫,挖了三丈深,一块大大的磨石出现在人们眼前,众人不解,一起看向老族长。老族长不慌不忙地下到井中,站在大磨石上,前后左右看了看、量了量,指着中心点说:"把这儿凿开,水就在下面。"叮叮当当一阵响,凿开了,一股清泉喷了出来,伴着清泉流出一根鹅毛,老族长心中有数,小心地拿着鹅毛,准备清洗干净。大伙嫌出水口太小了,怕解不了旱情,一个号子就把大磨石掀开了。随着一声闷响,大地颤抖了起来,巨大的水柱喷涌而出,转眼间干涸的土地就被水覆盖了。人们惊慌失措,拼命向高处跑。在这紧要关头,老族长手中的鹅毛突然变成一只白天鹅,高声嘶叫着,飞快地用翅膀拍打大磨石,大磨石回位了,汹涌的地下水终于止住,清泉齐岸,人们获救了。

老族长满眼热泪,抱着受伤的白天鹅,在水塘边小心地清洗鹅毛。老族长的眼泪滴在白天鹅的伤口上,伤口神奇地愈合了。这时,天边出现一片光艳夺目的彩云,白天鹅高鸣一声,展开翅膀向彩云飞去,老族长的手里只留下一根洁白透亮的鹅毛。

此后,人们把这口井叫作鹅毛井,洗鹅毛的水塘叫鹅毛塘,戴清老族长居住的村子叫戴庄,黄土堆旁边的村子叫黄庄。多年来地名一直没变,神奇的故事也代代流传。(葛广琪)

古楼岗

古楼岗位于小甸镇南边,与长丰县搭界。村庄历史悠久,有一个有趣的地名故事流传至今。

相传明朝初年,一个姓宋的官员跟随朱元璋多年,立下不少功劳,人们便尊称他宋员外。后来他年龄大了,想辞官,回老家享享清福。皇帝答应了他的请求,让他自己选择一处地方养老。姓宋的官员回到家乡,心情十分愉快,四处走动查看,寻找适合居住的地方。

一天,宋员外来到古楼这个地方,看到一岗接一岗,草木茂盛,溪水环绕,庄稼苗壮生长,确实是一块风水宝地,便决定在此建房定居养老,但一时还没有想好盖什么样子的房子。

话说"鸡叫一声出三子",天子朱元璋、财子沈万三、花子王叫花。王叫花住在吴山东北角王岗,虽然说是叫花子,家里却家产颇丰,只是喜欢穿破衣烂衫四处游荡观光,沿途以讨饭充饥。

这一天,王叫花来到景德镇,看到一个财主家正在画线盖楼,工人忙前忙后用尺子测量。王叫花是跟前跟后寸步不离,显得碍手绊脚,实在影响施工。工头看着王叫花披着破袍子,挎着破篮子,很是生气,责问他一个要饭的想干什么,讽刺他是不是也想盖楼。王叫花嬉皮笑脸地连连点头说是，并且指着图纸说就是照这个样子盖楼，要一模一样的。工头被王叫花气得胡子眉毛都竖了起来，大声说道："要是你盖这样的楼，我一分工钱都不要，管饭就行！"

王叫花动用各种关系，把当地大小官员、地方名流都请来了，当众问工头："你讲的我照这个楼盖，你不要我工钱、管吃饭就行，算不算数？"还没有回过味的工头只当是一个笑话，点头承认，当众签了合约，相关见证人都签了字。

王叫花立即从景德镇买了大批木头，开始放排，从长江到巢湖再到合肥。木头到了，工头领着几百个工人也到了。在杨庙到合肥路段边耗时一年多，气势宏伟的高楼盖起来了，当地人称作"王楼"。

早想建楼的宋员外听到消息前去观看，被漂亮的高楼吸引住了，忙问王叫花建楼造价，王叫花说用了200担黄豆就建好了。宋员外大喜，觉得自己是高官退休，有恩赐田产，有拿出200担黄豆的能力盖楼，于是找人烧窑制砖瓦，找风水先生看了一个比较大的岗头开始打地基。没有想到200担黄豆开支完，地基才鼓露出地面一点就没有钱了。宋员外慌忙找到王叫花，说："你讲200担黄豆能盖好，我现在花完了钱，地基才鼓露出地面一点，怎么回事？"王叫花笑了笑，说："我给工人做下酒菜用了200担黄豆，工人是不要工钱，管饭就行，一个月还杀两头猪加餐。"

宋员外这时才明白，依他的财力是不可能建成这样一座高楼的，随即仰天长叹一声："可惜了，我的鼓露岗头哎！我不在这儿建楼了！"碍于脸面，宋员外只好在岗头不远处另选址建了一座小楼，人称"宋楼"。

随着时间的推移，当初没有建成高楼的岗头上慢慢住了许多人家，人们将这里通称为"鼓露岗"，后来逐渐演变成古楼岗。这个故事也在教育后人，做事一定要量力而行。（曹化军　葛广琪）

大光故里堰口镇

　　堰口镇位于寿县城南 21 千米处，东临瓦埠湖，毗邻安丰塘。

　　孙大光出生在堰口镇魏岗村老墙村民组。孙大光自小在堰口小学读书，16 岁投身革命，新中国成立后，曾任国家交通部部长、地质矿产部部长。国务院原总理温家宝这样评价："他作为一名老共产党员、革命家、政治家，为新中国的诞生和共和国建设做出的卓著功绩，值得我们永远铭记。"

俯瞰堰口集

　　1986 年春，从领导岗位上退下来的孙大光和夫人张刚回到阔别 50 多年的故乡，并去探望他的母校堰口小学。当他走到学校门口时，映入眼帘的是陈旧的校舍和落后的教育设施，12 间瓦房和 13 间草房便是当时学校所有的家当。"没有窗户,也没有桌椅,学生就坐在自己带的小凳子上,即便这样,每间教室还挤着80多个学生。"孙大光心头沉重,没想到家乡的教育条件还这么落后。

回到北京之后,孙大光郑重地召开了一个家庭会议,提出要捐一批自己的藏画和古董,帮助家乡建设学校。张刚和孩子们感到十分惊讶,那可是他大半生的心血呀!

1987年,安徽省博物馆正式收藏孙大光捐献的文物191件,其中不乏珍品。孙大光将捐赠奖励的45万元直接划拨给寿县作为学校建设的专项资金,重建了堰口小学,同时还为寿县一中建了一栋春晖楼。

1998年春天孙大光从报上看到一篇报道,得知安徽一部分学生因贫困上不起大学,心中十分忧虑。他在病床上吩咐老伴:"把家里剩下的那些书画交给拍卖公司拍卖掉吧! 设个助学基金,奖给我的那些安徽籍同乡贫困生。"

为了家乡青年学子的前程,为了国家教育事业的发展,孙大光忍痛割爱,把自己最心爱的藏品拿出去了,一共拍得450万元,孙大光夫妇一分没留,其中100万元捐给家乡教育事业,另350万元设立"孙大光、张刚奖助学金",每年资助40名大学生,每生2000元,直至他们毕业。

孙大光捐资兴建、温家宝题写校名的大光小学

孙大光情系桑梓、心系教育、捐资助学的高尚情怀,永远留在家乡人民的心中。

堰口小学是中共寿县县委旧址,属全县重点文物保护单位。该校于2008年更名为大光小学,由时任国务院总理温家宝题写校名。孙大光先生去世后,他的夫人张刚及子女继承先生遗志,一如既往地关心家乡教育事业发展。

堰口镇的历史并不悠久,据清乾隆《寿州志·市集》中记载:堰口集"离城五十里"。至于为什么叫堰口,除了"九塘十八堰"之外,民间还流传着"苗不过雁""青苗不过雁子口"的故事。

当年,太平天国起义军围攻寿州的时候,作为名门望族的领军人物孙家泰负责守卫。孙家泰向团练苗沛霖求助,苗沛霖此时已拥兵自重,割据皖北。他一方面虚情假意满口应允,一方面又耍起两面派手段,按兵不动,引起孙家泰不满。

成丰九年(1859年),孙家泰的族弟孙家鼐高中状元,苗沛霖前来讨好祝贺,被孙家泰拒之门外,苗沛霖恼羞成怒,怀恨于心。1861年,苗沛霖对寿州进行了第一次屠城。当地百姓四处逃难,谓之"跑苗反"。

因为堰口一带的孙氏也是大家族(现在还有孙家老墙、孙家老圩、孙家土楼等村民组),当时苗沛霖屠戮寿州城时,孙氏家族遭受灭顶之灾,凡是孙姓人无不惊慌恐惧。当苗沛霖带兵来到堰口时,孙氏家族以为是来屠杀的,于是联合地方武装,以堰坝为掩护,埋伏在堰塘荒草之中,严阵以待。

苗沛霖不知这是什么地方,就问部下兵到何处了。部下探查后回答:"此处东有九塘相接,西有十八堰绵延起伏,我军即在此中。"苗沛霖喃喃自语:"我乃苗沛霖(青苗的苗,禾苗的苗),位于堰口(大雁之口,雁子口),岂不危哉?"

此时,当地武装突然发起攻击,苗沛霖猝不及防,最后死于乱军之中。苗军从此败走,撤离寿州城。当地人拍手称快,说苗沛霖犯了地忌,戏言"苗不过雁""青苗不过雁子口"。从此,当地被称为堰口。

新中国成立后置堰口乡,随着行政区划的不断调整变动,也经过多轮调整、更名。1981年7月,堰口公社革委会改为堰口公社管委会,1983年7月改为堰口乡。1985年1月改为堰口镇。1992年撤区并乡,青莲乡并入。2004年撤乡并镇,将原开荒乡的江黄居委会和蔡岗、庙庄、马厂、塘拐、江黄、红桥、许寺、九槐、八沟、半店等11个村委会并入堰口镇。(顾明)

老庙集

安丰塘东侧有一个叫老庙集的地方。凡是从237国道或德上高速安丰塘出口,经十迎公路前往安丰塘的,必经老庙集。

老庙集不大,两侧的仿古建筑群向人们诉说着它那神奇而辉煌的历史。据说,老庙集的庙是邓公庙,纪念魏国大将邓艾。邓艾曾在淮南一带大规模屯田,陈寿在《三国志》中称赞道:"艾所在,荒野开辟,军民并丰。"

三国时期,淮南地区是曹魏政权对垒东吴的前沿,也是东吴进取中原的必争之地,谁的给养充分,谁就占有优势。邓艾被司马懿选拔作为屯田官,从河南陈县(今淮阳)、项县(今沈丘)一路考察到淮南,重点是土地、人口、水利状况。经过考察,邓艾提出在淮南、淮北大规模屯田的具体方案,并负责实施。经过几年的努力,从京都到寿春,沿途兵屯相望,鸡犬之声相闻,呈现出一派繁荣富庶的景象。

屯田之举极大地开发了淮南地区,使生产力得到很大发展,利国利民。特别是芍陂这一战国初期由孙叔敖兴修的水利工程,在屯田中发挥了重大作用。邓艾坚持不懈,修复芍陂大坝,充分发挥水利设施的灌溉作用,从此以后,芍陂一直造福一方民众。人们为纪念邓艾维护芍陂的贡献,在屯田驻地处为邓艾建庙,春秋祭祀,香火不废。

光阴荏苒,时序更新,邓艾军屯驻地渐成走集,称为老庙集。清光绪《寿州志·舆地志》记载:"邓公庙在州南芍陂上,祀魏邓艾。艾尝于芍陂置屯田,故祀之,见《明一统志》,今废。"

还有一种说法,在新中国成立前后,老庙集颇为繁华,有南头庙和北头庙。南头庙大概位于原老庙粮站、老庙搬运站一带,一条由南向北的河道蜿蜒西去。后来拆庙建校,几经迁建,现如今老庙小学位于当初南头庙东南处。北头庙大概位于现在的安丰塘灌区老庙管理段处,这里曾经苍松翠柏、古木参天。有一条贯穿东西的小河从桥上缓缓流过,由于地势参差不齐,安丰塘倒虹吸闸口向北的支渠,与北头庙东西走向的小河汇合处形成渡槽,立体交叉,各自分流,所以此处桥又称水上桥、漫水桥。聪明智慧的老庙集人将安丰塘的水通过倒虹吸引流向北,灌溉塘东、塘北地势较高的大片良田。

当地的老人们还依稀记得那副挂在北头庙里的对联:"桥上水,桥下水,水流东西南北;庙前松,庙后松,松青春夏秋冬。"实情实景,妙趣横生。

南头庙、北头庙香火旺盛,据讲有很多人前来烧香,主要目的是求药。庙里有一种药,能治很多疾病。那时候医疗技术不发达,所以附近的居民有个小病小灾的,就来庙里烧香求药。那么这是一种什么药呢?其实就是田螺(螺蛳头)晒干研成粉末。由于毗邻安丰塘,又有两条河交叉经过,此地盛产田螺。

赶庙的人多了,就在此处形成了集市,称之为老庙集。而今,时过境迁,两座庙宇早已灰飞烟灭,而老庙集的名号却流传下来。随着安丰塘旅游业的不断发展,老庙集也将重新焕发青春活力。(顾明)

九塘十八堰

堰口镇以堰口集而得名。古堰口集附近有九塘十八堰,因集在堰塘出水口处,

故名堰口集。同时，堰口镇位于安丰塘下游、老庙集倒虹吸流域，水利条件极好，亦地处"堰口"。也有人说，以前安丰塘到寿州城通水路，"堰"可能是安丰塘最早的北围堰，下水进入瓦埠湖。

按当地群众的解释，堰指的是挡水的堤坝，塘指的是面积不大的池子。九塘十八堰均为实数，并非虚数。据老人们介绍，堰口集一带地势南高北低。九连塘，指的是九口塘相连，大致位置是从现在的原野超市北侧（原堰口轧花厂）向北经过姚家米厂即堰口供电所处。九连塘往西，地势较低，当地人因地制宜，筑坝挡水，一方面作为生活储水和灌溉农田之用，另一方面垫出高地，形成堰埂，便于安家，长年累月，竟有十八口之多，毗邻相连，称之为十八堰，所处区域叫堰埂村。2007年寿县村级区划调整时并入魏岗村。十八堰具体为从小猪行、赵玉刚预制厂北侧向北处有老堰塘、东老堰、草堰；向北至庆丰油厂处，叫黄家堰；向西经现在的大光小学门口，有两口相连，称为庙堰、庙塘；往西的叫代家堰（待考证）；往西至镇政府家属区北侧（大堰），及至原堰口法庭处（小堰），统称梅家堰；往西紧挨着穆家老堰；往西黄家小堰（现农贸市场售楼部处）；往西周家老堰（现堰口农贸市场以及与售楼部相连的锦绣大道）；往西田家小堰；往西田家老堰；往西俞家老堰；往西张家堰（魏岗村堆坊村组，群众称之为张家堆坊）；往西刘家堰（魏岗村酒房村民组，群众称之为刘家酒房）；往西到老墙村民组两口（名称待考证），总共十八堰。

还有公老堰、母老堰之说。据当地居民黄友强介绍，公老堰指的就是周家老堰和黄家小堰，即现在的堰口农贸市场和售楼部一带，面积较大。1956年左右，堰东村民组和堰西村民组公用这两堰水源，天长日久，称之为公老堰。与之毗连的叫穆家老堰，面积小，"穆"和"母"谐音，时间长了，俗称母老堰。

当时塘塘相连，堰堰相接，一字排开，波光粼粼，一望无垠，十分壮观。埂上住家，岸边撒网，下水逮鱼，河里游泳，冬天放牛，这成为当地人的美好回忆。现在大部分的塘和堰都被填平建房了，仅有的几口也萎缩成浅浅的池塘了，里面长满杂草，远没有当初九连塘、十八堰时此起彼伏、相接相连的恢宏气势。（顾明）

"鬼子坟"

堰口镇青莲村门西村民组、十字路街道路东村民组、马厂村柿元村民组等三村交界处有一座远近闻名的"鬼子坟"。日本人的坟怎么会在这里呢？

1937年七七事变后，日军迅速侵占了我国大片土地。日本侵略军为了有效控制江淮腹地，掠夺资源，3次进犯寿县城。1940年4月12日，日军第三次攻入寿县,古城人民遭受蹂躏长达5年4个月之久。

1941年,日本侵略军已占领寿县东部、东南部大片土地,为巩固淮南矿区与合肥一带占领区,控制东淝河、瓦埠湖以东全部地区,企图侵占寿县南部地区,日本鬼子四处打探。那是初秋时节,有3个日本兵骑着高头大马,背着三八式步枪来到堰口镇江黄街道(俗称江黄城)。当时的江黄城较为繁华。日本人在寿县横行霸道,烧杀抢掠,无恶不作,早已引起国人痛恨。所以,他们一到江黄城,就被当地的土匪盯上了,伺机把他们消灭掉。其中有一个外号叫俞小盘子的,人小个矮,精明强干,胆子也大,他特别羡慕鬼子骑的高头大马,非常想得到鬼子手里的步枪,所以每次鬼子来,他都带着一帮人暗地里盯梢。

那日中午,3名日本兵在江黄城吃醉走散,其中一人趴在马上,迷迷糊糊地任由马前行。这马一边吃草一边沿着乡间小路前行,不知不觉就来到了现在的马厂村桃园村民组和十字路街道路东村民组交界处。此处地点偏僻,遍布高岗,那时候穷人多,死了后往这儿一埋了事,几乎成了乱坟岗。

马在乱坟岗上吃草,这名鬼子就从马上骨碌一声摔了下来,想在岗地上解手。就在这个时候,俞小盘子等手持铁锹、木棍一哄而上,打死了日本鬼子,抢走了马和步枪。此后,他经常骑着马、别着枪,在江黄城街道上行走,很多上年纪的人都见过。

后来,当地人把这个鬼子的尸体就地掩埋,将此处称为"鬼子坟"。

俞小盘子率众打死日本鬼子,一方面是想得到他的马和枪,另一方面是防止他们在此行凶作恶,同时也是对日本侵略中国的报复,所以受到当地百姓的拥护和保护。据说,后来日本兵多次到江黄城寻找俞小盘子,均无果。(顾明)

江黄城

在堰口镇以东7千米,有一个叫江黄的地方,又称江黄城,辖江黄街道和江黄村,东临瓦埠湖,北与陶店回族乡接壤,其中,江黄街道居民以回族居多。

据《寿县地名录》记载:江黄城遗址在江黄南约300米、名为"古城"的高台上。台高约5米,直径120米,呈葫芦形。文化层暴露在四周,杂有不少红烧土及螺蛳壳。1934年11月,据中央研究院历史语言研究所初步调查发现,有近似龙山文化遗物的陶片鼎足和近似殷代文化遗物的陶片鬲足。鼎足含细砂,黄色,中间有竖洼槽一道;鬲足含砂,黄灰色,饰绳纹。其内涵及价值尚待进一步研究。

出土文物说明这个地方不同寻常。据说从前"江"和"黄"是两个相邻的国家,古籍中经常"江""黄"并提,但史料记载不详。大约西周晚期,召公平淮夷,江国、黄国等嬴姓诸族归附于周,江国和黄国同时归顺周朝,受封于江淮地区,并在江淮流域定居。

江黄城

江国建国初期,国力强盛,政局稳定,人民安居乐业。春秋时期,楚国崛起,四处发动战争,江国深受其害,加之淮水泛滥,往往淹没江国的中心地带,江国渐渐衰落。为了图强生存,江国曾与楚国联姻,依附于楚国,但一直对楚国有戒心,害怕被楚国所灭。随着齐桓公霸主地位的形成,江国等淮域诸国纷纷叛楚附齐。

黄国建国较早,是古代淮河流域的霸主。春秋时期,楚国称霸,黄国不服。公元前675年,楚文王首次伐黄国。面对势力已扩张到淮河中上游的楚国,黄国采取了依靠强齐抵御强楚的策略。

江国、黄国加盟反楚,得罪了决意北上东进的楚国。公元前649年冬,楚国借口"黄人不归楚贡",出师伐黄。半年后,即公元前648年夏,黄国被楚成王带兵灭国了。公元前624年,楚国发兵攻打江国,晋国出兵救江,楚师暂时撤走。公元前623年,楚穆王再次出兵,江国被楚国所灭。

江国、黄国相继亡国,其国人纷纷逃散,流落外地。其中有一部分辗转他乡,陆陆续续落户到瓦埠湖畔安家立业,繁衍后代。后世子孙念念不忘先祖之辉煌,便把所居之地称为江黄城。

近些年,江黄村荣获 2016 年度"省级森林村庄"称号。江黄中心村是 2014 年"省级美丽乡村示范点"。(顾明)

青莲村"鸽子笼"

堰口镇青莲村的尹家小店,当地人无人不知无人不晓。尹家小店泛指以尹店村民组为主的那一片区域,尹姓居多,建有尹氏祠堂。尹家小店并无特别之处,但它还有一个别名"鸽子笼",这里有一段关于乡邻团结和睦的故事。

据说清嘉庆年间,尹家小店出了一位人物,在京城当了大官,卸任后返乡居住,奉谕称董事。尹董事买田置地,喂养了很多马匹和鸽子。马匹散放,损坏附近农户庄稼,而那些鸽子,每到午秋两季麦豆成熟时期,尹董事把鸽子放出去吃食。待鸽子饱食而归后,他在院子里放置大缸数口,装满石灰水,鸽子干渴,饮水而吐。他吩咐家人将吐出来的麦豆之物收集晾晒,这比种田的老百姓收成还好。

当地老百姓辛辛苦苦忙一年,庄稼没熟时马匹糟蹋,庄稼成熟时又被鸽子吃,心中十分怨恨,多次成群结队到尹家小店找尹董事理论。由于尹董事有钱有势,又是尹家大户,均无果。

老百姓苦不堪言,于是凑钱写状纸进京上告。状写:"尹地怪事,一马五嘴,云鸡遮天,民不聊生!"

嘉庆皇帝看罢不解,一马哪有五嘴? 云鸡又为何物? 于是他派钦差大臣前往调查。原来"一马五嘴"形容尹董事家的马匹散放,到了庄稼地随便吃,吃完四边吃中间,想吃哪里吃哪里。"云鸡"就是鸽子,由于养鸽数万只,放出去之后成群结队,遮天蔽日,危害四邻。

嘉庆皇帝大怒,传谕革去尹董事的奉号,贬为农人,鸽子入笼,马匹入圈。当地人欢呼雀跃,想到他家的鸽子能装进笼子,这样庄稼就不再受损了,于是称尹家小店为"鸽子笼",告诫尹氏族人从此不要再仗势欺人,损人利己。

尹董事痛改前非,积德行善,散尽家财,建有青莲小学(现仍在使用),免费供养当地穷苦人家孩子读书。当地人感其恩德,慢慢又把"鸽子笼"的称号去掉,复称尹家小店,只是在教育后代子孙与邻为善、与邻为友的时候才把这个故事说出来,警示后人要与乡邻和睦团结、平等相处。(顾明)

青莲寺

在寿县堰口镇青莲村境内有一处青莲寺遗址,为安徽省级文物保护单位。青莲寺遗址主要为商周时期的文化堆积,器物主要有陶豆、鬲、罐、盆、盘、碗、杯、觚、尊及石斧、石镟等。其文化内涵接近山东龙山文化。

传说三月三王母娘娘过寿诞,群仙赴蟠桃会,王母娘娘开了言:"人间还有很多名山胜水缺少神仙主事,经过玉皇大帝同意,你们家孩子没有工作的可以安排到各个地方去。"

东岳大帝听到后心里高兴,他觉得这是一次机会,既然是玉皇大帝同意的,那就是正神啊。他有一个小女儿碧霞元君,爱如珍宝,安排远了吧,见面难,安排近些吧,往哪去呢?

他就站在泰山顶上四处看。当他往南看时,发现一处北山,那个地方有山有水,峰峦叠嶂,山清水秀,只是人口稀少,土地荒芜。他就对碧霞元君说:"你就到那个地方主事,送子送福,庇佑众生。"这个地方指的就是寿县八公山。

于是,碧霞元君从三月三出发。这一天,她走到了现在的堰口镇地界,具体就是在青莲村范围内,她就发现当地地势高凸,远望北山,跟这儿高低差不多。她心想,要是能把北山填高一点该多好呀。另外,东边有湖(瓦埠湖),西边有塘(安丰塘),怎么会田地荒芜、人烟稀少呢? 于是她就停下来,想找一户人家打听打听是怎么回事。找来找去,她发现一个正在晒太阳的张老汉。张老汉说:"我是因为年龄大了,逃不走哇,这个地点看起来不错,但是地势偏高,塘水进不来,湖水用不上,跟没有有什么两样呢?"

碧霞元君牢记父亲的嘱咐,要为当地苍生谋福。她说:"你能不能借我铁锨一用? 我把这儿铲平一点不就行了吗?"张老汉说:"穷得叮当响,只有一把木锨,还是豁牙的,你看看可能用了。"说着递给了碧霞元君。碧霞元君使劲一挖,挖起一锨土奋力向北山扔去。北山增高了,成了现在的模样。

碧霞元君到达北山正好是三月十五日,在此修建奶奶庙,专司送子送福,享受人间烟火。所以,三月十五庙会是寿县及周边地区人们来此祈愿的盛大庙会。

她挖土的地方形成一个坑,就是现在的张陂塘,现在是一座小型水库,至今仍在发挥着灌溉农田的重要作用。为什么叫张陂塘呢? 盖因老汉姓张,家住此塘岸边。此塘当时面积有 1000 余亩,因为年久失修,南端逐渐形成荒滩,长满野木杂草。1997 年,金德元任堰口镇党委书记时组织全镇民工,利用冬闲时间,按照 10 亩左右一口塘的标准,修建了 31 口精养塘,取名堰口镇综合养殖场,现由曹本伟承包从事甲鱼养殖。该养殖场现为国家级水产健康养殖示范场。

从那把木锨上散落的土坷垃,形成了多处高丘孤堆,就是后来的丁家孤堆、大孤堆、小孤堆、双孤堆等。其中最大的孤堆就是青莲寺遗址,现在最高处是青莲小学。

碧霞元君脚踩地形成的两个脚印,就是现在的青莲小学门口的池塘和其西侧的寺西大塘,后来这两塘开满荷花,全部为青色。荷花有深红色、紫红色、粉红色、白色、黄色等颜色,花色非常丰富。唯独这里的荷花是青色,大概是因为碧霞元君的碧,青色也。所以当地人称此处为青莲,以前还有青莲乡,现已并入堰口镇了。

再说青莲寺,碧霞元君设立奶奶庙,就把当时山上的和尚安置到青莲高台上,故名青莲寺。光阴荏苒,时序更新,到了清朝末期,为支持办学,州衙将寺内和尚安排到三觉寺,寺庙 20 多间房室改为校舍,寺周围 40 余亩寺田收入作为学堂经费来源,命名"端本初等学堂"。民国十七年(1928 年)春,县府将学校更名为"寿县青莲寺学校",原有的土地庙产收归政府,办学经费统一由县政府拨发。现在为公办的青莲小学。(顾明)

乡村都市安丰镇

安丰镇位于寿县城南44千米,东临瓦埠湖,与双庙集镇、炎刘镇隔湖相望,西与隐贤镇毗邻,南接茶庵镇、众兴镇,北接保义镇。

"安丰"地名最早出自北魏郦道元《水经注》卷三十二:"决水出庐江雩娄县南大别山……又北过安丰县东……安丰县故城,今边城郡治也。王莽之美丰也……晋立安丰郡。""安丰"最早是大别山麓史河流域的一个小城,西汉称"丰美",西晋立"安丰郡"。后来,治所迁于芍陂西安丰故城。隋唐废安丰郡,保留安丰县。南宋寿春城为淮南西路首府,后为安丰军治。元代在寿春城设安丰路总管府,改"安丰军"为"安丰路"。红巾军首领刘福通喋血安丰。明朝,安丰县城毁于战火,治所迁寿州,安丰县建制不复存在。民国沿用清朝行省制度。

安丰镇原名石家集,石家集因石氏聚居而得名。据《石氏宗谱》记载,石氏南

安丰镇人民政府

迁孟家岗坊,离集市甚远,生活不便。清康熙三十八年(1699年),石氏即有立集之意,于是观察地形,选定孟家岗(今开运驾校)之南卜地数十亩,赴州(寿州)请示,获准兴工。平乎沟渠,聚夫竹木,几费经营,几劳奋据,自春徂秋,修观音禅院1刹,构草庐15所,共142间。渠道通南北,店屋东南对列,起名石家集。那时的石家集交通以水路为主,码头在白洋淀,离集8里,可直达蚌埠街、田家庵等。与石家集一堰之隔的谷贝王氏家族为了方便赶集,在堰上架起一座石板桥。瓦埠湖水位高涨时,船抵集南头王家大桥。

石家集于清康熙年间兴建,距今已有300余年历史。新中国成立前后,石家集上居住着石、王、李、张、胡、江、杨、常、魏、林、穆、陶等10多姓氏居民。居民以石姓、王姓为主,穆、陶二姓为回民,他们和睦相处,各自经商。1954年发生特大洪水,石家集被淹。石家集老街遗址在今寿六路与石吴路岔路口、交警大队石集中队东南约100米处。后来,政府在西岗以北、土楼以南地势较高的地方,沿寿六路东边,重新兴建"新石家集"。

安丰镇得名于安丰路。1958年国务院决定,在寿县正阳关—真武庙店—庄墓桥一线以南成立安丰县,在石家集建县城。按县城规划,安丰城设计东西南北三纵三横6条大街,首先建设安丰路。当时建成的有电影院、县人委宿舍(后称八栋房子,安丰高中前身)、民政科大楼(红十字会医院前身)、文化馆(安丰小学前身)等,建筑零散,没有连片形成规模,仅建成东西1条街道,名曰安丰路。1959年4月,国务院撤销安丰县,县城停建。有了1条安丰路,石家集的居民先后迁到安丰路两侧,附近农民来此经商,渐成集市。

1949年置石集乡。1958年成立石集公社。1960年并入安丰公社。1961年与荆塘公社、立新公社合并成立公社。1961年4月设立安丰区,辖石集镇、隐贤镇、隐贤乡、杨仙乡、荆塘乡、太平乡、众兴镇、谷贝乡、彭城乡等9个乡镇。1972年划出荆塘乡。1983年改社为乡。1984年撤安丰乡建镇,更名为石集镇。1992年2月撤区并乡,谷贝乡与石集镇合并为石集镇。1996年3月石集镇更名为安丰镇。2004年9月杨仙乡镇并入。(高峰)

石集小学

1919年石德纯回家居母丧,目睹家乡文化落后,自捐1万多元,创办了石塘面小学,原址位于今石集粮油站围墙南边。学校给贫困学生免费发放课本,开设国文、算术、珠算、自然、公民等课程。

1923年冬,石德纯从北京回到家乡,他发现石塘面小学已无法容纳日益增多的学生。他与堂弟石德镐(号景周,1922年冬在芜湖加入共青团)冲破迷信思想,把石家集北头观音庙改造成学校,将石塘面小学迁到观音庙,更名为石家集小学,也称石家集私立小学,开设课程与先前一致。学校原址位于今交警大队石集中队东边200米。

石德晏(字会宾,石家集人)长期在石家集小学教书,1924年冬至1925年6月任中共瓦埠小学支部书记。1925年6月,中共城关支部成立,直属中共中央领导。瓦埠小学支部活动停止,所辖所有中共小组划归城关支部。中共石家集小组是城关所辖十大小组之一,驻地石家集小学。1927年11月至1928年3月,中共寿县临委成立,辖特支或支部10个,在此期间建立中共石集特支,书记石德晏,驻地石家集小学。

石家集小学是中国共青团寿县支部和共青团寿县地方委员会驻地。1924年11月至1926年3月,石德晏任共青团寿县支部书记,先后多次写信向团中央请示、汇报工作,上报团员志愿书,转发团中央下发的简报100多期、《犁头周刊》《中国农民》几十份。1925年冬,石德晏根据团中央指示,创办寒假新剧团,联合各小学教员和学生,深入农村巡演宣传,所得募捐全部资助贫困学生,同时散发《犁头周刊》《中国农民》。1926年1月,《中国农民》创刊号发表了毛泽东的《中国农民各阶级分析和对革命的态度》。1926年2月《中国农民》全文刊登毛泽东《中国社会各级阶分析》一文。石家集小学也是全国最早学习与宣传毛泽东著作的地方之一。

1926年3月7日,中国共青团寿县地方委员会成立。书记薛卓汉当月因事赴省城,事务均由代理书记石裕鼎(石德宽烈士之子)代理。团县委委员有薛卓清、方曙光、曹练白、石补、石子安、洪养素、石德晏、石裕鼎(代理书记)、薛卓汉等9人。其中石补、石子安、石德晏、石裕鼎4人均为石家集小学教师。石补、石德晏为亲兄弟。共青团寿县支部、寿县团地委,以石德晏、薛卓汉、石裕鼎、裘年志的名义分别向团中央写信汇报工作。这些信件原手稿均藏于国家档案馆。在信中报告他们散发了《犁头周刊》《中国农民》《中国青年》《劳青》等几百份。20世纪二三十年代,革命党人赵筹、李伯祥、涂仲庸等人,都曾在石家集小学教书或避难过。

1954年,石家集小学被洪水淹倒,北迁至今石集小学。从石塘面小学到石家集小学至石集小学,历经百年沧桑,创立这个学校的石德纯及曾在这里任教的石德晏、石裕鼎等人都是具有高度政治觉悟的先进分子,为改变家乡落后面貌及推动中华民族复兴无私奉献,是学校的精神财富。石集小学是一所具有光荣革命传统的学校,是早期直属中共中央领导的中共瓦埠小学党支部驻地,是早期共青团寿县支

部驻地,也是共青团寿县第一届团县委驻地。(石克方)

倒虹吸

石集倒虹吸工程位于安丰镇桓店村西北角,是石集航道与瓦西干渠交汇处的水利枢纽,1958年秋破土动工。当时由于我国经济技术较为落后,工程全部依靠人工开凿,民工就用铁锹一锹一锹地挖,用竹筐一担一担地挑,用独轮车一车一车地推,其艰辛程度无法形容。历时4年,1962年竣工,工程因在原石集乡境内而得名。

石集航道西东走向,渠底高程27.25米,以航运为主、灌溉为辅,设计可能行驶万吨大轮。瓦西干渠南北走向,人工开挖在南北走向的高岗背脊上。干渠向北至保义、开荒、江黄,长约70里,渠道两边有许多支渠,自流浇灌良田近20万亩。倒虹吸进水口渠底高程42.31米,出水口渠底高程41.31米,航道与干渠相对高度差约15米,利用物理虹吸管原理兴建倒虹吸。3条1.5米孔径的钢筋混凝土预制管道被浇筑在一起,埋设在石集航道河下1米深处,拱弯朝下,故名倒虹吸。工程设

石集倒虹吸工程

计最大流量 12 立方米/秒，常流量 7—10 立方米/秒。

1964 年 4 月 21 日上午，开国元帅刘伯承视察安徽，途经此工程。据当年陪同刘伯承元帅察看此工程的工作人员说，当时刘伯承元帅身着元帅服，踱步在石集高填方大坝上，架起军用望远镜，四处瞭望，周边美景尽收眼底：起伏的麦浪，鲜艳的紫云英，辛勤劳动的社员们，一幅美丽的田园景象。刘元帅信步来到工程进水口旁边，看到清澈的河水哗哗地冲进三孔进水口，十分高兴。刘元帅一行踏过架设在航道河面上咯吱作响的木板桥，拾级走上工程北边出水处，之后回到瓦西管理所办公室。十年九旱的瘠薄地终于建成为旱涝保收的粮食基地，刘伯承元帅挥毫题写："石集倒虹吸工程留念。科学态度，革命精神。刘伯承，一九六四年四月廿一日。"此题词镶嵌在石集倒虹吸工程纪念碑上已 60 年。石集倒虹吸工程因此闻名全国。

20 世纪七八十年代，石集倒虹吸及安丰塘是寿县仅有的对外开放单位。1976 年，国际大坝委员会名誉主席托兰亲临石集倒虹吸参观游览。前后到访此地的还有越南、德国、尼泊尔、坦桑尼亚等国政要、专家、学者。石集倒虹吸工程因此闻名于世界。

徐正义老人说："我于 1962 年进入石集倒虹吸工作，退休后又在这里生活，到现在近 60 年，石集倒虹吸见证我在这里从青丝到白发。瓦西干渠是淠史杭工程寿县境内一条重要干渠，人工开凿在南北走向的高岗脊背上，自流灌溉 47 万亩，其中倒虹吸下游近 20 万亩。石集倒虹吸于 1962 年竣工通水，解决了灌区人民生产生活用水问题，又经灌区干群四五年打拼，将原来的旱地改造成水田，粮油收成成倍增加。"有打油诗为证："石集冠名倒虹吸，元帅题词中华誉。浇灌田亩二十万，福泽子孙千万代。"徐正义老人接着说："几十年来，国内的、国外的、黄种人、白种人、黑种人、国际友人、国家政要、各级领导、专家学者、游客到石集倒虹吸参观游览，熙熙攘攘，络绎不绝。"有拙对一副以记之："河上水河下水水流西东南北，海内人海外人人游春夏秋冬。"（石克方）

杨仙铺

古代的安丰塘，周围 120 里，可以灌溉良田上万顷，古时有 5 道闸门。到了隋朝时期，经寿州长史赵轨扩建，增加至 36 道闸门，而杨仙闸门就是其中之一。

杨仙闸门，因依附杨仙铺而得名。《寿州志》记载："杨仙铺，城南一百里。"杨仙铺依淠水西河堤而建，南北向直来直去的一条小街市，大概 1 千米长。顺着中间的街道，东西两边的杂货铺一家挨着一家，售卖着各式各样货品，方便当地人的生活。

在杨仙铺的南、北两端,各有一口砖井,供人取水用,而杨仙铺中间高,两头翘,街道如一根扁担担着两口井,形似走村串户的货郎挑,有人戏称杨仙铺为"扁担集"。杨仙铺的南端河堤上有座土地庙,供奉着土地老爷与土地奶奶,由于无人打理,年久失修,早已破败不堪,似乎随时会倒塌。而就是这么一座不起眼的小小土地庙,却有一个传奇故事。

据说在某朝年间,天下大乱,官吏到处抓壮丁补充兵力,有一名杨姓之人趁黑夜逃进土地庙躲避。天亮后,有官吏发现土地庙,准备进去搜查时,打开破庙门,顿觉灰尘扑面,呛得直咳嗽。他们四下张望,发现庙里蜘蛛网密密麻麻,结得一层又一层,土地老爷与土地奶奶身上也是积了很厚的灰尘,根本不像有人进去过的样子,于是转到别处搜人抓壮丁去了。

这名杨姓之人等官吏走远,从土地庙里爬了出来,认为是土地老爷与土地奶奶显灵,护佑自己躲过一劫,对土地老爷与土地奶奶拜了又拜,在心里暗暗立誓,等发迹了,一定重修土地庙。过了若干年,这名杨姓之人果然发迹,于是把土地老爷与土地奶奶从河堤上请了过来,出资在杨仙铺西南角建了三进三出的大殿与一些附殿,供奉土地老爷与土地奶奶。由于庙中供奉的土地老爷与土地奶奶曾经显过灵,是杨姓人的护佑之仙,而此庙又是杨姓人出资修建的,当地人便称此庙为"杨仙庙"。土地老爷生有长长的胡须,慈眉善目,和蔼可亲,当地人把土地老爷称为"大胡子老爷"。

杨仙庙建成后,土地老爷与土地奶奶显灵的事情被好事者一传十、十百传,越传越远,越传越神奇,一时间香客云集,香火旺盛,并于每年四月初八形成庙会,杨仙铺凭借庙会也随之兴旺起来。

杨仙铺因淠水而成街市,因杨仙庙而兴旺,到了宋朝时期,十里设一驿店,称之为"铺"。到了明朝,要求更为严厉,规定各州县凡十里必须设一"铺",杨仙铺应运而生,成了这条小街市的名字并保留了下来。

民国时期,隐贤集有赵姓之人把土地老爷与土地奶奶请到了泰山古庵供奉,成了"大佛老爷",杨仙庙香火不再,随之被废。20世纪八九十年代整修水利,在淠东干渠原杨仙闸门的位置修建了杨仙大桥。杨仙大桥修成后,东可通安丰镇,西可达隐贤镇,大桥西端一条大马路成为交通要道。随着杨仙铺的店铺搬来此处,慢慢形成新的街市,人们仍习惯称为"杨仙铺",老杨仙铺则成为村庄。(乡下老果)

谷 贝

谷贝原名谷陂,谷是小丘,陂是水边。这就是说,谷贝这个地方从前一边是小山,一边临水,为人迹罕至之处,很是荒凉。在今王家楼西北角原有 3 间小庙,名叫谷陂寺。谷贝王氏五世祖和程氏兄弟从寿州保义集初来时,寄居在庙里。他们白天开荒种地,晚上纺纱织布,由于勤劳节俭,日积月累,渐渐富裕起来,开始买田置地,建筑新房,维修旧庙。王氏八世祖王化南(字少溪,任胜相官,例封武略骑校尉)生于明隆庆二年(1568 年)五月十一日,明天启四年(1624 年)五月二十日未时殁。公为民公道,清正廉明,关心百姓,曾上疏朝廷,要求惩贪吏,减赋税,选人才,因此遭受阉党迫害,削职为民,回到谷贝闲住。他经常周济穷人,代民平愤,自建石集王家大桥、众兴牛角埠大桥,修桥铺路,颇得人心,声望很高。

这时,王氏家族逐渐富裕,土地也多,做了许多慈善之事。谷陂寺原在王家楼西北角的一块流坡地上,庙很小,当时魏姓人中有人认为寺庙下面风水好,准备拆庙葬坟。化南公担心庙宇被毁,遂决定将谷陂寺东迁。拆迁时,王姓男女老少排成一列队伍,从新址到旧址长约 3 里,接力传递砖瓦。新寺在老石集南面,面积很大,房屋增多,添塑菩萨,每年农历二月二举行灯会,并请戏班唱戏,颇为热闹。

时间久了,谷陂寺衍称为谷贝寺。贝者,宝也,教育后人尊重爱护这座寺。同时,将从湖北英山迁来这里的王氏及其后代定名为"谷贝王氏",一是表达对谷陂寺的感激之情,二是对王氏祖宗的纪念之意。可惜的是,谷贝寺历经 300 多年,于20 世纪 50 年代被毁,后为寿县谷贝小学校址,现变为加气站。

《寿县志》记载:"谷贝乡因境内谷贝寺得名。1950 年置乡,1955 年废,1972 年划茶庵公社的青峰、新楼,众兴公社的桓店、糖坊,安丰公社的谷贝、东圩、常郢等 7个大队,沿用谷贝旧名,成立谷贝公社,1983 年改公社为乡至 1987 年。乡人民政府驻霍家店。"(王教海)

白洋淀渡口

白洋淀渡口位于安丰镇东庄村白洋组的瓦埠湖西岸,距镇政府所在地安丰街道 7 千米。

光绪《寿州志》记载:"白洋店,州南一百里。"白洋淀过去称为白洋店,是东淝河上一个古老的渡口。瓦埠湖在东淝河故道上积水而形成湖河一体,是在近代。

一般来说，人们把南从白洋淀，北到钱家滩一段称为瓦埠湖，因此，白洋淀渡口是瓦埠湖的首渡。

白洋淀渡口

高岗上，一栋红色砖瓦的苏式建筑是白洋淀粮站仅剩的一座仓库，砖墙上用水泥抹了一块黑板，上面白漆书写着渡口安全的"温馨警示"。今年89岁的老梁和老伴住在另一栋面朝东的瓦房里，据他介绍，他从高级社到公社，最后来到白洋淀粮站工作。因为离石家集有近15里路，许多人都不愿意来。老梁诚朴厚道，主动请缨，领导宣布老梁为粮站站长，没想到一干就是60多年。老梁开玩笑说："这个白洋淀粮站真的是'成也老梁，败也老梁'，从头干到底，直至粮站被撤销。"

当初，白洋淀粮站收购附近"三区四社"的粮食，即瓦埠区、炎刘区、安丰区，双庙、安丰、谷贝、船涨公社，连开荒公社都到这里卖粮。白洋淀濒临瓦埠湖，虽然偏僻，但是有着船运便利。白洋淀粮站的粮食当年是直接调往天津、上海等地，一条大火轮后面要挂十几条船。

白洋淀古渡起于何时，已不可考证。老梁说："听说新中国成立前，渡口是附近姓梁的和姓王的合伙干的，用的是木头船，过一个人两毛钱，如果带有粮食和牲口之类的就多给一点。"新中国成立后，渡口收归政府，交给当时的官庙公社管理，由西河大队派人轮流值班，摆渡出工，记工分。后来，白洋淀渡口归入县航管所管理。"三十年河东转河西"，20世纪八九十年代白洋淀渡口又转为私人承包。

如果遇到涨水，白洋淀这里从双庙到石集25里，一片汪洋，看不到边，大水直到对面的方岗嘴子、吴岗嘴子。而河西这边，从白洋淀前面的三叉堰向西，轮船能一直通到石集南头的王家大桥。

光绪《寿州志》记载："迎水寺，在州南白洋店。"白洋淀过去是寿州到庐州的一条古道上的重要渡口，过了东淝河，从三义取道吴山，直达庐州。古时，白洋淀迎水寺香火鼎盛，红极一时，河东摆渡过来敬香成为一景。白洋淀小集南北走向，两旁店铺东西对开,全是土墙草顶,中间为青石板路,设有茶水铺、盐行、杂货铺等,早先只有炸油果的早点摊,后来中午有卖炒菜的,湖边设露水集,没有住店过夜的。

白洋淀因为是行蓄洪区,湖的两岸都是不打坝子的,水来成湖,水去成滩。1962 年建成白洋淀林场,后来辟为瓦埠苇柴场,砍下的苇柴通过船,运到田家庵卖给淮南造纸厂。(高峰)

石家老郢

石家老郢位于安丰镇(原石集镇)石集街道境内,现国家粮食储备库东面,东郢村民组,是寿县城南石氏发祥地,也是七十二烈士之一石德宽的故乡。

据《石氏宗谱》《中瑚公南迁序》记载,寿州南乡石氏来祖中瑚公,携全家于明崇祯十年(1637 年)秋九月甲寅日从凤台县石家集南迁,乙卯日到孟家坊奠居(今石家老郢),原址叫什么已不可考。定居后,中瑚公带领家人和伙计垦辟土地,修塘筑堰,教子诵读,春种、夏锄、秋收、冬藏,男耕女织,数年间门庭焕然一新。清朝定鼎中原后,中瑚公于本宅构建客庭数间、厅堂数间,落成之日,来祖中瑚公作五律一首,诗曰:"犹忆南迁日,今日已数年。田园加垦治,屋宇且盘旋。几见莺穿柳,频来燕掠椽。此身清俗累,茅舍亦安然。"又数十年,石氏人丁兴旺,人口众多,跻身为城南望族,在老宅周边兴建石家集、石家小井、石家上岗、石家小郢、石家塘面、石家西圩等。老宅称作石家老郢。

石德宽,字敷教,号劲武,清光绪甲申年(1885 年)十一月二十九日生。曾祖父传橄公,监生,五品。祖父万燨公,监生。父载均公,从九品。石德宽兄弟三人,本人行二,过继给二叔父载庄公。石德宽 1903 年辞家投身社会,先后参加反清组织岳王会,策动马炮营起义,哈尔滨谋杀清亲王载洵,1906 年参加同盟会,1911 年 4 月 27 日在广州起义中壮烈牺牲,忠骨埋葬于黄花岗,是黄花岗七十二烈士之一。

石家老郢自 1637 年城南石氏奠基至今已 386 年。(石克方)

青城寺

青城寺位于安丰镇青城村境内,传说早前此地有三座寺院,即青城寺、观音寺、洪门寺。

在清朝中期,青城寺有三座大庙,占地约 50 亩。现仍存一个高台,庙台比周边庙田高出 10 米左右,至今还有和尚炼丹缸葬的坟墓一座。传说青城寺是乌龟地,外形像一只大乌龟,脖子长 50 米,还有一口井,名叫乌龟井,井水很旺。传说乌龟成精后,要向安丰塘方向跑,被当时的县吏刘之治用弓箭刺瞎眼睛,死在此处,不然五里长岗(现为长岗支渠)就成乌江了。

青城寺向东 2 千米处有一座坟墓,名为小姑坟。"小姑"即未婚少女。小姑坟现已列入寿县古文化遗址。(佚名)

马家古堆

马家古堆位于安丰镇天岗村,因其村境内原有一个马家古堆,故群众称之为"古堆村"。

1358 年,张士诚在苏州设府称周王,建立周国,1363 年改周国为东吴国。从起兵到 1363 年的 10 年间,张士诚占领了南至浙江绍兴,北至山东济宁,东至东海岸,西至汝州,纵横 2000 多里的区域,势力超过了刘福通领导的起义军。这时各路起义军首领都想争天下当皇帝,开始抢占地盘。1363 年 2 月,张士诚想消灭刘福通领导的起义军,就派大将吕珍率兵攻打安丰。安丰被围,粮尽人饥,难以支持,刘福通派人向朱元璋求援。朱元璋怕安丰一破,张士诚势力扩大后难以招降,便亲自率大军赶往安丰救援刘福通。吕珍听说朱元璋援军要来,就下令挖掘战壕,修筑阵地,扎营据守。朱元璋赶到,几天内 3 次攻打吕珍,吕珍率兵冲出重围。后来朱元璋派徐达、常遇春解围,打败并收编了这支队伍的残部,由孝慈皇后马秀英之宗亲马鉴统领(《大明太高皇帝实录》卷二百三十二)。

马鉴(1339—1395 年),字希哲,寿州人,文武双全,深谙兵法,后因战功显著,受封骠骑将军。其率部驻扎于此地,屯兵开田、开凿河渠、广积粮草,群众得以安居乐业,深受老百姓爱戴。其间有士兵阵亡,埋葬于此地,后人称之为"马家古堆",以示对先人的尊敬。(周圣超 孙志超)

陈家古堆与高桥

陈家古堆位于安丰镇杨仙街道马路村西北角,梁家湖湖畔,距离杨仙街道 8 千米左右,西与隐贤镇交界,与梁家湖排涝渠一水之隔,北与张李乡接壤,与东水西调一片冲洼之地相望。东西两大片高地相邻,不知形成于哪朝哪代,表面上看非常普通,但传说很神奇,给陈家古堆增添了一些神秘的色彩。

陈家古堆原本并没有名字。明朝时期,从隐贤古镇搬来一些陈姓人家在此定居,逐渐形成村庄,古堆成了"陈家古堆",村庄成了"陈家古堆郢",这种称呼沿用至今。据当地人传说,很久很久以前,不管谁家办事,只要头天晚上去古堆前烧香,请求借东西用,第二天早上古堆前必定会出现一些金碗金筷,供办事人家使用。事情办完,把金碗金筷洗好刷干净,趁着黑夜,一个不少地放回古堆前就可以了。

俗话说"好借好还,再借不难"。就这样持续了好多年,直到某一年,某一户人家办事,又从古堆里借了很多金碗金筷,但到事情办完,该还金碗金筷的时候,这户人家起了贪心,留下来一些金碗金筷,没有如数还回。据说当天夜里,附近村庄的村民能听到一位老奶奶站在古堆上大声咒骂,直到鸡叫声响起才停歇。从此以后,再也没人能从古堆里借到东西。

本来东西两片高地中间是一片洼塘之地,大集体时期,村民们从高地取土,把这片洼塘平整成田。2023年开春,有文物部门工作人员前来古堆勘探,工作人员走后不久,有人在古堆前安装上了监控,把古堆保护了起来。

古堆西边以前有条小河,从众兴镇流经梁家湖,从潭子湖汇入淠河。古堆西南方不远处,这条小河上有一座双孔青石桥,由于没有史料佐证,谁也无法确定建于何时。四座桥墩石条上各有一个龙头、一个龙尾,非常漂亮。由于附近有座高家老坟,这座石桥被当地人称为"高桥"。高桥位于交通要道,经过以前那种马车、独轮子长年累月的碾压,桥面青石条上出现很深很光滑的车辙印迹。

民国后期,随着梁家湖排涝渠通了,这条小河断流,这座石桥也失去了作用,逐渐被泥土淤实。20世纪60年代初期,这座石桥被拆除。据当地一些参与拆石桥的老人说,当时从淤泥中拉出很多青石条,包括四个龙头、四条龙尾。其中一个龙头被修在陈家古堆郢东边靠近陈家土城的一座石桥中。这座石桥也因这个龙头,被当地人称为"龙头闸"。(林家海)

产业新城炎刘镇

炎刘镇位于寿县东南部,瓦埠湖上梢,距离县城约 59 千米,东与刘岗镇接壤,南与合肥市蜀山区高刘街道为邻,西南、西分别与三觉、茶庵镇相连,北与双庙集镇相接。

关于炎刘镇的来历有两种说法:一是根据清代《续修庐州府志》记载:"唐开元间,肥、寿边境同中两举子。寿举按汉天子系炎帝传人说,命是乡为炎刘。肥举则以汉高祖嫡裔自居,命是乡为高刘。"炎帝即神农氏,因善于火耕,因以火称王,故称炎帝。古代以五行附会王朝历运,刘氏汉朝以火为德,所以有汉一朝又称"炎汉""炎刘"。寿南边境,人们以人才辈出而附会汉家传人,命名一个小地方为"炎刘",如果不是出于政治目的,倒也别出心裁。二是炎刘镇因炎刘庙集而得名。光绪《寿州志》记载:"炎刘庙,在州南炎刘集。"据传,炎刘庙集始建于汉代。原居民多系阎、刘两姓大户,因名阎刘集。因为集市的西边建有一座大庙,百姓习称阎刘庙,时间久了,衍称"炎刘庙"。无论因庙而有集市,还是因为出了举人而被命名,虽然无从考证,但是炎刘镇的历史悠久自不待言。

据清《寿州志》记载,炎刘虽然为州南"瓦东第一镇",然而"舟楫不通,远商裹足,熙来攘往者,不过村氓贸迁而已",意思是说,地处偏远,没有水运,每天出现在集市上的人都是附近的村民,没有外地来的大商人做大买卖,长期得不到发展。但是,在老人们嘴里,炎刘集却是地理优越、人脉活络的地方,自古繁盛,生意一直红火,故民间有"收摊赶炎刘庙"之说。炎刘的集市是按照农历双日逢集。由于地理位置优越,各种商品相对周边其他集镇齐全,炎刘集购买力强,在别的集市卖不掉的东西,到了炎刘集则可得以顺利销售。炎刘集市一直是开市早、罢市迟,时间延续长,而周边其他集市开市早、罢市也早(俗称露水集),故周边商贩在本地集市罢市后,仍会赶往炎刘集市继续经商,于是在商贩口中就流传着"收摊赶炎刘庙"的口头禅,原意为从这里收摊,到炎刘集市继续做生意,后来就引申为这里的事情已经结束了。

炎刘镇地处江淮丘岗地带，地势起伏，岗冲相间，境内有广岩塘遗址。关于广岩塘之名，明嘉靖《寿州志》与清光绪《寿州志》均有记载，一曰广沿塘，又曰广岩塘，据传建成于汉代，民间有"广岩大塘、安丰二塘、罗陂三塘、蔡城四塘"之称，后废塘为田。据记载，曾经担任中华民国国务总理、北洋政府临时执政的段祺瑞，小时候曾经做过一段时间的炎刘人。其祖父段佩年轻的时候任侠尚义，六安有个刘姓的土豪横行乡里，被段佩仗义诛杀，从此结下仇怨。同治八年（1869年）初，为避刘姓土豪家人报复，段氏举家迁来炎刘庙。炎刘镇还是一块英雄之地。据民国三十六年（1947年）四月三十日出版的《安徽文献·安徽省抗日战役辑要专册》记载：80年前发生在炎刘、双庙、李山、三义、双枣的抗日战斗，悲壮惨烈，桂军172师516团、517团300余名将士浴血奋战，壮烈牺牲。他们的忠骨埋葬炎刘，被人们称为"广西坟""国军坟"。20世纪40年代，炎刘镇修建阵亡将士陵墓，每逢清明节，政府组织公职人员、学校学生、镇上居民前来拜祭。

炎刘镇位于合肥与淮南接合部，距合肥市区23千米，距新桥机场3千米，坐拥寿县新桥国际产业园和寿县蜀山现代产业园，是全县"一区两地一中心"战略定位主战场，是全国发展改革试点镇和全省经济发达镇，是合淮同城化的先行区，是淮

炎刘镇人民政府

南自贸区寿县片区核心区,已被正式纳入合肥空港经济示范区规划范围。

济祁、合六叶、合淮阜、合周、淮桐高速四面绕境,引江济淮运河穿境而过,淮南港寿县港区新桥综合码头、合肥新桥机场地铁 S1 线、合新六城际铁路等设施相继落地、开工兴建,交通区位优势日渐凸显,基本形成水、陆、空、铁立体交通网络。大学城初具规模,合肥五十中东校寿蜀分校、寿县一中新桥校区、实验小学新桥分校等陆续建成使用。目前的炎刘镇已形成"一镇两园一河"新格局,成为寿县乃至淮南市融入合肥都市圈的桥头堡、对接长三角的急先锋。一座集产业、科技、生态、宜居的寿县南部新城正在兴起,一个现代化产城融合示范镇、乡村振兴先行镇、绿色生态休闲镇的美好炎刘镇正在崛起。

炎刘明代属寿州安丰乡,清朝光绪年间属寿州南乡裕民八里,民国时属寿县双庙区。1949 年设炎刘乡,1958 年成立炎刘公社,1983 年改为炎刘乡,1984 年改为炎刘镇,1992 年 3 月撤区并乡,原船涨乡并入,2004 年 9 月,原广岩乡并入。

(从圣)

广岩塘传说

广岩塘遗址在今广岩东部,为一人工古塘,南与西两塘堤仍在,较堤内村田高 6—10 米。塘内全系村舍与农田。靠近南侧有一条东西向的小河,为塘区出水之道,河在南堤与西堤的拐角处穿出,地名"丘缺口"。塘成手掌形,西部南北直径 3 千米,东西直径 3—4 千米;向东有四五处类似手指的洼冲区自东而西与塘之主体相连,向远伸向 10 余千米处的石头河。此数道冲洼为塘之水源流经地,其引望塘寺、吴山庙、长岗店之南、将军岭以北之水入塘。汉代古塘比今存塘形大,民间有"广岩大塘、安丰二塘、罗陂三塘、蔡城四塘"之称。关于广岩塘之名,明嘉靖《寿州志》、清光绪《寿州志》均有记载,一曰广沿塘,又曰广岩塘,今《寿县志》上也有更详细的解说。目前民间有两种传说。

传说一:传说在广岩塘的东边现靠近双枣境内有一块风水宝地,名曰"荷叶地",隋末唐初大将尉迟恭的祖坟就葬在此处。尉迟恭本姓胡,为凌烟阁二十四功臣之一,任泾州道行军总管等职。传说尉迟恭面如黑炭,与秦琼为中国两位传统门神。凭借着此处风水宝地,广岩塘的水无论涨到什么程度,水涨地高,始终未能淹没此坟。因为老坟葬得好,尉迟恭祖辈上有人官至后魏平东将军,其本人于武德三年(620 年)四月降唐,并参与玄武门事变,深得唐太宗李世民的欣赏。晚年的尉迟恭因信方术,感觉自己一辈子没有大作为是因为祖坟在广岩塘内,祖坟受塘水侵蚀,从而影响自己甚至将影响到下辈仕途之运。尉迟恭一怒之下,"手拿钢鞭十二节,要打天天就转,要打地地开裂",选了一处坝埂比较窄的地方,也就是南堤与西堤的拐角处,运起丹田之气,一鞭打在大堤上。大堤被打出一个缺口,即现在的"丘缺口"。塘面上顿时狂风骤起,水借风势,从缺口处奔涌而出,白浪滔天,淹没了下游上万亩庄稼,因此民间有句民谣:"打掉广岩塘,淹掉十万八千粮。"

此后,岁月流逝,沧海桑田,广岩塘变成万顷良田,当地又流传出一句民谣:"打开广岩塘,多收十万八千粮。"

尉迟恭家的祖坟再也没有被大水淹没了,但从此后,他的子孙在官场上也是一代不如一代,家庭逐渐衰败下来。传说是因为他家的祖坟葬在"荷叶地"里,需要水,水越多他家的祖坟越高,子孙也就越旺,而一旦缺水,"荷叶地"也就没有灵气了。

传说二:隋炀帝杨广,篡夺朝政,他奢侈淫乐,导致民不聊生。各路诸侯,争霸天下,战火四起。社会动乱,弱肉强食,各地皆现拦路虎、地头蛇似的人物。

广岩塘附近住了个姓王名岩的人,为人奸诈,欺男霸女,无恶不作。他趁着乱世,发了一些不义之财,又把儿子王仁则送往仙山学艺,学成后投效朝廷,因屡立战功,深受隋炀帝器重,封赐大将军之职。

儿子当了官,他依官仗势,野心勃勃,招兵买马,聚集船只,占塘为王,在塘南边搞个自由市场,叫王集(现改广岩),专与外界贸易往来;北岸建座寺庙叫望塘寺,作为侦探外界的眼线,和尚为他提供情报;塘中设立水寨,他成了土皇帝。他手下有一得力干将,姓张名豹,二人狼狈为奸,尽干坏事。

王集有个铁匠,名叫尉迟恭,字敬德,身材魁梧,膂力过人,练得一身好功夫。他娶妻李氏,以打铁为生。打造雌雄二鞭,鞭长十节,两鞭一模一样,夫用雄鞭,妻用雌鞭,日子过得苦中有乐。妻子怀孕,夫妻二人给未出生的孩子取名,若生男孩叫宝林,若生女孩叫宝花。尉迟恭生性耿直,服软碰硬,对于王岩的所作所为,看在眼里,恨在心里。王岩手下张豹多次上门要打造兵器,尉迟恭不予理睬,这样得罪了王岩。一日,张豹奉令到尉迟恭家寻衅闹事,正赶上尉迟恭不在家里。张豹见李氏有几分姿色,便起歹心,绑票李氏,让尉迟恭来赎。可怜李氏身怀六甲,怕动了胎气,不敢挣扎抵抗,只得由张带走。尉迟恭回家一看,怒发冲冠,手提钢鞭,要找王、张算账,可是寡不敌众,大败而归。尉迟恭有家难奔,怒火难消,要去投军,以图报仇。他身背钢鞭,一路行走,来到山下,遇一老者骑着青牛,手指尉迟恭的钢鞭问道:"此鞭何来?"答:"此乃自己打造。"老者笑道:"看来你是我门下之徒。这鞭十节,只有天干,没有地支,干支不合,阴阳失调,只是普通鞭而已。我给你加上两节,便成十二节,干支有合,阴阳平衡,变成神惊鬼怕、威力无穷的神鞭。"说罢,拿出两个金球往鞭上一指,就变成十二节钢鞭了。尉迟恭知道这非常人所为,定是神仙相助,立即跪下磕头。老者说:"我乃你的祖师老君是也。"说完便骑着青牛腾空而起,驾云而去。

隋炀帝不得民心,政治腐败,战场失利,被李世民的义军打得落花流水,节节败退,幸亏大将军王仁则护驾,克服种种困难,才来到王岩的水寨避难,受到王的百般奉敬。杨广感动万分,在此和王岩义结金兰,互称皇兄、御弟。他要在此重整军威,东山再起,拿起笔来书写"广岩大塘,威震四方"八个大字挂在船桅杆上。从此,广岩大塘就出名了。

李世民率领大军追至塘埂,无法下水,只得安营扎寨,望"塘"兴叹。忽有兵士来报:"有一黑脸大汉,跨马执鞭,冲上塘埂。"李世民出营观看,只见他怒举钢鞭,抽打塘埂,只听一声霹雳,塘埂坍塌,开出一个大口即丘缺口,由于用力过猛,把鞭子投到望塘寺附近。

结果塘水流干,对方战船失灵,义军大获全胜。杨广畏罪自杀,王岩父子皆做了阶下囚。只有张豹漏网,跑回老家张家寨。尉迟恭追至寨门,从里面出来个白袍小将,手拿钢鞭,迎战尉迟恭。尉迟恭见他钢鞭十节,正是雌鞭,便问:"来将先通名来?"宝林答:"我乃少寨主张宝林是也。你是何人?"尉迟恭笑道:"大水冲了龙王庙,一家人不认一家人,我乃你父亲尉迟敬德是也。"宝林大怒:"你这黑贼,敢骂本寨主!"举鞭要打,尉迟恭架住说:"你去问你母亲便知。"宝林回寨问母,母如实相告,宝林听了火冒三丈,去找张豹算账。张豹见宝林来势不妙,仰天叹道:"养虎伤身,报应!报应!"宝林手起鞭落,打得张豹脑袋崩裂,倒地而亡。

宝林出寨认父,父子进寨,宝林进屋一看,大惊失色,母亲已悬梁自尽。怀着沉痛的心情,宝林把母亲灵柩运至广岩大塘附近的尉迟家老坟安葬。丧事完毕,父子俩都在李世民帐前听用。

岁月流逝,沧海桑田,广岩塘变成万顷良田,有句民谣:"打开广岩塘,多收十万八千粮。"又说:"广岩塘,鱼米乡,人民生活超小康!"(陶应晓)

永乐店

永乐店以前是挨近吴家楼的一个行政村,现在合并为李桥村。关于"永乐"之名,当地仍流传着一个故事。明燕王朱棣靖难之后,赶走了侄儿朱允炆,登上了皇位,年号"永乐"。但这皇位毕竟是从侄儿手中夺来的,因此心里总觉得不安。于是,他一面命令史官从太祖言论中断章取义地寻找理由,一面昭告天下回乡祭祖以正视听。

永乐三年(1405年),一群人浩浩荡荡地从京城出发,绵延数里。一路上地方官吏更是争相迎送,唯恐落后,十多日后方行至寿州境内。当年"真龙宝地"之事,永乐帝也略知一二,为了表示皇家不忘旧人,更为了彰显新朝恩德,遂告知地方官留宿吴家楼。

且不论吴公后人如何招待。单说酒过三巡,永乐帝也是一时兴起,看吴府虽然三厅四宅有楼有院,但与皇宫相比仍是十分简陋,禁不住说道:"小吴楼三厅四宅,没有东西。"那吴公子也是熟读诗书之人,帝音刚落,便脱口对道:"大明君一统万方,不分南北。"永乐帝十分高兴,当即赏黄金万两、玉衣一件。

翌日,吴公子陪同永乐帝到江淮名寺多宝寺进香。永乐帝见多宝寺中有许多如来佛像,就对吴公子说道:"寺名多宝,有许多多宝如来。"吴公子知道这是皇上在考自己,略一沉吟道:"国号大明,无更大大明皇帝。"永乐帝一听大喜,当即想让吴公子随侍左右,便道:"汝若为官,当得几品?"见皇上如此开口,众人都为公子高兴,料想怎么也得要三品以上的官,谁料公子却答:"十三品即可。"随从官员皆感意外,亦觉公子可笑,因为谁都知道七品已为芝麻官,这"十三品"官位永乐帝将如何封呢?永乐帝环顾群臣,大为感动道:"公子德高人敦,不求显达,唯愿耕读,当永乐也。"遂挥毫写下"永乐"二字赐予吴公子。

临行之际,永乐帝再一次念及吴公子如此淡泊名利,实在难得,便把路旁的驿站及周围的百亩良田赏与他。吴公子为让后人能铭记永乐皇恩,遂把驿站定名为"永乐店",建屋筑舍,给族人居住。此名一直沿用至今。(陶应晓)

船涨埠

船涨埠位于东淝河石埠大桥下游约3千米处,说是码头,其实只能算是民间一处简易的水上货物转运中心,无任何官方记载。

这庄子建在一个高坡上,据说元朝末年群雄之一、农民起义领袖陈友谅曾在这里建造过一处简易的城池,用于和朱元璋开战所用。直至后来朱元璋战胜了陈友谅,挥师南征北战,一统天下,这座临时城池便失去了它的存在意义,慢慢湮没在滚滚的历史洪流中,沦落成为一个名不见经传的小村庄。

率先开辟码头的是一个叫王青的人,住在一个叫灰城孤堆的庄子。王青属于陈友谅后人的王氏族人,读了几年书的他不甘心一辈子面朝黄土背朝天。因为他在河边长大,水性好,先是跟着别人后边跑大船,到处拉货转运到全国各地。后来赚到了一些辛苦钱,他便盘下一艘大船自己从外地拉沙子、石子等货物,什么挣钱就拉什么。而石埠码头原本是他卸货的地方,因为这里河面宽敞且水深流急,又紧邻县道石吴路,水运和陆运条件都得天独厚,慢慢就形成了红极一时的码头。生意好的时候,这里会同时泊上几十艘大小船只,十几辆来自周边的四轮车排着长队过来转运货物。

石头塘所在地

灰城孤堆住的基本上都是同一支王姓族人。据老人们说,他们本是陈友谅的后人,因战败后怕受株连,改随母姓王。有人传言在月明风清之夜,还可隐约听到土堆上战鼓齐鸣、喊杀声震天。更有甚者,20世纪80年代,东泄河清淤的时候,人们在河里挖出了好多铜制的箭头。

码头的旁边有个石头塘,这里以前是轰炮采石的地方。炸出来的土和残留的红石渐渐堆积成一座不高的小山。为了方便照顾生意,王青一家干脆在土堆上盖了几间小瓦房,把家安在了上面。紧邻王青家的屋后是一处乱坟岗,十乡八里的人都称此地为老山坎。种种缘故,码头这地方成了无人争的场所,正好成为王青建造码头的首选。

有码头就要有人上货下货,这里自然就催生了搬运行业。附近村子有许多劳力常年在码头上劳作,挣上一份辛苦钱,很多老少妇孺也加入到搬运行业。

渐渐地,由于东淝河的不断淤积,大型货船无法通过瓦埠湖到达船涨埠,船涨埠的生意每况愈下。后来河的下游被人用渔网挡起来养鱼,船涨埠便失去了当年的繁华。后来这里栽植了一片杨树林,不闻人语响,唯闻鸟鸣声。(陶应晓)

广西坟遗址

寿县炎刘镇有一座被村民称为"广西坟"的遗址,是当年李宗仁部下在此与侵华日军血战阵亡将士的墓群,里面长眠着 300 余名抗战阵亡的桂军官兵,其中,少校营长 2 名、连长 1 名。他们来自广西各地,当年随桂军 172 师 516、517 团北上抗日来到这里。当年,每次日本鬼子来,都是几个骑军马的桂军士兵沿街道跑一圈,高声叫喊,通知乡亲们快跑。当地群众只知道桂军士兵是来打日本鬼子、保护他们的。随着时间的流逝,知道"广西坟"是桂军在安徽抗战时留下的遗址的人已越来越少。

"广西坟"占地面积 1500 平方米,呈东西走向。1950 年后,此处地表上的建筑已经不复存在。据炎刘镇街道上的老人们说,原来"广西坟"的四周还有泄水的深约 1 米的壕沟,四周种有松柏。(陶应晓)

四姑井

四姑井坐落于原炎刘镇炎东村(后属炎刘街道)孙郢组,现属新桥产业园,在创业大道与黄楼路交口西北隅。

关于四姑井,有很多美丽的传说:一曰古时适逢天下大旱,民不聊生,一个叫四姑的仙人在此修炼并掘地成井。井水甘甜,源源不绝。百姓得水灌溉,方繁衍生息。一曰张果老下界,驴渴,得饮驴,走时,倒骑驴见一村姑在此劳作,随即赐名四姑井。

在没有自来水的年代,四姑井和大圣井等几口大井曾是炎刘人的饮用水来源。2002 年春夏大旱,塘坎井、庙庄井均已干枯,周围十里八村的乡邻们家家自备水车,每天排着队从四姑井拉水。后来该井经过改造,一汪清泉直通炎刘中学,解决了千名学子的饮水难题。如今,学校早已用上了自来水,而周边的住户也因拆迁搬离了故土,四姑井也就慢慢荒废了。

如今,四姑井早已没有了当年人们记忆里的汩汩泉流,四周枯草丛生,只有井沿上几点青苔显示着一点生机。(王和彬)

磨湾罗汉寺

罗汉寺(原名九井寺,当地人称大庙)坐落在炎刘镇西南 15 里的东淝河畔东岸,距寿春镇(古寿州)约 120 里。有碑文记载,唐初著名大将尉迟敬德(585—658年,名恭,字敬德,因是胡人,又俗称胡敬德)于贞观年间重修罗汉寺。从佛教在中国传播发展的历程推测,罗汉寺应建于魏晋时期,兴盛于唐朝,直至 20 世纪 50 年代,延续近 2000 年。据《寿州志》记载,罗汉寺在明朝初年就是寿州南乡著名的寺庙,几经兴废,清朝后期曾毁于战火,后由寿县罗汉寺王氏第十七世孙、振威将军王雨亭(正二品)带领全族捐资再修罗汉寺,一直到 20 世纪中叶香火相传。寺庙原来整体布局呈日字形,东西宽 40 余米,南北进深 60 余米(后经扩展现在的 80 米),坐北朝南,三进院落。前殿又做庙门,东西两边塑有四大天王,中殿中间供奉如来大佛,东、西、北三边塑有十八罗汉,神态各异,栩栩如生;后殿两层,气势宏伟,上层为藏经阁,通过室外青石台阶而上,下层及后殿两边有住持和接待香客用房数间。

根据当地老人们的回忆,民国时期每年于正月十五罗汉寺举行庙会,周边香客天不亮就起床,早早来到庙内争烧头炷香。在四面八方的路上,香客、商贾络绎不绝,院内人头攒动,香雾缭绕。更有虔诚的信徒一步一叩首,至殿前上跪香。

20 世纪 50 年代中期,寺庙被改造为磨湾小学,现在是小学教学点。

20 世纪 70 年代,罗汉寺的后殿因存在安全隐患被拆除,改建为单层的大礼堂。据说是 80 年代后期,整个校舍全部拆除翻建,改造为磨湾小学。作为教书育人之所,50 多年来学校培养出 2000 多名学子,成为社会主义的建设者和各行各业的行家里手。

历史悠久的罗汉寺从此沉寂,记载唐初大将尉迟敬德重修罗汉寺的碑石,20世纪 70 年代还镶嵌在前排房大门东边的墙上,80 年代后期校舍拆除时不见了。据在校居住的郝泽胜老师说,石碑现在埋在大门东边的墙脚下。(佚名)

菜瓜巷

菜瓜巷位于炎刘街道老西街南侧,炎刘古庙宇的正南约 200 米处。

菜瓜巷是炎刘最早形成的街巷之一,在有着 1000 多年历史的老集镇,算是有故事的了。菜瓜巷,因巷子尽头往西有一处古法场,每当集中处置犯人时,刽子手手法娴熟,刀起头落,就像切菜瓜一样干净利落,故而得名。菜瓜巷又名菜花巷,因古法场周围是一片农田,地势高,走水快,当地农民就习惯于种油菜,每年集中处置犯人时都赶在油菜花泛黄的季节,故又得名菜花巷。

菜瓜巷还有另一个传说。很久以前,山东有姓蔡的父子俩来安徽避难,一路上忍饥挨饿,风餐露宿。半途,父亲受了风寒,头疼脑热,高烧不退,躺在地上,不能走动。急得小娃叫苦连天,可是叫天天不应,叫地地不灵,只得背起父亲,挪步向前,千辛万苦来到炎刘,正赶上庙会,人来人往,熙熙攘攘。爷俩讨了点吃的,又到庙里烧香磕头,求签问卦,老和尚说:"问卦不用求,扎根在炎刘,吃尽苦中苦,方登楼上楼。"

从此,父子俩就在庙前空地上搭个小房定居下来,开垦了园地,种起西瓜、菜瓜。因他们在老家原是种瓜的,从家里带来良种,所以他种的西瓜又大又甜,菜瓜又脆又鲜。那时炎刘无人种瓜,市场上几乎看不到卖瓜的,因此,他们的瓜一上市就被抢购一空。就这样,春夏秋冬,四季忙瓜。春种夏收,到了秋冬,炒瓜子、淹菜瓜。种瓜、收瓜、卖瓜,日复一日,年复一年,发了瓜财。人们都不叫他们原名,喊父子俩"菜老瓜""菜小瓜",住的地方人们给起名字叫"菜瓜巷",至今尚在。

菜瓜巷全长150米左右,各段宽窄不一,最宽处不过十来米。巷子地势北高南低,过去集市上没有下水道,正好雨水从地面顺势往街后流,形成"花水"汇集入塘,可灌溉农田。(王和彬)

鸡鸣三县金三觉

三觉镇地处寿县南部边陲,距寿县古城约66千米,镇名因三觉寺而得。三觉镇南与六安市金安区东桥镇相接,东南与合肥市肥西县高店镇接壤,东临炎刘镇,北和西接茶庵镇。三觉镇是寿县、金安、肥西三县(区)交汇之地,素有"鸡鸣报三县"和"金三角(觉)"之称。

寿县三觉区公所

相传清代时有法号为觉妙、觉修、觉慧三位和尚在此建寺修行,寺名三觉寺,后寺旁形成集市,遂以寺名为集名,沿用至今成为今天的镇名——三觉镇。

三觉寺旧址位于三觉街道,现为三觉镇人民政府办公区和家属区所在地。原寺庙在1950年建立三觉人民公社时被拆毁,泥塑佛像就地砸毁,贵重者送往其他寺院。

对于寺名，一些年长者记忆里有三角寺之说。只因这寺院与附近的陈墩寺、七华寺呈三角之势，故名三角寺。现多作三觉寺。

对于当年寺院的规模，有两院三排房（三进）和一院两排房（两进）之说，但大多数长者记忆里都是两院三排房。寺院大门朝正南，门两旁各有一个石鼓。穿过第一进院就进入大雄宝殿，里面供奉着的是一尊丈余高的如来佛像，两旁是十八罗汉和观音大士。大殿为木质结构，红漆梁柱，屋顶是灰色小瓦，很是雄伟。第二进院落后面还有一排房屋，但现今的人们已经回忆不出那里到底是做什么用途了。除了寺院本身外，寺庙门口还有几十亩的庙田用于寺庙的日常开支。

关于三觉寺的建造时间，众说不一。现在普遍认为是"清光绪年间觉妙、觉修、觉慧三位和尚修行建寺"，但又据一位曾在七华寺出家者杨大领（现已离世）叙述，三觉寺建于唐代。此说法现尚无文字证据可考。从现保存于三觉寺旧址一吴姓居民房屋地基中的石碑残存刻字显示，该寺曾于清顺治年间重修。

三觉寺虽已被拆毁，但现仍能寻得当年寺庙使用的古井一口（当地人称观音井）、柱基石三块和刻有清"顺治""重修""康熙""外化银"等字样的寺院红色功德碑残碑一块。

这里还有一个"三觉市"的传说。

相传某一年，此地来了一个云游的老和尚。老和尚预言这里将会成为一座城，只等附近的一个龙头抬起。当地的百姓认为这么个小地方怎么能成市（本地方言中"城"和"市"意思相同）呢？可老和尚说，现在城的四门已经形成：东门是庙桥，南门是十八桥，西门是孙小桥，北门是三流堰桥。经过老和尚的一番解释，人们也觉得此地很有"成城"的道理。其后一段时间里，风调雨顺，农作物丰收，商业也渐渐繁荣起来，人们真的认为三觉市会形成。可是后来有人在即将抬起的龙头处打了一眼井，破坏了风水，龙头无法抬起，三觉终究未能成市，但"三觉市"的这个传说却在寿县南部地区广为流传。

三觉镇的另一个街道余家集历史也很久。明朝初期，余氏后人迁居寿县南部，开荒种地。历数百年，余氏居住地逐渐形成集市，名为余家集。

余家集曾分设南北两关，关内建城，城有四闸门（后毁灭）。余家集在民国时期设乡。1949 年，解放军派李文善率部队先后解放石集、茶庵、三觉等地，余家集当地民团长魏亮俊率民团武装起义，余家集遂宣告解放。新中国成立后，寿县人民政府在余家集设立余集乡。1987 年，余集乡并入丁岗乡。1992 年，丁岗乡并入瓦房乡。2004 年，瓦房乡并入三觉镇后，设立余家集街道。

清光绪《寿州志》记载三觉寺属保义坊。1949年设三觉乡。1950年置三觉区，辖三觉寺、茶庵乡、谢埠乡、六冲乡、丁岗乡、余集乡6个乡镇，区公所位于三觉寺。1953年改称三觉公社。1983年为三觉乡。1984年置三觉镇。1992年撤区并乡，六冲乡并入。2004年瓦房乡并入。现镇政府驻三觉寺东街。（杨凡俊）

七华寺遗址

三觉镇马井塘境内有一块庄稼地，地里有一大一小两间屋子和一个凉亭。大屋的门楣书着"慈华寺"三个鎏金大字。既然是七华寺，为什么写着慈华寺呢？因为当地人读"七华寺"的音就是"慈华寺"。而没有题名却供奉着各种菩萨的小屋，建的时间更早，来历也更加传奇。

小屋是附近一位叫杨应厚（音）的村民出资，其他村民出工修建的。早年，杨应厚想生一男孩，就到七华寺旧址上香许愿，生一男孩一定重建寺庙。几个月后，杨家果真添了男丁，于是杨应厚就依许下的愿，出资修建了这小屋。

该寺还有一个名字叫"七花寺"。这个名字在当地有这样一段传说：

相传南北朝时期，有七个叫花子在马井塘一带乞讨。马井塘一带地势平坦，水系发达。这里年年丰收，百姓生活富足，民风淳朴，人心向善。村民们对七个叫花子不仅在吃喝上给予大力施舍，若遇到天晚还为他们安排住宿。

话说七个叫花子经年乞讨，几年下来，除自己的用度外还有盈余。于是他们决定捐出自己节余的钱物为村民们建一所寺庙，一来可以解决自己的住宿，不必再相烦村民；二来可以为当地村民祈福，永保平安，以报答村民们多年的施舍之恩。附近村民得知此事，也纷纷前来无偿相助。大家一齐努力，寺庙很快完工。七个叫花子又请来得道高僧住持寺院，为村民诵经祈福。因寺庙为七个叫花子捐建，故将寺命名为"七花寺"。

如果你翻开光绪《寿州志·寺观》就能找到这样的记载："七华寺，在州东南丁梁家冈，乾隆三十一年（1766年）重修。"

关于该寺的建成年代，有这样的说法：此寺由唐太宗李世民派胡敬德亲临督修，但已无据可考。村民又说，"文化大革命"期间拆除庙寺时，房屋正梁写有"唐贞观年间重修"字样，只是该房梁也已无踪。但一些附近的年长者记忆里仍有该寺，他们对寺中佛像有这样的描述：那些佛像个个面目狰狞，逼真，一个人进大殿会感到害怕，那些佛像的眼睛还会闪光呢！

所有年长者记忆里都有这样的说法：七华寺山门朝南，山门对联为"大山门无缘难入,三宝地有福方登。"山门外东南方有井一口。寺院建有十多间砖瓦结构屋舍,并有三大殿。前殿供有玉皇大帝、送子娘娘、华佗;中间为大雄宝殿,供有如来、四大金刚、十八罗汉;后殿供有观音、文殊、普贤等菩萨。

关于寺名,曾在该寺出家,后还俗的杨大领生前说,该寺是七次化缘后重建,寺名取作七化寺。

无论是七华寺、七花寺还是七化寺,其中均不存在矛盾之处,只是说明该寺历史上曾多次重修,也许每次因为重修的佛缘,才导致寺名有所不同罢了。(杨凡俊)

马头城

马头城如今不是城,只是一个 2 米多高、二三里见方的长方形大土墩,西高东低,南缓北陡,位于三觉镇张岗村枣树林组境内。

马头城南面,土表面满是白色的田螺壳,深挖下去田螺壳更多。关于这些田螺壳的来历,当地有一个说法——

马头城里曾有一条蛇与一只田螺一起修行。蛇住在城的北面,田螺住在城的南边。二物交往甚密,于是发下誓言:他日得道后一起升天。但田螺不守誓言,独自提早升天。也许是惩罚田螺不守誓言,飞升时田螺死于雷劫。身死道消的田螺最终化为无数小田螺壳落回马头城里它曾经的修行之处。

马头城现在已成为一片耕地。那耕地中央有一方形水池,就是当地人口中的仙女湖。传说此池曾为西王母娘娘下凡沐浴之所,故名仙女湖。仙女湖的神奇之处不在其传说,而是这么一个不大的水池却常年不涸,哪怕是大旱之年,别的地方已是地裂可入指,但这里却是清水盈盈。

仙女湖水从何来,为什么会旱年不涸?

马头城地势高于周边,仙女湖位于墩中心,排除了地表河流之水入内的可能。但细察周边,会发现湖所在位置地势最低,可以明确这里是墩上雨水最终汇集处。

仙女湖水常年不枯的原因,想必是其水深而面小,蒸发慢,加之遇雨水皆入湖中,才能避免旱年水枯。

马头城本是一个怎样的地方呢?

在当地人口口相传中,此处是个热闹的码头。在马头城南面有一条不大的河流蜿蜒而来,遇到马头城后拐了个九十度弯,向东而去,极目之处,那小河又拐向北,直至消失在视线里。如果你能从高空俯视这条小河,会发现它向南可通到六安,向北可入寿县的瓦埠湖,最终入淮河。古代,在这样便利的水路交通处建码头,最终发展成一个市集甚至是一个小城,有很大可能性。况且在当地人口中"城"与"市"是同一个概念。

2023 年春天,马头城被开垦为耕地后,在翻开的表土里发现了大量古代人日常生活用的陶器残片。从残片上的绳纹我们可以初步判断,这些陶片产生的时间至少是汉代之前。

大量的生活器皿残片和当地人口口相传的信息汇合,可以明确推断出马头城曾是一个古人活动频繁之地,或者说就是一个曾经繁华的码头或城。(杨凡俊)

响　井

响井是一口井的名字,也是一个地方的名字。

作为一口井,它位于三觉镇顾岗村孔圩组境内,更确切的位置是在现丁岗往余集的水泥路旁。

这口井的井口用整块红石凿成,外围呈正八角形,每个角面均可见细琢的斜纹,其中的一个角面上留有字痕,但已模糊难辨。井壁由红石砖圈成,越往下直径越大。井口直径虽只有 60 多厘米,但据下过井清淤的村民所言,井底面积有近 20 平方米。

名叫响井自然有声。只要你和附近村民聊起响井,他们都会说:以前投石入井,会有"叮当叮当叮当,最后轰的声响"。正是这一神奇之处才让这井有了响井之名。

关于这奇特的声响成因,当地村民认为是井里有螺子(田螺)精的缘故。证据是一个大风大雨之夜,井的南边塌陷了一个几米深的坑,那坑就如同水田里螺子待的坑。风雨之夜留坑是因为螺子精乘风雨而去了。自从那次现坑之后,再扔石子,井中就不再有之前的清脆之声了。

这井为何能发出清脆之声?当然与螺子精无关。井内的撞击声如此清晰,恐与其口小肚大的葫芦形构造有关。目光所及之井壁皆由红石紧密圈起,仿佛用一整块红石开凿而成。小石子与这井壁相碰,声音自然清脆,加上井水水面离井口较远,碰撞的次数多,多次的清脆之声叠加再加上井内形成的大共鸣腔的增能放大,自然清脆之声就能传得远了。至于村民说那暴风雨夜现坑之后就不再有清脆之声了,可能是那坑的出现破坏了原来的井壁共鸣腔之故。即使今天,你扔入小石子,还能听到不太响的叮叮当当石子碰井壁之声,但因为现在的响井已经废弃多年,井水水面上升,昔日共鸣条件已失,石子撞井壁声自然很小。

响井现在也是一个地方的名字。

新中国成立后,此地名为响井大队,隶属丁岗公社,后改为响井村,2008年并入顾岗村。响井村作为地名已不再使用。

响井还是一所小学的名字——响井小学。响井小学的前身是当地望族王氏族学(私塾),原址位于现在顾岗村书房组境内。据知情者描述,那时学校四面环水,树木成荫,环境清幽。1971年左右,学校迁至现李圩组境内,改名响井小学。2008年秋,响井小学并入丁岗小学。响井小学作为学校名字也不再使用。

响井现在虽已失声,但井仍在,而它曾作为一个地名却很可能会因为不再使用而渐渐消失在人们的记忆里。(杨凡俊)

董　埠

董埠现在是三觉镇一个行政村的名字。但在一百多年前,董埠却只是一个渡口的名字,位置在董埠河西畔。这当地人口中的董埠河,即今天的东淝河。

"董埠"二字,董是董姨太的姓,埠为渡口,其含义为董姨太的渡口。这个董姨太是当地官绅权会堂(音)的四姨太。董氏原是权家所买的丫鬟,后被权会堂收为第四个小妾,大家尊其为董姨太。渡口本就是权会堂家所有,权就把这个能有收益的渡口送与了董姨太,董姨太自然就接管了渡口管理权。来往客商为了明确标识这个渡口,就称为董姨太的埠头,后来就简称董埠。

董姨太接管渡口时,渡口已经发展成一个小集市。

董埠河虽不宽,也能通行一二十吨的木船。南北水路便利的董埠吸引了客商驾船而来。他们带来了北面的煤炭、南面的生活用品,也带走了当地出产的大米等物品。

一百多年前,董埠是一处繁华的小集市。以渡口码头为分割线,沿董埠河向南向北两三百米范围内,洋行、米行、煤炭行等店铺鳞次栉比,铁匠铺、肉铺、早点铺生意兴隆。运来的货物在此排着队等着上岸,运走的物品也堆积在码头旁。

附近的乡民也经常把自己田里收获的东西带来在此售卖。埠口附近还搭了个戏台子,附近空地上还常有人表演花灯。小小的董埠人头攒动,人声鼎沸。

董埠,在陆路运输不发达的年代,在三觉寺境内货物流通方面作用巨大。新中国成立后,在渡口不远处修建国有董埠粮站,虽然今天的董埠粮站已被建于三觉街道的三觉粮站所取代,但它的存在足以表明董埠当年的物运繁华。

随着时代发展,董埠河的运力已不能满足需求了,日益发达的陆路交通渐渐取代了河运。繁华的董埠集市也逐渐被三觉旁边形成的新集市所取代。

今日，董埠渡口仍在，但只是供河两岸的村民往来之用。"董埠"二字现在仍被董埠粮站、董埠行政村使用，只是昔日董埠渡口的拥有者董姨太在新中国成立后以90多岁的高龄寿终。昔日的店铺已化为今天大大小小的田块，昔日的繁华只存在于附近老人们的记忆里。（杨凡俊）

马家古堆

马家古堆是一座古墓，位于三觉镇桥湾村冯家油坊庄向东约1千米处。该墓封土虽经风蚀雨侵人蚕食，但今仍有一层多楼高。站在古堆下需抬眼方可见其被翠竹、杂树和蒿草覆盖的顶端。

关于马家古堆，这里流传着两个故事。

马家古堆

很久之前，马家古堆有一个神奇之处：谁家有红白之事需大量碗筷酒盅之物，可向马家古堆的金老太太借取，百借百应。在你需要的前一天到墓前焚香祷告，说出你所需物品的名称和数量,第二天黎明肯定能在墓前取到你所需之物。此事在当地一时成为公开的秘密。后来一户人家办完事归还时,发现所借之物少了一碗一筷,就用自家之物充了数量。结果每天晨雾里都会传来一妇人咒骂之声,直至那偷了碗筷的和用自家东西充数的两个家族差点灭了门。

一日,一人早起,往三觉寺赶集,路过马家古堆附近。朦胧的光亮里,他看到一户人家在门前晒着豆子,金灿灿的豆子让他忍不住抓了一把装入口袋。不承想,那人走时被主人家的大公鸡啄伤了脚后跟。天亮赶到三觉寺集,那人发现口袋里的豆子变成了豆粒状金子。惊喜之余,那人想到有了这金豆子,以后的日子就能富贵起来。正想着美事,他忽然觉得脚后跟传来一阵疼痛。原来,被鸡啄伤的脚后跟还在血流不止,那人不得不请医生医治脚后跟。最终,脚后跟的伤治愈之时恰是那把金豆用光之日。

马家古堆流传的这两个故事,一直在警醒着当地人:诚信方能长久,不义之财不要贪。(佚名)

石头将军庙

石头将军庙位于三觉镇董埠村柳树庄境内,在三流堰河旁边。石头将军庙说是庙,其实只是一间极小的简易屋子,小到只能容下一个小孩,简易到没留窗子,没装屋门。石头将军庙里供奉着被称为石头将军的人头形状的石头。石头看似状如人头,却不见人的眼鼻口,只有两侧的人耳很明显。

每年的正月十五,三觉镇董埠村附近的居民都会三五成群地到河边的石头将军庙来祭拜这块神奇的石头。关于这块石头,当地流传着这样一个故事。

很久以前,有一赶考的秀才路遇大雨,借宿在此地的寺庙中。晚上秀才做了个奇怪的梦:一块略似人形的石头对秀才说自己被大水冲到了河里,要是能将自己捞上来,他就可以保秀才金榜题名。秀才惊醒后觉得奇怪,就冒雨来到了梦里的那条河边,并依照梦里的指示果然在河里捞出了一块略似人形的石头,将这块石头放在了河岸边。不想放榜时秀才果然高中了状元。满怀感激的状元又一次来到河边,找到了那块静静地躺在河边蓬蒿中的石头,郑重地祭拜了这块石头,并尊其为石头将军。

这事被附近的乡民得知后,也纷纷前来祭拜,希望石头将军也能给自己带来好运。每次祭拜人们都要在石头将军面前放一条红布,谁要是能在鞭炮响时抢到红布,谁这一年就能红运当头。于是,每年都会发生大家"抢红"的场面。现在,附近的村民除了"抢红",还要抢上第一炷香。有人为了能奉上每年的第一炷香,甚至正月十四夜里十二点前就会守在石头将军旁边。

后来,附近村民不忍心让能给他们带来红运的石头将军整日遭受风吹日晒,就为石头将军建了一个小庙。(杨凡俊)

老龙头与老龙塘

老龙头,一个高岗子,在今三觉镇张岗街道西南方向,德上高速如今穿过这个岗子。老龙塘,原来的塘已经消失,今在老龙岗附近有一口新塘,当地人称老龙塘。

关于老龙头和老龙塘的来历,在当地有这样一个传说——

"龙头长成梁,梁家出皇上,魏家出娘娘。"很久以前,三觉境内流传着这样的谶语。此言一出,细心的人真的发现那个叫老龙头的岗子在一天天长高长大起来。眼看谶语将成真,魏家族人就不服气起来:凭什么他梁家出皇上,我魏家出娘娘?魏家请来了风水先生,他们要让龙头长不成梁,要破了这谶语。

那风水先生秘密地在龙头岗一带转了七七四十九圈后,指着一处说:"这是龙腰,只要在此挖一口方塘,龙必死!龙死,龙岗自然就不会再长,就不会成山梁。谶语就破了。"于是,魏家的长工在风水先生划定的地方开始挖塘,可奇怪的是,白天挖出的大坑,一夜之后就又恢复成了平地,日日如此。这可累坏了魏家的长工,急坏了魏家族人。于是,魏家又请那位风水先生来想办法,可那风水先生围着老龙头又转了七七四十九圈,最后只能无奈地说,自己道行不够,要去寻了自己的师兄来破局。风水先生外出寻找师兄了,魏家的长工仍每天不停地重复前一天的挖塘大业。

一天,一位长工因为早起走得急了,忘了穿鞋,只好回家取鞋。他路过龙头岗时听到人的说话声:"不怕你挖,也不怕你挑,只要不拿铜钉钉我腰。"

这名长工把听到的话告诉了魏家族人。魏家族人就到处请高人指点"铜钉"迷津。一番周折后,魏家终于得知"铜钉"就是梧桐树,所谓铜钉钉腰就是在龙腰位置上栽活梧桐树。

梧桐树终于在龙腰上成活了,自那以后长工们挖出的坑就再也没有能恢复成平地。七七四十九天后,方塘终于挖成。

最终,梁家没有出皇上,魏家也没有出娘娘,却在今三觉镇张墩村境内留下了一个叫老龙头的岗和一口叫老龙塘的方塘。(杨凡俊)

乌龟墩

"只要乌龟长大能喝光独笼堰的水,此地就能长成城。"不知从哪一年起,在三觉寺西南一带悄悄流传出了这样一句谶语。

谶语里将要成精的乌龟是指冯门塘与独笼堰之间的一块高地。若从高空俯视就会发现,这高地已有了乌龟之形。这乌龟细长的尾巴连接着冯门塘,而向西南方伸出的乌龟头只差一点就能到达前方的独笼堰了。于是乌龟精将出世,此地将成城的话在附近村民中传开了。

但今天如果从空中俯视这只"乌龟",你会发现龟颈处已经断开。虽然现实中是因为龟颈处有一道水渠穿过,但在当地乡间野老口中却是一段惊心动魄的神妖大战事件。

话说天上有一位能移山填海的神仙毛金万一日半夜路过此地,举目一望就发现此地有玄机。毛神仙掐指一算,就知道了这是因为在此修炼的一只乌龟即将成精,而这乌龟精出世后将会给当地百姓带来无尽的祸害。毛神仙决定在这只乌龟还没有成精之前把它镇压。于是毛神仙来到乌龟头附近,举起手中那根用于移山的神鞭抽打过去,这就是附近村民在某个夜半听到的鞭子破空之声。

第二天,村民发现那只乌龟颈处出现了一条断痕,而那只即将成形的乌龟在靠近壳的位置出现了明显的三道鞭痕——原来这只即将成精的乌龟被毛神仙斩杀了!而那道鞭痕中的一道后来就成了村民们引水灌田的水渠。

乌龟被毛金万镇压,自然是不能喝光独笼堰的水了,而乌龟生活的地方也就断了成城的契机。今天,在三觉镇冯楼村下塘组西南方不远处只留下了一个叫乌龟墩的高地。(杨凡俊)

野鸡岗和龙王庙

现在三觉镇丁岗初中所在位置之前的名字为野鸡岗,因为这个岗子里以前野鸡很多。在野鸡岗西北方,隔着一道冲,有一座龙王庙。只因这里岗多,农田用水不便,为祈求风调雨顺,当地人才修建了龙王庙。

关于野鸡岗和龙王庙,附近还流传着这样的故事——

三觉镇丁家岗一带一直是岗多冲少,农业用水甚是不便,经常出现"三天不下雨,地里干白头"的事情。为祈求风调雨顺,村民们就在一个岗头上建了座龙王庙。

而龙王庙对面的岗头因为野鸡特别多,被当地人称作野鸡岗。

当地人有一喜好,农闲时爱捕野鸡贴补家用或改善生活。

野鸡岗上有一只修行千年的五彩野鸡精,看到子孙们受捕杀之苦,就决心惩治一下当地村民。它从龙王那里借来了洪水,要水淹当地村民。龙王知道野鸡飞不高,就允许洪水高度由五彩野鸡精的飞行高度来控制——野鸡精能飞多高,洪水就涨多高。

某日,洪水乍起,当地村民确实被这突如其来的大水吓坏了。但当他们看到洪水之上飞着一只从没有见过的五彩野鸡时,就顾不上大水了,纷纷拿出捕杀野鸡的工具,追捕这只罕见的五彩野鸡。

五彩野鸡精见大事不妙,就拼命向高处飞起。洪水呢,自然也随着五彩野鸡精的高飞而涨高。当五彩野鸡精飞过龙王庙上空时,滔滔洪水就把龙王庙冲成了一片废墟。

村民们受到了惩罚,从此不再乱捕滥杀了。龙王庙呢,被大水毁坏后就没有再重建。今天在丁家岗只留下了一个叫龙王庙的村庄。

由于龙王庙是被龙王借出的大水冲毁的,所以"大水冲了龙王庙——自家人打自家人"的歇后语在当地百姓间流传开来。(杨凡俊)

魏家瓦房

魏家瓦房是两座圩堡,又称新老瓦房或东西瓦房。两座圩堡直线距离300米,中间隔着一条小河,其旧址位于今寿县三觉镇张墩村境内。

清初,魏氏九世祖魏光国由三觉魏荒迁居于此,由于后人人丁兴旺,故建设了魏家老瓦房。魏家老瓦房存在了300余年,在鼎盛时期有300多间房屋,房屋四周是圩沟,往南有一条小路可直通南边官道。

清朝中期,魏家某位先祖娶山东某大户人家千金小姐。这位小姐在出嫁前,她家人从山东前来订婚。他们看到魏家老瓦房房屋的规模和人口,担心将来女儿出嫁和魏家族人同住会受委屈,于是和魏家先祖商议出资建新房。

因为魏家老瓦房圩内无处可新建房屋,便请了本地风水先生到处看地,最后在河西选址,投资建设魏家新瓦房。据传说,当时新瓦房建得相当气派。建成后魏氏娶亲,陪嫁的嫁妆摆满所有房间。

魏家新瓦房存在时间不长就因战乱被毁了,据传是太平军打进寿县三觉后,抢走了所有财物,后又放火焚烧。这一支魏氏族人逃难至石集(今寿县安丰镇)。战乱平息后族人返回,暂住在魏家老瓦房,后在魏家老瓦房南官道北兴建了魏家小圩。

　　20世纪90年代寿县建置瓦房乡,拆除了魏家老瓦房,并把原址改成农田。而所拆除的建材,在魏家新瓦房原址上兴建了瓦房乡政府人员住宅区。魏家瓦房这一历史古建筑便不复存在,今仅存地名了。(佚名)

民族和谐陶店乡

陶店回族乡位于县城东南 25 千米，以陶氏聚居而得名，东临瓦埠湖，南、西连堰口镇，北界窑口镇。陶店回族乡是全省 9 个少数民族乡之一，寿县唯一的少数民族乡。

相传，明朝初年，江淮地区地广人稀，兼处要冲，于是朝廷移民垦荒，调卫屯田，大批回民从山东老鸹巷移民寿州，其中陶店主要就有陶、许、边、朱等姓氏的回民。陶氏一族先是移民来到了寿县堰口集，然后向东，过官渡口，最后在瓦埠湖西岸扎下根来。

寿县陶店回族乡人民政府

陶氏先人占据官渡口的有利地势，先在路边搭建草棚，摆上桌子，舀取湖水，明矾澄清，以烧水卖茶为生。后人员往来日多，慢慢聚集，开始自由贸易，茶摊变为店铺，南来北往的人在此歇脚休憩，形成集市，于是出现卖豆腐的、卖窑货的、打鱼捕虾的等等。其中，有个卖豆腐的陶三特别有名，人们都认为陶店地名的得来与他有

陶店官渡口

关。《寿县志》记载:"相传,1916年有叫陶三的在此设小店卖豆腐,故名陶店。"

正所谓"靠山吃山,靠水吃水"。来到瓦埠湖西岸后,陶氏族人依靠两件事生存:一是摆渡,二是打鱼。

官渡口是陶氏宗族移民来寿最初的落脚地,自古以来就是寿州到瓦埠、庐州必经的官道津渡。官渡口对岸是千年古镇瓦埠。老人说,官渡口自摆渡以来,没有发生过一起翻船溺亡事故。原来,陶姓人机智多谋,渡船选择行走在南边的唐家岗和北边的恋子岗之间。两岗夹峙,形成了一道风平浪静的避风水道。摆渡最初用的是木头毛竹绑在一起的排船,以后又换成结实的水泥船,最后是铁皮钢板焊接、装上发动机的机动船,能摆渡汽车。2018年4月,瓦埠湖大桥建成,官渡口和陶店渡口封闭撤销,渡船停航。

陶氏先人在陶店繁衍生息,人口渐多,后来在距离官渡口500米人称"鲁西庙台子"(据《陶氏宗谱》记载,实为"龙王庙台子")的地方建有陶氏宗祠,后为1954年大水毁坏。1999年,陶氏后人在遗址复建宗祠,邀请著名学者余秋雨题写"陶氏宗祠"匾额。陶氏与当地汉族联姻,因此,陶店陶姓并不全是回民,而是回汉杂居。他们和睦共处,休戚与共。在陶店有"南份子陶(前门陶)吃肉,北份子陶(后门陶)不吃肉"的说法,也就是说,吃肉的前门陶是汉族,不吃肉的后门陶是回民。

除了陶姓,许姓也是陶店回民大户之一,另外的还有边姓、朱姓、赵姓等。陶姓和许姓回族人口居多,清宣统年间兴建了陶家寺和许家寺两座清真寺,遗址位于今天陶店回族乡陶店村境内。陶家寺坐西向东,占地6亩多。前后两座大殿为寺内主体建筑,南北厢房为阿訇居室及水房等。大殿为回廊式,顶部采用勾连搭建建筑形式,屋顶及大殿主柱均雕刻精美的图画,构图精巧,技艺精湛。地面均采用水磨青砖铺地,在当时也算奢华。据说,陶家寺是当时县城南24座清真寺之首,建筑最豪华,寺产最多。许家寺占地规模比陶家寺稍小,不过它的建筑特点和规模与陶家寺基本一样,也是当时的一座名寺。陶家寺、许家寺,1954年被大水淹没浸泡,失修毁坏。

陶店在清光绪《寿州志》里称为"五十里铺"。1949年10月成立陶店乡。1955年12月撤销并入江黄乡。1961年成立陶店公社。1969年并入江黄公社。1972年恢复陶店公社。1983年公社改乡。1985年12月改称陶店回族乡。(高峰)

龙王庙台遗址

陶店乡东、北濒临瓦埠湖,沿湖岸边,古墓葬和古遗址遍布。瓦埠湖是因黄泛导致东淝河积水而成湖。经年累月,受湖水冲刷,堤岸崩塌,许多遗迹不复存在。现存龙王庙台和侯家台子两处遗址。

龙王庙台,据《寿县志》记载:"陶家祠遗址紧靠今瓦埠湖西边的陶家祠村。该处为过湖的一个渡口,村南约百米处的鲁王庙台子即为遗址地,直径约25米,台面呈斜坡,东边为陡崖,文化遗物多在崖脚下,文化层约0.16米,层内黄胶土杂有很多螺壳及红烧土块,除鹿角及兽骨各1件,尚有石器11件、陶片59件。石器的石质有砂岩、斑岩、变质岩、盐基岩、燧石及火成岩6种。"

后经寻访当地老人和查阅《陶氏宗谱》,"鲁王庙台子"又称为"卢王庙台",是同音字混淆造成的误传还是别的原因,因为年代久远已无法考证。附近的老百姓则称这里为"龙王庙台"。

相传龙王庙台是古时候人们祭拜龙王的地方,为的是免除洪水的灾害。台上过去有一座龙王庙,庙的大门对着月亮庄园。台子的左边是糖坊店园,右边是老油坊,中间是老圩子,圩子上有一座舞台,过去是专门唱戏和开大会的地方。龙王庙台紧挨湖边,向东面对湖中的恋子岗和对面的瓦埠街。听老人们说,过去的湖面没有这么大,站在龙王庙台上都能听见瓦埠街人们说话的声音。今天,龙王庙台那个地方已经被瓦埠湖水冲刷塌损过半,人们经常能拾到古代人用的陶器残片。

龙王庙台向北紧挨陶氏家族的祖坟,俗称"八座坟"。陶应标先生告诉我们,相传,这是一块风水宝地,但是,有一次陶家出殡,在坟地挖坑时挖到一只蚂蚱,被旁边一个人随手撂进嘴里吃掉了,主葬的司仪大呼不好,陶家将有不吉利的事发生,要破解此事,下葬时必须满足三个条件,否则不能称为天时地利人和,不能下土,不吉利。三个条件听起来神乎其神,近似谜语,让人一头雾水,不得其解:一是毛驴骑人,二是人戴铁帽,三是鱼上扁担。不一会儿,人们看到大路上远远地来了三个人,第一个人怀里抱着一头小叫驴驹子,第二个赶集买了一口铁锅顶在头上,第三个从湖里打鱼上来,扁担上正挑着活鱼。众人恍然大悟。

今年80岁的陶应斗老人说,他的家就住在龙王庙台旁边,过去的龙王庙因为涨水被冲塌,龙王庙迁往河东的瓦埠街。现在,龙王庙台临湖的一边被冲刷得非常陡峭。20世纪七八十年代,因屡屡有外地人前来打听龙王庙台的情况,引起村干部的重视,曾经在上面盖了一间房子派人看守过几年。80年代末,村里在上面办窑厂,取土烧砖瓦,所以,现在已经看不出来台子的模样了。(从圣)

侯家台子遗址

侯家台子遗址位于许岗东圩西北瓦埠湖湖沿,原来存有台地约10亩,台地高出四周农田1—2米。据当地群众说,1949年之前台地更大,有20余亩,后经瓦埠湖洪水浸泡冲刷,变成了现在的样子。遗址上过去散落着不少陶片、瓦片、青砖。陶片主要有黄色、黑色两种。瓦片上有清晰可见的纹饰。青砖呈大头小尾状,上面的纹路就像麻袋布勒的一样整齐。据当地老人说,早些年台地周围还散布着十余口深不见底的古井,井栏石手触透凉,圆润如玉。在台地东南方还有许多墓穴被湖水冲毁,有人在这里捡到了鹿角、铜镜、瓦罐、古币等。侯家台子是传说中的荷叶地,也就是说,水涨它涨,再大的水也不会淹掉。但是,引江济淮工程却选择了侯家台子作为清淤抛泥场,侯家台子因此被埋在底下,在四周打了坝子,淤泥干后,成为高地,被人种上庄稼。

侯家台遗址南面不远处还有一座古庙,是传说中"侯美荣降香"的地方。遍访当地老人,对"侯美荣降香"均说不出所以然来。侯美荣与龙冠宝邂逅,才子佳人一见倾心,私订终身,谈婚论嫁,遭到家人反对。就在这一对情侣将被拆散时,这个追求爱情的不屈的侯美荣来到侯家台的古庙里,降香祈福,感动神灵。侯龙二人坚定不移的爱情终得美满,传为佳话。"侯美荣降香"的故事被历代戏曲不断演绎,不能说家喻户晓,最起码提起来不让人陌生。当地也早已没有侯姓人家,但是,这个现在仍然活在戏曲中的古代人物,将永远活在陶店百姓的心中。因为他们固执地认为,侯美荣就是陶店这个地方的女儿,她的故乡就是瓦埠湖沿岸的侯家台子。

据传,侯家台子遗址地处的湖边,到现在都没路,连手扶拖拉机都开不进去,反而从水上容易上去。过去,侯家台有100来亩地全是沙土,当地老人说,人们用来种花生最合适。台子的东南方向的湖里非常危险,仿佛有暗礁,后来湖水小些,有人隐约摸索到一条砖铺的古路直通对面瓦埠街,这些砖后来被一些人拉回家墁院子了。

侯家台子遗址的西北方向古时候还不是湖面,现在的湖底很多年前有一座较为繁华的集镇叫长岗集,再往北还有一个地方叫夹(贾)坝州,这个州据说和当时的寿州一样有名。也就是说,古时候从陶店这个地方向北去寿州,有一条直通的盐霜(音)大路,先到夹坝州,再过长岗集,然后才是寿州。(高峰)

陶店清真寺

陶店清真寺又名"许家大寺",始建寺名为"寿州南方许家清真寺",坐落于陶店东北角瓦埠湖防汛大坝内。该寺始建于清中期,2010年经许宝光阿訇之手重修,主要建筑有西大殿、水房、北讲堂。

现陶店清真寺为原"陶家寺"和原"许家大寺"两座清真寺合并而成。因"陶家寺"始建早于"许家大寺",在"陶家寺"礼拜的人数太多,站立不下,后经许氏族人商议,建"寿州南方许家清真寺",又名"许家大寺",当时占地面积约1.9亩,为中国古典式两进式建筑群。

寺内现存光绪石碑一块、民国石碑一块、无字碑一块、古井一眼。其中古井井沿已开裂,井已填实,仅露井沿。该井原位于清真寺前殿内东北角,现位于清真寺外东北角,与寺相隔一条水泥路。该井井沿58厘米,内径38厘米。1991年大水,水位涨至该井井沿处,部分乡亲从此井沿处登船,经瓦埠湖,避难湖对岸的瓦埠镇。

光绪碑与民国碑均为捐赠人无嗣,捐田助寺。其中,光绪碑为光绪二十九年(1903年)仲冬月立,圭形,碑宽51.5厘米,侧边高95厘米,正中高104.5厘米,为陶长宏因无嗣变卖家产后购3亩地,捐赠清真寺交由阿訇执业。民国碑为民国二十四年(1935年)三月二十五日立,圭形,碑宽58.5厘米,侧边高107厘米,正中高119厘米,为许天量与妻赵氏,因无嗣,经许天锡、王永渚、赵守堂之手,捐祖产水田四斗于清真寺,嘱日掌教马鸣盛、二掌教许同庆,每年秋收为其开经并香气,列许凤山、许怀仁、许凤亭、许凤仪、许凤有五人为证。无字碑,圭形,碑宽50厘米,侧边高

89 厘米,正中高 100 厘米,因早年用于铺路架桥,置于地表面,天长日久,久经磨损,碑文已荡然无存。

寺门朝东,略偏于寺内大殿大门中轴线北。清真寺大殿,为中式砖混结构悬山顶瓦房,正脊外正中立不锈钢制一星一月,檐廊立 2 根檐柱,进深 1.53 米,大殿门外贴金色铜字"天堂正路"。大殿南北宽 9.667 米,东西进深 6.343 米,米海拉布南北宽 3.296 米,东西进深 3.045 米,殿内高 3.277 米,殿内总面积 71.354 平方米。殿内存木质简易"敏白尔"楼一座。寺内院中植 4 棵银杏树,郁郁葱葱,长势喜人。

水房位于寺内南侧,坐南朝北,为砖混结构两间平顶房。北讲堂位于大殿北侧,坐北朝南,为中式砖混结构硬山顶瓦房。讲堂内内隔一室一厅,一室位于西侧,为阿訇住房,厅为讲堂。(王琐)

陶店新寺

陶店新寺位于陶店回族乡陶店街道西南处田野中。

陶店新寺始建于清同治九年(1870 年),光绪壬寅年(1902 年)添建南北讲堂、水房、大门,置义田和义塾并造井,1954 年毁于洪水。1998 年由陶守仁、陶守义两兄弟倡导,完成重建。

该寺目前无院墙,仅有房屋两间,一间为西大殿,一间为北讲堂。大殿大门南侧朝东处,内嵌光绪二十九年(1903 年)石碑一块。该碑高 82 厘米,宽 40 厘米,青石质,碑文肉眼不能辨别,但拓印可见真容,碑额为《新寺记》。碑文整理如下:

> 立捐助寺田碑记人许赵氏,因先夫讳天量去世,膝前无子嗣,□祖上遗产,过水田一丘,约种四斗,敬捐本坊清真寺,永远作为寺产,有俟氏身□后,每年秋收毕,掌教为氏夫妇开经,动香气一次,该田亦归掌教执业,别人近房不得干预,谨此立石,以垂永久,经手人许天锡、王永渚、赵守堂,云而。
>
> 立碑人陶长宏,祖居范家冈,情因无嗣,以承祀典,愿将自己卖地之款,洋蚨十八元,向就近清真寺公项田之旁,约买坡地三亩有零,归寺掌教阿衡执业,以作游坟念经之礼,亲旁人等,不得霸占耕种,藉注异说,爱勒斯碑,以垂不朽。施舍地人:陶长宏同侄登顺、登盛敬立。大清光绪二十九年仲冬月毂旦。

从碑文中可以看出回族强烈的宗教意识中重义轻利的经济伦理思想。两块碑文类似两份附带条件的遗嘱:一是第一份中的每年秋收后为捐主"动香气"一次。

"动香气"即是指回民"炸油香"。二是第二份中"以作游坟念经之礼"。游坟（探坟）是穆斯林去探望已故之人的坟墓，是穆斯林纪念亡人、寄托哀思、求主饶恕亡人、参悟自省的一种形式。游坟虔诚敬意、严肃庄重、激励生者、纪念亡者、为亡人恭诵《古兰经》、为亡者祝福和求饶，并认为这样做既有益于亡者，更有益于生者。

（王顼）

寺里庄

　　寺里庄地处陶店回族乡回族村正北方，原是一个拥有十几户人家、上千亩耕地的自然村。这里三面环水，三岗两洼，易涝易旱，灾害频发。2003 年，瓦埠湖发生特大洪涝灾害，上级政府对陶店回族乡进行移民，陶店回族村 26 个村民组、826 户村民整体搬迁至堰陶路中心村居住，包括寺里庄在内的许多自然村庄台全部退耕还田。寺里庄现已变成麦浪翻滚、碧海无垠的沃野良田。

　　寺里庄的地名，源于村内的两座清真大寺。陶店回族村是寿县四个回民村之一，回民占全村总人口的一半以上，回民中又以陶、许姓氏人口最多。清宣统年间，陶氏先民率先出资建起清真寺，俗称陶家寺。许氏族人集资也建一座清真寺，取名许家寺。许家寺占地面积比陶家寺略小，其建筑特点和格局与陶家寺并无二致，也是当时的一座名寺。自此，在当地出现了"一村两寺、双寺对峙"的局面。

　　许家寺建成后，同姓族人相约而居，繁衍生息，逐步形成以许氏族人聚集为主的小村落。因村落地处陶家寺、许家寺两寺之间，故取名寺里庄。1954 年，江淮之间发生特大洪水，陶店回族村全部淹没在一片汪洋之中，陶家寺、许家寺两座清真大寺因灾被夷为平地。尽管两座清真寺现已不存，但寺里庄的地名一直沿用至今。

（楚仁君）

水丰业旺迎河镇

迎河镇位于寿县西南迎河集，南与张李乡接壤，北与正阳关镇毗邻，东连板桥镇。迎河镇历史悠久，自古就是商贾云集之地，经济繁荣，水陆交融，是寿县西南边陲的重镇。

清乾隆《寿州志·市集》记载，迎河集"离城一百里"，濒淠河东岸，傍水为市。民国时，为建制镇。很久以前，迎河集不叫迎河，叫"砸扒集"。那时候陆路交通不便，靠淠河运输物资，南边通往六安，北边通往正阳关，淠河水流进淮河。当时的生意人只能用木船和竹排把山货运到此处进行贸易。那时根本没有街道，没有住房，都靠临时搭建的庵棚进行物资交易。渐渐地，外来客商越来越多，还有河西边的霍邱县那边的赶街上集的客商，做生意的人川流不息，就连保义、开荒一带也到迎河

迎河镇人民政府

集赶集进货。

不知在什么年代，集南五里处面朝淠河建了一座迎水寺，集以寺而得名，慢慢地就把"砸扒集"改为了"迎河集"。那个时候水利失修，无人治理，年年都遭水灾。每逢山洪暴发，两边又没有堤坝，水来成河，水去成滩。当时的做买卖就在淠河边进行。后来做生意赚到钱的人就盖起了房屋，置起了店面，慢慢地有了街道，各种生意逐渐红火起来。

1954年发大水，水势凶猛，把房屋街道冲得面目全非，因此把迎河集搬迁到现在的所在地。当时，此处是一片荒地和岗子地，是1949年后处决那些罪大恶极的土匪头子、作恶多端的坏人的地方，故名为"狗头地"。

很早以前，迎河集曾经有三座寺庙，街南头的叫"於家庙"，街中间的叫"火神庙"，街北头的叫"北灯庙"。有一年香客烧香，不小心引发火灾，把火神庙烧掉了。其他两座寺庙因为年久失修，加上洪水灾害，也逐渐消失。现在只有街南头靠近泄水闸南方还有建庙的一个土堆。

1949年10月，迎河集设置迎河区委、区公所，分为迎河、苏王2个区，下辖20个乡。此后，随着行政区划的不断调整，1955年12月小乡合并，苏王区1957年被撤销，在1958年原迎河区所辖乡镇合并成立迎河、板桥、隐贤三个人民公社。1965年置迎河镇。1992年3月撤区并乡，由原迎河镇、迎河乡、大店乡合并为今迎河镇。

（孟宪禄　聂圣放　刘正凤　蔡士宏）

包公庙

包公庙位于今迎河镇顾庄村村部，早已拆除。

包公，名拯，字希仁，生于999年，卒于1062年，祖籍庐州府，今安徽省合肥市肥东县。他是宋代名臣，辅佐过宋真宗、宋仁宗两位皇帝。他为官清正廉洁、铁面无私、不畏权贵、刚正不阿，后世人们称颂为"包青天"。他一生办理过许多疑难案件。

包公办案，必会深入调查研究。他曾到寿州以南办案，路过今顾庄村村部所在地，处理当地民间的很多冤假错案，为蒙冤的百姓申了冤。当地百姓为了感谢这位青天大老爷，方圆50里内的老百姓自愿捐银200多两，购置了2亩土地，于清朝初年在今顾庄村村部所在处建造了三间寺庙，取名包公庙，并指定两名管理人员守护寺庙。每年清明节，方圆50里的百姓们前来焚香祭拜。此举感动了当地官府，为纪念包拯这位清官，方圆50里内的百姓种田免交赋税。

中华人民共和国成立后,包公庙一度被人民政府利用,办起一所公办的包公小学。三年困难时期过后,由于生源减少,学校被并入双碑村境内的酒流小学,寺庙被拆除。1964年,"四清"运动过后,教育实行两腿走路的方针,当时的包公大队在原址上办了一所包公民小。时至今天,包公民小依然存在,是一所全日制完全小学。

在包公庙东不到1千米处,有个石头香炉,这里面有一个故事。据说有两位起早到板桥集卖柴火的农民从此经过,看见路旁一块半截石磙,想放下担子歇息片刻,突觉心中难受,恶心呕吐,不能行走。当时天还没亮,眼前漆黑一片,大雾弥漫,二人心想,莫不是半截石磙显灵?于是跪下祈祷,祈求石头保佑。果然灵验,二人恢复原状,又起身赶集卖柴火,后买了香在石头处还愿。从此以后,凡经此路之人都会发生同样的状况,久而久之,烧香之人络绎不绝,石头旁的香灰越来越多。半截石磙显灵的佳话越传越远,知晓的人也越来越多,当地人猜想或许是包老爷显灵。因此半截石磙便成了石头香炉,周边凡有个大病小灾的都会来此祈求祷告。每年农历三月十五日便成了庙会,这天来烧香还愿的人、赶庙会的人成千上万,唱戏的、玩杂耍的、做小买卖的齐聚一处,热闹非凡。后来包公庙被拆,但包公这位宋代清官后世不会忘记。(孟宪禄　聂圣放　刘正凤)

杀败口

杀败口遗址在今迎河镇常圩村柿园队境内。

明洪武四年(1371年),天下初定,余寇未尽,江淮之间,尤以张士诚余部活动猖獗。

豹三娘从小舞枪弄棒,后来上山学艺,练就了一身好功夫,长大成人,落草为寇,占山为王。她与马鉴原本是指腹为婚的娃娃亲,可马鉴效命朝廷,成了大明王朝的骠骑大将军,豹三娘却落草为寇。一个为官,一个为寇,二人水火不容,不但婚姻未就,反而成了势不两立的冤家对头。

洪武四年秋,大将军马鉴奉旨去福建漳州处理军务大事,临行前,军师刘伯温提醒:"走湾莫走岗,走岗必遭殃。"但马鉴自恃武艺高强,且久经沙场,又有随从护卫,没把军师的叮嘱当回事。他从陕西出发,晓行夜宿,一路畅行,来到寿州迎河集地界,沿着淠河以东的岗湾官道直奔福建漳州。

当下正值秋日,大道两旁的高粱成熟待收,豹三娘手下喽啰探知马鉴打此路过,便召集寇众千余人早早埋伏于高粱地里准备劫杀马鉴等人。马鉴一行人等进入伏击圈,只听呼哨一声,道旁伏兵将马鉴一行紧紧围堵,豹三娘横刀勒马拦住去路。护卫们以命相拼,护卫马鉴突出重围,策马南逃。豹三娘紧追不舍,穿过一片柿树园,马鉴因长途跋涉,人困马乏,战马失了前蹄,跌落地下。豹三娘催马赶到,手起刀落,磕飞马鉴手中大刀,回手一刀斩落马鉴首级,余恨未消,又削去马鉴双臂,带着喽啰扬长而去。

马鉴被杀,震惊朝野,马鉴战败丧命的地方被当地百姓取了个特殊的名字——杀败口,意在让人永远记住马将军就在这个地方为劫匪截杀遇难。今天杀败口处,还可看到一小块狭长地块,酷似磕飞的大刀。

朝廷得知马鉴被劫杀的噩耗,感念将军的战功和不幸,决议厚葬将军,为保全完尸,用黄金打造了酷似马鉴人头的金头,用白银打造了双臂,为马鉴遗体安装了金头银胳膊,并选定墓地修了一座墓,就地厚葬了将军遗体,并为马鉴加官晋爵,追授为兵马元帅、步兵都督,并从新疆和田运来两方和田玉,竖碑撰文,以示纪念,昭告天下。

几百年来,有关马都督陵墓之谜一直未能解开。金头、银胳膊、两方和田玉碑深深吸引着世人。

1974年初秋,当时的迎河公社连塘大队马祠小队社员李景芍在自家屋后开挖菜地,挖出几块墓砖和奇特的砖头(一头宽,一头窄,一头厚,一头薄),顺着墓砖延伸的方向挖下去,发现是一座古墓,于是报告给连塘大队革命委员会。为解开传说之谜,希望挖出玉碑,找到金头、银胳膊,革委会抽调20多名精干民兵,由时任大队支部副书记的李祝生坐镇指挥,连挖7天,挖出了墓道。后因马氏族人阻拦,开挖工作就此搁浅,又用了2天时间填平坑道,修复原样。"杀败口"地名的由来由此得以佐证。(孟宪禄)

余氏宗祠与敦睦学堂

余氏宗祠原址在寿县迎河镇余楼村新庄村民组正东300米处,与余老楼隔冲相望。余氏宗祠两进三院,有房屋30余间。中院前后各3间,前进为大门和耳房,后进是供奉祖先牌位的正殿,雕梁画栋。前后进是砖瓦结构,西院前后各3间门户相对,东院前后进各6间,前后进门户相对,有东西厢房各5间。此外,余氏宗祠还有800多亩土地作为祠产。

迎河余氏祖居英山县。元末农民战争持续20年,打得江淮大地白骨遍野、田园荒废。明朝建国后,皇帝发布了几道强制性的移民屯田令,余姓始迁祖余赘便偕妻儿跟着一支屯田移民队伍,来到寿县安丰塘西的一条大路旁的一个残破废弃的村落,因陋就简地定居下来。余氏在此繁衍生息,子孙绵延,200年后,这里成了余家楼。

余氏族人曾两度建宗祠、修宗谱,但都毁于战火。清同光年间,余氏全族公推余万选主持重修宗祠。30多年后,余氏重续宗祠,整修祠堂,耗时2年完成。

当年余万选建宗祠时,正值洋务运动如火如荼之时,他注意到洋务大员们不论办什么事,都选派学子出国学习,接着在国内办学。他意识到只有多培养人才,才能家国兴旺。他提出要办义学,造就人才。可惜不久,他逝世了。此后,经过许多人的努力,直到1908年才开办义学,定名敦睦学堂,设在宗祠内,面向余氏一族的少年,免除一切费用。

敦睦学堂的开办,对周边影响很大,很多人羡慕不已。但辛亥革命后出现一段时间的政权真空,地方多受袭扰,学堂难以为继,只得暂时停办。

1921年,因续修家谱,余氏群贤毕至,众人又提出恢复义学的事,董事会责成几位年轻人筹办。五四运动后,新思想产生诸多新气象,改学堂为学校。本着"有教无类"的精神,学校也接纳其他姓氏的学子入学就读。学校设立新科目,使用白话文新教材,选聘具有新思想、有真才实学的人为教师。30年代初期,王道周、梁士俊二烈士和蒋方等共产党人都曾受聘在敦睦小学任教。他们以教师身份做掩护,从事革命活动,并对学生进行革命教育。

几年以后,校董又制定一项新制度,规定校长任期为1年。学年结束,校董会即组织选举下任校长。校长可以连任,没获连任校长的,董事会动员他受聘为教师。这样能上能下,有助于增强学校的活力,拉近彼此的距离。

敦睦小学的学额前十年始终在100多名徘徊,30年代不断增加,突破200名大关,抗日战争全面爆发后,沦陷区学生到敦睦小学高年级插班,每年的学额都达到270余名。

1949年新中国成立,敦睦小学被人民政府接管,私立敦睦小学成为人民的敦睦小学。

1954年发大水,余氏宗祠被特大洪水冲毁。第二年,上级拨款在余楼村林大郢西北重建学校,更名为连塘小学。

敦睦小学在开办的三十几年中为社会培养了六七百名高小毕业生,其中升入高一级学校的近200名。这近200名学生中,进入高等学校的近30名。他们中有不少人投身抗日战争、解放战争和抗美援朝,奋勇杀敌,血洒疆场。多数人成为新中国农村的基干和尖兵,不论是镇压反革命、反霸土改,还是搞合作化和扫盲、推广新农业技术,他们都是开路先锋。其中不少人被提干,成为乡镇、区县的领导。总之,这几百名立足家乡的人,不论他们在哪一行、什么岗位,都为家乡的建设发过热、发过光,贡献自己的力量,同样是敦睦小学的光荣。

2014年,余氏族人为纪念余氏家族定居迎河余楼640年,重建了余氏宗祠,旨在本着敬祖爱国的精神,团结族人,和睦四邻,坚持学习,积极向上,发挥社会主义正能量。

古余氏宗祠和敦睦学堂虽已湮没在历史的长河之中,但余氏前贤能把宗祠的封建宗法制殿堂适时变为传播科学文化的基地,为周边培育一批人才,迎接新时代的到来,实属难能可贵,为当今研究宗祠文化提供了新的资料。(孟宪禄)

大炭集与小炭集

据《寿州志》记载,"禹临庙,在炭场集北……"。这里不说禹临庙,说说炭场集。炭场集现在分为小炭集与大炭集,20世纪50年代初期,属于寿县朱祠乡,后朱祠乡撤乡成村,现属于寿县迎河镇朱祠村。顺着242省道一路向北,距离寿县迎河镇政府所在地约3千米,紧挨路西边有个普通的村庄,则是小炭集。而在路东边东北方,一大片树林掩映下的一个村庄,则是大炭集。小炭集与大炭集位于湅河(当地人称为淮河)东岸,中间有两道湅河支流穿过,通向正阳关。靠近小炭集的支流,被当地人称为大南头河,靠近大炭集的支流,被当地人称为小南头河。以前由于没有正南淮堤阻挡,水来则淹,水去成滩,滩上不知何时形成一个集市,被当地人称为小滩集、大滩集。二集中间有一条官道经过,南可达六安市,北可抵正阳关。

大南头河、小南头河,水深皆可行船。在小滩集与大滩集各有一个船塘,供船只停靠、上下货物、歇息之用。宋代时期,在此设炭场,烧制薪炭,用船只运往正阳关,销往全国各地,炭场集由此得名,小滩集成了小炭(场)集,大滩集成了大炭(场)集。小炭集北端建有一座百神庙,供奉上百位菩萨,香客众多,香火旺盛。

清朝中后期,住在寿县臊泥塘巷的一支蔡姓人家逐渐发达起来,建武官府第,老大明善府,老二福成府,统称"蔡公馆",并在小炭集与大炭集周边买下大量土地,陆续有蔡姓人家搬至小炭集和大炭集居住。

随着迎河集的发展,以及湅河东岸正南淮堤的筑起,小南头河与大南头河断流,船只无法进入通行,船塘空置,逐渐被淤平,小炭集与大炭集没落。据说大炭集以前还有豆腐坊与几家店铺,但终因没生意,不得不关门大吉,而小炭集北端的百神庙早已倒塌,在60年代初期,从百神庙原址上挖出许多砖块,用来修建迎河集至板桥集的道路。

现在的小炭集与大炭集只是两个普通的村庄,大炭集村庄很大,巷道很多,进去容易迷路,于是被人戏称为"浑蛋集"。在大炭集村庄内的东边,有两座相邻的墓地,中间一条小路穿过,杂草丛生,虽然在村庄内,仍让人感觉有些荒凉。这两座墓前各立着一块石碑,经过岁月的侵蚀,显得比较斑驳。经过对碑文仔细辨认,从残缺的文字中,依然可以看出墓碑是光绪十五年(1889年)六月立。北边的墓碑大些,上刻有"皇清诰封建威将军,一品太夫人,显祖(考妣)蔡大公□锐太府君,太□贾太夫人合墓,政孙蔡福与蔡福成……立"等字样;南边的墓碑小些,上刻有"皇清赃封建威将军,一品夫人(兄嫂)蔡福与刘夫人合墓"等字样。

据村庄里蔡姓之人说,听老辈代代相传,清光绪年间,这几人灵柩从外地由水路运至大炭集,其中一名女子安葬在蔡家堆场瓦杂地,虽然规模比大炭集墓地小些,但墓前挖有月牙沟纳集风水,名气倒比大炭集墓地大些。这位蔡姓建威将军是谁?据《寿州志·选举志》记载:蔡明善,"花翎,侭先游击",而蔡福成,"花翎,记名提督"。如今存放于"蔡公馆"的两块木制牌位上刻有蔡明善,武功将军;蔡福成,建威将军等字样。

如今的小炭集、大炭集,众多姓氏混居在一起,人口众多,房屋密集,虽然没有了以前那种繁华与喧嚣,但多了一份宁静与祥和。(聂传海)

酒流桥

酒流桥,又名酒刘桥、九流桥,位于迎河镇酒流村境内。当地曾经有一条土路,从李家堆场经过现在的沈氏宗祠(叶郢子)、卫东、韩庄子、黄泥岗、聂家湾,可以直接通往枸杞。这条土路经过聂家湾时,被一条小河流阻断,为了方便两岸居民通行,明同知袁经修建了一座石桥,后经监生余尚仁重修。光绪《寿县志》记载:"酒刘桥,在州南七十里,明同知袁经建,监生余尚仁重修,费一千一百余缗。"

据说这座石桥竣工时,从上游顺着河水流来两个大的酒坛,打开封口,里面盛满了陈年老酒,酒香四溢,馋得大家口水直流。因为有酒坛顺水流来,于是大家给这座石桥取名"酒流桥"。酒流桥自从落成之后,一直方便着当地居民的通行,造福一方。1937年七七事变后,日军迅速侵占了我国大片土地。1938年6月,徐州、蚌埠、凤阳、寿县相继沦陷,为了阻击日军南犯,酒流桥被炸毁。全国抗战胜利后,内战又爆发,据当地老人们叙述,迎河镇解放前夕,有一支国民党溃兵经过,到处抓壮丁,并在当地强行征集九棵大树,放在酒流桥老桥墩上架桥,搞得鸡犬不宁,天怒

酒流桥遗址

人怨。酒流桥从此成了"九流桥"。

至于为什么叫"酒刘桥",尚待考证。

新中国成立后,随着杨西分干渠的建成通渠,这条土路被杨西分干渠隔断,原来的小河断流,酒流桥失去作用被拆除。现在酒流桥的位置成了一大片鱼塘。酒流桥也成了当地的传说。(聂传海)

草席之乡板桥镇

板桥镇位于寿县西南部,东与安丰塘镇、保义镇、安丰镇相接,南和安丰镇、张李乡相邻,西邻张李乡、迎河镇,北和正阳关镇接壤。

板桥镇的得名源于一座桥。此地原有桑姓所修石墩板面桥,俗称板桥,又称桑家大桥。桥北形成小集,集以桥名。板桥集约形成于明末清初。板桥集老街1954年毁于洪水。1955年在桥南重建新街。新中国成立后,板桥一直是区、乡、公社、镇政府驻地。改革开放以来,集镇建设有了飞速发展。街道宽广,楼房林立,工商业、服务业发达,为全国四大草席基地之一。

淠河从大别山区一路流来,在六安以北白芍亭附近分东西两流,干流顺西路继续北流,而东路向东北又汇合龙穴山方向的来水,引入安丰塘,再经凤凰闸泄水,过

板桥镇人民政府

石马河,一路西流汇集了蔚家桥、范家桥、聂家桥等方向的灌溉尾水和雨水,水量渐丰,流过酒流桥后河面渐渐加宽,形成一个东南、西北走向的狭长水面,叫作肖严湖。水出肖严湖继续向西北流,在正阳关以南不远的清河口(现今正阳关农场地界内)附近与淠河西支汇合,流入淮河。此河除承担流域内排洪泄水任务外,板桥集至正阳关一段长年可行驶内河小木船。在过去陆上交通不便的年代里,依托这条水上通道,大别山出产的竹、木、茶等山货土产顺淠河而下,沿淮、沿江甚至沿海生产的棉百日杂、食盐海产溯淮河而上,而当地得益于安丰塘灌溉之利盛产的粮、棉、家畜、家禽等,都可以通过水路在板桥集装卸,使得板桥集在寿县西南乡的集市中,成为规模略次于迎河集的物资集散中心,也是新中国成立后寿县较早建镇的集市。

自此板桥集商贾云集,买卖亨通。板桥集回汉两族同居,回族人口虽然不多,但是特别勤劳,在经营生意这块也是让人夸赞:陶家烧饼、蔡家茶馆、把家咸水鹅……1964年冬,当地干部到外地出差,带回了一批俗称灯芯草的草根在板桥镇试种。灯芯草也叫席草,是江淮地区常见的一种多年宿根生草本植物,地上茎细长、柔软、坚韧、光滑,粗细均匀,韧性十足,一簇簇、一丛丛,沾水生根,郁郁葱葱,是编织睡席的主要原料。经过不断地发展壮大,辐射带动周边安丰塘镇、迎河镇等十余个乡镇种植席草,总面积达5万亩,板桥镇一跃成为全国四大草席基地之一,被称为"席都""草席城"。板桥草席销往国内大部分省市,外销到日本、东南亚、欧洲及非洲等国家和地区。

1949年置板桥乡。1953年撤销。1955年成立板桥镇。1958年成立板桥公社。1960年并入枸杞公社。1961年恢复板桥公社建制。后几经调整,1983年改社为乡。1984年撤乡设镇。1992年双门乡并入。镇人民政府驻板桥集。(金茂举)

饮马井、陈家牌坊、华佗寺、穆老坟

在板桥集东北2千米的新华村陈店组,不足1平方千米内竟然有饮马井、陈家牌坊、华佗寺、穆老坟4处古迹,实属罕见。

饮马井

相传,彼时后周大将赵匡胤率几十万大军从汴梁(今开封)来攻南唐北边边陲重镇寿州。岂料南唐寿州守将刘仁赡顽强抵抗,久攻不下,粮草渐空,赵匡胤心烦意乱。一日,他绕至南唐守兵背后观察敌情,寻求破敌良策。他单枪匹马,从寿州城西双桥梨树店一路向南,马过三岔河,至板桥地界已至午时,人困马乏,也不敢贸然寻店吃饭。

人饥渴尚可忍一忍，马可不行，马蹄发热，马嘴喘气，烦躁不安，赵匡胤明白，自己的坐骑也是饥渴劳乏了。为了保护战马，不能随意饮用路边污水，得寻到清洁水源，便问路边农夫："此间何地？"答曰："寿州板桥。"又打听："何处有甜水？"答曰："陈店有井。"遂寻而去，找到此井。只见井水清澈透底，但水位较低，马脖颈努力下探也无法触及。井边仅有一小竹筒，无法汲水饮马。赵匡胤自言自语："水若上涨半尺，马可饮矣！"说来也怪，水位立马咕咕上升，马饮之后立刻精神抖擞，昂天长嘶。赵匡胤亦呷口品尝，果然甘洌清爽，禁不住赞不绝口："甜，真甜水也！"一旁观看的农夫大惊失色，连忙施礼。饮马井的故事在当地百姓中世代相传至今。

陈家牌坊

一个偏僻的小地方怎么会有乾隆御赐牌匾呢？板桥中学陈长凯老师依《陈氏族谱》记载口述：陈氏陈店支系，因六世祖婚后早逝，留遗腹子。其配偶桑氏（迎河镇新墙村桑姓）弟为清朝乾隆皇帝义子，在京为官。其弟在乾隆皇帝面前闲叙姐姐虽遭遇坎坷，仍独善其身，孝顺公婆，早晨亲自入厨做饭，后请公婆起床、侍洗漱，每晚挑灯伴儿子读圣贤书。偶有仰慕之徒诱惑，陈桑氏心若止水，断然拒绝，乡里无不称贤称孝。乾隆帝知此人此事，甚为感动，遂下旨于乾隆五十八年（1793 年）立牌坊（石仍在，字已不全）一座。牌坊于 1966 年秋被人为推倒。而今多数牌坊之石刻石条，或被铺路，或搭水台。陈桑氏受御赐牌坊之事，在安丰塘水务分局内的陈氏宗祠族谱内有记载。

华佗寺

据说华佗寺的位置在陈家牌坊东方，一沟之隔，当时四周都是小河，春天有好几只挂帆的船停在河里。庙宇是古建筑，青砖碧瓦，出拱走廊，三进二院。庙前大香炉比七八岁的孩子高了许多，踮起脚也抓不到香灰。

传说，庙中有一个住持和尚，是北方流浪僧人，来到华佗寺寄挂修行，姓穆，精于中医，擅长针灸推拿术，经常给来庙里的敬香人看病、治病，医术医德俱佳，一时间庙内香火很旺，声名鹊起，都尊称他为穆老爷。故此，华佗寺也叫"穆王庙"。穆老爷去世后，寺庙香火逐渐没落，偶有云游僧人小住便走。新中国成立后，寺庙一度改为小学。后破"四旧"，拆除寺庙，那些大块青砖被推到街上另作他用。

穆老坟

一生悬壶济世、心念苍生的穆和尚死后，乡里众邻常感激他的恩情，在他安葬时送葬的队伍足有几里路长，甚至有人自发为他戴孝守灵。若干年后一日，有一牧童在此放牛，牛在穆老坟旁吃青草。牧童背部生一毒疮，家境贫寒无钱治疗，牧童半躺坟头，背后苍蝇叮咬，疼痛难忍，太阳下牧童昏昏沉沉，喃喃呼叫："穆老爷救我！穆老爷救我！"过了几个时辰，家人寻来唤醒牧童，发现背上毒疮脓已流出，牧童喊出："穆老爷救了我！穆老爷显灵了！"一传十，十传百，很多群众遇到红白喜事了，先去穆老爷坟敬香，许愿还愿。每年农历正月十四晚，周边十里八乡的人拥向陈店村，夜间12点之后，开始上香放炮，各人祈福。正月十五，陈店庙会达到高潮，人们各寻自己的快乐和幸福：孩子们眼盯着各式玩具和糖果，少男少女祈祷寻求自己遇到佳偶，老人们祈求多子多孙多福多寿。热情好客的陈店人在十五中午会倾尽所有，招待三亲六眷，酒醉饭饱再陪他们赶庙会、看大戏，很是热闹。（全茂举）

许家圩

提及板桥集许家圩，据一桑姓老者说，初建此院落者，生活年代不详，只知其曾在四川府任统领一职，乡人尊之为许统领。他在荣归故里后，建此庄园。庄园四围垒成土墙，高约一丈，外挖壕沟成河，以护墙圩。河上又立一吊桥，靠门建索，站在土墙之上收放自如，抗匪截盗，保家护院。始建院府的一副大门，由百年柏木所造。据说，此门在后来挪作他用时，砍毁了好几把斧子，可见其厚重结实。进门之后是两进院落，房屋皆是青砖黛瓦、飞檐翘角。在院后还有一个很大的花园，植有种类繁多、品相贵重的花草树木。闲暇之日，许统领会邀朋引友观花赏景，吟诗作对，刻碑留迹，但碑文后皆毁。

新中国成立后，许家圩因独特的位置，成为乡公所和收缴公粮首选地，也是惩恶除霸之所。从此，人们在这唱红歌，开大会。后来乡公所搬出许家圩，在斜对面建起了人民公社，许家圩成了板桥粮站。当年修建的围墙河沟的作用得到凸显，起到防盗防涝作用，为囤粮安全提供了保证，据说连1954年也未遭水灾。到了20世纪七八十年代，这里成为收缴公粮、税费结算之地后，人们推拉担扛缴公粮的热闹场面，红火了一个时代。（江典朋）

"汪家坝"还是"刘家坝"

板桥镇芍西村（原高瓦村）境内有个地名叫"汪家坝"，也有人叫"汪家坝沿"。

人们现在所叫的"汪家坝"是指一口水塘,呈五边形,面积 2 万平方米,可蓄水 5 万立方米。这口塘除水产连年丰收外,更为周边农业灌溉发挥了重要作用。

新中国成立后,当地群众为了解决古河道孤岛上的 150 亩高地无水灌溉问题,修了这口当家塘。塘的修建是利用高地西边的枯水古河道,一南一北各修筑一个土坝,两土坝相距 170 米,修筑的两个土坝和两边的河岸围成一个水塘,塘中蓄水可养殖可灌溉。在南边的塘坝上又挖出一条水渠,类似渡槽,引水至孤岛上。

汪家坝在当地很有名气,方圆几十里的人们都知道。大人们看到小孩子哭,就要逗上一句:"眼泪水到汪家坝了。"

传说,汪家坝从前叫刘家坝,刘家坝被汪姓大户霸占了才叫汪家坝的,所以人们也打趣地叫它"汪家霸"。据传,汪家在这里是大户人家,刘家户小,难免不受汪家欺负。汪姓人家起了霸占刘家坝的坏心,就在汪家坝古河道的一个河滩上建了一座庙,还栽上了大松树。为了让大松树快点长大,以证明树种的时间久,还在树下埋了几大龙缸的植物油。刘姓人家人寡势单,看到汪家真的霸占刘家坝了,无计可施,只好一纸诉状告到县衙。汪姓人家得知刘家已经告状,召开家族会议出损招,给在刘家坝放牛的孩子们发油条、煮鸡蛋,告诉孩子们看到官府来人就说这里是汪家坝,没听说过刘家坝。果然不几天,就来了几个骑驴的官员,孩子们打老远看到他们就按照汪家大人们的吩咐喊道:"到汪家坝放牛了,到汪家坝放牛了!"听到这么一阵喊,几个官员驴都没下就走了,认为小孩嘴里说实话,孩子们明明喊的是汪家坝,哪里是刘家坝呢?刘姓败诉了,刘家坝也就成了汪家坝。

据明嘉靖《寿州志》记载,古芍陂"上双门,灌至清河、汪家坝十里"。清乾隆《寿州志》记载,古芍陂"沱河门,在双门铺南一里。水至……汪翰公坝十三里,今仍至汪家坝十三里"。

从历史记载来看,汪家坝由来已久。但是,这里又提到一个"汪翰公坝",这又是怎么回事呢?根据《〈芍坡纪事〉校注》注解以及实地考证,汪家坝是汪翰公坝的省称。上面所说的汪姓大户,在坝滩上建庙,建的就是"汪翰公庙",后被毁坏。据汪姓家谱记载:"翰公随明太祖(朱元璋)从征,因功授武略骑尉……"看来,庙宇是汪姓大户为纪念汪翰而建。

明《寿州志》提到"清河",而同一条河流,清《寿州志》记载的却是"青河",这是清朝为了避讳"清"才改为"青"的。知道青河的人已经极少了。青河是接纳古芍陂西边各门下行水流汇归正阳关(青河口)的一条无堤古老的自然河道。据老人们回忆,新中国成立前,河道水源丰沛,水流不断。新中国成立后,大兴水利,那时为了灌溉喊的口号是"水往高处走"。安丰塘灌区得以全面治理,以致古老低洼

的沟洫包括青河绝水,现在都成了枯水河。汪家坝就在沱河门和上双门两条古河流的交汇处。(桑士龙)

唐家酒房

唐家酒房位于板桥镇龙祠村酒房组,安丰塘畔西南 2 千米处。

安丰塘入水口南不远处有条泄水渠叫"酒房门"。清光绪《寿州志》、清人夏尚忠《芍陂纪事》都将"酒黄门"名列其中。1955 年安丰塘复堤培堤,"酒房门"仍在原地未动。中国农业博物馆李三谋在《芍陂与〈芍陂纪事〉》中,坚信"酒黄门"乃"酒房门"之谬。

"酒房门"的得名来自唐家酒房的小郢子。很多年前,这里并无村庄,却住着有一户从颍上唐垛湖搬迁来以佃田为生的唐姓人家。唐家人善良、勤劳、热情、好客、爱琢磨,白天下地干农活,晚上睡觉时还不忘琢磨帮工所学到的酿酒技术。起初,他们酿少量的酒,以满足自己爱好和逢年过节应时之用。经反复研试,用安丰塘的水浸泡当地的高粱 7 天,香泥封坛,低温入池,酒更醇香。后来,每出一锅酒,他们总不忘送人品尝,悉心听取意见,继续改良。每逢乡民有红白事,他们总捎上自酿的酒,久而久之,唐家酒传遍开来。

那时,唐氏回老家需要路过迎河集和正阳关,交通极为不便,少不了途中吃喝休息。次数多了,那里开饭店、商店和旅馆的老板们也就品尝到了唐家酒,不品则已,品则大悦,不上头,口不干,绵柔悠长。众老板隔三岔五地捎口信或派人专程来到唐家订酒。有的老板则干脆开起了唐家酒专卖店。在家人、亲朋好友和乡亲们的劝说与帮助下,唐家酒坊兴盛起来了。

唐姓人诚实守信,口碑远扬,很多人前来买酒、换酒,更有人选择与他们做邻居,村庄因此出现。

唐氏秉承"多做善事"宗旨,积极带头参与芍陂水利工程建设,遗憾的是,《芍陂纪事》中《沟洫图》和《各门姓氏纪》只存目录。

民国期间,深受人们喜爱的唐家酒房屡遭土匪抢劫,唐氏无奈从农,不再酿酒。乡亲们并不因为历史的变迁、时代的更替,忘记乐善好施爱义捐的唐家酒房,每当说到"酒房"二字,总是心悦地称呼"唐家酒房",兴修水利时便以"酒房门"冠名支渠。(唐新连)

石马河

石马河是安丰塘西边一条古老的河流,历史要远远超过安丰塘。早在春秋战国的楚庄王时,身为令尹的孙叔敖主持修建安丰塘,就是科学地利用了这片南高北低的狭长地带,四周筑堤,汇集塘南大片集雨区蓄水成塘,用于农业灌溉。这项了不起的水利工程,凝聚着古人的智慧。安丰塘为当时的楚国提升了国力,成就了楚国的雄霸一时,也造福了灌区的百姓。可一项重大的水利工程,要有多方面的考量,古安丰塘的水源主要是靠上游的雨水,每年的降雨量又不尽相同,遇到多雨年份,势必要选择泄洪的地方,石马河成了唯一能够担负削减洪水的河流。不过它当时不叫石马河,而是有一个好听的名字叫"凤凰河",这是古寿州地图上的名称。

凤凰河的形成要早于安丰塘,只不过在没有安丰塘的时候,来水量没有那么集中罢了。如果说古安丰塘的兴建者修建凤凰闸是看中了凤凰河的泄洪能力,那么在之后的若干年里,古时的先贤们为抵御外敌入侵,在凤凰河边筑建的安丰古城,看中的则是凤凰河的水运功能。可以说没有凤凰河,安丰古城就不会选址于此。安丰古城在历史上曾留下过浓重的笔墨,却都是与战争有关。元末明初,城池在战乱中毁于一旦,从此安丰古城淹没在历史的长河里。如今,安丰塘尚在,安丰古城的遗址还清晰可辨,凤凰河也还在,只是现在人们把它叫成了石马河。

石马河是七十二水通正阳中的一条水系,它因一对石马而得名。是何年何月何人把石马安放在凤凰河边的,已无人能够讲得清楚。可关于石马的传说倒是有许多版本。据说,这对石马是来自距离此处十几千米外的袁家湖驸马坟陵园里的石像生,因长年累月受香火祭拜和吸纳了日月精华,变得有灵性,在一只乌龟的鼓动下,说喝了安丰塘的水就能成仙得道、为所欲为。于是在乌龟的带领下,来到了距安丰塘还有一箭之地的河边,遇河水湍急,只好让乌龟先过河探路,两匹马在河西边等待。就在这时,突见一村姑飘然而至,这两个家伙便上前调戏。哪知这女子是仙人的化身,就是为了阻止它们变得邪恶而在此等候的。瞬间,那女子不见了身影,接下来一道闪电掠过,那石马、石龟被永远定格在了石马河两岸。

可石马真正的来历是和郭家陵园有关。在石马西边不足百米处有个高坡叫郭家园,据老人们说,在新中国成立前,陵园里还能见到石羊、石香炉等器物。也有人说,石马、石龟是通过水路运到此的,本是要安放在郭家陵园里,可船到此处时河水落了,石马、石龟因为过于沉重,只好安放在了河边。石龟在河东,石马在河西,头都是朝着东南方的安丰塘,郭姓人家在此修建陵园,看中的一定是风水。可陵园具

俯瞰石马河

体建于何年何月,又是何人所建,已无从考证。

在古时陵园里,能够放置石马、石龟等石像生的,肯定不是普通百姓,这不但需要财力,还得是五品以上的官员才有这样的资格。郭家园的曾经已被厚厚的尘埃所覆盖,成为历史。古塘西边的一对石马成就了一处地名。同时,"石马望古塘"也成了芍陂八景之一。(陶标)

双门铺

提起双门铺,既与双门有关,也和递铺有关。其一,安丰塘泄水涵闸多为单门,唯独此处泄水涵闸设立双门,初期为木板,后为石板且双口呈门状,故称双门。在河的西边建有简易土堆码头,临水竖立一排粗大的木桩,方便过往船只停靠系泊。其二,双门老街依傍老塘河(现在的淠东干渠),这里宋代以来就设有递铺,当地商人、居民为求安全自保,在小街两头各建有一个类似城门的更楼设施,派专人把守启闭,故称为双门铺。

大别山成排的毛竹捎带着茶叶、扫帚等从上游的马头集、杨仙铺方向顺水放来;寿州的烟叶、黄豆等沿瓦埠湖、老庙集、戈店水路到达双门集市,经迎河航道向

双门铺涵闸

西可至迎河集入淠河,沿凤凰闸向西北方向穿过肖严湖抵正阳关后可进淮河。

铺,古代邮驿中的一种,步递网格,俗称"递铺"。古时双门地处寿州与六安州水陆交通要道,明清以来此地历设递铺,故名双门铺。铺既是传递公文的机构,又兼有迎来送往宴饯官吏之职能,也为人员来往和官员歇宿换马等提供服务。

双门铺东接保义镇,南靠安丰镇,西连张李乡和迎河镇,北邻板桥镇,原为双门乡人民政府所在地,1992年撤区并乡后归属于板桥镇。

双门铺早期的集市,可能是因双门递铺的建立而渐趋成型的。附近百姓除了保障递铺工作人员和马匹的吃喝拉撒外,还会把剩余的农副产品带到递铺旁边集中售卖或直接置换。随着人流量的增加及农业、手工业的不断发展,农产品交易出现了新的模式,当初临时地摊模式和流动小贩也与时俱进,一些有商业头脑的人直接在递铺周围搭起草棚和土坯房,农副产品和生产资料的交易有了固定的场所和固定的时间。之后,铁匠铺、酒坊、油坊、染布坊等店铺也如雨后春笋般兴起。

在过去物资匮乏年代,双门铺逢集是无数赶集人的天堂。那外焦里嫩的火烧馍以及油酥烧饼、大春卤菜等食品,令人馋涎欲滴。尤其火烧馍最具特色,馍心不粘不黏,不用刀切,一掰两半。时至今日,双门铺虽已不再像往日那样热闹,但它依然是无数双门铺人梦想开始的地方,更是承载了无数远离家乡的双门铺人的乡愁。

双门铺旗杆郢人李家佑(字启斋,册名炳垚,生于1862年)曾留学日本,在新思潮的影响下,思想甚是开明,回乡与堂弟李家佩(字兰斋,生于1878年)捐资共创芍西学堂(清朝时为寿州第四御林学堂)。芍西学堂是寿县西部早期革命的摇篮和圣地,曾聘请石德宽、张树侯、黄魁臣、吴旸谷、袁家声、刘显亭、常藩侯等革命志士在此任教并传播进步思想,引领莘莘学子走上革命的道路。

芍西学堂的前身为明崇祯年间的崇佛寺,由隐贤集姚氏第七支客居此地时捐资兴建。1902年,李家佩从姚氏家族手中买下崇佛寺兴办芍西学堂。李家佩娶当地社会名流庠生姚衣德长女。姚衣德为隐贤集姚氏第七支后裔。

过去的双门铺曾商贾云集、繁荣一时,小小的水陆集市因递铺的存在而兴盛,在它热闹非凡的背后,是无数劳动人民辛勤的汗水。(李井标)

芍西小学

板桥镇芍西小学位于古芍陂以西3千米处,学校以地理位置命名。

芍西小学始建于1903年春,是由崇佛寺(一曰"崇福寺")改建而成,原名李家学堂。该校占地面积约6000平方米,四周有圩沟护校,校内有百年古松,是一所历史悠久的学校。

1905年3月,秀才、教育家、革命志士李家佑(1862—1911年)与弟李家佩捐资创办芍西学堂,聘请石德宽、张树侯、黄魁臣、吴旸谷、袁家声、刘显亭、常藩侯等革命志士先后来此任教。

芍西小学

1939 年夏,安徽省立第八临时小学创办于芍西学堂。

1941 年,省立第八临时小学交县里管理,改称寿县双门示范中心国民学校。

1942 年,该校迁至县府临时驻地保义镇,改称寿县示范中心国民学校。同年,寿县中学迁入该校,为该校的物质和文化底蕴奠定了坚实的基础。

1945 年秋,寿县中学撤走,留下大批体育、音乐及其他教育器材,为该校后来的发展提供了丰厚的物质基础。

20 世纪 70 年代,芍西小学附设初中班。学校接纳附近南庄、高瓦、李祠、沙涧、金桥等大队学生就读,师资力量雄厚,教学质量优良,成为名噪一时的名校。

芍西小学既是一所有古老传统的学校,又是一所有红色基因的学堂。革命时期不少革命志士为宣传进步思想,躲避国民党反动派的迫害和追杀,来此任教,并把学生引领到革命道路。

石德宽(1885—1911 年),中国近代民主革命家,结识陈独秀、潘赞化等人后,考入安庆武备练军学堂,曾东渡日本留学,加入中国同盟会。回国后,他参加广州起义,不幸壮烈牺牲,年仅 26 岁,遗体葬于黄花岗,为黄花岗七十二烈士之一。

张树侯(1886—1935 年),本名张之屏,辛亥革命元老,中国同盟会会员,与革命志士创办强立学社,传播革命思想。1904 年,张树侯考入安庆武备练军学堂,与革命者柏文蔚取得联系,投身革命事业。1907—1909 年,他在芍西学堂任教并主管教务,以革命思想教育学生。张树侯学识渊博,工诗词歌赋,善书画,精篆刻,时人称之为"皖省三大家"之一。张树侯石刻碑文,不用书丹,被称为"铁笔张树侯"。其刻制的"芍西学堂"印章,现存于安徽博物院。

袁家声(1878—1960 年),秀才,投笔从戎,考入安庆武备练军学堂,加入中国同盟会,曾任国民革命军第三十三军第一师师长。该师曾战胜军阀张宗昌残部,把孙传芳残部全歼于山东滕县。他曾任教于芍西学堂,新中国成立后,担任安徽省文史馆馆员、省佛教学会会长。

常藩侯(1882—1950 年),18 岁中秀才,1903 年赴安庆武备练军学堂,入安庆炮兵训练所当学员,加入中国同盟会。辛亥革命炮响,他从日本回国参与南京起义。北伐战争时期,扩编的国民革命军第三十三军,他任党代表兼政治部主任,柏文蔚为军长。之后他率三十三军各级政工人员通电反蒋。他曾任教于芍西学堂。

徐梦周(1904—1944 年),1920—1921 年曾就读于芍西学堂,后走上革命道路。1927 年,他先后任中共延安县委书记和中共陕西省委常委。1944 年,徐梦周等人前往陕南、汉中、城固等地发展民盟组织,途中不幸因车祸而殉职。

毕仲翰(1897—1971 年),曾就读于芍西学堂,后从事革命活动和教育事业,后留学日本、英国,1958年任上海交通大学副校长。

另外,黄家明(一名黄仲凯)等一批青年学生怀着满腔热血,从芍西学堂奔赴四川、云南等地参加解放战争,为中国人民的解放事业贡献了青春和力量。(桑士龙)

熊　郢

板桥镇龙祠村有个村庄叫熊郢,但熊姓仅有几十口人,反倒是其他姓氏人口居多。按说,该冠以大户姓氏命名才合理啊!通过走访当地老年人,以及查找各种历史书籍,笔者才弄明白其中的奥秘。

郢,古地名,春秋战国时期楚国国都。楚国祖先姓芈,熊氏。楚人有将都城命名为郢的习惯。楚考烈王二十二年(前241年)迁都寿春,历四代楚王,到公元前223年,秦军攻破楚都,楚国灭亡。

昌平君熊启(前271—前223年),芈姓,熊氏,名启,楚考烈王之子,母亲是秦昭襄王的女儿,战国末期秦国丞相,秦始皇的表叔,末代楚王。楚考烈王曾在秦国当人质,并娶了秦昭襄王的女儿,生下了熊启。楚考烈王回到楚国继承王位后,熊启继续留在秦国,并辅佐秦庄襄王、秦始皇等君主,受封为昌平君。公元前238年,昌平君熊启与吕不韦、昌文君受命平定嫪毐之乱。

楚王负刍五年(前223年),秦军攻占楚国都城寿春,熊启的哥哥负刍被俘。昌平君熊启当时也在楚地,并被楚国将领拥立为楚王,以此继续反抗秦国。不过,此时的秦国大军已经是无人可挡了,昌平君熊启尽管被拥立为楚王,必然是螳臂当车。王翦、蒙武率秦军来攻,熊启兵败身亡,楚国也彻底走向灭亡。相对于他的三个兄弟,昌平君熊启完全可以继续在秦国享受荣华富贵。但是,作为楚考烈王的儿子,昌平君熊启心系母国,显然不愿意楚国就此告别历史的大舞台。因此,他自愿被拥立为楚王,希望可以强大楚国。虽然最终的结果还是失败,他也因此付出了生命的代价,不过其勇气实在可嘉。熊启成了归客,也成了亡客。

熊郢,南有古堆熊家墓,西有小河熊家桥。一座熊家桥连接河东河西几户熊氏人家。据瓦庙村委会原主任熊氏少扣介绍,辈辈相传,他们的先祖就是熊启。熊启兵败后南撤,命丧于此,就葬在熊家墓,他们这支成了守墓人,他们居住的村庄因而得名熊郢,历经几十代,到现在已有2000多年的历史。一辈辈恪守职责,甚至多辈男丁单传,所幸烟火没断。他们曾有过完整的熊氏家谱,在破"四旧"时被毁,成为他们族人永远的遗憾。(赵守菊)

赵家糖坊

在双门铺西北约 5 里有一个村庄,因制糖手艺而得名赵家糖坊。

听赵氏家族长辈说,他们老家在隐贤,为躲避抓壮丁,举家搬到太祖奶奶的娘家李祠居住。太祖奶奶姓李,李氏在当地是大户。太祖奶奶为人纯朴慈善,一天傍晚,太祖奶奶出门吆喝在外玩耍的孩子们回家吃饭,发现一个老人昏倒在村口。一看瘦骨嶙峋、脸色灰暗的老人,太祖奶奶就知道老人肯定是饿的,立即挪动小脚转回家,盛了一钵米稀饭,拿了两个荞麦粑粑,同时叫来自己的大儿子一齐喂老人。老人吃完饭有了点精神,一再向太祖奶奶母子致谢。交谈中得知,老人家住大淮北,由于遭了水灾,逃荒要饭来到李祠地界,由于长期餐风饮露,背部长了毒疮,恶疾发作,加上几天粒米未进,昏倒在村口。太祖奶奶看天色渐黑,就叫儿子搀扶老人到家中歇一夜。哪知老人半夜发起了高烧,讲起了胡话,哼哼唧唧,痛苦难耐。太祖爷爷给他请来村医治疗,折腾了大半夜。老人在太祖爷爷家一住就是一个星期。

老人痊愈后,感念太祖爷爷一家在自己食不果腹的情况下,还能收留一个流浪汉,也瞧出了太祖爷爷寄人篱下的不易,决定把自己的制糖技术传授给太祖爷爷。太祖爷爷坚决不受,说那是老人的独家秘方,自己不能巧占别人赖以生存的手艺。老人坚持说:"若不是遇到你们一家,大嫂施饭救我一命,你又为我寻医问药,这身本事就被我带到地下去了。小老儿无以为报,唯有这个制糖手艺能帮老哥养家糊口,老哥就别再跟我客气了,否则小老儿寝食难安。"拗不过老人的一再坚持,太祖爷爷依老人所言,买来大瓮、大锅等一应工具,老人把制糖的方法、步骤、要点详细地告诉太祖爷爷。他们这种以米和麦芽经过糖化熬煮而成的糖,呈黏稠状,俗称麦芽糖。制作麦芽糖的主材料是大米,尤以糯米为佳。而安丰塘畔的农田盛产的大米颗粒饱满,口感极佳,出糖率高。用糖做糖坨子、糖棍、酥糖、糖疙瘩、花生糖、米花糖、糖葫芦等,给那个愁苦的年月带来了一丝甜味。

刚开始,太祖爷爷的儿子们走街串巷叫卖,渐渐地一些头脑活络的人发现商机上门求购,批发回家赚差价。糖坊的生意逐渐兴隆,闻名而来的商贩们来到李祠,一路问:"请问,你们这有家姓赵的糖坊在哪?"乡邻们热心地回答说:"哦!你找赵家糖坊,顺着这条路,走到头左拐四围有沟的几间房就是了。"久而久之,人们不再提村庄原来的名字,都叫赵家糖坊。(赵守菊)

众业兴隆众兴镇

众兴镇位于县城西南 56 千米处,东连茶庵镇,西邻隐贤镇,南与六安木厂镇、码头镇相接,北依安丰镇。

镇因众兴集而得名。众兴集位于安丰塘上游的唐河西岸南。《安徽通志·水系稿》载,安丰塘有三源:"一淠水,今湮塞;一淝水,今失故道;一龙穴山水。"芍陂承蓄江淮分水岭南来充沛水源。众兴的老塘河是安丰塘(芍陂)引水渠的老河道,1958 年安丰塘被纳入淠史杭灌区综合治理,老河道疏浚拓宽为淠东干渠,裁弯取直后的芍河与淠东干渠顺向并行,沿用旧名,成为当地群众生产生活的水源地。古代,从塘河到安丰塘,再进入大香河,为历代通往州城的漕运黄金水道。光绪《寿州志》记载:"大香河古名芍陂渎,出安丰塘大香门,经老军营、双古堆至古城分为两水,其有二里桥由城壕入肥,旧志称为运河。"到了宋代,因漕运之便在众兴设置粮仓,名曰新仓,并且为寿州南去六安州的重要驿站,因名新仓铺,后来逐步发展为集市,至清代已有众兴集之名,有民众兴起的集市之义。

寿县众兴镇人民政府

明清时期，安丰塘被地方豪强占田为垦，"塘之上界变为田"，上游贤姑墩以北、双门铺以南逐渐被蚕食，"新沟"即今芍河，过水面积狭窄，以致汛期经常排水不畅，造成涝灾，冲毁堤坝。清代时，人们利用地势走向，在众兴集设置滚水坝，采取分流措施，"溢则流，否则止，水西流由迎河入淠水"。清代夏尚忠编纂的《芍陂纪事》记载，雍正八年（1730 年），时任寿州知州饶荷禧针对历年来安丰塘洪水经常冲决堤防的问题，经环塘士民公议，于众兴集建减水坝，以泄上游骤来洪水。乾隆二年（1737 年），寿州知州段文元主政时，"芍陂水涨屡决，建坝修闸之工未竟，复被冲没。因申详道宪范公，又请帑银三千两有奇，接修滚水石坝并理两闸"，当年重建工竣。《芍陂纪事》记载，众兴滚水坝"坝广四丈，高寻一尺，两壁隆起，中址迤下"，为石灰浆砌条石结构。这是史书中最早有关众兴滚水坝建设的文字记载。

民国年间，众兴滚水坝仍在发挥作用。民国二十三年（1934 年），经安徽省水利工程处勘测，众兴滚水坝长 12 米，坝顶相对高程 23.2 米。1952 年，寿县人民政府对滚水坝进行整修。1954 年，滚水坝翼墙被洪水冲毁，汛后用混凝土及浆砌条石整修被冲毁部位，结构未变。1958 年淠东干渠双门节制闸建成后，由杨西分干渠分洪入淠河，众兴滚水坝废弃。

众兴滚水坝遗址位于众兴镇老街南端，淠东干渠以西，寿六公路西侧，众兴粮站以北，傍芍河而建。当地民众中流传的歇后语"众兴集南头——滚坝（滚吧）"，形象地反映了滚水坝的地理位置。原众兴公社书记王少青、原众兴街道书记张万友等同志介绍，淠东干渠建成后，安丰塘上游灌渠洪水分流任务改由双门泄水闸承担，灌区地面径流改经洪小河流入梁家湖，滚坝溢流分水功能废除，下游老河道废置返田。老人们回忆，坝顶石板桥一直保存到 20 世纪 80 年代后期。坝基宽约 10 米，外坡设 19 级青石台阶，石缝用铁水浇铸。滚坝下是一处名叫"滚坝潭"的水塘，老河道返田后一直作为鱼塘使用。当年众兴公社建在众兴集西南角，为方便出行，1975 年淠东干渠加固整修时，发动干部群众从滚坝潭中间修筑一条便道，南接寿六公路，北通公社正门。随着人口不断增长，集镇向寿六公路沿线迁移。

众兴滚水坝是古代盛世修塘的一大标志性建筑，几百年间民间流传着"铜帮铁底，玉石栏杆""四两丝线，达不到潭底"等逸事。2000 年，镇政府在滚水坝遗址上建滚坝潭公园，成为人们休闲娱乐的一个好去处。

众兴镇 1949 年置众兴乡，1958 年划归爱国公社，1961 年成立众兴公社，其范围几经调整，1983 年改社为乡，1984 年撤乡设镇，1992 年彭城乡并入。（高峰 赵阳）

滚坝潭

索有"寿南明珠"之称的众兴镇,水陆交通便捷,众业兴隆,自然风光绮丽。现在的寿六公路,其实就是根据汉代的交通线路修建的。这是寿县和六安之间唯一的南北线路。

滚坝潭公园

众兴镇老街与寿六公路之间有一条蜿蜒狭窄的堤坝,上面能通车行人,这是专门阻挡洪水袭击人类家园的人造屏障。堤坝上深埋无数的门板和碗口粗的木桩,当年老百姓为抗击凶猛的大水,在没有专门的防汛物资的情况下,不惜拆除自己的房屋来增强堤坝的坚固度,与洪魔一搏。这条堤坝,后人就叫它滚坝。因年年洪水冲破堤坝,坝下庄园变成一片泽国,后人就叫此地为滚坝潭。

滚坝潭四周水田相当肥沃,黄鳝、泥鳅体大身肥,还有挖之不尽的野荸荠,在灾荒年月还真救了不少穷人的性命。

宋代,滚坝潭水清透明,却深不见底,据说有人拿来四两丝线,一端系上小石块沉入潭中测其深度,四两丝线放完竟然也没有到达潭底,当时传为神奇。后来人们才知道,由于潭底水是流动的,沉下去的丝线到了潭底就随流水流走,不要说四两达不到底,就是再来四两也难晓深浅。

宋朝皇帝赵匡胤了解到寿县内河山洪来临时百姓年年受灾、苦不堪言,决定把滚坝潭拦水堤坝修建成"铜帮铁底,玉石栏杆"的宏伟壮观、坚固耐用的水利设施,使它既能抗击洪水的冲击,合理安排泄洪,又能成为一处景观。赵匡胤按计划从国库拨出巨额银子,指派两位大臣到寿县城负责修建事宜。受命的两位大臣到寿县后,在地方官员前呼后拥下,整日里吃喝玩乐,醉生梦死,挥金如土。眼看着时间一天天飞逝,工程用的银子却被他们大肆挥霍和贪污殆尽。

一天,赵匡胤率文武官员亲临寿县古城视察工程进展,便召见城中官员和负责工程的两位大臣。谁知这两位大臣非常狡猾,早有预谋,他俩见到皇上后,泪流满面无限伤感,叫手下捧上两个小动物让皇上观看。这两个小动物也就是今天的蝎子和蟾蜍,蝎子油光发亮很是好看,而蟾蜍浑身都是疙瘩让人恐惧。赵匡胤看着看着,用手摸了一下蝎子,蝎子反应灵敏,迅即蜇了赵匡胤的手指,痛得他几乎晕倒过去,忙喊御医医治。看此情景,这两位大臣跪在赵匡胤的面前,颤抖着说:"皇上,所有工程用料都取材于城北八公山,此山到处都是这种怪物,奇毒无比,我们的民工防不胜防,只要被咬了便是九死一生,工程银子大都用于抚恤民工及其家属,所剩无几。"赵匡胤被咬后连日疼痛,对这两位大臣的话也就深信不疑。因此,"铜帮铁底,玉石栏杆"的滚坝潭水利工程夭折,留下来的只有这个遗憾的传说。

新中国成立后,在中国共产党的带领下,大别山下修筑水库,治理了淮河、淠河,并在芍陂支流上兴建了倒虹吸水利工程。淠史杭灌区解决了南水北调的问题。今天的众兴滚坝潭再也看不到汹涌的洪水泛滥,此地已变成良田,滚坝潭的古迹已难以寻觅。(朱道春)

黑树套

黑树套位于众兴镇东北部距镇政府所在地4千米的李圩村联合组。

据村里老人回忆,黑树套在1949年前后最为壮观,因黑树套内都是树龄大且粗壮的榆树、橡树、柳树。每年候鸟来临的季节,乌压压成群结队的候鸟在树林里栖息,把本来郁郁葱葱绿色的树林"染"成了黑色。这就是黑树套地名的由来。

黑树套内水塘波光粼粼,绿林成行,鸟鸣阵阵。前人栽树后人乘凉,前人所栽的树林,现在已经是后人经常遛弯乘凉的好去处。

当地流传着一个关于黑树套的故事。从前有一家大地主住在黑树套,他雇长工,告诉长工年底结账能比别人多给钱。有一家哥儿俩都是扛长活的,听说这家地主给的工钱多,就商量着要去他家扛活。商量到最后,决定让老大去。老大干到年底,该结账了,地主说:"不忙,我出三道题,你要是能答上来,我就给你工钱;要是答不上来,这工钱就不给了。"老大为人老实,不会说不会道的,就说:"那你出吧!"地主说:"头一个,你把这里屋的地搬到外头晒晒。"老大想:这里屋的地怎么能搬到屋外去呢? 想了半天也没答上来。地主又说:"头一个没答上来,我说第二个,你把我这个大坛子装到小坛子里去!"老大又想了半天,还是想不出法子来。地主笑眯眯地说:"你可两个全没答上来,我再说最后一个,你说我这脑袋有多沉呀?"老大一听,连连摇头:"这、这谁知道呀?"地主这时阴阳怪气地说道:"我这工钱高是高,可惜你没长着挣钱的脑袋。"就这么着,老大辛辛苦苦干了一年,到末了也没挣到一分钱,垂头丧气地回家了。弟弟听完哥哥的遭遇以后,说:"明年我去做工,非得好好治治他不可。"

过了年,弟弟就去了。干了一年,该结账了,地主又把那一招使了出来,弟弟先砸了里屋房的房顶晒了里屋的地,打烂了大罐子把碎片塞进了小罐子。问到脑袋有多重的问题时,弟弟连想也不想地说:"二斤半。"地主摇摇头说:"不对。"弟弟摸了把刀比画着说:"我说二斤半就是二斤半,不信咱砍下来称称。"地主吓得扭头就跑,小伙子跟在后头就追,最后地主连连告饶。弟弟不仅把自己的工钱拿了回来,还把哥哥去年的工钱一并要了回来。从此,地主也不敢再动歪心思了。(江力)

五显庙

话说很久很久以前,众兴镇黄圩村境内位于现在的 172 乡道南侧曾经建有一座庙。该庙坐北朝南,建成时有明三暗五的五间正殿和十多间东西厢房。正殿出廊,圆柱石座,左右厢房,左青龙,右白虎,一字排开,规模宏伟,气宇轩昂。庙门的西南角还有一口井,井水清澈甘甜。即使遇到大旱年景,这口井也从未干涸过,四乡八邻都来此井取水。至于这座庙建于何时,因年代久远,又无文字记载,现在已无从考证了。其时正殿内供奉着五位神仙,唤作"五显神",于是这座庙也就被叫作"五显庙"了。

五显神,即"五显财(柴)神"。清代姚福均编的《铸鼎余闻》记载,南齐柴姓五兄弟为五显财神。老大柴显聪,老二柴显明,老三柴显正,老四柴显直,老五柴显德。弟兄五人都是猎人,经常捕猎猛禽走兽,吃不完就送给穷苦的百姓。此外,他们还时常采集草药,为当地的百姓们疗伤治病。因此,弟兄五人的人缘非常好,深受四方乡邻的爱戴。他们逝世后,人们便尊他们弟兄五人为神仙,称作"五显神"

或"五显王"。再后来,各地的老百姓便纷纷筹建庙宇,供奉五显神,一是表达对他们扶危济困的纪念,二是祈求神灵庇佑苍生福寿康宁。

黄圩村的这座五显庙应该就是在那个时候建的。

五显庙还有五姓庙的传说。

明朝永乐年间,天公不作美,连年干旱使得庄稼歉收严重,老百姓流离失所,四处逃荒,生活过得非常艰难。在寿州南最高点(现黄圩村内),有五大姓氏:黄、马、高、范、薛。有个黄姓老者在这边卖茶水生活,有一天来了个喝茶之人,喝茶时与黄姓老者开怀畅谈,就说这里的天气如此干旱,庄稼无收,如果在此处建一座庙,上天接受百姓香火,方能风调雨顺、国泰民安。说话间,这人站起身一眨眼就不知踪影。黄姓老者把所见所闻跟大家描述了一下,大家商量,说可能是上天的安排,于是黄、马、高、范、薛五姓的当家人在一块商量,决定由五家共同出资在周边最高处修建一座庙。在五大姓氏的努力下庙终于修建成功,当时还请了和尚管理庙。附近的老百姓纷纷到庙里祭拜,祈求生活安康、日子平安。后来,去庙里祭拜的老百姓越来越多,香火越来越旺,日子越过越和顺。很多老百姓都是慕名而来,说那供奉的神像灵验,但当时还未给庙命名,因是五个姓氏共同修建的,和尚提议取名五姓庙。

每年正月十三日是五姓庙的庙会日,老百姓纷纷过来烧香祭拜,祈求来年风调雨顺,心想事成,家庭和睦,事业蒸蒸日上。

新中国成立后,此庙曾先后被当地政府用作生产大队的卫生室、代销点等,在那个物资匮乏、交通不便的年代,极大地方便了当地的群众,一直延续到20世纪70年代末。再往后,因年久失修,无人管理,庙宇倒塌,遂被夷为平地。(戴德山)

楼郢村

明朝时期,现在的南园小队住着从山东枣林岗(现枣庄市)合户迁移到谢埠对过河西居住的王氏三兄弟,他们以务农为生。三兄弟诚恳待人,与邻友好,家教十分严厉。一直到清朝建立后,参加了科举考试,长兄门下(不知第几代)一男丁,大概是乾隆年间举进士后,被封为凤阳府知府,朝廷即拨款在他家原址建府邸。府邸一共三进。第一进青瓦青砖门楼三间,正门高大且阔,木制门头有四根圆木嵌入门头横板内,每根圆木头刻上一个字,从左至右为"三槐世泽"。第二进有四根楠木柱子,紫红色,油光水滑,雕刻飞凤等图案,可谓是雕梁画栋。第三进房门一线穿通,在客厅后门设有屏风以遮挡后堂之门,十分雅观。

新中国成立后，前边门楼及客厅暂做临时乡政府办公之用，以后武装部、大队部皆临时用过，故此地后改称楼郢。1968 年以后，因淠右干渠改道拓宽，才把这座历经数百年的府邸挖掘成河床，但楼郢村的名字一直沿用至今。（王会银）

闫 店

闫店街道位于寿县最南端，是寿县南大门，东与茶庵乡隔河相望，南与六安市金安区马头镇李大楼村高皇村交界，北边、西边都与本镇新店街道相连。闫店街道地处丘陵地带，地形高洼不平。

"闫店"的名称来源于清朝末年，传说光绪年间有闫姓两位兄弟在此地以卖盐为生，他们出售的盐盐粒细、质量好、价格优惠，得到了当地人的认可和喜爱。自此以后生意越做越红火，闫姓兄弟名声大振，方圆百里都知道与金安木厂交界处有个好地方在卖盐，农户、商户便称这个地方盐店，后谐音为闫店。

新中国成立后，闫店街道户不过百，人不过千，只有一家早点铺、两家小商铺坐落于十字街中心。改革开放以后，在国家政策的指引下，当地政府加大力度下决心建设乡村街，于 1996 年在街西边新建农贸市场。2007 年，原刘郢村、闫店村、朱郢村同时并入闫店街道。2008 年秋，政府又在新街与北头连接处建起一条新农贸市场，将南半部建成停车场、老年健身场、百姓大舞台。

新街道建成后，当地人纷纷拥向市场购买房屋迁至街道。如今闫店南北宽敞，东西畅通，市场繁荣，物价稳定，社会治安良好，商户们都能拥有免费大棚摊位和固定交易场所。（任俊宽）

贤姑墩

在寿县众兴镇镇北 3 千米，淠东干渠东岸，有一座占地 10 余亩、高约 8 米的土丘——贤姑墩。嘉靖《寿州志》载："贤姑墩，安丰塘南。"实际上，从元代开始，泥沙淤阻，河陂面干枯，再加上豪强占陂为田，到明代以后，从贤姑墩到双门铺三十里陂面已被垦为农田。由于土丘历史悠久，当地人俗称老墩。20 世纪 50 年代，当地成立生产队，便以老墩命名。

这么一个庞大的土丘，竟是一座坟墓。传说明朝万历年间，此处住着一户人家，男耕女织，互敬互爱，其乐融融，儿媳贤姑对待公婆更是孝敬有加。不料婆婆身染重病，厌食呕吐，眼睑浮肿，虽四处求医，但久治不愈。无奈，儿媳贤姑打听到民

众业兴隆众兴镇

间单方,一种高尺许、色灰黄、叶椭圆、边缘有锯齿、味凉而微苦的野草(肾炎草)可治此病,婆婆服用后,果见奇效。婆婆病愈后,贤姑又在自家的后园种植了许多这种野草,并免费送与乡邻。消息不胫而走,远近问药者络绎不绝,贤姑名声也随之越传越广。贤姑死后,安葬在自家的后园内,每逢清明、春节,四面八方前来报答恩德者、采摘药草者纷至沓来,为贤姑烧香磕头,添土垒坟。年复一年,贤姑坟墓越垒越大,越垒越高,后来,人们便把这座庞大的坟墓称为"贤姑堆"。到了崇祯年间,乡里流传贤姑已成仙显灵,于是,人们就在贤姑堆上建庙立像,供人们祭祀。

时至清朝顺治年间,全国大兴寺庙建设,贤姑堆也得以扩建修缮,前堂后殿,左右厢房,建筑宏伟,气势非凡,并将贤姑堆更名为"红门寺",皇帝册封其外甥为寺庙住持。一时间,众僧打坐念经,方圆百里的善男信女纷至沓来,烧香拜佛,祈祷神灵保佑。红门寺终年香烟袅袅,佛事兴盛。后来,住持和尚见色心动,起了邪念,便在寺庙内建设暗室,依仗权势,肆意诱骗、抢匿行路的妇女,明里超度佛事,暗里干起了见不得人的勾当。日久天长,激起民愤,众民告上地方官府,官府开堂审案,判处逆僧死刑。住持和尚不服,于是上诉皇帝,皇帝召见地方官员说:"土已埋身,罢了。"意思是"他年纪不小了,这事就算了吧"。清官假装误解,对手下说:"朝廷要把他埋在土里,耙了。"次日,地方众官兵来到寺庙,救出被困女子,便挥锹挖坑,将住持及许多逆僧捆绑后埋于寺庙门前,只留出一个个光溜溜的头,然后用耕牛拉着铁耙给耙了。接着又在西方点燃数门火炮,齐轰庙宇,顿时炮声隆隆,红门寺浓烟滚滚,火光冲天,瓦片飞舞,墙倒屋塌,变成一片废墟。

而今,老墩上的土壤仍是棕红色的(有和尚的鲜血所染、炮火所烧两种说法),而且伴有大量瓦砾砖块;淠东干渠西岸的炮台仍巍然矗立;老墩周围的肾炎草仍依稀可见。它们似乎仍在向后人讲述着当年"炮打红门寺,铁耙和尚头"的故事,告诫人们"善恶到头终有报,只争来早与来迟"的朴素道理。

现在,老墩已成为林地,远远望去,黑压压一片,颇为壮观。(尹本盛　汪守兵)

文家老坟

文家老坟坐落在众兴镇彭城村马北境内,历史悠久,文氏后人称其为"马头文氏祖墓"。

马头文氏供奉的祖先叫文青山,生于明洪熙元年(1425年)。文青山由山东枣林岗迁至安徽省六安市北乡马头集,至今近600年。青山老祖育有五子:长子文范,次子文让,三子文魁,四子文瑞,五子文培。

青山老祖与大房黄氏、二房张氏均安葬在此,历代马头文氏部分家族成员逝世后系取自下而上、层层叠加的安葬模式,被称为堆棺葬、叠棺葬、棺上棺,谐音"官上官",久而久之就形成了文家老坟。

文氏宗祠

　　文家老坟占地约 13 亩,为金盘献果形,被风水大师誉为金鸡风水宝地。民间之传阴阳七十二向,文家老坟七十三向,超八卦图一向,族内人逝世后在此安葬,不用风水先生看向。

　　文氏后人为纪念祖先,在文家老坟东南向建一处祭祖台,并在祭祖台后立"马头文氏祖墓"墓碑,上联"沙水朝抱贵万代",下联"旺龙真穴富千秋",横批"青山秀水"。(龙军)

空港魅力刘岗镇

刘岗镇位于寿县东南部,东接长丰县吴山镇,南交合肥市蜀山区高刘街道,西邻炎刘镇,北连小甸镇,距合肥新桥国际机场8千米,处于新桥空港新城规划范围。

刘岗镇因辖区内的刘岗自然村而得名。相传,明朝初年,因战乱、饥荒及瘟疫等,江淮地区地广人稀,因兼处要冲,当朝乃移民垦荒,调卫屯田,百姓从山东老鸹巷一带移民寿州等地。其中有一刘姓家族看这里居高临下,地势开阔,环境宜居,遂移民至此。因刘姓居多,地势较高,处于高岗,故得名"刘岗",就是今天324省道刘岗段刘岗村刘岗组。《寿县地名录》记载:"因刘姓村民在此聚居,且地势较高,故名刘岗。"后来,刘姓繁衍迁徙,周边有刘大郢、刘三房郢、刘圩、刘小庄等以"刘"起头的地名。

传说,唐朝开国功臣胡(尉迟)敬德诞生于此(今郑岗村桥郢组有其祖坟"胡老

刘岗镇人民政府

坟"),且有"胡敬德鞭打广岩塘"的逸闻。又有周汉杰率众在三义集抗击日寇,"小小的三义,大大的火线"英雄传奇故事流传至今。少将杨银生从这里(今付楼村枣林组)走出,戎马一生。抗战时期,这里是寿东南地区抗日根据地的腹地,1941年4月,新四军十八团政治部主任杨效椿、时任中共寿县县委书记马曙、组织部部长杨刚在此开展游击战争,为建立巩固的抗日根据地立下了不朽的功勋。抗战结束后,在以赵凯同志为首的党组织领导下,刘岗人民坚持同国民党反动派进行斗争,于1949年2月迎来解放。

1972年,刘岗集的石塘庙是刘岗乡政府的驻地。石塘庙据说是"十郎庙"谐音。相传,原先在现刘岗商贸街西北方向有一座很小的草庙庵。当初张姓夫妇迁徙至此居住,生下九个儿子,还想再生一个儿子,达到"十全十美"。于是张姓夫妇在草庙庵烧香许愿,并在众人面前许诺,若生下第十个儿子,就将此庙建成大庙,命名"十郎庙"。结果心想事成,张姓夫妻将小小的庙庵翻修成一座大庙。后经沧桑岁月,庙已无存,世人传来传去,抑或当地的人们因地处高岗,出于对塘坝蓄水的期许,将"十郎庙"传为"石塘庙"。后来,附近人民沿着公路两旁建房经商,渐成集市。1992年撤区并乡后,当地政府加大了集镇建设的力度,集镇在短时间内有了较大的发展,更名刘岗集,原来的石塘庙驻地弃用。

刘岗作为行政区划,地名出现较晚,1949年10月置大拐乡,中心地点设在今烟店村霸王组。当时镇域内有三义乡、付楼乡、眠虎乡。1958年,过渡成立的双枣、刘岗、三义人民公社合并为三义人民公社,驻三义集。1960年8月至1961年7月,三义公社与炎刘公社合并,三义片区设刘岗、大拐、双枣、三义、付楼、眠虎6个大队。1961年7月撤社设区,本辖区设刘岗人民公社、双枣人民公社、三义人民公社。1969年三社合并为刘岗人民公社,公社驻地设在石塘庙。1983年4月,刘岗人民公社划为刘岗乡、双枣乡、三义乡。1992年2月撤区并乡,双枣乡、三义乡并入,组成刘岗乡。1996年3月撤乡设镇,改为刘岗镇,镇政府驻刘岗集。

刘岗镇与合肥高刘街道相隔一条河(东淝河支流),在柳塘与四冲村接合处的河段原有一座大桥。相传,清朝康熙年间,文华殿大学士张英衣锦还乡路过此地,张英命地方官在便桥处修建一座"新桥"方便百姓通行。300年后,合肥新机场的跑道延长线恰巧对准这座"新桥",一座以"新桥"命名的国际机场使名不见经传的刘岗镇一夜成名。2006年,新桥国际机场正式筹建。2007年,刘岗镇所属四冲、红塘、柳塘三个村划归高刘。新桥机场于2008年12月19日开工建设,2013年5月建成通航。

2022年4月,新桥科技创新示范区(合淮合作区)正式启动,与新桥产业园、蜀山产业园、合肥经开区实现无缝对接，横跨东西的合周高速、纵贯南北的淮桐高速启动建设。刘岗镇既有长三角一体化发展、中部地区高质量发展、淮河生态经济带等战略覆盖，又有皖北产业集聚区、合肥都市圈、合淮同城化等发展机遇，更有区位交通、资源禀赋、产业链条等基础优势，经济发展日新月异，社会事业全面进步，城镇能级不断提升，业已成为空港一颗璀璨的明珠。（权金传）

定远县

一说起定远县，人们首先想到的是滁州市下辖的定远县。殊不知，作为地名，安徽有两个"定远县"，一个是县级名称，另一个是村庄的名字。今天，我们讲述的是村庄"定远县"的地名故事。

定远县村位于寿县刘岗镇的陈楼村。村名的起源与赫赫有名的清官包拯有关。北宋时，这个村庄叫王家庄，庄主王官人和定远县城的张官人同年考中进士，后又同时做官，两人情同手足。两家人都希望世代友好。定远的张家生了个小子，寿县的王家生了个闺女，两家定下了娃娃亲。时间过得飞快，转眼间，两个孩子都到了该结婚的年龄。两家人选定了黄道吉日，为两个孩子紧锣密鼓地操办起了婚事。正在这个时候，契丹图谋进犯大宋，此时，在北方某地为官的张老爷与儿子为防范契丹犯边，积极筹措粮草。在一次巡视中，张公子中箭受伤，一只眼睛也被扎瞎。王家虽然知道了张公子的不幸，但婚事不容更改，婚礼照样举行。

祸不单行，婚后三日，张公子陪同新娘子回门，午饭后张公子酒酣耳热，略有醉意，独自一人回屋休息。过了一段时间，王小姐到屋内看张公子，发现他已经七窍流血死在了床上，没人知道什么原因。张家难以接受儿子不明不白地死在岳父家，于是，当初和睦的两家对簿公堂。张老爷告状说，因为儿子受伤破相，王家嫌弃又无法退婚，才利用回门之际，投毒谋害了自己的儿子。而王家却大呼冤枉。经过寿春、定远两县会商，决定还是偏向于有功于朝廷的张家，定王小姐谋杀亲夫罪，报皇上圣裁。仁宗皇帝觉得案情蹊跷，不便决断，御笔一挥，把难题批转给了擅长断案的包拯。

包公日夜兼程赶往王府，全面查验现场后，有了初步的判断。他吩咐王家按回门当天午宴的样子摆设饭菜、碗筷。待一切就绪后，包公入席。当火锅盖子打开时，屋里面雾气腾腾，香味扑鼻。包公环顾四周，又上下观察一番后，胸有成竹地说："案子破了，王家是冤枉的。"所有人都不相信这么快包公就把案子破了。此时，包公用手指着房梁上垒的燕子窝说："凶犯就藏在那里面。"包公的随从用木棍朝燕子窝一捅,一条二尺多长的大蛇从燕子窝里面掉到了地上。

原来,王家的老屋经常关门闭户,不通风,难见阳光,成了蛇类的栖息地。回门当日,午宴开席,喷香的火锅味弥漫升腾,大蛇探头探脑,一滴一滴的毒涎流了下来,碰巧就有几滴滴进了火锅之内,甚至于正好有一滴滴进了张公子的酒杯里。而张公子酒兴浓,心情好,喝的酒最多,吃的菜也最多,所以最终不幸中毒身亡。包公抽丝剥茧、鞭辟入里地分析案情,还原了事实真相,让所有人心服口服。

王老爷喜极而泣,张老爷却因为冤枉了亲家一家而羞愧难当。为了表示对失去丈夫的女儿的安慰,王老爷当即决定把自己的整个庄园都当作陪嫁送给女儿。这就是后来俗称的"飞地"。寿春、定远两地的县官现场书写了法律文书,约定从今往后,庄园的田赋不向寿春缴纳,全部归定远县所有。张、王两家在文书上签字画押,两县现场办理了交割手续。这就是"包大人陈楼平冤狱"的故事。为了感念包大人的大恩大德,王老爷当着包公和大家的面,要求把王家庄更名为包公庄。但淡泊名利的包公执意不肯。在大家的再三恳请下,包公说:"为了让大家记住这一扑朔迷离的案子的来龙去脉,干脆把此庄改名为'定远县'好了。"大家连连称妙。

从此,寿县的地界就有了一个村名带"县"字的村庄。发生误会的张、王两家和好如初,而包公巧断冤狱、不计名利的美谈也一直流传到现在。(张欢)

沈郢油坊村

刘岗镇沈郢油坊村有着悠久的历史、淳朴的民风、丰厚的文化。

据说在明末清初,本地当时隶属于江南省凤阳府,有一位名为王昭的绅士,携带家眷仆从,从古城寿州出发,游玩到距离古城140多里的东南角,发现这里风景秀丽,环境优美,土地平坦,十分宜居,于是打算定居此处。在跟农民沟通的过程中他更是发现此处民风淳朴,村民都非常热情。天时地利人和兼备,于是,他决定在此修建一处集马场、阁楼、林苑为一体的休憩场所,命名为"王昭花园",供族中亲友休闲娱乐。后因来此游玩、定居的人愈来愈多,"民以食为天",缺乏油盐的生活肯定是无滋无味,王绅士特增建一处油坊。百姓非常感谢王昭绅士慷慨解囊,既解决了自己宗族的用度问题,又为周边百姓解决了吃油问题,造福于民,后世子孙遂将这个地方命为"王油坊"。

经过数百年的繁衍生息,随着油坊的发展,人口愈来愈多,这里逐渐形成一座座小村庄。村中人多以开油坊、烧砖窑为生。由于这里的油坊名气和规模较大,加上榨油方式是百年传承的老手艺,出产的油的质量也是方圆数里村庄中最好的,于是在清朝末年,这一带村庄正式改名为"油坊村"。

20世纪扩建村庄时,村民在村西挖土,多次挖出古代磨油的石磨扇。村庄周围还发现多处古砖窑遗址和废井。

抗日战争时期,日本侵略者企图夺取此处,新四军以"王昭花园"内阁楼为据点,带领村民齐上阵,用砍刀、门板、砖块,甚至是铁锹和木棍作为武器,英勇抗敌。全村男女老少投入了战斗,墙段被炸出缺口,村民们立即用门板、石块堵上。敌人一靠近,新四军和村民们就用枪打、石头砸、锹铲挠抓,保卫王油坊村。虽然没有强攻击力的武器,但是并没有影响村民御敌的决心,他们的信念反而愈加坚定,大家抱着必死的决心与日本侵略者拼死战斗,哪怕是付出"伤敌一百,自损八千"的代价,也在所不惜。在新四军战士与油坊乡亲们的共同抵御下,打死打伤敌人几十名,获得了保卫战的胜利。(杨卫)

望塘寺

刘岗镇大拐村东边与长丰县吴山镇交界。相传隋末唐初,此处有座寺庙,大门对着广岩塘,故被百姓称为望塘寺。寺中僧人众多,香客云集,香火鼎盛。因该地地势较高,周围百姓吃水困难,寺庙住持看到后带领僧众挖掘水井十余口,解决了当地百姓吃水难题,受到官府的认可、百姓的欢迎。随着寺庙兴盛,僧人及香客逐渐增多,为了便于香客上香后歇脚,于庙后建房屋数间,称之为庙庄。现庙庄仍旧存在,有村民居住,成为一个村民组。

传说隋末唐初大将尉迟恭(字敬德)祖坟葬于刘岗镇双枣村,凭借广岩塘风水宝地,尉迟敬德祖辈及其本人加官晋爵,蒙受皇恩。后因尉迟恭晚年信奉方术,狭隘地认为自己没做过相国或更高职位,是因为祖坟埋在广岩塘经受塘水侵蚀,一怒之下手拿钢鞭,抽打一处狭窄堤坝,大堤旋即被打出豁口,顿时塘面狂风骤起,白浪滔天,上万亩良田成为一片汪洋,由此诞生了一句谚语:"打掉广岩塘,淹掉十万八千粮。"此后却因"祸"得"福",沧海变桑田,广岩塘变成万顷良田,造福民众。但由于用力过猛,尉迟敬德的鞭梢子(金板斗)飞到望塘寺附近的瑶塘。传说鞭梢子(金板斗)在塘中一千多年,很多人想搬回据为己有,因其过于沉重无法搬运。

因清末民初战乱,民不聊生,望塘寺僧人四离,庙宇无人修缮,逐渐衰落,现只遗留古井一口(现粮站旁)。相传,当时古井因长年受香火熏陶,每到雷雨季节,有龙出入。井口直径一米,井壁有碑文,但因长年受井水侵蚀,碑文内容已模糊不清。(沈荷美)

眠虎村

　　大约在清朝嘉庆年间,眠虎村还只是一个过往商客临时歇脚的露水集。在眠虎村的南角,有两口当家塘。据当地老人讲述,当时这两口塘附近芦苇丛生,草木茂盛,不知何时来了两只老虎,它们并不伤人,而是与当地百姓和睦相处,见人时不但不攻击,而且主动温驯地就地而卧,渐渐当地的人们也就习惯了这两只老虎的存在,久而久之,这两口塘得名"眠虎塘"。后来有一天,有只老虎生病了,趴在芦苇丛中,被路过此地的一位郎中发现,施药治愈,治好后两只老虎就一同离开了,没有人知道它们去了哪里。虽然老虎走了,但是"眠虎"一词沿用至今。

　　抗日战争时期,由于当时合肥至六安的主要干道被日本鬼子切断,越来越多的商贩开始从吴山镇绕道前行,途经眠虎塘。渐渐地,眠虎这个地方有了杂货铺、盐行、烟酒行、家禽市场、小吃部等,形成了一个集市。相传最繁盛时期,方圆数十千米的农户都将自家的农副产品带到此处叫卖,特别是鸡、鸭、鹅、猪等,带动了周边养殖业,因此,当时出现了大量的兽医、屠户等职业。眠虎街从露水集变成了固定的集市,形成了人们口中的"眠虎集"。

　　大约在 1942 年,日本鬼子进攻合肥,眠虎集有 100 多人加入抗日战斗,大多壮烈牺牲。他们以李姓、胡姓居多。其中有一个叫李永贵的年轻人加入共产党后成功打入敌人内部,担任翻译官,深得敌人信任,他利用各种机会将情报传递给党组织,打击日本侵略者。1944 年冬,李永贵身份暴露,被敌人残忍地杀害了,时年 29 岁。至今当地仍然流传着他的英雄事迹。

　　抗战争胜利后,眠虎集人口锐减,当年的繁华不复存在。新中国成立后,随着行政区划的调整,商业随着行政中心而迁移。但是,"眠虎集"这个名称被保留了下来。(胡启)

驿马地

　　刘岗镇上楼村的驿马地贸易客栈,当地老一辈人无人不知,无人不晓。它泛指以塘面村民组为主的那片区域,那里还有一个别名——驿马站,供来往的商人休息、贸易,因此还有一个小故事。

　　据说在清朝咸丰年间,塘面村有一条路是贸易必经之路。这条路上人络绎不绝,周边也没有可供休息的地方,外地的商人每次走到这里,天基本已经黑了,无法继续赶路,人和马匹只能露宿野外,依靠篝火驱寒。有时运气不好的话,在休息的时候会被野兽袭击,最后落个尸骨无存。官府得知此事后,组织当地猎人对这片区域进行捕杀,因路两边都是灌木丛,野兽藏在其中很难被发现,有的猎人稍不注意就会被攻击。因此,周边的猎人慢慢也就不再愿意拿自己生命做赌注了。

正当官府为难时,有一位商人站出来说:"我有一个办法,可以在这里建立一个驿站供来往的商人休息,解决人身安全问题。至于商人带来的牛羊马,再给它们设立一个栅栏。这样既解决晚上商人们的安全问题,又能保障商人们的牛羊马的安全。"这位商人的建议最终得到了采纳,官府认为这不仅可以解决来往商人的安全问题,还能促进当地的发展。

于是这位商人便回到家中,将自家所有钱都拿了出来,找了一批人选地盖驿站、建马棚,短短不到一个月的时间就全部完工了。开业那天锣鼓喧天,周边的人闻声而来,来往的商人也过来吃饭休息。自此之后,在这条路上发生的野兽袭击人事件越来越少,路经此处的人都会来到这里休息吃饭。

随着时间的推移,有很多商户反映货物没地方存放,没人看管,以至于经常丢失东西,于是这位商人又在附近修建许多间仓库,供来休息的人存放货物。有一天,这位商人在柜台前愣神,无意间听到商客抱怨说每次车队出去进货来回都要十几天,太麻烦了。他灵机一动,把家里的事情交代好就出去了。转眼一年多,驿站里的掌柜和伙计都以为东家遭遇了不测。突然有一天,掌柜在门口看到一个神似东家的人带着一支很长商队直奔驿站而来,慢慢地,一批又一批商户和商品都被引进这个地方,把这里打造成了一个多类型贸易市场,最后这里就成了远近闻名的贸易市场,因此得名为驿马地。(徐青)

叫天岗

塘面村位于刘岗镇东北角,地处江淮分水岭,是典型的江淮分水岭高岗缺水区,降雨量相对偏小。当地居民反映,塘面村周边低、中间高,与毗邻的长丰县吴山镇相距不过 5 千米,吴山镇下大雨,到了塘面村这里就变成了毛毛细雨;西边的炎刘、三觉瓢泼大雨,到了塘面村基本上无雨可下。因而,塘面村时常发生干旱,大旱之年更是颗粒无收,导致当地老百姓常常食不果腹。人们想尽了办法,但是老天爷就是不开眼。

相传,后来有人建议在村里地势最高的地方修建一座求雨台,向天求雨。于是,每家每户有人的出人,有钱的出钱。半个月过后,求雨台修建好了。

选好良辰吉日,人们把村里唯一的一头猪杀了,作为求雨的祭品。在求雨台中央摆上猪头、香、蜡烛、纸钱等,在一位有威望的老人的引领下,祈雨仪式正式开始。求雨台上下围满了群众,作揖磕头,祈祷下雨。

也许是人们的虔诚终于感动了上苍,人们求着求着,天边就升起了降水云,随着云层的不断增厚,炙烤大地万物的太阳渐渐被乌云遮挡,一场暴风雨即将来到。见天边有云层了,老百姓祈祷更加有劲了,呼天抢地地叩拜。突然,雷电交织,天空乌黑,暴雨倾盆而至。大多数人因为好久没有见到雨水了,任凭暴雨冲洗,不愿离开。

20世纪70年代,在政府的领导下,人民群众齐心协力在距原来的求雨台不远处修建了一座水库,唤作"叫天岗水库",只要不是几十年一遇的旱情,都能够保障附近农户的庄稼收成。2022年虽然也是旱年,但是由于政府组织对水库周围进行渠道疏通和及时引水,叫天岗水库周围的农户并没有受到什么损失。(张立新)

双　枣

双枣村位于刘岗镇南4千米。相传这里的土地为寿州孙家的。孙家为掌控土地权,便于收租,在双枣西边盖了一座大庙,取名双塘寺,寺周围3里、5里、10里分别建有土地庙。到了清末,孙家衰落,失去了对这边的控制权。本地的李氏大姓逐渐兴旺发达起来,吞并了孙家所有土地。族主们商议在双枣东边盖起了李氏祠堂,门前栽了两棵枣树,枝繁叶茂,果实累累,象征子孙旺盛,这就是双枣的由来。

双枣东20里为吴山庙,西20里为炎刘庙,南20里为高刘集,北20里为三义集,西北有石埠嘴码头、船涨渡口,上合肥要经过双枣、北李山、双庙、三义,到山南进山货要经过双枣。李氏族主们看到了双枣地理位置的重要性,不能错过这么大好的机遇,想搞活双枣市场,发展经济,于是设立了酒坊、大糖坊、粮行、布店、铁匠铺、杂货店、爆竹店、旅社、中医药店、饭店、早点铺、肉铺、猪牛行、粮油棉麻茶交易所、家禽专卖行,双枣街一时繁华喧闹。双枣街西边一里地有座七仙姑庙,每年农历二月初二办会,来此求子拜福求好运的信徒甚多,有老尼姑杨老姐在此受香火。

双枣是个古老的小集镇,1949年置双枣乡,1961年成立双枣公社,1969年并入刘岗公社,1970年恢复双枣公社建制,1983年改设乡至1987年,1992年并入刘岗镇。现在是双枣村委会所在地。双枣南边2千米是新桥国际机场,区位优势明显,距省城合肥中心区域38千米,距新规划的空港新城3千米,居于省城经济辐射圈之内,南接合六叶高速高刘出口处,交通便利,发展前景广阔。(韦成春)

晒网滩上保义镇

保义镇位于寿县中部,东与瓦埠湖接壤,南与安丰镇为邻,西邻板桥镇及安丰塘,北接堰口镇。

"保义",原意是"保结义社"。"保"是中国过去地方的一个基层单位,相当于现在的村一级。保义镇这个地方处于寿县中部,地势较高,"寿州以南小南海,保义集是晒网滩,比寿州山还高三尺三"这句谚语概括了保义的地势。所以陂水下降以后,有人类过来居住了,后来形成一个个村落乃至城镇。但是由于古时候交通不发达,且此地四面沼泽,地方偏僻,导致强盗横行,官府鞭长莫及。这种状况久了,下面老是反映当地治安怎么怎么不好,县太爷也不大高兴,最后就对来反映问题的乡绅们说:"你们自己想办法来保家吧,我也管不了那么多事情。"于是,当地士绅就

保义镇人民政府

商量成立"组织"来对付强盗土匪,把每个保联合起来,每保出一部分人,忙时种田,闲时练兵保家护院,于是形成了地方治安自治组织。这个组织就叫"保结义社",取其中两个字"保义"作为当地基层政府名称。保义镇名字就是这么产生的。

保义兴于明而繁荣于清和民国,盛于新中国成立后。据保义《洪氏家谱》载:"寿州洪氏于明朝洪武年间由徽州迁寿,迄今已六百余年。""黄氏族姓系江夏黄香之后,有江夏郡、扇枕堂之称。始祖黄纲于洪武二十二年(1389年)从江西瓦屑坝调卫迁徙至寿州保义集西,以竹园插标定居,建立基业。"保义夏氏始迁祖碑载:"夏氏始迁祖临于明初自南昌徙寿春。"晒网滩作为寿州的南大门,古时候的战争是以占领制高点来获得先机,发生在保义附近的战争交战双方都会把保义当成必争之地。元末刘福通、朱元璋等群雄并起,在江淮之间展开拉锯战。特别是刘福通与张士诚的安丰之战,朱元璋前来救援刘福通,对晒网滩的危害尤甚。当时的安丰县就在现在的安丰塘北侧,与晒网滩近在咫尺,到现在保义镇北还有传说中的刘福通炮台。

朱元璋亲历了在江淮的战争,当皇帝后要发展生产,在江淮推进强有力的移民政策是必需的。朝廷给移民最大的优惠政策是"给牛种车粮以资遣广,田地插标为界任其耕种,不用丈量,三年不征其税"。说白了就是,国家给移民车、牛、种粮、路费等等,到了地方就插标为记,三年还不要税收。对于饱经战乱的人们来说,三年不征税是极大的利好政策。那么,张、洪、夏、常、黄等五户移民从几百里甚至千里之外迁徙过来,为什么选择了晒网滩这个不毛之地呢?

之前的晒网滩严重缺水,虽然它西临安丰塘,东濒瓦埠湖,但在靠水车等提水工具时代,晒网滩人对一塘一湖的水,也只能望"水"兴叹。到了明代中叶,保义地区逐渐繁荣起来,张、洪、夏、常、黄五大户决定在余家冢兴建集市。当时规划中街为黄姓,南街为张姓、洪姓,北街为夏姓、常姓,这种格局一直保持到新中国成立后。

关于集市的命名,因为当时《水浒传》广为流传,人们对宋江的义气极为推崇,考虑到大家都来自五湖四海,应该义字当头,于是就用宋江的诨号"呼保义"来命名,取名保义。

明、清两朝,保义均为乡、里所在地,其中以清光绪十五年(1889年)保义乡辖区最大,辖区从南门外直到余集。民国时期保义一直设区,1941年至1945年寿县城沦陷,国民党县政府一直驻保义。

1949年置保义乡。1958年设立保义公社。1960年并入安丰公社。1961年恢复保义公社。1983年体制改革,复称保义乡。1984年改置保义镇。2004年9月开荒乡(江黄片除外)并入保义镇。(陈立松)

五福寺

五福寺遗址位于保义集老街南头供销合作社院内,是保义人心目中一个神圣的地方。

保义镇系淮南重镇,素有"晒网滩"之称,处在寿县通往六安的交通要道上。元末明初,农民战争在江淮之间展开,这里变成了荒无人烟的不毛之地。朱元璋甫一登基就推行了强有力的移民政策,将张、洪、夏、常、黄等五大户分别从江西、徽州等地迁到保义。当时朝廷下诏曰"给牛种车粮以资遣广,田地插标为界任其耕种,不用丈量,三年不征其税"。即使张、洪、夏、常、黄五户移居保义,经过多年的繁衍生息,保义仍"户不过十,丁不足百"。

五福寺遗址

每当在农业生产中遇到天灾的时候,从外地迁来保义的五大户的头人们便一筹莫展。在无奈之中,他们想到了宗教,想用神灵来保佑人们幸福安康。于是,五大户集资在"晒网滩"的中心地段建成五福寺。

据乾隆《寿州志·寺观》载:"五福寺在州南七十里保义集,乾隆十四年重建。"光绪《寿州志》记载:"五谷寺,也称五福庵,也叫五福寺,位于保义集南头。"注说

"兵燹废,寺有田三顷余,今修草房二十余间"。据寿州《宗教志》载:"今访询耆老,1940 年尚存瓦房三进二十余间。日军侵占寿县县城时,国民党寿县政府曾移驻此寺。抗战胜利后,县府回城,寺改作小学。解放后改建为保义中学,原寺房早废。"

五福寺位于原保义供销合作社院内,现遗址尚在。张、洪、夏、常、黄五大户相继迁到保义后,他们一边要发展农业生产,一边要找到他们的灵魂皈依之处。既然同是天涯沦落客,他们之间通过联姻、交往等方式,一齐与大自然做抗争。他们之间也免不了为了一些农事或利益发生争端。自明朝建寺以来,五福寺一直是保义五大户头人议事的地方。在清理五福寺遗址时,发现石碑一块,上有"乾隆十四年重修"碑记。

1940 年 4 月 12 日(三月初五)日本侵略军第三次进攻寿县城。省保安第九团浴血抵抗,团长赵达源、团副黄雪涛壮烈牺牲。是月,国民党寿县政府迁驻县南保义集。国民党寿县政府南迁保义,县长张作六就在五福寺办公。直至 1945 年 8月,日本侵略军宣布无条件投降,国民党寿县政府暨所有机关由保义集迁回县城。也就是说,国民党寿县政府在五福寺时间长达 5 年之久。

新中国成立后,五福寺被改为学校。现年 96 岁的夏元澍先生曾任校长多年,据夏老先生回忆,五福寺办学规模挺大的,不少人都是在这所学校读书走向工作岗位的。学校迁出后,五福寺成了保义供销合作社。

年久失修的五福寺于 2001 年倾圮,废墟尚在,至今还有不少人常常到五福寺凭吊,重建五福寺的呼声也越来越高。(陈立松)

唤鸡楼

清朝时,保义有一户刘姓财主,家财万贯,但为人奸诈。有一段时间,他看到一老者在他家一块洼地转来转去,引起了他的高度警觉。他走近老者问其原因,老者不愿跟他交流。经过再三追问,老者才说出事情的来龙去脉。

这位老者是位地理先生,是跟踪一宗地来到此处的。这一块地叫金鸡地,就落在财主家的这块洼地里。谁要是葬到这宗地上,他的后辈人会出大官的。

刘财主听后大喜过望,就请地理先生到他家,二人到家后落实将来葬地事宜。约定刘家葬地后,承诺对先生活养死葬。就这样地理先生就住在刘财主家,刘财主家供养其日常生活。

有一天中午,刘财主家给地理先生加餐,其中有一盘鸡,地理先生吃得津津有味。第二天,刘财主家的一个丫鬟给先生送饭的时候,就问:"先生昨天中午吃的鸡

晒网滩上保义镇

好吃吗?"先生知道丫鬟是话里有话,他不紧不慢地说"好吃啊"。丫鬟笑个不止,先生就问是怎么回事。丫鬟说:"你没吃出来这鸡有酱味吗?"先生马上明白了,原来他吃的鸡是掉在粪坑里淹死的,这样的鸡本不能供人食用,而刘财主居然做给先生吃,先生想现今的你没葬上,我人也是正常人,你就这样对我,将来还能指望你将我如父母样赡养?

地理先生想到此,决心报复刘财主。某一天,地理先生到金鸡地转了一圈,回家后神秘地对刘财主说:"今天我到地里看了一下,金鸡左膀受寒了。"刘财主不知先生有计,就很认真地说:"那怎么办?"先生说:"办法倒有,就是要花一点钱。"刘财主虽然吝啬,但对于金鸡地他还是愿意花钱的,于是就急急忙忙地说:"什么办法?先生请讲。"先生说:"在金鸡左翅膀处建一座窑,用窑火给金鸡驱寒。"刘财主听后立即安排建窑。

鸡哪能受得了窑火烧烤?没多长时间,金鸡就飞走了。地理先生就跟踪金鸡悄无声息地走了。金鸡一直飞到南方桐城城南一处小山坡上落下。先生吃过一回富人不守信用的亏,这次决意找个穷人合作。他从这块山坡地主人家里挑选了一位老实巴交的张老汉。

刘财主发现地理先生不见了,就知道这里有诈了,于是四处找寻无果后,另寻了一位风水高手。这位风水先生到金鸡地周边看了一看,建议在金鸡地原地建一座楼,名曰"唤鸡楼",由他将金鸡唤回来。经过如此操作后,有明显效果。

但原来的那位地理先生水平更高,他知道刘财主家建起了唤鸡楼,他便用了方法,把金鸡留在了桐城。恰在这时,张老汉的老婆去世了。为了稳妥起见,他安排张老汉买了一只鸡,打了一壶酒。中午将张老汉东家请来,三人一起谈起张老汉老婆安葬之事。地理先生就说:"东家你就把南山坡上一小水坑卖给张老汉安葬老婆吧。"东家倒也慷慨,不用说买,你只管用就是了。地理先生心想,一定要立下字据,免得以后出现变故,于是说:"既然东家不言卖,就以这顿酒饭为约,立下字据吧。"先生就写下"南山坡上的泥窝,卖给张老汉葬老婆,一壶酒,一只鸡,中间证明就是我"。三人签字画押,张老汉就把老婆葬在了金鸡地上。金鸡被唤抬头了,地理先生找到张老汉把情况给他讲清后,安排张老汉在他老婆的坟地一圈栽上桐树,相当于铜罩把金鸡罩住了,金鸡再也飞不走了。

若干年后,张家居然出了父亲张英和儿子张廷玉父子宰相,也才有了后来的桐城"六尺巷",而金鸡地原地只有唤鸡楼,后被人们称为刘家楼,以后慢慢称为楼郢子了,也就是现在的保义镇东楼村。(王安双　薛贞军)

黄城寺遗址

保义镇陈庙村有一个古堆,就是远近闻名的黄城寺遗址。该寺于20世纪50年代被拆除,留有黄城寺古堆,面积6亩左右。据当地老人回忆,过去寺里有和尚3人,1949年后均回原籍务农。可见当时寺的规模也不是很大。

乾隆《寿州志》载:"黄城寺在州西南八十里双门铺。"双门以前是双门乡,撤区并乡后并入板桥镇。黄城寺现在隶属于保义镇。

根据夏尚忠《芍陂纪事》载,明万历十年(1582年)知州黄克瓒撰文《本州邑侯黄公重修芍陂界石记》:"芍陂塘……其界起贤姑墩,西历长埂,转而北至孙公祠,又折而东至黄城寺,南合于墩,周围几三百里。"可见芍陂(安丰塘)在万历年间东界黄城寺,面积比现在大了很多。

那么,为何称黄城寺呢? 黄城寺因何而建? 建于何年?

据老人口传,黄城寺建于宋朝。北宋八贤王赵德芳曾隐居于此,用"黄"与"皇"的谐音,称此寺庙为"黄城寺"。这些都只是传说。

黄克瓒为明万历年间寿州知州,他打击豪强,对芍陂(安丰塘)的保护有功。此人后来官至户部尚书。当时在寿州,百姓为他建了生祠,该寺就用了黄城寺作为寺名,是不是因为黄克瓒,也不得而知。

寺后村村民组组长常永成说,黄城寺有一个碑,1970年被生产队里的群众搬到围沟垫路,碑现在还在沟里。2023年5月,笔者与相关部门沟通后,到村里组织几个老乡,就把黄城寺碑从沟里打捞上来。

遗憾的是,经过多年的雨水冲刷侵蚀,碑上已经没有一点文字痕迹。帮我们拉碑的村民常传强对我们说,他弟弟常传好读书时曾抄过此碑的碑文。我们联系到常传好。他说,曾经抄的碑文40多年了,已经遗失,但大致内容有少许记忆。碑文大字是"黄城寺碑"是没有疑问的,碑文内容也就是关于黄城寺的寺田以及界沟的。(陈立松)

皂口夕阳

安丰塘八景之一"皂口夕阳"位于素有"晒网滩"之称的保义镇西楼村境内。每当夕阳西下,站在皂口位置,晚眺陂塘夕阳,的确别有一番风景。

据《王氏宗谱》记载,1365年,河南固始柳林河一户王姓人家历经千辛万苦来到安丰塘岸边的皂口闸居住。皂口闸是安丰塘的一个放水闸,那个地方土地肥沃,有安丰塘蓄水之便,是个旱涝保收的风水宝地,而更为王姓先人看好的是,当时的安丰塘畔,元代末年战争基本平息,朱元璋已经完全控制了淮河流域,农民有了休养生息的机会。在安丰塘旁边皂口闸聚居的这一支王姓家族不负先人厚望,人才辈出。据《芍陂纪事》记载,王氏族人参与管理安丰塘代有传人。通过几百年的繁衍生息,这一支王姓成了当地的大族,称"皂口王"。

关于皂口这个地名,我走访了王家康先生。王老先生是皂口王修谱人之一,世居西楼村。他说,皂口是一个古地名,皂口王就是因为王氏久居皂口而得名。

夏尚忠在《芍陂纪事》描述道:"皂口闸在芍陂东北隅,老庙集南五里。本全陂出水之口,水平则蓄之,满则泄之,制与滚坝同,所以泄末流旺盛之水也。水出闸东北,流经谢家桥,绕老庙集折而西,又折而北,流经和尚至绵阳湖。折而东至东陡涧,入淝河,创始年月无考。明成化间,御史魏公修陂碑记,闸始见,尚未署名。嘉靖间,州牧栗公修陂记云'构杀水闸四',名亦未注焉。"也就是说,皂口之地名在先,建皂口闸在后。

皂口闸是有碑记和历史记载的。《芍陂纪事》载:"康熙间,州佐颜公重修之。公志云'大凿皂口,复故水道'。此闸之名始见于碑记。雍正年间,州牧饶公重修之。州志云'公于塘南皂口建水石坝'。或此闸前系土坝。"以此类推,皂口地名在皂口王氏迁来时已有,先有地名,后有皂口王氏和皂口闸。

由于安丰塘两岸用水便利,又有不少人来此定居,现如今,安丰塘沿岸成了淮南地区富庶的地方。作为安丰塘八景之一的"皂口夕阳"也被地方政府规划为新农村建设的重点工程,将来会有更多的人来皂口看夕阳美景。(陈立松)

罗陂塘

保义镇往东4千米有一块地势平坦的地方,人们称为"罗陂塘"。光绪《寿州志》记载:"罗陂塘在州南八十里,旧安丰乡。埝长五百四十丈,面阔四百六丈,深一丈三尺,水门五座,使水民十五户,放水沟三道。上罗陂塘在保义集东南五里,灌田数十顷,使水民九十余户;下罗陂塘在保义集东八里,向蓄水灌田。兵燹后,环塘民垦塘作田。同治间,知州施照详准立案,田入循理书院,约种数十顷。"也就是说,保义集东有两口塘,即上罗陂塘、下罗陂塘。

罗陂塘原隶属原开荒乡。开荒东濒瓦埠湖,1954年大水,开荒被淹没,洪水抵达东楼就渐渐退下。笔者去开荒时才感受到路面渐渐低洼,原来保义"晒网滩"是开荒衬托出来的,没有开荒的低便显示不出保义的高。开荒与保义之间怎么会冒出来一个保义农场?查县志方知,1961年,济南军区6075部队来驻石家集(现安丰),次年移驻保义集8千米处罗陂塘开荒造田,办军垦农场。1969年11月,该部队调离寿县。农场由安徽省农垦厅接管,称国营保义农场。

清末民初,在罗陂塘畔曾发生过好多惊天动地的事情。时光上溯到1897年,塘东畔毕家后楼诞生了一个男孩毕仲翰,长大后留学日本、英国,加入中国共产党,一生倾注祖国教育,系安徽大学主要创办人之一。为了纪念他的业绩,安徽大学校园里为毕仲翰竖立了一尊铜像。

1908年11月19日安庆马炮营起义,熊成基率马炮营从城外向城里进攻,范传甲在城内接应。起义不幸失败,范传甲被捕,在清政府的严刑拷打下,他坚贞不屈,最后壮烈牺牲,年仅35岁。1912年柏文蔚任安徽都督期间,令人收集范传甲等烈士遗骸,在安庆南庄岭安葬,孙中山亲题墓碑,柏文蔚书石,张树侯刻写墓志。

烈士方敦善陵墓离罗陂塘不远。方敦善1908年出生开荒方家土城,1928年加入中国共产党,先后任开荒、保义中心支部书记。瓦埠暴动后,他被选为中共保义区委委员。1934年因叛徒告密被捕,牺牲时年仅26岁。

王道舟,名世济,1903年生于罗陂塘北边的张罗城。1928年,他以教师身份组织农民协会,建立中共保义支部。1934年秋,王道舟烈士因为叛徒洪秋全的出卖被捕,英勇就义。

1951年农历三月十四晚,在新成立的开荒乡政府简陋的办公室里,为了保存党的文件,乡干部毕汝铮(号铁吾)被毕三牛黄、夏迪生带领土匪枪杀。杀害毕汝铮后,土匪们赶到保义集攻打保义区政府,战斗持续到三月十五日的黄昏,烈士王道舟之子王永健送信求援,从众兴集赶来一排解放军,才解了保义区政府的围。后来,为了保护新生政权,寿县开展大规模剿匪行动,保义区镇压了毕三牛黄、夏迪生等一批土匪,新生政权才稳定下来。如今,毕汝铮烈士的墓还在八公山下,接受后人的祭奠。

如今,开荒乡已并入保义镇。笔者也多次去罗陂塘考察、走访,位于张祠村的是上罗陂塘,而保义农场就是原罗陂塘。罗陂塘周边建有一机站、二机站,把瓦埠湖的水源源不断抽灌上来,做到了旱涝保收。随着引江济淮工程的完成,罗陂塘畔将来定是富甲一方的鱼米之乡。(陈立松)

寿南明珠窑口镇

　　窑口镇坐落于瓦埠湖畔,位于寿县城南 10 千米处,东濒临瓦埠湖,与长丰县隔湖相望,西连双桥镇、安丰塘镇,南邻堰口镇、陶店回族乡,北界陡涧河,与寿春镇毗邻。

　　窑口镇因窑口集而得名。窑口集,古称姚家沟,亦称姚沟,原为陡涧河渡口小店,因渡口附近商贸繁华逐渐形成集市,大约形成于清代中期。光绪《寿州志》有"姚沟集"之称,后沿音"窑口"。

　　《寿县志》载:民国三十六年(1947 年)秋置窑口乡,隶属正阳联防区。1949 年设窑口乡。1958 年成立窑口公社。1960 年并入堰口人民公社。1961 年恢复窑口人民公社建制。1983 年 7 月窑口公社改社为乡。1992 年和原陶圩乡合并成窑口

窑口镇人民政府

乡,2016年改置窑口镇,镇政府驻地仍为窑口集。

窑口镇地名资源丰富多彩。该镇地处沿淮平原,地形平坦,西高东低,境内东西北部为瓦埠湖河湾洼地,8个行政村临瓦埠湖畔,沿湖线长为27千米。民间向有"七嘴八叉四大荒,西部有一刘家岗"①之称,然昔日的荒地湖汊,现已是有名的鱼米之乡,盛产水稻、小麦、油菜等农作物及银鱼、瓦虾等特产。

窑口镇历史遗迹星罗棋布。1994年10月,县文物部门通过普查,有汉代陶家古堆古墓葬,位于今陶圩村陶圩西150米处;汉代老牛岗墓群,位于今堰拐村民组;汉代张家老坟,位于今贾庙东堰村民组东约700米处;新石器时代刘家岗头遗址,位于今真武村刘家岗头村民组境内。另外还有位于窑口镇粮台村(原齐岗村)境内,濒临陡涧河南岸,距窑口大桥约6千米的邓家渡口,位于瓦埠湖陡涧河渡口中的老窑口大桥遗址,真武村(今真武村民组)境内靠寿六路西侧的真武桃花井,马墙村(原袁楼村)聂圩村民组东侧的袁家老坟等古遗址。

窑口镇革命传统悠久光荣。薛卓汉、陈允常、陈多璜等人是寿县乃至安徽的重要党史人物。民政部门登记在案的窑口籍革命烈士有11人。早在1926年,薛卓汉在窑口集党小组的基础上建立了中共窑口集特支,直属党中央领导,以窑口小学为活动中心进行革命活动。抗日战争时期,陈如宝在窑口一带组织游击小组进行武装斗争,曹云露领导的抗日自卫第一军第三直属大队曾驻扎窑口集开展抗击日寇活动。

窑口镇社会事业蓬勃发展。203省道纵贯南北,济祁高速公路穿境而过,距新桥国际机场45千米。沿湖5个行政村紧临引江济淮水上交通线,镇域内有国家气候观象台区、工业集中区、安徽瓦埠湖现代农业示范园区、集镇建成区,其中坐落在镇境内的国家气候观象台区为全国5所台区之一。(王喜刚)

邓家渡口

陡涧河源于安丰塘,迤逦地流向东北,在瓦埠湖西侧入湖,是瓦埠湖的重要支流之一,亦是古时寿州区域内较为繁华的水运通道。陡涧河沿岸有古渡口3处,名为岗头渡口、张家码头、邓家渡口,其中尤以邓家渡口知名。

邓家渡口位于陡涧河南岸的窑口镇粮台村境内,西距窑口大桥约6千米。据

---

① 七嘴为回嘴、张嘴、门嘴、王嘴、安嘴、店嘴、东嘴;八叉为邓家叉、门家叉、张家叉、龙港叉、王家叉、吴家叉、马家叉、陡涧叉;四大荒为门家荒、邓家荒、马家荒、姚家荒;一岗为刘家岗。

当地老人们说，因当地有邓姓祖坟（俗称邓家南陵），为方便远在南京的族人回乡祭祀祖先，邓姓于此设立渡口停靠船只，因此名为"邓家渡口"，距今已有数百年历史。

参考史籍可知，邓家渡口与明末清初著名文人邓旭的家族有关。邓旭，字元昭，寿州人，顺治四年（1647 年）进士。邓旭的先祖邓道常于明代洪武四年（1371 年）从苏州洞庭山迁居凤阳府临淮关，邓旭的祖父邓洲从临淮关迁居寿州，其后人遂以寿州为籍贯。

据《清实录》记载：顺治四年（1647 年）三月三十日，选进士邓旭等为庶吉士。顺治六年（1649 年）七月二十八日，授庶吉士邓旭为内翰林国史院检讨。顺治八年（1651 年）六月十四日，国史院检讨邓旭、刑科给事中周之桂为江西乡试主考官。顺治十二年（1655 年）九月十八日，因朝廷用人孔亟，急需文行兼优者以学问为经济，饬法惠民，助登上理，顺治帝亲行裁定，"邓旭等人皆品行清端，才猷赡裕，信任既久，图报必殷，着各照外转应得职衔、升一级用，遇缺即补。各官须益矢忠勤，兴利除弊，副朕图治安民至意"。十二月十四日，授国史院检讨邓旭为陕西按察使司副使，分巡洮岷道。

清朝大文人吴伟业曾撰有《赠内翰林国史院检讨邓公墓志铭》，所述邓旭家事较为翔实，可资佐证。邓氏自明初迁入凤阳府，历代贫寒，至邓让（邓旭父亲）时家境始得宽裕。邓让年少时好学，有才子之名，因父母早亡，家境寒苦，遂辍学经商。他精明而又富有心计，不过数年即家道大兴，晚年热心于公益事业，修桥铺路，乐善好施，被推举为乡祭酒，是远近闻名的长者。明崇祯十四年（1641 年），邓让去世，恰逢寿州动乱不止，邓旭只得将父亲草草安葬于陡涧河南岸。邓旭出任内翰林国史院检讨（从七品）后，为父亲重修陵墓，按照清朝例制，授予邓让"内翰林国史院检讨"的头衔。

墓志明确记载："寿春城南二十里地曰东陡涧，有林木郁然者，是为赠文林郎国史院检讨邓公之墓。"其墓葬就是百姓口口相传的"邓家南陵"。旧时墓前有高大石羊、石马等石象生，今已不存。

邓旭善作诗，著有《林屋诗集》。其诗"酷嗜长吉古体，多奇语，近体似王、孟，间入于温、李"，备受时人称誉。休官后，邓旭在江宁府（今南京江宁区）营造园林居住，其子孙亦散居寿州、江宁两处，绵延至今。鸦片战争著名将领、抗英禁烟民族英雄邓廷桢即为邓旭六世孙。

邓廷桢，字维周，又字嶰筠，号妙吉祥室老人、刚木老人。1826 年，道光皇帝拟任邓廷桢为安徽巡抚，邓廷桢以祖籍在安徽寿州，请求回避。《清实录》载："道光六年五月十九日,庚子,谕内阁,邓廷桢奏请回避安徽祖籍等语,邓廷桢祖籍安徽寿州,在江苏已有五代,着毋庸回避。"

在任安徽巡抚时,邓廷桢曾到陡涧河南岸的祖坟祭祀祖先,并写《寿春镇校阅事毕,遂获省视先茔,纪恩述德兼示诸父老(四首)》:"(其一)送颍入淮去,行行马首东。芍陂涵远水,桂树动秋风。鸡犬千年后,川原百战中。时平务修养,亟为筑安丰。(其二)画角鸣秋戍,牙旗度晓关。荒屯余壁垒,重镇控湖山。霜冷弓刀肃,风清草木闲。侧闻宽大诏,振旅已东还。(其三)无恙松楸古,含悽拜墓门。清芬诵先世,旧德在初孙。族异通侯贵,家惟素业存。寄言诸子侄,珍重感君恩。(其四)禾黍登丰岁,枌榆是故乡。百年吾父老,一夕此壶觞。佩犊风宜靖,悬鱼节敢忘。漫牢夸画锦,仰止相州堂。"由诗中"子侄""父老"等语可知,邓廷桢与寿州邓氏同源,且世辈明晰。

悠悠数百年逝去,陡涧河依旧缓缓东流,今日邓家渡口虽已废弃,但这一地名与寿州邓氏的故事仍流传于世。(李家景)

桃花井

窑口镇马湖村东部有一个自然村,三面环水,仅北面有一条 3 米宽的水泥路,像丝带一样曲曲弯弯 4 千米后连接到保庄圩内的村舍。自然村的名字叫店嘴。受水患影响,如今的店嘴只住有 6 户人家,到处是长满蒿草的荒地。

传说很久以前,玉帝的女儿们厌烦云端的生活,偷偷到人间游玩,看到瓦埠湖偌大的水面,在湖上飞来飞去地嬉戏,最后口干体乏,想找一处歇息。放眼望去,发现一处延伸到湖中的陆地,树木葱茏,花儿姹紫嫣红,她们不由自主地来到这里,这便是店嘴小村落。她们在一片桃红深处发现了一口清泉,便一起来到泉边用手掬水喝。纤纤玉指缝里流下的泉水染香染甜了井水,仙女们取水的井边条石也留下了她们的足印。从此以后,桃花井水清香甘甜。

桃花井在老村庄里穿过两间土墙草屋和一片蒿草地,来到一处高地下面,一簇杂树生长在高滩上,高滩东坡杂草中覆盖几块三合板,掀开板子,黑洞洞的井口露了出来。水井是用青砖圈起来的,井有多深无法得知,井旁的大石条已崩裂,左侧的已粉碎,一块石头上赫然有一个深深的足印,应该就是传说中仙女留下的。村民们介绍,以前打水用绳子提水时,一只脚站在脚印上,很省力。20 世纪 90 年代以前,生产队全靠这口井吃水。水甘甜清洌,水源也旺。

一位住在附近的老人提供两种说法:一是以前水井四周栽的都是桃树,春天一片桃红,暮春又落英缤纷,就有了桃花井的美名;二是以前全村的姑娘们经常在水井旁洗菜洗衣,她们自己取水,家长里短地在井旁唠半天,一片红衣绿裳,像七仙女下凡,宛若桃花一样美丽,自然就有了桃花井的美名。

不管怎样,反正石头上的脚印确实存在,而且很深,只是码数不大,大概是当年大姑娘小媳妇提水的多,随着岁月的积累,水滴石穿,慢慢就印上了她们的足迹。

往东二三十步,便是辽阔的瓦埠湖水面。这里已没有仙女们的袅袅身姿,倒是引江济淮工程在热火朝天地施工,不久之后,湖面上将是往来船只穿梭不断的繁忙景象。店嘴小村落也将随着窑口镇行蓄洪区搬迁建设而湮没在历史中,但桃花井的传说会一直在人们口中流传。(周经玉)

陶家圩子张家花园

窑口镇陶家圩子张家花园位于瓦埠湖西畔、寿六公路东侧 1.5 千米处,坐落在陶圩村境内。庄园始建于清末,其主人张玉亭因排行老五,人称"五老爷"。因建立庄园的地点从原陶姓大户人家购得,故也称"陶家圩子张家花园"(汉代陶家古堆古墓葬,位于圩西 150 米处)。张玉亭病故后,由侄子张梦明当家。经过几十年经营,张家置有田地近 300 亩,外地也设有商铺。

张家花园

庄园具有北方四合院、南方水网地区圩寨民居的特点,是一种集水利、防御、居住功能于一体的院落式庄园。庄园四周两道河沟护圩,圩内沿岸筑有高墙,只有东面一个出口,西南、东北角各有一座炮楼。庄园占地3万多平方米,南北长200米,东西长170多米,房屋建筑面积2000平方米以上。建筑物为"日"字形二进院落(一宅两院),建筑布局对称协调,以门楼为中轴线东西对称。前院由门楼、倒座房、客厅、书房、正房、厢房等组成。后院为内宅,是妇女或家眷的活动空间,一般人不得随意进入,大家闺秀"大门不出,二门不迈"大概就是此意。前后三排各13间,东西两侧为一排群房,主要为厨房、仓储及仆人居住之所。院后是大花园。

建筑工艺考究,门楼屋顶铺瓦为仰合瓦(底盖瓦按一反一正,即一阴一阳排列),大门两侧有镇门石,黑漆大门,门厚8厘米,下有门闸。屋舍为木、石、砖、瓦结构,大多重梁起架,笆砖铺顶,靠墙立柱,一半嵌入墙内,一半露在墙外,呈弧形。立柱朱红色,下面有磉墩,呈扁鼓形或方形,青石琢成,刻以不同纹饰,既可承受压力,又可防潮,起美化、装饰作用。窗台以下由青砖砌成,砖缝用石灰糯米汁浇灌。窗台以上土坯砌筑(部分采用"金包银"),墙厚50厘米,冬暖夏凉。厅堂多为六扇格子门,制作精美。房内方砖铺地。院落主要道路、廊檐下铺有石阶、条石。

庄园河沟环绕,荷塘绿柳,波光粼粼。园内广植树木花草,有桂花、桃、梨树、梅、兰、竹、菊、栀子花、金银花、月季等。特别是四棵百年橡栗树,古木参天。据老人们说,当年出寿县南门向南望,隐约可见。春天百花盛开,夏日绿树成荫,秋季鲜果飘香,寒冬蜡梅绽放,环境优美,景色宜人,称之为"张家花园"名副其实。

新中国成立前夕,张家后人已大多在上海、南京等地经商、居住,本地已无后人。1949年寿县和平解放,张家花园由当地人民政府收管,在此先后设堰口区公所、初级社、东方红高级合作社,后改为粮站。1958年秋组建陶圩中学,后寿县九里中学并入,一度改称窑口中学,后又恢复为陶圩中学。1971—1980年为完中。现为窑口镇的一所初级中学。

1991年寿县发生特大洪水,校西堰北支渠堤坝溃决,校园一片汪洋,老房屋大部分倒塌。后经"三结合"建校、危房改造等,原庄园剩余房屋全部被拆除。

张家花园,如今的陶圩初中,经历了历史性的变迁。如今,学校已成为淮南市花园式学校、县十强学校、县精神文明建设单位等,培养了数以万计的优秀人才。

(李静)

窑口大桥

窑口大桥很早以前是一个石头拱桥,桥面宽不到 4 米,仅供两辆马车并排通行。桥面很低,比现在的大桥桥面要低 6 米左右,一年四季有三季被浸泡在水中,两岸来往行人主要靠摆渡通行。说是窑口大桥,其实多半时间只是个大桥码头渡口。

窑口大桥所在位置很久以前是陡涧河上的一处过往客货船只停泊的码头,也是一个历史悠久的古商埠,素有"小寿州"之称。所以在窑口大桥码头渡口摆渡就成了挣钱的渠道。传说为了争夺窑口大桥渡口的摆渡权,当时大桥南北两头的陈姓和许姓两姓家族经常打架斗殴。后来官司打到县衙,双方各不相让,于是县官想了一个办法,决定把秤砣放到开油锅里,谁能从油锅里捞出秤砣,窑口大桥渡口就是谁的。面对翻滚冒泡的油锅,陈姓一直没有人敢到油锅前动手,而许姓经过商量后,找了一个 50 多岁的光棍汉,跟他讲:"如你能从油锅中捞出秤砣,争得窑口大桥渡口,以后对你生养死葬。"光棍汉答应了,他鼓足勇气迅速将手伸进油锅捞出了秤砣,最终许姓争得了窑口大桥渡口摆渡权。

事后才知道,锅里翻滚冒泡的不是开油,而是县衙事先做了手脚,在油水里放上了烧碱,烧碱遇水强烈反应翻滚冒泡,造成水沸开锅的假象。陈姓后来才知上当了,但木已成舟,失去了窑口大桥渡口的摆渡权。

随着时间的推移,因泥土淤积,陡涧河河床逐年抬高,水位已不再适宜通航,当年的石头拱桥便成了交通要道。昔日热闹非凡的大桥码头商埠逐渐被另一番景象取代,连接着蜿蜒的石渣小路的窑口大桥逐渐成了南来北往的行人必经要道。

1938 年春,日本鬼子占领寿县县城后,正准备从窑口大桥往南入侵,被当时路过寿县的广西军一个连的兵力堵在了大桥北头。为了不让日本鬼子继续往南侵略残害百姓,广西军的一个军官和大家紧急商讨过后,狠心炸掉了石桥。

新中国成立前期,经当时寿县参议员尹炳山(尹家小店人)牵头,在原桥址修了一座木石结构拱桥。到了 20 世纪 80 年代,随着过境的寿六公路西移改建,原来的老桥就废掉了。老桥遗址与现在的窑口大桥平行,中间相隔 200 余米宽的水面。

随着社会发展,大桥桥宽已越来越不适应交通需要,县政府结合 S203 寿六路寿县段(九龙—堰口段)升级改造工程,2020 年再次对原窑口大桥进行了拆除重建。如今,新的窑口大桥桥长 126 米,设计标准为双向 4 车道一级公路,路基宽度24.5 米,设计时速为 80 千米,已升级为 237 国道上一个重要的交通大桥,窑口大桥实现了华丽转身。(王喜刚)

窑口大桥

刘家岗头

刘家岗头位于窑口镇真武村,距镇中心3千米,是个物华天宝、人杰地灵、民风淳朴的古老村落。村庄西北方是一处面积1万多平方米的高岗,高岗西面是陡涧河,高岗高出陡涧河水面20余米。古村落内五家五座高大的门楼巍然屹立。门前有五口池塘紧密相连,形如月牙,流水由北向南环绕曲折。整个村落头枕高岗面向水源,依偎在五口池塘的怀抱之中,把整个古老的农家宅院点缀得古朴而神奇。清朝乾隆年间,寿州很有名气的"地师"孔某人,途经此村,瞭望许时,惊叹:"这个村庄是寿州南方的第一风水宝地,它头枕阳龙(西北高岗),面向五口月牙形水源(阴龙),庄内居者,人丁兴旺,富贵千年。"

相传,宋朝开国皇帝赵匡胤被叛军于洪围困于南唐(寿州),高君保率兵将前往营救,在此屯兵训练,1万多平方米的高岗(岗头顶)就是他的"点将台"。每日点将后,兵将骑马向南1千米处走马射箭,演练武艺,堰口镇境内的走马岭因此得名。后来,巾帼英雄刘金定率兵救驾,配合高君保,火烧敌军营寨,打败于洪,解除了南唐之困。

斗转星移,社会变迁,元朝灭亡,明朝建立。此时寿州境内及淮河两岸瘟疫流行,洪水泛滥,又加之战乱,人烟稀少,大片良田无人耕种。古有"走千走万不如淮河两岸"之说,淮河两岸是鱼米之乡,物产丰富,但由于元末长期战乱,导致农田荒废。明初国库空虚,于是明太祖朱元璋出策行移民之政,旨意就是从鲁地抽丁到淮河两岸种地。单丁不抽,多丁弟兄无论排行必抽丁一人,同胞者同行到目的地后,若清查出多兄弟者,只留一人,余者处死。刘、陈先祖本是同胞兄弟,为了到陌生地带有个照应,由山东枣林庄(今枣庄市)老鸹巷肇迁寿春窑口集。为逃脱官府追查,兄弟俩经协商后就一姓刘一姓陈。邢、贾、季、赵、柏、马、王等姓皆是如此。之后,刘姓被分配居住在现在的鲁坊庄,陈姓分居在南岗庄,生息繁衍,人口逐渐增多。刘姓居住的"杨家寨",更名为"刘家岗头"。陈姓居住的"满家庄",改名为"陈家老圩"。

刘家岗头坐落在陡涧河畔,刘家岗头渡口历史悠久,历史上是连接窑口、苏王、申桥、双桥、堰口的重要交通枢纽,为当时的地方经济发展和人文交流发挥了极大作用。

刘家岗头的土质特殊,其盛产的南瓜、胡萝卜质地优良,远近闻名。南瓜大者15千克左右,而且香甜可口,久食不厌;胡萝卜大而光滑,透明红润,味甘质脆,素有"水果萝卜"之称。

刘家岗头从古至今人才济济,"宗公""志公""安周公""安礼公""子英公""子乐公"等榜上有名。清光绪年间秀才刘文焕,字少臣,是方圆百里闻名的教师,培育出大批优秀人才,最著名的弟子是柏文蔚(字烈武)。中华民国时期有安徽省政府官员刘克宏(字墨林)、县政府官员刘克家(字齐平)等。抗日战争、解放战争时期的革命烈士刘克贵牺牲在江苏省盱眙县仇集镇,烈士的事迹在《盱眙革命传略·战斗到最后一刻》一文中有具体阐述。

刘家岗头系新石器至周代遗址,有汉墓、汉砖、灰坑及印有附加堆纹的夹沙陶鼎足等遗物出土,被国家列为古文物重点保护地。(王喜刚 刘化纯)

城郊乡村双桥镇

双桥镇地处寿县县城西南 12.5 千米,东邻窑口镇,南接安丰塘镇,西依正阳关镇、丰庄镇、涧沟镇,北靠寿春镇。

据史料记载,清嘉庆年间,此地已形成一个由东向西的骑路集市,集市的东侧建有一座木制平桥,再向东 400 米又建有一座石制拱桥,以"双桥"而得名。

1954 年发大水,老双桥集(当地人称为老街,目前遗迹尚存)地势低洼,木制平桥毁于大水,后来在集西 1 千米左右地势较高处重建新集,即现在的双桥集。集南是原双桥区公所和人民公社,集东头是食品站,西头是粮站,靠南还有双桥小学和邮局。20 世纪 50 年代初修建牛尾岗堤,途经拱桥,拱桥被堤坝覆盖,形成渠涵。

双桥镇历史悠久、文化灿烂,有"地下博物馆"之称,现有省级文保单位斗鸡台,市级文保单位孙家祠堂、张大圩双古堆墓,26 处县级文保单位,大裔地古堆墓等文物点 10 个,时间从西周跨越至清朝,出土有战国四山铜镜和青瓷虎子等重要文物。

1949 年置双桥乡。1950 年 3 月,双桥区辖双桥镇、八公山乡、菱角乡、东津乡、九龙乡、丰庄乡、涧沟乡、梨树乡、申桥乡等 9 个乡镇。1958 年设双桥人民公社。1983 年复设乡。1984 年改置镇。1992 年撤区并乡,梨树、申桥两乡并入,合并为双桥镇。随着集镇规模的扩大,集市贸易的进一步繁华,由原来的东西一条街向南北主干街延伸。每当逢单,集贸市场上吃的喝的用的看的应有尽有,人群川流不息,熙熙攘攘,生意兴隆,红红火火。(王德平　汪家铝)

斗鸡台

斗鸡台亦称斗鸡城,位于双桥镇双桥集西 4 千米大郢村境内,328 国道寿霍路北侧,邸家小郢西 60 米处。斗鸡台总体为长方形,台子分上中下三层,每层台阶高度约 1.4 米,台阶宽 4 米左右,顶层面积约 1.3 万平方米。1956 年,安徽省人民政府将其公布为省级重点文物保护单位。

关于斗鸡台，当地民间有几种传说。其一，斗鸡台的形成。相传斗鸡台是两只金鸡在五更天斗架形成的台子，前后三次斗架，每次斗架后台子便高出地面一层。其二，据说有一只金母鸡带着一窝小金鸡，时常于五更天时在斗鸡台周边嬉戏。有一天，附近一位农民起早下地干活，路过斗鸡台忽然听到了金母鸡呼唤小金鸡，凑近一看，金光闪闪，他兴奋地返回家中，告诉了家人，家人感到好奇，想捉回家里。第二天一早，全家出动来到斗鸡台等候金鸡的出现。天刚蒙蒙亮，金母鸡带着小金鸡果然出现了，大家急忙从四周围捕，但始终捉不到，最后金母鸡带着小金鸡不慌不忙地回到斗鸡城躲了起来。此后，再也没有人见到过金鸡。

斗鸡台遗址

关于斗鸡台的历史故事，当地也有几种传言。斗鸡城相传为楚王斗鸡的地方。时过境迁，楚国在逐鹿中原的战争中烟消云散，但斗鸡城遗址仍在。

斗鸡台上下都有近似黑陶的陶片分布，西北角之竖崖上可见文化层，层厚约 2 米，上有 6 厘米厚的黄土层，其中含有与周围相同的陶片和红烧土，红烧土内多掺有碎草。有一处为平面，似为炉灶或窑类的东西之碎块。1982 年秋，北京大学考古专业实习生曾作试掘，认为这是新石器时代到商代的遗址。（王德平　汪家铝）

孙氏宗祠

孙氏宗祠位于双桥镇孙厂村。宗祠始建于1880年，气势恢宏，殿堂轩廊，为全国仅有，安徽一胜，被评定为AAA级旅游景点。

由于多种复杂因素，"文化大革命"前后孙氏宗祠全部坍塌，仅剩一堆瓦砾和几面砖墙。新世纪以来，孙氏族人倡导修祠续谱，发动族人捐钱捐物，2006年清明举行开工典礼，历时4年，于2009年竣工。

孙氏宗祠航拍图

宗祠坐北朝南，占地面积3600多平方米，建筑面积1048平方米，选址考究，环境优雅。建筑为砖混结构，外观呈高墙封护式，白墙青瓦，错落有致，中正典雅，庄重大方。

孙氏宗祠由牌坊、4根才高八斗旗杆、门前广场、大门、锡作堂、享堂、回廊、香火堂和名人纪念堂组成。

庄重高耸的"孙氏宗祠牌坊"等建筑，镌刻着孙氏族人600年来"醇良世泽、敬慎家风"的祖训和"克俭养廉尊祖训，守勤茹苦效前人"的对联，烘托出祠堂神圣的气氛。

宗祠门前端坐一对石狮,昂首怒目,刚猛威严。宗祠正堂 3 间,104 平方米,青瓦盖顶,饰有脊兽,飞檐翼张;门楣上"孙氏宗祠"4 个金色大字,熠熠生辉;门厅两侧,半人高的青石抱鼓衬以高高的门槛,凸显宗祠的庄严。

锡作堂又名孙家鼐纪念馆,5 间房共 192 平方米。正门靠后墙端放着孙家鼐半身铜像,铜像后有孙状元遗像和对联"葵藿有心惟向日,竹松晚节惯经霜"。内存有孙状元年谱,记载其"终身为国,永存青史,维护变法,教育兴国"的一生。孙家鼐曾任文渊阁大学士、国史馆总裁、资政院总裁、太子太傅。北京大学原党委副书记、常务副校长郝斌代表北大为孙家鼐纪念馆赠送了光绪帝像、慈禧太后像等文字图片,以及文物、书法珍贵资料 40 余件,并且为祭奠先贤欣然题词:"前贤垂范,后学之师",表达崇敬心情。

享堂 5 间房共 246 平方米。它在祠堂的建筑群中规模最大,用材最考究,装饰最华丽,梁栋厚重,工艺精致,造型简洁。享堂正中设立龛,供奉着孙氏始迁本派始祖的牌位。两相按照左昭右穆的序位,供奉着孙氏各支派的历代祖先。享堂门前左右各立一角亭,分别为后人捐建的"恩爱亭"和"思源亭",两亭东西对称,护佑着享堂,承寄着后人对先祖的敬仰和思念。

锡作堂和享堂两侧分别辅建书房、香火房和名人纪念堂,总面积 344 平方米,历代族人的精英介绍和名人事迹在这里一一呈现。

祠堂两侧的碑廊长 130 米,总面积 205 平方米,两边花木葱茏,近千名孙氏族人慷慨解囊、筹资修祠的功德簿赫然在墙,以示后人。(王德平　汪家铝)

团城子

团城子即原双桥镇团城村,如今位于梨树村,南距安丰塘、西与北分别距淠水与淮河均 10 千米左右。

汉王景、刘馥、邓艾等均修陂屯田于此。古时有两河道呈"八"字形分流于遗址东西。一是大香河,水出芍陂大香门北流,历老军营、双孤堆,至州东南二里桥入城濠,绕城汇合淝水入淮河。光绪《寿州志》谓此为古运河,安丰郡之运粮河。另一条是始于安丰塘西北隅凤凰闸下的自然河道,"水西流由板桥集入淠水,北流入淮河"。

古遗址处为方圆数十里的物资集散地。遗址面积约 1 万平方米,其中心为一台地,南通板桥集、安丰塘,西南通顾家寨、枸杞园,西通正阳关,东达苏王坝,北经双桥集,直达寿州城。台地南农田上暴露瓦砾较多。当地群众说,遗址本来很大,南、北、西三面分别达到本镇的老军营、八里棚、薛家闸桥，东达杀人场（又名"三人场"）。此南北西东，为团城子四门，并传说"董卓战团城"即在此。

从遗址拣选的文物标本具有汉代特征，如灰色四分法卷云纹瓦当、灰陶绳纹圆底罐、灰陶素面陶豆盘、灰陶绳纹筒瓦、灰陶井圈等。20 世纪 70 年代，当地农民犁田时曾发现两件战国时期青铜错金银承弓器，其中一件见于灰坑之内。1986 年粮站在遗址台上建房挖基时出土一秦汉时度量器，生铁铸成，与吴承略氏《中国度量衡史》所列吴大征氏收藏秦时权形状一样，亦呈半球体形，平底，底之直径 25 厘米；顶端铸有连体提环；自半径之底平至环顶 20 厘米。出土时建房工人为辨其质地，除去层层锈片，后又经修磅秤之工修琢成整 60 斤。《吕览》记：秦统一天下，"一度量平权衡，正钧石，齐平鬲"。《汉书·律历志》亦有记：权者，铢两、斤钧石也，"四钧为石者，四时之象也。重百二十斤者，十二月之象也"。秦石权重 120 秦斤，合今 61.98 斤。该权若算上除去的锈片剥蚀，便与秦时权重量相似，唯不见秦制权衡的诏示铭文。汉承秦制，连同团城子遗址汉井密布等情况，该权或为汉时铸制。

1928 年 3 月初，在寿县城关东街基督教堂召开中共寿县第一次代表大会，正式成立中共寿县委员会，机关驻地团城子。（王德平　汪家铝）

袁家老坟

袁家老坟位于双桥镇袁郢村，古地名寿安乡三沟村。该坟系明朝开国功臣、都督袁洪的曾祖、祖父母之坟。明太祖追封袁洪三代，以朝廷公帑建坟。

坟地坐北朝南，正面两侧设立石羊、石狮、石将军等石刻各一对，旗杆、杆座各一对。坟前约 15 米处放置一巨大石龟，石龟上立有一块石碑，碑两侧镶有碑框，上有碑帽，刻有二龙戏珠，二龙中间有皇上御赐的"圣旨"二字，明人唐志淳撰书《大明敕赠袁氏三代先茔之碑》。"文化大革命"时期，袁家老坟上面的石器文物曾受到了一定程度的毁坏，现如今已是残缺不全，但还留下有残缺的石将军、石龟胫部、石狮和断为两截的石碑立于四座坟前。碑文严重磨损，字迹不清，而袁家老坟也不再有几百年前的那种文官到此必须下轿、武官到此必须下马的威严，更不再有每年逢会期间的热闹场景。

元朝中期，袁氏先祖从山东老鸹巷携家人迁徙到寿州以南的九里沟定居，随后又迁移到现在的袁郢村。随着家族人口增多，为光宗耀祖，续辈有序，族人又在袁郢修建了袁家祠堂，同时在祠堂附近还修建了一座寺庙。寺庙内供奉着观音菩萨、神医华佗、催生娘娘、送生娘娘。观音菩萨前有一对童男童女像。这座寺庙叫霞披寺,象征着人们祈求菩萨保佑家族人丁兴旺、平平安安。

袁氏始祖袁再兴及其子袁富、其孙袁显、其重孙袁洪以大明开国功臣封都督。洪武二十八年(1395年),选袁洪次子袁容为燕府仪宾,配永安郡主,永乐元年(1403年)进郡主为公主、袁容为驸马都尉。燕兵起,因在靖难之役中立有战功,袁容被封广平侯,岁禄一千五百石,世袭,封丹书铁券,死后赠沂国公。

袁容驸马每年正月十五偕公主回籍祭祖,从京城到安徽寿县袁家老坟全程1000多千米(现全程970千米左右),因路途遥远,车马前进长达半个月,很不方便。为了公主回籍祭祖方便,朱棣皇帝下旨,拨银10万两,调军队1万人,修建了娘家河。河道北连淮河娘家河,经寿西湖南至袁家湖,全长20多千米,宽100米,深5米,经过万人将士一年奋战,顺利完工。这条河不仅方便公主回籍祭祖,也方便了当地农产品的运输交易。每逢驸马、公主回籍祭祖,远近乡人为一睹公主风采,自发从四面八方聚集到袁家老坟周围,久而久之演变成了正月十六的贸易市场。峰会期间,摆摊售货、玩灯唱戏、旅游观光,颇为热闹。后来人们就在每年的正月十二提前安排,做好展销摊位和娱乐场所的划定,使会期有序不乱。后市场占地

袁家老坟

面积不断扩大至 2 万多平方米，延续了 500 多年，直至 1967 年才终止。而娘家河也由于农田规划而部分废弃，目前仅有双桥镇马荒村境内 2000 米河道遗址，被县水利局定为农田二级水库，现仍发挥着灌溉作用。

岁月无情催人老，曾经被人们仰慕的贵族公主也难逃病逝命运，永乐十五年（1417 年）正月初九，公主以疾薨，是年二月二十七日，葬于北京顺天府涿州房山县永安乡佛仙山之原。袁容后死于宣德三年（1428 年）十二月，葬于寿县双桥镇袁郢村袁家老坟。

2021 年 2 月 21 日，袁容和公主后人袁波先生在北京公主守墓人张氏后人张海建陪同下，对永安公主进行了时隔 604 年后的第一次祭祀。袁波先生跪取了公主坟头一捧黄土、一片碎瓦、一块碎石，于清明节带回安徽省寿县袁家老坟，安放在驸马身边，代表着公主与驸马时隔 600 多年后终于重新团聚。（王德平　汪家铝）

饮马店与护驾寺

从寿县南门外大转盘沿寿霍路 15 千米到双桥镇，再走 2 千米入大郢村境内，路北坎下，村舍连连，东边是前店组，西边是邸家小郢，北边是墙沟组。在这个不足 1 平方千米的地方，集中了斗鸡城、饮马井、饮马塘、护驾寺等众多古迹，每一处都充满着神奇的传说。

宋太祖赵匡胤曾经是五代时期后周的一员大将，随柴荣数次征伐南唐，发生在寿州的"后周南唐大战"，成就了南唐清淮军节度使刘仁赡死节守城的英名。后来，赵匡胤完成统一大业，做了宋朝的皇帝。因此，与寿州有关的"赵匡胤困南唐"的故事，又成为百姓口中经久不衰的传说。

从淮河南岸的八公山到寿州古城，再到"七十二水通正阳"的正阳关，这里地势险要，是古代征战的疆场。民间演义，在百姓的口中，战争是没有正义和非正义之分的，只有所谓的"胜王败寇"。因此，凡是宋太祖赵匡胤马蹄践踏过的地方，都留下了所谓饮马井、饮马塘、饮马店的遗迹，都流传着护驾的故事。而南唐战败之将于洪所过之地，不是走投无路，就是遇到了独笼冲、独笼桥。独笼是一种装鱼的器具，"于"与"鱼"谐音，鱼进了独笼是犯了地名的忌讳，必死无疑。

话说有一次，赵匡胤被于洪追杀到这里，即将被生擒活捉，突然看到路边有一间破庙，便躲了进去。追捕的人到庙前一看，一层又一层蜘蛛网将庙门遮得严严实实，人是不可能钻进去躲藏而不留下一点痕迹的，就没有进去搜查，赵匡胤神奇地躲过一劫。

临到赵匡胤追杀于洪,这位于大将军就没有这等幸运了。于洪被逼无奈,向西逃窜,过了皮家店,当快到三十铺集东头的时候,不知去向,问旁边地里干活的一位老农,老农告诉他,前面有一条河,河上有一座桥,这里叫独笼背桥。于洪一听,大惊失色:"我这不是于(鱼)钻进了独笼里去了吗?犯了地讳啊!"在古代,犯地讳和犯名讳一样大不吉利,民间就有"逮到头往独笼里捉"的说法。于洪自投罗网,只得自杀,一命呜呼。现在从三十铺西到涧沟集东,有一个叫黑窗户的乱滩岗,相传就是于洪的坟墓。

赵匡胤和大将们得胜班师回朝,走到一个村庄,人困马乏,稍作休整。刚好村庄路边有一口水井,于是,众乡亲替他们打水饮马。饮完马匹,众人纷纷骑上马背,赵匡胤心情不错,他先是双手抱拳,与乡亲们揖别,然后一手拽着缰绳一手伸向前面,手心朝上,向一旁的大将们做出"请先行"的示意,而大将又以同样的手势回敬赵匡胤,一番谦让过后,才又绝尘而去。

光绪《寿州志》记载:"影西庵、护驾寺,俱在州西南三十里铺。"据当地邸之憨老人说,其实护驾寺离三十铺还有六七里路。赵匡胤做了皇帝后,曾经救他一命的无名小寺,经整修,山门朝东,大殿朝南,明三暗五,十分阔气,被命名为护驾寺。护驾寺香火鼎盛时期,每年正月十五逢会,当天晚上最灵验的是"抱娃娃"和"送娃娃",晚上灯会,周围几里,人潮涌动。寺前有专供灯会的"插灯田",每家每户分配任务,自备麻秆,麻秆上端劈开,点上蜡烛,听从指挥,做成巨大的"迷魂阵"。女子不孕,抱了娃娃后,又能从灯阵中出来,必定好事既成,只等明年来送娃娃还愿了。

后来,赵匡胤饮过马的这口井博得大名。村里老人说,井水非常神奇,再冷的天,吃再多的肥肉,直接喝井水也不会拉肚子。后来,饮马井所在的村庄被叫成饮马店,饮马井旁边的池塘叫作饮马塘,又因为饮马过后,赵匡胤与随行大将相互谦让,央求对方先行,又称为央马店。(高峰)

绿色田园涧沟镇

涧沟镇位于寿县县城西南 15 千米处,东与寿春镇接壤,南与双桥镇毗邻,西与丰庄镇相连,北濒淮河,与凤台县、颍上县隔河相望。

自南唐以来,涧沟就是古寿春属地,素有"寿西湖锅底"之称。涧沟的得名有人说是"各取沙门涧和黑龙沟的尾字,故名涧沟"。这条涧沟自南向北,从集市的旁边流过,注入淮河,涧沟集因此得名。涧沟小集,依傍涧沟岸边,北流入淮,水路交通非常发达。"乾隆二十一,有了涧沟集",这是人们口口相传的民谣。后来,在通淮桥旁的石碑上也得到了文字的印证。通淮桥位于涧沟集老街的西头,系清乾隆年间修建的石拱桥,全长 13.2 米,顶宽 3.4 米,为双墩单孔拱券石桥。拱券顶端条石两面均刻有"通淮桥"三字。石拱桥至今仍在使用。正因为涧沟集直达淮河的水路交通,使其成为沿淮洼地农副产品、食盐等集散地,通淮桥头,商船停泊,帆樯林立,商业繁荣,远近闻名。

据住在附近的今年已经 80 岁的陈洪丈回忆,他小时候,涧沟老街异常繁华,南

涧沟镇人民政府

北走向,近2里长的黄泥街筒子,均是面街的店铺,比较有名的是"十一家杂货铺",还有几家粮食"方子"(粮行)、饭店茶馆,直通里巷。由于水路发达,通淮桥头设有码头,淮河打鱼人家在涨水之时可直达老街。陈老说,他印象最深的是,南边的保义集、戈家店等地的人,用毛驴驮米过来赶集。不过,涧沟集最繁华的地方要数"后牛市",也就是今天大塘的位置,逢集有时竟有几百头牛的买卖。后来,又在"后牛市"搭台唱戏,唱那种拉魂般的侉戏。正月十五有黄家庙庙会,初九即开唱,同时"迷魂阵"灯会也下地了,白天晚上,连轴演戏,一唱就是几个月,超过吴家圩子,一直要唱到麦黄。人们经常看到,有的戏子下了,脸也不洗,带着满脸油彩到地里拾麦子。其热闹程度,站在北边大郢桥头,隔几里路都能听到涧沟集上的喧嚣声。

1954年,寿县遭受特大洪灾,1955年春动工兴建城南牛尾岗堤,至1956年堤线延伸到三十铺。1966年,霍邱城西湖被确定为军垦农场,国家修建从蚌埠至寿县再到霍邱晴雨通车公路,也称为国防公路。公路从九里沟以西,穿过涧沟镇至正阳关五里铺一段与牛尾岗完全结合在一起。后来,这条公路被确定为301省道,现在又升格为328国道。满庄原为三十铺村的自然村落,位于公路南侧,交通方便。涧沟乡驻地1973年由原来的涧沟集迁此,附近居民便纷纷来此经商。改革开放以来,当地政府因势利导,制定优惠政策,由群众集资建集"农民城",筑巢引凤,颍上、凤台等县客商也来此经商办企业,集镇建设迅速发展。

1950年置涧沟乡。1954年一场大水将涧沟的土墙草顶房荡涤殆尽。大水退去,人们又纷纷从南头小坝子搭的棚子回到街上,重新托土制坯,结草为顶,把冲掉的店堂再建起来。1961—1968年为涧沟公社。1969年并入菱角公社。1972年由原菱角、丰庄、双桥三个公社划出9个大队成立涧沟公社。1973年因公社驻地迁至三十铺附近的满庄,便更名为三十铺公社。1983年更名涧沟公社,同年改社为乡。1992年撤区并乡,菱角乡并入。1996年撤乡并镇。(从圣)

黑泥沟

黑泥沟在淮河南岸、涧沟镇西北边,15里长的菱角嘴西头。黑泥沟名不见省市舆图,然而淮河上下、十里八乡的,几乎没人不知晓。

淮河在这里向东北拐了个弯,上游来水,它首当其冲。新中国成立前,地方当局应付局面,糊弄百姓,每到冬春也派民夫到那里打坝子修堤,可是,从来未弄出像样的堤坝来,夏季洪水来到,一触即溃,菱角大地,顿成泽国。连年水灾,民不聊生,许多人家背井离乡,四处逃荒要饭。

黑泥沟是淮上一处要隘。这里发生过不止一次战事。清朝时，黑泥沟有民团把守。叛匪苗沛霖陷寿州，奸杀抢掠，无恶不作。同治年间，苗匪从正阳关沿淮河南岸东进，图谋再略寿州，行至黑泥沟被民团堵住。双方使用大刀长矛，厮杀了一天一夜，死伤百多人。那一仗，苗沛霖受阻退去，流窜到蒙城，被清军击败后，为太平天国陈玉成旧部杀掉。那一仗，让寿州人免遭又一次浩劫。

抗日战争时期，黑泥沟建有砖石碉堡一座，驻守一个排的官兵，三个班十天一轮防。1943年农历三四月间，日本侵略军沿淮河向西窜犯。一天上午，两艘日军汽艇大摇大摆地游弋到黑泥沟附近水面，碉堡内守军一见，怒火中烧，立即开火射击，击沉一艘，另一艘掉头就逃。中午，一架日机飞临黑泥沟，疯狂轰炸；傍晚，一艘满载日军的舰船逼近黑泥沟，向碉堡方向开火，守堡战士毫不畏惧，予以坚决还击，毙伤日军数人。日军不知虚实，不敢登岸。敌我激战的枪炮声响彻淮河两岸，相持到深夜。翌日凌晨，日机又来轰炸，投下重型炸弹，几声巨响，守军十二名战士壮烈殉国。他们被誉为"黑泥沟抗日十二英烈"。他们抗击数倍于己的敌人，打击了日军的嚣张气焰，大长了国人的志气。（胡占昆）

菱角嘴

菱角嘴，现位于涧沟镇老涧沟集东北约7千米的方圩街道（社区），原名"菱角公社""菱角乡"，坐落于淮河南岸，北通淮河家坎码头（渡口），与颍上县、凤台县隔河相望，南通寿霍公路，西南临丰庄镇，东南邻寿西湖农场和双桥镇。从黑龙沟龙尾到龙头俗称为"十里长街"，水陆交通方便，因地形呈菱角状，固有"菱角嘴"之称。

新中国成立初期，菱角嘴为全县12个城关区之一。1956年并入八公山乡。1958年复置。1960年划归城郊公社。1961年4月，全县行政区划为16个区、86个公社，此地为双桥区的菱角公社。1972年析出设置菱角公社。1983年改为菱角乡。1992年2月撤销，并入涧沟乡。1996年撤乡设镇。

改革开放后，随着地方经济的发展，附近部分群众陆续迁入方圩街道经商，渐成集市，是涧沟镇政治、经济、文化、教育、交通、通讯的桥梁和纽带。（方多凯）

顾楼村

顾楼村位于涧沟镇北部，淮河南岸，因顾姓族人聚居而得名。

顾氏族人原籍徽州,元朝末年随朱元璋起事,征战东南,因功受封在寿州(今寿县)并赐予田地。淮河流域向为粮仓,明成祖朱棣登基后迁都北京,漕粮通过运河运往北方,供军政需要。寿州顾氏受命河运漕粮,世代沿袭。寿州顾氏因此亦农、亦仕、亦商,积累了相当多的资产。

至清代,寿州顾氏人丁兴旺,乾嘉以后,人口、资产开始向农村转移,在已有军功田产基础上又购进大量土地。其间一支顾氏族人迁居到现顾楼村地界,并在此繁衍生息,成为当地的大地主。嘉庆年间,顾氏族人始建顾家楼,后称老楼。咸丰初建成顾家新楼,该楼设计考究,结构坚实,规模宏大,时人称之为"五马躜骧楼",意为楼内道路可供五匹骏马并行奔驰。后顾家楼部分建筑毁于火焚,不复当年壮观景象,但顾家楼作为地名流传了下来。

新中国成立后,人民当家做主,顾家田地被人民政府收为集体所有,顾家楼的剩余建筑也分与群众居住。天长日久,顾家楼也没能保存下来,消失在历史的长河之中。顾家楼及周边地区先是划归寿县寿淮二社高家庙大队。之后寿淮二社区划撤销,高家庙大队划归寿县双桥区菱角公社。"文化大革命"期间,高家庙被推平,遂将高家庙大队更名为顾楼大队。1992年之后,政府撤区并乡重新进行行政区划调整,将顾楼大队更名为顾楼村,并划归寿县涧沟镇管辖。(徐本贵)

顾家寨

顾家寨的由来,与姓顾无关,相传来自清朝官府平叛苗沛霖的战场。

清咸丰年间,太平天国运动兴起,凤台县秀才出身的苗沛霖在乡办团练,几年间便拥兵数万,并购置了千顷良田,私自开挖运粮河,招兵买马,囤积粮草,被人状告到金銮殿诉有反叛之心。皇上得知后,派两次征讨,均已失败告终。

征讨苗贼时,东从瓦埠湖往西,西从正阳关往东,东西几十千米范围,顾家寨正是征讨战场。由于双方数次交战,苗府家兵打红了眼,所到之处,烧杀抢掠,欺男霸女,无恶不作,最终导致居住在沿线的百姓流离失所。这就是后期百姓述说中的跑"苗反",现耄耋老人口口相传,祖辈们有的逃往迎河集以南,有的避难到淮河以西。

乡绅和保长目睹当地百姓妻离子散,背井离乡,于心不忍,无奈苗贼实力雄厚。为保百姓平安,乡绅和保长主动向苗贼求和,并承诺一切习俗随苗方,并听从派遣,征兵征粮,尽力配合,前提是不能对无辜群众实施杀戮,并要确保百姓生命财产安全。最终苗贼不再动辄杀戮,当地百姓得以保命,此举护住了百姓,顾家寨由此得名。

因两次平叛苗逆告败，龙颜大怒，调集精兵强将，更换有勇有谋将帅再次对苗沛霖进行讨伐，把苗家兵丁追到雁口（现堰口镇）。苗贼叛军领头人得知此地名时，无心再战，随即缴械投降。古人以为苗贼落到雁口里，冲犯了地名，苗家气数已尽，为此平叛收官。

官府平叛得胜后班师回朝，但皇上对当地官员勾结苗贼一事耿耿于怀，派钦差彻查此事，凡投靠苗贼并谋反者处以极刑。所幸钦差系清正廉洁之人，了解当时确因形势所迫，百姓实属无路可走，为免遭生灵涂炭，才出此下策。后朝廷才不予追究。

顾家寨有惊无险，背井离乡的人陆续返回，得以安居。由于顾家寨地理位置优越、土地肥沃，特别是"苗反"没受到牵连，后期四面八方的百姓都来此聚集安家落户，形成了现在的集市。有集市就有贸易，有贸易就有商铺，鼎盛时期，商铺、茶馆、餐饮、铁匠铺、篾匠铺、粮行、糠行、牛行、猪行、鱼行，行类齐全，集市招揽东西南北来客，逢集更是人山人海，车水马龙，市贸繁荣。

顾家寨原来的集市由于街道狭窄，于1956年前后迁移至老街道以南70米处。直到1996年再次迁到现在的新街。2007年10月，丁圩村与顾寨村合并成立了顾寨街道居委会。（黄传鹏）

皮家店

寿州古城以西40里处有一个叫皮家店的村庄，原为皮店大队，属涧沟人民公社，1969年属菱角公社，1972年属涧沟公社，1983年属三十铺公社，1996年属涧沟镇，2007年10月与三十铺村、史圩村合并设立农民城街道。

相传，赵匡胤统一天下时，收服了占山为王的孙二虎。孙二虎作战勇敢，屡立战功，赵匡胤登基以后封他为浩王。可是他草寇的脾气改不掉，过惯了大秤分金银、大碗吃酒肉的山大王生活，经常残害黎民百姓，曾受过太祖的处罚，因此他怀恨在心，反叛的种子在内心生根发芽。

赵匡胤做了皇帝后认为中原太平，天下太平。不想一日，大臣上了一道奏折说浩王孙二虎反叛朝廷自立为王，于是赵匡胤带领老将军高怀德率五千精兵，三下南唐寿州，后被孙二虎手下猛将于洪围困在寿州城内。话说那于洪，十分厉害，不但武艺高强，而且会使妖术，百尺之外能取上将首级。因此，孙二虎的气焰十分嚣张，要杀死太祖，自己称王。老将军高怀德出战不敌于洪，险些丢掉性命，大败而归。

赵匡胤所部内缺粮草,外无援兵,形势非常危急。

这时赵匡胤派副将曹彪孤身杀出重围,回东京汴梁搬救兵。曹彪回到汴京以后,把太祖被围困在南唐寿州的情况向宰相赵普做了详细禀报。赵普立即命高君保挂帅,率领三万人马赶赴寿州解围救驾。高君保不敢怠慢,火速点齐三万人马,连夜行军向寿州进发。

高君保行至蒙城西北的双锁山,遇到才貌双全、武艺高强的巾帼英雄刘金定,两人一见钟情,定下终身,一同前往八公山营救。于洪会战刘金定,使出妖法,一一被刘金定所破。他哪里知道,刘金定乃是梨山老母的弟子,随师学艺多年,不仅会"奇门遁甲",还善用"呼风唤雨,撒豆成兵"的法术。于洪向八公山密林里逃窜。刘金定看天色将晚,南风大起,遂命令士兵手执火把,点燃树木。这时火借风势,风助火威,八公山顷刻之间成为一片火海。刘金定乘火光照耀,一鼓作气,乘胜追击。于洪大败而逃,如丧家之犬,拼命向西逃窜。可是天黑,于洪又不识路径,慌忙中连盔甲都掉落下来。之后人们就把他盔甲掉落的地方称为"撇甲店"。随着时代的变迁及寿县方言的演变,"撇甲店"音译成了"皮家店"。(王树超)

蒋庙清真寺

蒋庙清真寺寺院分东西两院,大门朝东,东院正大门门内南侧嵌石碑三块,从最东边一块简介中可以看出,这是一座始建于清朝末年,因1954年洪水而后重建的一处寺庙。另两块石碑为功德碑。大门内北侧内嵌两块石碑,一块记录颍上县朱台村朱传茂(汉族)捐款500元;另一块记录着此门楼由港亲王香君哈吉太捐款20000元港币兴建。西院正西处为大殿,大殿大门上方挂匾"无像宝殿",未留款,据说是一赵氏所书;"无像宝殿"上方书有经文,为彩色瓷雕;南讲堂三间,其中一间改为女水房;北讲堂三间,其中含阿訇住宅一间;大殿与北讲堂西北角为香锅厨房。

寺内现留存有狮子抱绣球石门墩1块、鼓形石门墩1对、鼓形石门墩残鼓四分之三块、柱顶石8块、磨盘1块、石柱2块、无字石碑1块、水缸1口。其中,柱顶石有7块,分别在西院大殿门口廊檐与北讲堂廊檐下,在重建寺院时,柱顶石外部用水泥包封,上立钢筋混凝土立柱;另一块柱顶石搁置院落一角。

相传,蒋庙这地方原来不叫蒋庙,叫将军帽。话说很久以前,有位将军从此路过,夜宿本地,将自己的帽子遗忘在了这里,后来大家就管此地叫将军帽。因为本地方言和语速的关系,就叫成了蒋庙。

蒋庙清真寺

　　寺里的那些石料都是清代遗存下来的,那块无字碑因为是平放在地上,看不见背面,现在放在清真寺北侧围墙的路边。还有一口内部已经开片的缸。那座狮子抱绣球的石门墩,雕刻精美、栩栩如生,狮尾用来托住门扇转轴的海眼还在,如今放在院落。另一只狮子,早已不知所终。(王顼)

临淮古铺丰庄镇

丰庄镇位于寿县县城西南 20 千米,东临涧沟镇,东南与双桥镇一渠之隔,南、西南与正阳关镇毗邻,西接正阳关农场,西北及北濒临淮河,与颍上县、凤台县隔河相望。丰庄镇地形素有一滩(淮河河滩)五湖(肖严湖、袁家湖、丁家湖、薛家湖、寿西湖)四岗(牛尾岗、试网岗、柴岗、刘岗)之称。

光绪《寿州志》载:"丰庄铺,距城四十五里。"丰庄铺原名烽村。关于烽村的来历有两个说法:其一,光绪《寿州志》记载:"废西寿春县,在州西南四十里,一名楚考烈王故城,城中有楚王祭淮坛,其东北隅有棘门。"《凤台县志》认为这即是州治西南之丰庄铺,在淮水东北曲处。《水经》所谓"烽水受淮水于烽村南"即此。"丰"

丰庄镇人民政府

或"烽"之讹。今其城已无迹。其二，丰庄铺居寿州城与正阳关之间。正阳关位于淮河南岸，扼守淮河、颍河、淠河三水交汇之咽喉，地理位置十分重要，历来为兵家必争之地。它是"铁打的寿州城"的屏障和据点，历史上围绕寿州的战争，首先必夺正阳关，由此可见正阳关在军事地位上的重要性。如今，丰庄镇境内还有2000多年前的苍陵城的古遗址，有三国时期刘备城、张飞台等战争遗迹。历史上，从正阳关攻取寿州的战争，陆路必经丰庄铺，因此丰庄既是递铺，又是传递信息的烽火台，更是古战场。因此，丰庄史上称为烽村。

自宋代以来在此设递铺，明代称荒庄铺，清代又演称丰庄铺、方丈铺等。古代从寿州到六安有三条古道，这里是西线古道递铺之一。清朝光绪年间，寿县设三乡，东乡长丰乡，南乡裕民乡，西乡保义乡。丰庄铺属西乡保义乡。据退休干部朱传香早年寻访，丰庄铺原位于现在的寿县至霍邱328国道路北五里的寿西湖洼地，是寿州城西南一座历史悠久的古集市。此地原有一座寺庙，现已不存。庙里的方丈叫释布远，此人慈悲为怀，广施善行，爱心普济，深受尊敬，久而久之，周围的人们就把丰庄铺称为"方丈铺"。现在，庙前的那棵百年银杏犹在，干高丈余，两人合抱粗，枝叶繁茂。20世纪80年代初，据祖居于丰庄铺的一位80多岁的纪老奶奶说，她小时候就见有这棵银杏树。或许因年代悠久，附近村民视其为神圣，倍加保护，人们在树前礼拜，供以供品，焚香鸣炮，其中不乏来自颍上、凤台一带的群众。

丰庄作为乡镇行政建制较迟。1964年为十字路公社。1969年并入正阳人民公社。1970年由原正阳公社的刘帝、合庙、瓦房、魏庙、薛湖、花圩、五里、马圩、十字路大队，菱角公社的丰庄、康圩、吴圩、曹洼大队重新组成十字路公社，公社驻地是离丰庄铺五里外的张家圩。1972年十字路公社更名为丰庄公社。1983年丰庄公社改社为乡。1992年增设丰庄街道，同时还保留丰庄村，驻地丰庄铺。也就是说，由古丰庄铺衍生了三个"丰庄"地名，即丰庄镇、丰庄村、丰庄街道。1996年3月撤乡设镇至今，现镇政府驻地为薛湖村。

寿霍路是民国时期修建的蚌（埠）叶（集）路的一段，原为土路，晴通雨阻，崎岖狭窄，日渐损坏，新中国成立初期路基得到重建。1970年，寿霍路作为07030国防公路进行全线改建，裁弯取直，加宽加高路基，修成渣油路，1976年9月底竣工通车。1972年十字路公社更名为丰庄公社的时候，寿霍路穿境而过，国防公路的路南和路北的大片地域纳入丰庄公社管辖，原来公社驻地的张家圩已经不处于公社的中心地带。另外，张家圩地处沿淮洼地，易受洪涝灾害，且交通不便，1972年丰庄公社搬迁至现在的国防公路南坡，在一片田地和水塘中兴建新的驻地，政府机关、学校医院等陆续迁来，远近居民来此经商。尤其是改革开放以来，随着经济快速发展,政府加大集镇建设力度,集市街区发展迅速,工贸活跃,市场繁荣。如今,省道临叶路升格为328国道,丰庄镇已经成为国道旁的一颗亮丽明珠。

　　丰庄镇以原来的驻地丰庄铺得名。不论原先的烽村,还是后来的荒庄铺、方丈铺,直至最后的丰庄铺,这里面既有谐音的演称,更寄托了人们丰衣足食的美好愿望。(高峰)

刘备城

　　丰庄镇湖沿村刘备城,过去曾为十字路公社刘帝大队、丰庄乡刘帝村,2008年与瓦黄村合并成立湖沿村后仍沿称刘备城,群众俗称"刘备城子"。这是一个历史底蕴深厚、充满传奇色彩的小村庄,是明嘉靖《寿州志》上记载的"正阳八景"之一,是安徽省文物保护单位。

刘备城遗址

　　据史料记载,刘备被吕布击败,投奔曹操。后经曹操向汉献帝举荐,刘备被任命为豫州牧,驻守在淮河上游的安城,就是今天的河南正阳县东北、南汝河的西南岸。那时的正阳关属豫州和扬州的接合部,正在刘备的势力范围之内。刘备经过实地考察，发现这里地处淮、淠、颖三水交汇处，四面环水、地势险要，而且距离寿春城不过 60 里，是水上交通枢纽、军事要冲，得之则可控扼淮颖，襟带江湖；失之则门庭洞开，无法在淮南立足，战略地位十分重要，便亲率张飞等将士，以正阳关往东 8 里处的一个高岗，即现在的刘备城为基地，在正阳关修筑城池，并派兵驻守，这就有了明嘉靖年间编撰的《寿州志》上"东正阳镇，州南六十里，古名羊市，汉昭烈筑城屯兵于此"的记载，也有了刘备城、张飞台遗址。

刘备城遗址是一处呈东低西高之势的土台子，最低处 0.5 米，最高处约 3.5 米。相传，旧时的土筑城墙高 3.5 米左右，周长约 1600 米，居民择高而居，东西南北各有一豁口，谓之城门。城内中间部位的最高处，旧时有一座古庙，村民称之为"小庙子"，何时何人所建虽然不明，但至今仍遗留着庙埂子、庙架子之说。城内城外历代皆有灰陶坊、环底罐、汉砖以及古墓、供桌、碑碣、石刻等出土，如今高台上还四处散落着古砖瓦。20 世纪 70 年代，人们从这里挖出大量完好的子弹及子弹壳，也说明刘备城作为战略要地，不仅是汉末时期的古战场，在近代战争史上也曾留下过浓墨重彩的一笔，口口相传的"南洋打北洋"的传说，至今被当地村民津津乐道。

刘备城西北方向的农场地里，原先有一高地，人称张飞台。这处高坡台地，周长约 220 米，高 1—2 米，东西长约 80 米，南北宽约 40 米。只是历经多年的耕作，张飞台几近被夷为平地，但其传说故事经数代人口口相传，生生不息，其中最为脍炙人口的是"张飞打个盹，刘备修个城"。相传，有一天，刘备与曹操进行了一场鏖战，只杀得昏天黑地。最终，刘备兵败，被曹操的军队一路追赶至刘备城这个地方。当时刘备的军队人困马乏，可此地无处屯兵，张飞和将士们只好席地而卧。就在他们小憩的工夫，刘备撒土成城。张飞和将士们一觉醒来，觉得鞋内岗土硌脚，纷纷脱靴倒土亦成一高台，即张飞台。

张飞台往南约 30 米处，还有一高地，此处四周平坦，高台突兀，遍布树木。民间传说，此地为葬妃台，葬着周朝时期某国君的一个妃子。1957 年文物普查时，此台附近曾出土过指窝纹鼎足、柱形鼎足、绳纹鬲足和红陶、灰陶等夹沙的陶器。据此分析推测，这里应是周朝时期的居民遗址。（汪洋）

方丈铺庙

丰庄镇薛湖街道有一座小庙，现已不存在。当时这个庙在丰庄村的方丈铺辖区内，留下了一段传说。

从丰庄村曹继贤和左先春两位老者口述中得知：方丈铺是一个通往寿县和正

阳关的集市,热闹非凡,还曾是烽火台。清末民初土匪较多,有一个人无地躲藏,就流落到方丈铺附近当和尚,建庙出家。据两位老人说,庙门朝东,进去后,大殿约100平方米,坐北朝南,高而雄伟,大殿的柱子下面底座是石头立起来的,石像坐在上面。大殿前有三间房子,大约90平方米,七八个和尚生活在这里。新中国成立前,有一个南京女孩,和家人走散后,跑到庙前,被和尚收留。庙里的老和尚相继死亡后,都埋在方丈铺后的黄塘那里,只剩下一个和尚,法号布远,俗名叫计中奎。布远感觉此处生活不便,就远走他乡,从此再没回来。这个女子就以计中奎的姓来作为姓氏,就是之后人们口中的计老奶奶。计老奶奶自己在庙门外盖起了两间房子,从此一个人生活,没有结婚,领养了王家、孙家两户人家的丫头做女儿,直到1980年2月27日去世。

1945年寺庙改成了学校,当时计老奶奶为学校老师们烧饭,当时的老师有何田武、柴广德等。1950年左右,学校变成了油坊。后来,油坊解散。20世纪60年代,十字路公社搬到庙里办公了一两年,直到1970年左右盖起了新房子,公社从庙那里搬走。后因庙年限已久,失修倒塌。

寺庙虽已不存在,但庙院里的一棵银杏树深深扎根在这片土地上,已有100多年的历史,根深叶茂,已经成为当地人的神树。每年果子成熟后,方圆十里地的老人、孩子都来捡,说吃了这儿的银杏果子,可以祛病挡灾。现在还有很多老人,来到银杏树下,挂上红丝带,求个平安。这里还流传一个特别神奇的故事。当年有一个叫宋咸成的人,有一次爬到树上下不来了,在家里人烧香后才下来。之后,再也没有人敢往树上爬,宋咸成就在树底下修了个香炉,给大家祭拜。这棵银杏树成了一棵"神树",香火代代相传。

100多年来,这棵银杏树见证着历史的变迁、岁月的转变。秋日,银杏树金黄的叶子点缀着丰庄这片土地,让人们流连忘返。银杏树生长得依然那么苍劲有力,许愿的人们来到树下,祈求平安和顺利!（李多松）

牛家堆坊

据《寿县志》记载:"寿县牛氏,系于明成化十一年(1475年)因避祸乱自河南汝州鲁山迁来,居正阳关东牛家堆坊。始有兄弟姊妹九人(八男一女)。避难时,其祖将铁锅砸为九片,各执一片,以待乱平寻会时合锅为证,故称'破锅牛'。自十七世起,立派辈字序为'克广德业,万世之基'。"

今天的牛家堆坊位于丰庄镇前圩村。牛氏后人牛德朋曾经撰文描述过旧时庄园的盛景："解放前，牛家堆坊是一所享有名气的庄园，经太太、爷爷及父辈辛勤劳动，精心策划建造的牛家堆坊，总宅占地面积上百余亩，宅院规划井然有序，会客大厅富丽堂皇，书厢走廊连绵不断，庭院花卉四季绽放。还有两条沟塘环绕四周，塘内菱角荷花，郁郁葱葱，各种鱼类，戏耍畅游。为防御外匪侵扰，庄园四周垒筑了很高的土墙，土坝四角架有四尊土大炮，还有密密麻麻的铁丝网缠绕四周。土墙四周青松繁茂，柳绿花香，鸟声清脆，声声回荡在庄园上空。堆坊正南方正中是出入处，高大的寨门十分显眼，两侧石狮端坐，昼夜有人护卫，庭院景观，目不暇接，路人经此目睹，赞叹不已。"

牛家堆坊今天还保存着一方完好无损的清光绪十七年（1891年）圣旨碑，碑首上雕刻的二龙戏珠，栩栩如生，龙身鳞片，清晰可辨，正中"圣旨"二字，端庄醒目，碑文上书"儒童牛崇中妻张氏之坊"。立碑人牛玉淦之孙牛广阔及牛氏后人，至今仍记得这方祖上贞节碑的来历。清光绪年间，牛崇中患重病不起，娶张氏进门冲喜。牛崇中病故后，张氏执意不肯改嫁，牛氏家族感其诚意，同时也为保障其生计及在家族中的权益，西院过继给一个儿子，东院过继给一个孙子，让其占有每份三百担种的家产份额两份。张氏逝世后，州府将其贞节之事层层上报，朝廷遂颁发圣旨，其子牛玉淦率侄牛克釜遵旨建造了此碑。

历史上，牛家堆坊还出过三个名人，而且是祖孙三代。清咸丰元年（1851年），牛家堆坊第十五世传人牛小村出资修建凤台县境内的茅仙洞中殿，因种种原因迟迟没有完工。时隔42年，即清光绪十八年（1892年），其子牛亮臣继承父亲未完之志，重招工人，"庀柴于林，辇石于山"，使中殿葺而新之。今天的茅仙洞中殿前屹立着的"重修中殿"石碑，以及《凤台县志》上都记载着牛家堆坊两代人为修古洞中殿付出的心血。

牛家堆坊第三位名人与正阳关关系密切，即牛亮臣之子牛克严，号幼丞，以号行世，民国年间任安徽正阳关商会会长。《寿县志》民国时期要事录记载："民国十七年（1928年），国民革命军总司令蒋介石视察淮河来寿县，抵正阳关……由当地商会会长牛幼丞、缙绅代表皮寿山等人陪同……"《寿县志》第二十六章又载："私立淮南初级中学，校址在正阳关，民国三十四年（1945年）秋开学。该校系正阳镇商会会长牛幼丞倡办，县拨枸杞园湖荒地670亩，以其岁租收入补助之。初设2班，后保持6班，在校学生200名左右，教职员工15名。1949年初停办。"（汪洋）

堆　坊

在丰庄全镇村民组中,以"堆坊"命名的就有 9 个,除了牛家堆坊,还有宋家堆坊、汪家堆坊、孙家堆坊、石堆坊、南皮家堆坊、东皮家堆坊、老堆坊和新堆坊。这么多的堆坊缘何而来?

"堆坊"原本是"堆房",是贮藏杂物和货物的房屋。本地所称的"堆坊"就是指堆放粮食的仓库,"堆坊"前贯以姓氏便叫着某家堆坊。据老辈人说,"堆坊"原是堆放粮食的仓库不假,但久而久之,就成了某些有一定财力、势力的大家族的代名词。堆坊的坊主在某一族姓中应是土地多、财力大、有一定社会影响力,且在族姓中辈分也是较高的,才可把自己所住村庄称为堆坊。其拥有的土地租给佃户种,收获后,佃户交租,统统集中在堆坊中。户主即便是在城市里有商贸经营的,粮食也仍放在堆坊里,并有人常住看管。在旧社会的农村,被称作堆坊的户主,往往是大地主或地主兼工商业户,在农民的眼里,自有较高的声势。声名大的堆坊,气势也自不同一般,村庄四周垒成很高的墙埂,墙埂外有壕沟相围,有的还设有占(寨)门。丰庄镇 9 个堆坊中的牛家堆坊就具有这样的特点。(从圣)

苍陵故城址

苍陵城早已无存,其具体位置在哪里? 清代杨守敬《水经注疏》:熊会贞谓苍陵"在寿州西南"。光绪《寿州志·舆地志》载"苍陵城在州治西",条下注"按颍水入淮在今州西北颍上县界,其东南皆州境,淮水北经苍陵城北"。淮水与颍口会后这一段淮水由西南往东北流,才可经苍陵城北,又东北流经寿春故城西,这个寿春城当在苍陵城之东北,在当今寿县城及其附近。反之,苍陵城故址当应在今县治西南,当在淮水与颍口会后东北流不远的地方。

1958 年寿县文物普查时,县人民政府公布丰庄公社涧洼大队冯小庙所在地为古城址,距今县城西南 20 千米,丰庄铺北约 4.5 千米。城址东、西残存长约 1.5 千米、南北宽约 0.75 千米,地势与淮河大堤同高,海拔 28 米。遗址北边呈现 3—5 米高的断面,遗物满布,有筒瓦、板瓦、半瓦当、陶管井圈残片等。社员何新亮还收存一件铜爵,见其物,长流,卵圆腹,腹部饰蚕纹和饕餮纹,柱近流。1983 年上半年,省文物考古队在此试掘 3 个探方,共 27 平方米,扰乱层下的文化层只有 50 厘米左右,出土了豆、钵、筒瓦、板瓦、牛骨等。另外发现群众用土挖掘出来的陶管井 4 眼,还有圜底陶罐、半瓦当、小体积空心砖等残片，其风格特征与寿县城周围出土的遗物相同。观测陶管井沉湮筑造技法、井圈、纹饰、径、厚，与城东门外试掘1眼陶管井和湖北纪南城陶管井中第一种基本相同。据上所见遗物、遗迹可知，这个丰庄公社(丰庄铺)所辖的冯小庙遗址，其时代的上限可能为战国晚期或西汉前期，与《地形志》所载"故楚有苍陵城"基本一致。其位置正与《水经注》所载的苍陵城方位相合，因此，冯小庙遗址当是苍陵故城址。

　　苍陵故城址，北临淮水，距今寿县治西南20千米，丰庄铺北约4.5千米，菱角嘴西南约6千米，淮水与颍口会后东北流约6千米的弯曲处。这与《水经注》所载"淮水与颍口会，北经苍陵北"，《寿州志》所载"淮水东北行历丰庄铺，在州治西南四十里为寿春县故城，又东北流经菱角嘴"，《凤台县志》所载"距城西南四十里之丰庄铺，值淮水东北曲处"等完全相合。苍陵故城址，淮、颍两大干流纳众水合流经此，为咽喉关津要道。自古以来，颍水是中原地区通向江淮所必经的水道，楚考烈王受西北敌人的威胁，沿颍水东徙都寿春，选择苍陵城为防戍门户，势可扼其上控其下，并又选择寿春邑(今寿县)作为首都，依八公山，傍淮、肥水，其势险固，既是为了战守的目的，又有通向大后方的方便，显然是极为合情合理的。(涂书田)

古风新韵茶庵镇

  茶庵镇位于寿县南部,属于江淮分水岭地区的农业乡镇,东临瓦埠湖,与炎刘镇相连,西与众兴镇接壤,南北分别与三觉、安丰镇毗邻。

  关于茶庵的由来,代代传下来这样一个故事:很早以前,有一对姓侯的老两口在此搭建一个庵棚子卖茶水,并耕种了几分地,日子过得艰难,但总算有口饭吃。

  有一年淮河发大水,淮北的凤台、蒙城、涡阳、颍上、利辛等县泛滥成灾,大批灾民成群结队南下逃荒要饭。难民中有一对年轻夫妇带两个孩子,一天傍晚来到了侯家庵棚。此时,寒风骤起,下起大雪,侯老夫妇望着蜷缩在庵棚外的一家四口人在风雪中被冻得瑟瑟发抖,急忙将他们让进棚内,为他们生火取暖,并煮了一锅粥

茶庵镇人民政府

给他们吃。一家人有了暖意，又吃了饭，精神好起来，便跪在二老面前千恩万谢。侯老夫妇急忙将一家人拉起，说道："今日你们遇难，本该相救，不必提感谢二字。"

谁知屋漏又遭连阴雨。由于长期逃荒在外，饥寒交迫，一夜之间，一家四人出冷发烧得了病，不能行走，急得没有办法。侯老夫妇看出了他们的心思，语重心长地说："你们一家人都得了病，哪里也不要去。虽然我们的日子也不好过，总不至于饿死。我请人给你们治病，有我们吃的就有你们吃的，等病好后再走。"

第二年春天，年轻夫妻总算病好了。一天晚上，一家人跪在救命恩人侯老夫妇面前，哭泣着说："感谢二老救了我们一家人，今生今世难以报答，来生变牛变马也要报答二老恩德。现在我们的病好了，目前正值春耕大忙，本想回家种地，重建家园。"两个孩子抱住侯老夫妇的腿哭着说："爷爷、奶奶，我不走，我要和你们在一起。"侯老夫妇于是说："淮河经常发大水，你们回去也不会有好日子过的，不如在此开荒种地，我们共同生活，两家并作一家吧！"

新的家庭就这样组成了。年轻夫妇决定改姓侯。他们凭着年轻力壮，在此开荒种地，日子一年比一年好起来。

过去的淮河经常泛滥成灾，逃荒要饭者南来北往，络绎不绝。凡经过侯老庵棚者，都得到热情招待。年轻夫妇也向过往灾民介绍自己不幸遭遇，赞扬侯老夫妇的美德。不愿走的灾民，都留下来搭庵建房，开荒种地。

年复一年，留下来的人越来越多，不愿留下来的也大都得到侯老夫妇的施舍和恩惠。每每谈起侯老夫妇广施仁爱的美德时，大家都赞不绝口。人们敬仰侯老夫妇，为让子子孙孙都记住侯老夫妇的恩德，就把这卖茶水的地方称为"茶庵"。

这里叫"茶庵集"也是顺理成章的事。一是由于来此落户者逐年增多，二是随着社会经济的发展，人们生活需求不断提高，渐渐产生了经济贸易。于是，各类生意人云集这里。昔日的庵棚没有了，形成并排面对面南北连接的屋群，成了集市。茶庵集在新中国成立前就是当地封建政府和伪乡政府所在地，现在也是镇政府所在地。

清光绪十五年(1889年)寿州设3个乡，茶庵集属于保义乡十一里所辖。民国时期，茶庵乡属于众兴联防区所辖。中华人民共和国成立后，置茶庵乡。1958年划归三觉公社。1961年成立茶庵公社。1969年更名为胜利公社。1972年复名。1983年改社为乡。1992年3月撤区并乡，原谢埠乡并入。1998年9月撤乡建镇，保留建制至今。(祝永忠)

谢埠店

　　谢埠店现属茶庵镇,在寿县最南边。《晋书·地道记》上说"淠水又西北,分为二水,芍陂出焉。又北经五门亭西,西北流经安丰县故城西"。意思是说,淠河向西北流去,又分为两条河流,一条流过安丰县老城西,是芍陂的源头。谢埠店枕着流经安丰的这条古淠水,居于江淮中心地带,自汉晋以来便是交通要道。

　　古时"谢"同"榭",即建在台上的房屋;埠者,码头也;店者,集市也。滚滚淠河从脚下流过,上通六安,下经芍陂,达古寿州。古时陆路交通落后,南北物资流通主要靠水运,谢埠店因势得利,开埠设市,成了物资集散地。江淮地沃粮丰,晋、元、明、清各代王朝在此大建粮仓,是州府的囤粮基地。河东河西各建一大仓,河东曰"仓房",河西曰"粮台",地名沿用至今。储粮繁忙时,淠河上樯桅如云,舟楫如织,南北客商云集。谢埠店的街道呈东西向,西起河边码头,直向东边延伸,临街两面是鳞次栉比的店铺,从西往东,饭店、旅店、鱼市、肉铺、布店、钱庄、粮油百货,应有尽有,或前店后作坊,或前门市后仓储。每逢大集即农历逢单日,晨雾迷蒙之时,十乡八村赶集的人就三五成群向集市赶去,或推车,或骡马,马嘶牛哞,人声鼎沸,络绎不绝。入夜,桨声灯影,停泊的、卸货的、入住的,喧闹声不绝于耳。有的商贾落户于谢埠店,街巷深处,散落着多处深宅大院,楼宇连片,不说是琼楼玉宇,也多是砖雕木刻的华屋大舍。

　　谢埠店街市后西北角,枕河建一座四梁八柱木结构大寺庙,主殿建筑面积有200平方米,东西廊房各有100多平方米。每当农历十五庙会日,方圆百里的信徒,齐集庙台,诵经祈福,其声响遏行云。香火鼎盛时,寺庙有庙田千顷,仅庙庄内租种庙田者就有上百户。那时,谢埠店的繁华可比肩安丰县府,睥睨百里村镇。

　　在明清时期,谢埠店河埠头边耸立着一座高大的石桥,是谢埠店商贾集资而建。桥墩由石头垒成,桥面是长长的石条搭建,由于常年受独轮车、牛车、马车碾压,石条中留下深深的车辙。河东河西做买卖的赶集人,为在市场抢个好摊位,五更天便起床了,推车的,赶车的,咿咿呀呀地从桥上驶过。车留辙,人流印,正如诗云,"鸡声茅店月,人迹板桥霜"。

　　据说在谢埠店百业兴隆时,崛起一位巨贾王百万,他于河西岸建起连云豪宅,高耸的门楼,正对东南葱茏起伏的丘岗。一日,一仙道云游至此,王百万礼敬有加,邀入府中,卜家宅兴盛之道。道士登上门楼,望东南形胜,虎踞龙盘,云蒸霞蔚,冉冉有升腾飞跃之势,拈须沉思长久,道:"谢埠龙吟虎啸恐怕会压制贵府发达。"王百万诚惶诚恐,请道士指点趋利避害的迷津。道士说:"可在门楼上点百盏长明灯,百日不得熄灭。我再赐一符,贴于门上即可此长彼消,确保无虞。"从此之后,谢埠店升腾的灵气尽去,由盛转衰,走入下坡路,徒留下一座座连绵起伏毫无生气的土丘。

到了晚清民国时期,民生凋敝,强盗蜂起。谢埠店出了个强人王老八(家族兄弟排行第八),身强体壮,家大势大,拉起一帮队伍,号称"民团司令",在谢埠店生杀予夺。只要有人举报某某某是强盗,他立即派人去拘捕,五花大绑,枪决于谢埠凹,被杀的有强盗,也有不少他挟私报复的平民。三觉、众兴等周边集镇屡遭火烧匪劫,谢埠店虽能苟延残喘,但也萧条了。

新中国成立后,社会迎来了安定,随着1958年兴修瓦西干渠,开建淠史杭工程,淠东河上修了数道节制闸,阻断了水路运输,陆路交通更受河道交织之累,车马不行,谢埠店断绝了生机,逐渐萎缩,慢慢走向闭塞。

进入改革开放新时代,谢埠店规划为中心村,沿着老街的两面又建起联排的楼房,325省道从街中心穿过,淠东河西堤也建了一条笔直的水泥路,淠淮航道纳入引江济淮二期工程并已建成使用。在谢埠店上游淠水边,国家投入数亿元建一座大型粮油物流中心。展望未来,谢埠店必将再现通江达海的繁荣景象,焕发第二个春天!(魏志好)

青云山

茶庵镇碾桥村境内有一个叫青云山的地方。青云山本不是山,仅是两个土堆。大土堆海拔34米,小土堆海拔26米,两个土堆相距约100米。那为何名叫青云山?传说很久以前,有一天仙山奶奶云游天下寻求宝地修炼,以求长生不老。当行至这两个土堆时,只见两道白光冲天,仙气十足,她认为是个好地方,决定作法让两个土堆长成山,住下来修炼。她取八公山之灵气和瓦埠湖水之灵光,手指两土堆,说"长",只见两土堆迅速上长,越长越大,越长越高,四周土地都在震动,大有占据附近一切土地之态势。这时,放牛娃毛球万(也是传说中的神仙)见此情景,十分生气,心想:如若两座山长成,将来要是成了荒山秃岭,住在此地的人们依靠什么生活?我不能眼看百姓遭殃啊!于是他举起手中的放牛鞭,奋力朝两山中间劈去,只听惊天动地一声巨响,光气全无,土堆依旧。仙山奶奶眼望灵气已破,山下还站着一个放牛娃,手举鞭子,十分恼怒,正想惩治放牛娃,却见他头上三尺光芒四射,掐指一算,此童乃毛球万,是个小神仙,今后将修成正果。随即她叹口气对毛球万说:

"此乃天意,我不怪罪你,望你今后早成正果,同殿称臣。不过,此山虽未造成,但我给此地定名为'青云山'。记住,青云山是块宝地,让后人好好开发吧!"

青云山还有许多美丽的传说,如金碗银筷的传说、王小与金豆子的传说等等,都是教人要诚实守信和勤劳善良,这样会有神仙相助与保佑,而心存邪念,贪图享受,想要不劳而获就一定会遭到报应,得不偿失。(姚传伦)

楚考烈王墓

据《寿县志》记载,寿县城南 50 千米茶庵乡有楚考烈王墓。楚考烈王(?—前 238 年),芈姓,熊氏,名完(《史记》作"元"),战国时期楚国君主。楚顷襄王在位

俯瞰楚考烈王墓遗址

时,将熊完立为太子。公元前 262—公元前 238 年熊完在位,共 25 年。公元前 272 年,楚顷襄王与秦国讲和,派他到秦国做人质,同时派左徒黄歇前往秦国侍奉熊完。公元前 263 年,其父楚顷襄王病危时,其欲回国争夺王位,但秦昭襄王以情况不明为由,不放归。后其侍人黄歇以偷梁换柱之计骗过秦国人,使其逃归楚国并顺利继承王位。为报答黄歇,考烈王即位后以黄歇为令尹,赐淮北地十二县,号春申君。春申君(前 314—前 238 年),嬴姓,黄氏,名歇,战国时期楚国公室大臣,是著名的

政治家、军事家，与魏国信陵君魏无忌、赵国平原君赵胜、齐国孟尝君田文并称为"战国四公子"，曾任楚令尹。黄歇游学慎闻，善辩。楚考烈王元年（前262年）秦攻楚，以试探楚国态度。黄歇为奉行其"亲秦附秦"路线，割让州陵（今湖北咸宁西北）给秦国，而秦则对楚继续推行"善楚"政策，而将兵锋集中指向三晋。公元前259年，秦围赵，楚考烈王命执掌军政大权的黄歇调兵遣将，组织救赵行动，使赵邯郸之围化解。秦虽败，但实力未减。楚国援赵抗秦，虽解邯郸之围，但三晋接着又遭到很大创伤，形势对楚日益不利。公元前241年，楚与诸侯共伐秦，无功而返，黄歇力劝考烈王徙都寿春。楚考烈王二十二年（前241年），"楚东徙都寿春，命曰郢"，这是文献中最早出现寿春的名称，这也是寿县历史上规模最大、影响最深远的一次建都。迁都后的第三年，即楚考烈王二十五年（前238年），楚考烈王病逝于寿春。《寿州志·墓冢》记载："楚考烈王墓在州南九十里茶庵集两里许"，也就是青云山下（今茶庵镇碾桥村红星组）。

1952年兴修水利时，此处挖出券顶木门及陶罐、盘口壶等器物。70年代初，楚考烈王墓第一道门被当地农民干活时无意发现，门高约1米，宽0.8米，拱形（相当于现在的窑门状），是用大头砖砌成的。那砖比现在的砖大两倍以上，几千年了依旧十分坚硬。后来文物部门多次现场查看，现已安排专人看护。（姚传伦）

金神庙

茶庵镇精神村境内有一块荒滩遗址，当地人俗称庙滩子，这是座人工垒积而成的土滩子。清道光年间，在这座土滩子上建起一座寺庙，因建造者是一位名叫金神的和尚，所以得名金神庙。

金神庙承载着几百年间百姓的虔诚与香火，直到1936年。

这年，留守在大别山的红军游击队派中共地下党员赵朝佐到距离金神庙东南角不足一里的庙东庄杨海波家，请他出面为红军游击队造枪。此时的杨海波正愁报国无门，听到这个消息便毫不迟疑地答应下来。杨海波生于1893年，生性刚直，19岁时因不服恶霸地主欺压，愤然打伤仇人后逃离家乡，前往湖北武汉参加孙中山领导的革命军，在那里结识了一帮热血青年，也练就了一身好武艺，两年后回到了家乡。

1927年大革命失败后，在军队中结识的一帮弟兄来到杨海波家，想要共商大计、揭竿举义，组成"大刀会"，联络地方部分穷苦农民，在寿县一带反抗反动政府的黑暗统治。

20 世纪 30 年代初,大刀会在大别山区被国民党军打散,杨海波身负重伤,危急时刻是红军救了他,并资助他 60 块大洋去上海疗伤。在上海期间,他走进了工人夜校,在那里受到了共产主义思想的熏陶。当赵朝佐来到他家请他出面为红军造枪时,他自然是毫不含糊、满口答应。他把造枪场所选在金神庙,因为彼时此庙已成废弃的破庙,地方偏僻。在共产党员赵朝佐的指导下,首先整修了破庙,接着他去武汉请来一批造枪工人,其中为首的名叫毛烙。此人这时已是中共地下党员,也是杨海波在新军队伍中结识的最要好的兄弟。

有了场所和工人,剩下的就是造枪的原材料问题。在赵朝佐的组织安排下,由杨海波带领工人和部分经党组织教育发动起来的青壮年,趁夜色到淮南路扒日本人的铁轨。造枪持续了一年多时间,共修造枪支近 2000 条,其中新枪近千条。期间几次有人告密,要惩戒杨海波都被顶了回去,但最终造枪场还是被国民党政府取缔,并判处杨海波 3 个月监禁。

金神庙造枪一事虽然没有惊天动地,但是此处是安徽民间屈指可数的造枪基地之一,在当时可谓是红军的一大创举。

自此以后,杨海波在党的指引下,加入了中国共产党,并在金神庙建立了党支部并担任党支部书记和茶庵区委委员,与区委书记江屏密切配合,发动群众武装队伍,而且先后送三子、四子参加新四军。1939 年,在中共寿县县委的领导下,组建淮西抗日游击大队,江屏任大队政委,杨海波任大队长。金神庙乃至茶庵地区党的地下活动惊动了国民党安徽省政府,他们直接从安庆调集 138 师到茶庵地区"剿共"。因叛徒出卖,杨海波被捕牺牲。新中国成立后,杨海波被中央人民政府追授为革命烈士。

令人惋惜的是,那座为红军做出过贡献的古寺庙,在 1958 年被拆除了。(杨凡浩)

杨家大桥

20 世纪 60 年代前,距茶庵镇北约 1 千米处有一座大青石建造的拱形大桥,为东南、西北走向,横跨在古清水河上,造型酷似河北赵州桥。大桥全长约 50 米,桥面宽约 4 米,高约 6 米,桥体拱形,桥孔两端各有一个拱形小孔。这种设计不仅为了美观,更重要的是考虑汛期涨水时便于洪水下泄,以减小洪水对桥体的冲击力。这座桥自建造之日起,一直是茶庵地区标志性建筑。

至于这座桥为何叫杨家大桥,就要从茶庵十杨迁寿始祖杨龙说起。明洪武初年,寿州南乡方圆百里土地荒芜、人烟稀少,于是朱元璋下令从山东、江西等省,大量移民至寿南开荒种地,生息繁衍,同时派遣跟随他南征北战打江山的军中战将杨龙镇守寿州。据茶庵十杨族谱记载,杨龙当年迁寿时,其军阶为振武元戎,即军中主帅。杨龙有十个儿子,后来除长子、三子、七子流落他乡外,其余七子均落户茶庵。从那时起,茶庵地区称杨龙子孙为茶庵十杨。

那个时代,此地交通闭塞,特别是清水河上,只有一座简陋低矮的漫水桥,严重阻碍南北交通。为改变这一现状,杨龙带领子孙在这块贫瘠的地上拓荒种粮、疏浚水道。同时他筹措资金,发动百姓在青云山下清水河上修筑一座青石拱形大桥。故此,百姓将桥称之为杨家大桥。

杨龙在治理好寿州南乡之后,奉调去了福建沿海戍边,他带上三子来到福建,在那里日夜征战,不幸殉国。后人为了让祖上魂归故里,将杨龙马革裹尸送回家乡,在杨家大桥西北300米处安葬。其生前战袍、盔甲安放在碾桥村西楼郢东南方向300米处。杨龙墓葬迄今已650年之久。据传此墓葬所在地势风水极好。相传民国年间,有一风水先生路过此地,像着了迷,在此处徘徊逗留近半日,有好事者上前问:"老先生为何在此长时间不愿离去?"先生说道:"此处乃风水宝地。"好事者说:"你看看什么好呢?"先生面北而立说:"你看,墓葬上首地势渐渐隆起宽阔,"又转面朝南,"对面青云山大有王者之气,下首清水河,源远流长、通江达海,河上这座大桥气势宏大,贯通南北,象征着子孙万代路遥通畅。这是一户名门望族。"说完留下四句话:"日食千石粮,夜点万盏灯,才俊如春笋,诗书振家声。"然后扬长而去。

殊不知,风水先生所指的那座桥就是杨龙生前亲自主持修造的大桥。

与杨家大桥相关的还有一段奇妙的故事。那就是紧贴大桥北头原有一座小庙。据传,民国二十年(1931年)涨水,顺着汹涌的洪水漂来一尊石佛像。这尊佛像在大桥北头沉下来,待洪水泄去后,稳稳地落在路正间,过往行人无不称奇。此事传到当时青峰岭寺庙住持福和那里,他亲自到场察看,认为此事是因这座利民大桥所起,应在桥头建一座小庙,供奉佛像,以感念先人修桥恩德。此事又渐渐被民间演化成这座大桥显灵了。因此,每年正月十五元宵节,十里八乡的民众都要到这里烧香祈祷、祭拜,形成正月十五杨家大桥逢会。

1958年,小庙被推倒,大桥因修筑石三公路被重建。(杨凡浩)

东大夫井

东大夫井的故事在茶庵地界内广为流传。当年凤阳花鼓中唱道:"说凤阳道凤阳,凤阳本是个好地方,自从出了个朱皇帝,十年倒有九年荒。"自大明王朝建立,朱元璋登基做皇帝以后,江淮地区灾荒连年不断。话说这年久旱无雨,沟塘河湖断流干涸,不但庄稼绝收,连人畜饮水也十分困难。地方官员快马奏报皇上,朱元璋体察民情,派御史柏大夫查看灾情。柏大夫来到茶庵,目睹天干地裂,庄稼枯死,十分痛心。他当机立断,决定打出两口深井,拯救灾民。经过一番勘测论证,决定两口井的位置分别定在茶庵东南和西南方向不足 500 米处。有了这两口深井,灾区百姓和牲畜的饮水问题得到了解决,为感念柏大夫的恩德,人们将两口深井命名为东大夫井和西大夫井。其中,西大夫井日后因故被填埋,而东大夫井一直沿用到自来水安装年代。

东大夫井对茶庵百姓来说不仅是生命的源泉,而且它留下了美妙传说。

都说大夫井深不可测,可它究竟有多深,至今都是个谜。传说井底有一块巨大的千斤顽石压盖着井底的泉眼,如若不然,地下水会汹涌喷流,在地面造成泛滥。还说有一条千年神鳝盘桓井底,它的威力无穷,只要它的尾巴摇动,大夫井里的水就喷涌而出,甚至会导致茶庵地界天塌地陷。

大夫井另一个神奇的传说是:每逢夏季雨后夕阳斜照,可见大夫井上空水汽升腾,晚霞与升腾的水汽相互辉映,顿时东方天边会出现绚丽的彩虹。此时此刻,集市上的老老少少都会欢呼雀跃,争相观赏那神奇的景观。其实,大夫井的神奇是一种自然界的现象,其井壁生长着一种绿苔藓,颜色鲜嫩、四季青青,当地百姓称它为井生灵芝,可以入药治病。

大夫井井口由一块约 1.5 平方米的青石板封盖,巨石中间是一直径约 80 厘米的圆孔。那块封盖井口的大青石板,不知哪年哪月断裂成 3 块,但依然压盖着井口。井口石壁被数百年打水的绳索勒出 35 道沟,最深的 1 道沟有 2 厘米。

1958 年,因当年特大旱灾,井水干涸,乘此机会,众乡亲组织人力想到井下一探究竟,因井深超常,井下透凉,下去的人只在井下捞得部分银圆、铜钱、戒指、手镯、子弹壳、手表等物。井下人待了不足 10 分钟,便哆嗦难耐,且此时井下水漫上涨,只得作罢。

大夫井水清甘醇,烧开后无水垢,用此水沏茶格外香甜。(陶倩)

湖光秀美双庙集

　　双庙集镇位于寿县城东南 44 千米处,东邻小甸镇,南接炎刘镇,东南一隅与刘岗镇毗邻,西隔东淝河与保义镇、安丰镇相望,西北濒临瓦埠湖。

　　双庙集镇地名来源于古代当地的两座寺庙,古称双忠庙,又名将军庙,位于双庙集街道南端。此庙为唐代所建。双忠庙(亦称祠)主祀唐张巡、许远,清末庙尚在,民国年间损坏,但双忠庙的名称却以地名形式保存下来。

　　唐天宝十四年十一月初九(755 年 12 月 16 日),身兼范阳、平卢、河东三节度使职位的安禄山,伙同史思明在范阳起兵,史称"安史之乱"。至德二年(757 年)正月,正是安史之乱高潮期,安禄山儿子安庆绪带领尹子琦,率同罗、突厥等部族士兵

双庙集镇人民政府

13 万人，浩浩荡荡地杀奔睢阳(今河南商丘南)。当时河南大片城镇纷纷陷落，朝廷仅剩下长江、淮河流域的赋税支撑。睢阳城位于大运河的汴河中部，是淮河流域重镇，为南北交通要塞，军事咽喉。如果睢阳失守，运河阻塞，后果不堪设想。叛军企图踏平睢阳，夺取江淮富庶之地。

睢阳太守许远向河南节度副使张巡告急，张巡便率 3000 人自宁陵(今河南宁陵东南)入睢阳，与许远合兵，展开了一场惊天地、泣鬼神的睢阳保卫战。叛军将领尹子琦全力攻城，张巡率领将士昼夜苦战，有时一天之内打退叛军 20 多次进攻，连续战斗 16 昼夜，共俘获叛军将领 60 余人，杀死士卒 2 万余人。

张巡、许远在内无粮草、外无援兵的情况下死守睢阳城。至 10 月，终因病饿力竭，寡不敌众，睢阳城被叛军攻破。张巡、许远及南霁云等 36 人被俘。睢阳将士见到张巡后，起立哭泣。张巡说："大家镇静，不要怕，死是命中注定的。"众人都因悲伤而无法仰面正视他。叛军将领尹子琦问张巡："听说您督战时，大声呼喊，往往眼眶破裂血流满面，牙也咬碎，何至于这样呢？"张巡答道："我要用正气消灭逆贼，只是力不从心而已。"尹子琦发怒，用刀撬开他的嘴，发现他只剩三四颗牙齿。张巡骂着说："我为君父而死，你投靠叛贼，乃是猪狗，怎能长久？"尹子琦佩服他的气节，想要释放他。有人说："他是谨守节义的人，怎肯为我所用？而且他得军心，不可留。"尹子琦于是以刀胁迫张巡投降，张巡坚贞不屈。尹子琦又逼张巡部将南霁云投降，南霁云未应声。张巡大喊："南八，男儿一死而已，不能向不义的人投降！"南霁云笑着说："想有所作为啊，您是了解我的，怎么敢不死！"不肯投降，骂敌不绝。张巡最后与 36 人同遭杀害，英勇殉国，终年 49 岁。

睢阳保卫战，屏障了江淮半壁江山 10 个月之久，使江淮地区免于战乱。正如韩愈所说的："守一城，捍天下，以千百就尽之卒，战百万日滋之师，蔽遮江淮，阻遏其势，天下之不亡，其谁之功也？"张巡、许远为平定"安史之乱"立下了大功。

"安史之乱"平定后，人们缅怀张巡、许远两位以身许国的英雄，朝廷为弘扬忠义精神，在睢阳建双雄庙祭祀。双雄庙后来简称为双庙。朝廷又下令各地建双庙，尤其是江淮各地闻风而动，寿县的双庙应该就是其中的一座。

1000 多年来，他们尽忠报国的故事被后人传颂。抗日战争全面爆发后，日军铁蹄踏上了双庙集的土地，并修建了据点炮楼(3 个炮楼遗址现为双庙中学)，双庙集人民英勇抗击，直到把日本鬼子赶出。改革开放以后，社会各界集资使双忠庙得以重建。每年正月十五是庙会日，成千上万的善男信女从四面八方来赶庙会，有舞龙、灯会、抢红子、唱大戏等，锣鼓喧天，鞭炮不断，场面宏大，蔚为壮观。庙会上，人们还要买几根甘蔗，然后用庙前香炉的烟灰熏烤，据说这种甘蔗吃了可以消灾弭祸。庙会人数最多时达 5 万人，甚至还有从新疆、西藏赶来参加庙会的客人。

相传双庙集形成于清代中叶。民国时期双庙集为瓦埠湖东岸重要集镇。新中国成立后，为双庙区、乡、镇治所。1949 年置双庙乡。1958 年成立双庙公社。1983 年改社为乡。1992 年邢铺乡并入。1996 年撤乡设双庙集镇。人民政府驻双庙集。（刘玉田）

安基寺

安基寺传说为朱元璋登基后所建。当年朱元璋与陈友谅交兵寿阳，朱元璋大败，沿东淝河向南溃逃。陈友谅穷追不舍，追逃中朱元璋又损兵折将，逃至双庙集镇吴岗西边河湾(今吴岗村安基村民组)时，眼看追兵将至，无路可逃。朱元璋举目瞭望，见河湾高台处有一座废弃小庙，遂奔至。走近见庙门上蛛网密密层层，朱元璋万般无奈，从蛛网下面轻轻爬进庙内躲藏起来。不多时追兵呐喊着追来，在周围搜寻一番，来到小庙门前，见庙门上厚厚蛛网不曾有丝毫破损，兵首呵斥："这么厚的蛛网，肯定没人来过，别耽误时间，赶快到别处追捕。"一群追兵呼啸而去，朱元璋逃过死劫。待追兵远去，朱元璋趁夜沿原路返回，重拾旧部，终成大业。称帝后，朱元璋念念不忘这救命小庙，遂下诏赐重金将原小庙重建，并赐名安基寺。一时间，安基寺香火鼎盛，僧侣不下百人。

新中国成立后，该庙因无人管理，年久失修，逐渐破败。人民公社时期，因修建双庙剧院缺少木料，遂拆该庙，建成了规模宏大的双庙剧院(旧址在今双庙卫生院)。（刘玉田）

邢　铺

从瓦埠湖溯流而上便是东淝河，河东双庙集镇境内分别有邢家铺、毕家码头、沈家沟坝、白洋淀四个码头。这四个码头形成时间久远，详情已不可考。自古以来，它们既是连接瓦东瓦西的渡口，又是淝河两岸乡镇货物流通的集散之地。毕家码头、白洋淀码头分属瓦西的保义镇和安丰镇，邢家铺码头、沈家沟坝码头属双庙集镇。

邢家铺码头距离双庙集 8 千米，沈家沟坝码头距离双庙集 7 千米。明代嘉靖《寿州志》记载，邢家埠属于州治南安丰乡。光绪《寿州志》："南乡裕民九里：邢家铺，距城七十五里。双庙集，距城九十里。""邢家埠义渡，在州南八十里，徽商居民公设。"据双庙中心校陶任重老师介绍,多年前他曾经访问过沈家沟坝80多岁的老书记,邢家铺和沈家沟坝地名与姓氏命名无关,因为这一带既没有姓邢的,也没有姓沈的。陶老师说,邢家铺码头对岸是河西的开荒,沈家沟坝对面是毕家码头,前者仅是客运,而后者是货运客运兼备。他小时候到邢家铺码头玩,看到河岸边被水冲刷出许多瓦砾,老人们说,这里曾是古代的递铺,有旅馆饭店,供人过夜。而沈家沟坝码头则是以货运为主,这时有供销社、粮站等,不光水运外调粮食,更重要的是从外地拉回水泥、沙子和砖瓦,在那个陆路交通不发达的年代,双庙集街上的货物都是从沈家沟坝下船,然后再用大板车拉到集上。

陶老师说,河东的张老郢、东岗、南岗、门东这一带都是张氏家族的田地,属于邢铺乡。张树侯家住门东,所以,也有人称张树侯是邢铺人,他曾在东岗设私塾授徒。他的叔叔陶子训曾跟张树侯念了不到一年的私塾,叔叔曾说过,张树侯练字,在地上铺一层沙子,拿一根铁棍站着在地上划沙。张树侯结婚后,就从门东搬到小甸集邢家岗去了。听老人们说,张树侯考取秀才,不去谋求功名,而是传播进步思想。那时候,他经常到城关与柏文蔚、孙毓筠等秘密办强立学社等,来来回回,过的都是附近的渡口。他住家的门东村正西就是白洋淀渡口,往西北是沈家沟坝渡口,再往西北是邢家铺渡口,遇有情况,可随时做出反应。张树侯课徒的东岗本是一个地主园,新中国成立后设有东岗小学,后更名邢铺小学。

1950年置邢铺乡。1955年撤销。1962年成立邢铺公社。1969年并入双庙公社。1972年恢复邢铺公社。1983年改公社为乡。1987年乡人民政府驻北家。邢铺与双庙集镇几十年分分合合。当年,邢铺乡驻地北家,那里除了有乡政府,还有食品站、拖拉机站、副食品站、卫生院等单位,几十年岁月流转,现在的北家仅是一个小村庄。

邢家铺、沈家沟坝码头直至改革开放以前,仍然是双庙集镇商品货物流通的中转站,商贾云集,帆影点点,商业、航运业十分发达。如今,随着社会经济的飞速发展,陆路交通逐渐取代水路交通,引江济淮使这些码头也失去了往日的航运渡口功能,昔日的繁华也渐渐湮没在历史的长河之中。(高峰 陶任重)

莲花塘

莲花塘位于双庙集镇邢铺村莲花塘村民组,面积20亩。相传在很早以前,这里本是一个地主庄园。地主家有个善良忠实的跛子长工,长年累月为地主家护理花园,人们称他为花师傅。

花师傅父母早亡，孤苦伶仃，30多岁尚无妻室，但他同花草蜂蝶为伴，倒也其乐无穷。却说这年初秋，一位外地的风水先生发现了一块真龙宝地，恰好他堂客归天，风水先生暗喜，匆匆将死者葬进宝地，在儿女众人的恸哭声中做起皇太爷的美梦来。当天晚上，夜深人静，风水先生总觉心里还不十分踏实，便信步出门，向着葬了新坟的宝地观察起来。这一看，让他吃惊不小，但见那堆新坟发出七色光彩，霎时又见一条巨龙头戴盆口大的两朵莲花，腾空而起，扭动腰身，在新坟上空盘旋了两圈，便掉转龙头飘然而去。老先生由喜变惊，由惊变恼，他顾不上思三虑四，紧追而去，整整走了一夜，到第二天拂晓，这条龙落在一个地主的后花园里不见了，风水先生也疲惫不堪地躺在了后花园的一角。

　　"喂，大哥，你醒醒，你为何露宿此地？"老先生一看是一个长工在唤自己，张口便想说明由来，可话到嘴边又多了个心眼：既然巨龙落在此处，必定此地有不凡之人，我且安下身来，观察几天。于是他信口诌道："我本山东人氏，在此地跑小买卖，不料昨夜途遇路贼，钱财被抢夺一空，险些丧命，直逃到此，便动弹不得了。兄弟行行好，容我在此安生两日，来日定将厚报。"跛子花匠原就善良，又见是个落难之人，便一口应允。

　　风水先生昼伏夜出，观察动静。这天夜里，他回家取衣物银钱，回来时已是半夜时分，走到花园附近，只见坟场奇景在花匠的屋顶上显现，风水先生终于明白这巨龙是为感激跛子花匠而来。果然，老实的花匠告诉风水先生，说他梦见一条头戴莲花的巨龙落在他的小屋上，刚把他吓醒。风水先生奉承了几句，心里暗忖：我老远地追随巨龙而来，却被这跛子花匠得了，岂不窝囊？可我家儿孙又无这等造化，这便如何是好？难道眼睁睁看着别人得去宝地不成？风水先生绞尽脑汁，终于想出一条锦囊妙计。

　　这天，风水先生要回家，临走时，把花匠叫来，比平时更加亲热十倍，说道："兄弟，我虽为他乡流落之人，但你待我亲如兄弟，我难以报答兄弟的厚恩。此次回家，我想为兄弟办件事，说出来供兄弟斟酌。我有一个侄儿三年前死了，侄媳妇至今仍守孝空房。如今三年已过，她尚年轻无后，愚兄有意为老弟牵线搭桥，不知意下如何？"

　　老实的花匠无亲无故，又是个跛子，终身大事何从谈起？今见先生此副热心肠，当然巴望不得，一口答应。风水先生看到事情顺利，便踏上归程。到家后，他便把全家人叫到一块，将自己的打算如此这般地说与众人，大家自然十分高兴。

　　三天后，老先生带着自己的侄媳妇到了花匠这里，告诉花匠事已办成。花匠一看是个挺好的农家少妇，十分欢喜，千恩万谢。老先生一手操办完花匠的婚事，便回家了。

长话短说,且说花匠两口子恩恩爱爱地过了一年多,便生下一个让人十分喜爱的大胖小子。孩子满月这天,老先生带着儿子来到花匠家,花匠自然倾其所有,热情款待。晚上,老先生父子轮流与花匠把盏,花匠哪曾如此大饮?无奈人情难违,只得勉强奉陪,直到醉如烂泥,人事不省。风水先生与儿子马上动手,将花匠勒死。这时只觉山摇地动,整个庄园顷刻间陷为一片水塘。风水先生父子未及喊叫,便被活活淹死。第二天,人们看到塘里莲花怒放,清香四溢。花匠的儿子被放在一只缸里,在莲花丛中大声哭叫,好心的人们立即救了孩子,并轮流扶养他,供他读书,以后,这个孩子还中了状元。(刘玉田)

弓塘金鸡地

双庙集镇迎河村楼东村民组有一月牙形的水塘,形似弹弓,取名弹弓塘。而巧妙的是,塘正中有一个较显眼的土堆,传说这是弹弓子儿;而在塘下面是一块冲田,距塘500米外有几座坟头。这就是传说中的"金鸡地"。

很久以前,有一顾姓的大财主很想自己的子孙飞黄腾达,就找了一个风水先生,想为自己的父母死后找一块好地安葬。财主准备了一桌丰盛的菜肴,酒席间说明了自己的用意。风水先生算了算说:"好地不是没有,但是不可乱用,用了后对我个人危害大。"大财主听后立刻兴奋地说:"先生你尽管讲,如何消除对你的不利,只要我能办的,我保证能办到,花多少钱我都愿意。"风水先生看到了大财主的恳切心情,就说:"也不需要你花多少钱,这块地形似金鸡,是一块宝地,以后家里肯定有很多升官发财的人。不过这块地用后不过三年,我的眼睛会瞎,生活不能自理,你要赡养我的后半生。"大财主当即表示会把风水先生当作自己的老上人一样看待,活养死葬,悉心服侍。算命先生也就应允了大财主的请求。

不久,大财主的父亲死了,葬在风水先生看的那块地上。以后,风水先生就住在了大财主里。过了一年多,风水先生果真眼瞎了,看不见任何东西,大财主虽然没有好吃的给他,但也没让他饿肚子。一年冬天,大财主家的一只母鸡到厕所找虫子吃,一个伙计上厕所一冲,大母鸡落在了厕所里,这个伙计就用粪耙子把鸡捞上来,再拿到水沟里把鸡洗一洗。由于天冷,这只鸡被冻得奄奄一息,碰巧被大财主看到了,生怕鸡死了浪费,就叫伙计把鸡杀了,洗净后放在锅里炖了起来。鸡炖烂了,财主就叫伙计拿了一壶酒,连同鸡送给了风水先生。做完这些后,财主对伙计说:"此事对谁都不能说!"风水先生吃完以后,心里美滋滋的,心想:这个财主还算讲良心。过了几天,这个伙计就把鸡的事情一五一十地告诉了风水先生,于是风水先生打算报复财主。过了几天,风水先生对财主说:"东家,不好了,这几天我算了一下,你家祖坟的'金鸡地',这几天那只'金鸡'要飞了,'金鸡'飞了,你家老坟的'地气'也就没了。"财主不知是计,忙问有没有破解的方法,风水先生就说:"破解方法不是没有,这只'金鸡'想往东飞,你在东方修建一个弹弓形的塘,再在塘的东边堆一个大土堆,形似'弹弓子'。如果'金鸡'要飞,就用'弹弓'把它打下来,这样金鸡就飞不了。"财主信以为真,就花了很多钱修了这口"弹弓塘"。其实这个"金鸡地"本无大事,但这个"弹弓塘"一建,真的把这个"金鸡"给打跑了。从此,这个财主家境一日不如一日,财主想到了风水先生,就叫他给算算看怎么回事。风水先生掐指算了一下,大惊道:"不好了,这只'金鸡'已经飞了,不在'金鸡地'了。""那有什么办法解决呢?"财主急切地问,风水先生让财主在"金鸡地"的北面建一座楼,名字叫"唤鸡楼"(今顾家楼),再在楼的西边圈一块地,在地的四周挖一道围沟,名叫"鸡套"(今沟套),等把鸡唤回来后再把它套住,这只"金鸡"就跑不掉了。这个财主从风水先生吃了掉厕所的鸡开始,又是修塘,又是建楼,又是圈地扒沟,花费了大批金银财宝,家境衰落到只差没去要饭了。财主到死都不清楚,"金鸡地"怎么不明不白地就没了地气。(刘玉田)

面水临岗大顺镇

　　大顺镇地处寿县县城东南,东接合肥市庄墓镇,南连小甸镇,西与瓦埠镇相邻,北界是合肥市流入瓦埠湖的庄墓河。大顺地处丘岗地带,地势起伏,岗冲相间,地势由南向北倾斜,北部为瓦埠湖湾地,故有"两面临水两面岗"之称。

　　大顺镇得名于大顺集。清朝康熙年间,淮河加固堤坝,开挖河道,疏通河流,瓦埠湖水得以流入淮河,水位下降,河床降低。大顺集北2千米处的顺河集沿河(流入瓦埠湖的庄墓河)码头,由繁荣走向凋落,开启一座新的集市来承担商贸交易,方便周边民众生活,已成为当地居民的迫切需要。

大顺镇人民政府

徐氏到寿州瓦埠街东乡定居第九世裔孙徐寿万,顺应时势,不负众望,利用他在当地的影响,召集岗湾各姓氏族长、乡绅名流,聚商开启新的集市之事。经风水先生勘测,遴选秦家老坟西北边的一块开阔平坦地段作为集市场地,并广而告之周边乡党民众,择定三月初三启集,凡亲临集市从事经贸交易者、商贾大佬捧场者、地方绅士、各姓氏族长名流,自开集起一个月内,安排免费食住;同时邀请了江淮花鼓队、唢呐班、庐剧戏班,启集时连续演唱一个月,哄抬市廛人气。一时间集市的热闹传遍周边数十里之遥,众人扶老携幼,纷纷赶赴新开集市,大顺集便应运而生。

三月初三是中华民族传统的上巳节。开启日选择农历三月三有"三三合六,六六大顺"之意。秦家老坟俗称"马蜂地",寓意蜂拥而起。大顺镇所在地古时叫"大过路店",是供路人过路歇脚的小集市。现在选择秦家老坟西北的平坦开阔地作为集市坊地,集市位居瓦埠湖东汉的庄墓河南岸,沿用过去顺河集的"顺"字,顺乎自然,顺应民意。顺河集和大过路店各取第一个字,起名为大顺集。

大顺集是以农历单日为逢集,隔天1逢,月小后推1天,大月逢15集,小月逢14集。各姓族长和绅士公推徐寿万为集主。因此,在10天5逢集中,徐氏享有3集的交易抽水。其余2集的交易抽水,分给居于集市周围的打卦李和当地大姓孟氏各享用1集。自启集后,附近的长岗集、新集、顺河集趋于凋零,各集人皆弃旧赴新,纷纷拥向新的市廛,顺顺当当开启了一座集市——大顺集。

大顺集,清朝时隶属寿州瓦埠街东乡。民国时为寿县曹庵区长丰乡。新中国成立后,大顺集属于新成立的梨园乡。1956年撤梨园乡建大顺社(高级社)。1958年成立大顺公社。1969年与仇集公社、大井公社的红岳大队合并成立向东公社。1972年恢复大顺公社建制。1983年改公社为乡。1992年撤区并乡,仇集乡与大顺乡合并为新的大顺乡。2000年撤销大顺乡,设立大顺镇至今。(徐东军)

马王孤堆

大顺集南1千米处有一个土孤堆,谓之马王孤堆。它是地壳运动自然形成的一个相对高度约3米、底部面积有20多平方米、顶部面积不足6平方米的一个土孤堆。淮河以南到大别山脉,地形呈平原—岗洼—丘陵—山地状。从淮南到合肥、六安地域,是淮河平原向丘陵过渡的岗洼地带。岗洼之间的高差一般在几米到几十米不等,低洼地带是以湖泊、涧沟、谷地为主的地形;岗上为高坡、土岗、孤堆。自然界的地壳运动和地势走向有它的规律性,在笔者家乡,每隔10千米左右就有一个比山丘小的土孤堆:距马王孤堆北面10多千米有大孤堆集的大孤堆和小孤堆集的小孤堆；东面不足 10 千米处有大锅盖（孤堆）、小锅盖；南面 10 千米有小甸集东南的孤堆眼；西面 10 千米有瓦埠街南边的裴大孤堆……这些孤堆类似古代人工垒砌的大墓冢，凸起在地势较高的岗头上。每个孤堆都有一些神奇的传说。

据说从前，在月色朦胧的夜晚或雾天，人们经常会看到有一匹白色的高头大马在孤堆附近活动，当有人悄悄地靠近它，准备把它抓住时，白马却突然消失，大伙皆认为它钻进孤堆里面了。因此，人们就称这个土孤堆为"马王孤堆"。传说马王孤堆里面是藏有宝贝的。距孤堆西边住着一户王姓人家，他家来客人或办红白事需要的桌、椅、板凳、碗、盘、酒杯、筷子等，即到马王孤堆里面去借，后来王家看到这些宝物便起了歹心，想着孤堆里面不一定清楚件数，就挑拣小的餐具留下一只玉碗、一个金杯和一双银筷。少了宝物，每天晚上总有一个老奶奶站在孤堆上，面对王家咒骂。从此，再也没有人能从马王孤堆里面借到东西了。（徐东军）

周孤堆

周孤堆在徐家岗郢子的东北边，离郢子 300 多米，是郢子通向大顺集的必经之地。人们赶集需要踏过一个比周围田地高出米把的圆形地——宛如龟盖扣在地平面上，它的直径有 15 米左右，面积不足 200 平方米。听老人们介绍，这里原来有一座墓冢，叫周孤堆。我们今天看到的这片高地是人工垒砌冢丘的堆土，被人们把土平摊在四周而形成的一块圆形地。距周孤堆的北边 500 米处，还有一个土孤堆，叫马王孤堆。两个相距不远的孤堆，留下了许多神奇的传说……周孤堆据说是春秋战国时期的一个诸侯墓葬。据年长者介绍，20 世纪 50 年代初，这个孤堆的外表还保存完好，在孤堆没被挖掘之前，人们上下集路过，遇到夏天炎热或下大雨时，有的人就沿着墓穴洞口的台阶下去，到墓穴里面乘凉或避雨。还有远道赶大顺集的人，路过孤堆，他们带着一种好奇心，也钻进墓冢看看。笔者父亲说他小的时候，与小伙伴们放牛，经常进孤堆里面玩耍。打我记事起，孤堆就已经不存在了，听郢子里的年长者介绍：周孤堆墓穴建造得就像人们住家的两进四合院，门朝南向，墓穴南面的大门厅连接洞口。沿着墓穴洞口猫腰下去，有一个方形门厅，能容纳几个人坐在门厅里面纳凉、闲聊；门厅往里（向北）进，是一个庭院，它是通向寝墓的甬道，有3 米多长；北边埋葬墓主和陪葬品的墓室已经坍塌，寝墓的门已经被倒塌的土和砖封死了，抑或是被盗贼偷盗之后封闭了寝墓的入口。

传说周孤堆里面埋葬有美玉、金银、铜具、陶器等。1957—1958 年间，高级社的人员借着大炼钢铁需要的由头，组织人员对周孤堆实施挖掘。据目击者说，当时周孤堆里面挖出来很多玉器和金银铜铁器具。我上学路过高地时，还能看到黑、白、黄、红、灰五色土壤，土壤里面夹杂着一些破碎的陶片和碎砖。

那时，乡村的人们还缺乏文物保护意识，人们的疯狂行动给我们国家的文化遗产造成了巨大的破坏和摧残。（徐东军）

包公村

传说包公进京赶考途经现大顺镇一个村庄，因天色已晚，便到一员外家求宿。员外面露难色，对包公言道："非不能借宿也，实因近日家中有难事。"包公细询，员外道明缘由。原来家中小姐近日受一妖怪骚扰，妖怪每晚必至，虽做了法事，但不能奏效。包公自小就光明磊落，正气凛然，加之年少气盛，不畏妖邪，坚持借宿。员外也是善良人家，经不住请求，便同意包公住宿于大门厅内。包公住下后，下半夜半醒半梦间，忽听有敲门声，包公心知有异，便假装熟睡。外面又喊开门，这时忽然又有人道："今夜不能开门，实有贵人在此，不敢开门。"包公奇怪，怎会还有人在？便微睁双眼细观，便见大门门闩震动不已。这时外面的人又叫了几声，恼道："你不就是张果老当初砍柴时从天上掉下的一根桂花树枝吗？现在成了一门闩，有啥本事不给开门。"门闩道："你以为你是谁呀，不就是东面水塘里的一条鲤鱼精吗？肚里有三口活水，鱼头能做钻天帽，鱼尾能做入地靴，鱼骨能做通阴床。我就是不开。我有啥本事？哼，惹恼了我，我请来72张水车抽干塘水，拿72把飞抓将你擒拿，让你死无葬身之地。"鲤鱼精听后害怕了，便退去。一夜无事，天亮了，包公对员外说："你家东边是不是有一水塘？"员外说是。包公便说："你家小姐实为鲤鱼精所害，你请来72张水车，准备72把飞抓，小姐之难就能解除。但有一个要求，拿住了鲤鱼精，我只要鱼头、鱼尾和鱼骨，其他的归你。"员外答应，依言行事。一切准备就绪，包公与员外来到水塘边，命人抽干了塘水，现出了鲤鱼精，鲤鱼精吐了一口活水，水塘又满，又抽，如此三次，鲤鱼精没了活水，不能动弹，包公又用72把飞抓擒获了鲤鱼精。员外当即命人将鲤鱼精宰杀炖汤，并依前言，将鱼头、鱼尾和鱼骨给了包公，鱼肉分而食之。包公如愿得到了钻天帽、入地靴、通阴床，也成就了后来飞黄腾达、神通广大、无所不能的传奇一生。后来员外和当地群众因感恩于包公，遂建包公庙纪念，一时上香祈福者众多。包公所宿之地也改名为包公村，今庙已不存。（秦建）

仇集幸福大桥

在瓦埠街向东与大顺交界处的宽阔水泥路上,屹立着一座古色古香的三孔石拱桥。桥两侧的栏杆上雕刻着当年建桥时社员劳作情形的浮雕,以及充满那时代印记的标语:"独立自主、自力更生、艰苦奋斗、勤俭建国、大批修正主义、大干社会主义、农业学大寨、工业学大庆、抓革命、促生产……"。这座建于 20 世纪 70 年代末的大桥就是仇集幸福大桥,是由"中国好人"、当年任仇集公社党委书记的吕仰正同志指挥建造的。

20 世纪 70 年代末,人们从东边上瓦埠街,都要经过一条由东向西注入瓦埠湖的支流。枯水季节水面宽约 10 多米,涨水时期水面宽至 1 千米。人们上街坐船历尽艰辛,时有赶街人落水,甚至惨遭溺水身亡的悲剧。瓦埠湖这条支流千百年来成为阻碍人们交通的天然屏障,人们盼桥心切。

1976 年,吕仰正始任仇集公社党委书记,得知人们上瓦埠街的辛苦,通过调研,统一公社党委一班人的认识。1977 年 1 月,他们决定在原支流上修筑一座三孔石拱桥。在那个年代,交通不便,资金匮乏,修桥筑路谈何容易? 然而在那张扬理想信念坚定的年代,雷锋精神、大寨榜样鼓足了人们的干劲。那时只讲贡献,不计

仇集幸福大桥

报酬,党委一声号召,群情激昂,争上建筑工地。仇集公社举全社之力修建仇集幸福大桥。刹那间,车辚辚,马萧萧,红旗招展建桥忙。各大队抽调精兵强将,人们肩扛铁锹腰揣铁锤到寿县北山开采石料,水上大队的船只运输建桥材料,上岸后,社员用拖拉机、大板车、肩挑手推将材料运至工地。吕仰正也和社员一道抬沙子、搬石头,榜样的力量鼓舞着大家。

建桥时抽调了全社的能工巧匠,在大桥工地边安营扎寨,成立了男女突击队,开展对抗赛。轻伤不下火线,年节坚守岗位,有几对青年男女为此推迟了婚期,表示大桥不竣工不结婚,敬业精神感天动地。大桥硬是用勤劳俭朴、不怕苦累的拼搏精神建成的。从1977年1月动工,到当年9月竣工,只用了9个月时间,修成了一座长40米、宽10米的三孔石拱桥。笔者目睹了大桥从奠基至竣工的全过程,大桥工地红旗招展、号声连天的气壮山河建桥场景,至今仍深刻在脑海中。时至今日,笔者仍珍藏着一只大桥竣工的纪念搪瓷茶缸,上书"仇集幸福大桥竣工纪念1977年9月15日"。

仇集幸福大桥历经几十年的风雨洪涝洗礼,岿然不动安如山。一桥飞架东西,天堑变通途,它是瓦东地区的一道永不消逝的彩虹。

仇集幸福大桥为周边的民众生产生活带来了极大的方便,为瓦东的经济腾飞做出了不可磨灭的贡献。它见证了党的改革开放的丰硕成果,见证着祖国由富到强、人民幸福安康。

2018年10月1日,国家斥巨资修建特大跨湖瓦埠湖大桥,瓦埠湖人民的千百年的跨湖大桥美梦在新时代实现了。

2023年2月10日,瓦埠湖大桥连接线正式开工,连接线长26千米,途经大顺、瓦埠、陶店、堰口等乡镇。连接线途经仇集幸福大桥,昔日老桥已经不符合新桥规格,奉献了半个世纪的大桥被拆除,充满现代气息的新桥将矗立在大桥的原址上。仇集人民依依不舍地告别了大桥。大桥虽拆风范犹在,大桥精神是仇集人的一笔宝贵财富,它激励着人们踔厉奋发,砥砺前行。大桥永远是仇集人民心中一道永恒的风景线。(马多荣)

老嘴子

以嘴子命名的村庄多数都建在湖边延伸到湖里的嘴子上所建的村落,我们这里就有老嘴子、小嘴子、北嘴子、张嘴子等。

老嘴子也叫李嘴子,坐落在大顺镇最西边老嘴村,北与隔河相望的北嘴子相邻,南与瓦埠镇小嘴子相连,西边就是安徽省淮河流域最大的湖泊——瓦埠湖。现在大顺镇的老嘴村也是因此而得名。一个有 500 多年历史的古村落历经风雨洗礼而经久不衰。更难能可贵的是,这里不屈不挠的李氏族人,为了生存,保卫家园,战天斗地,世世代代与自然灾害抗争。

据嘴子李家谱记载,早在明朝嘉靖年间,嘴子李始祖李信成住在山东省济宁市枣林岗。李信成有三个儿子:长子初时,次子初暖,三子初著。李信成在嘉靖年间去世,后因当地瘟疫四起,又遭大旱,无法生存,弟兄三人携家眷背井离乡来到安徽省凤台县白龙潭,老二初暖就在白龙潭扎根,老大与老三继续南下找能够安身的地方,过盐河来到现在老嘴子这个地方。在那个年代,本来就地广人稀,老嘴子三面环水,交通闭塞,旱涝交替,灾害不断,所以人烟更加稀少。可老大李初时就看上了此地,在这个嘴子上搭棚居住,安家扎根,从此这个嘴子就叫李嘴子。

根据当地的地理条件,干旱年头河水低落,湾里土地露出,地域辽阔,可以广种薄收,水大年头,可以捕捞鱼虾,补充生活。时至今日,这里还流传着"老嘴淹了湾,半夜起来吃干饭"的民谣。干饭就是米饭,在那个困难的时代能吃上米饭那就是奢侈生活了。嘴子李的先人们就靠着辽阔的湾地、甘甜的瓦埠湖水,哺育着嘴子李一族繁衍生息,代代相袭。沿湖的小嘴子、老嘴子、北嘴子都住着嘴子李一族,人口众多,约有 3 万人。

嘴子李一族为什么人丁兴旺?传说是因为他们的祖坟安葬在龙脉上,他们的来祖李初时死后因日期不好暂时不能安葬,只能埋在地里等上三年以后才能择期安葬。父亲死后,儿子们仍从父业,干旱年头种地,水大年头捕鱼,一家生活还算平安顺遂。平静的生活因一人的到来被打破。在一个风雪交加的冬天,屋内滴水成冰,屋外雪花纷飞,一家人关上大门在后屋围着火堆取暖,在傍晚时分听见前面好像有撞门的声音,开门一看,见一个道士打扮的老人依门倒地,奄奄一息。几个人赶紧把老道抬到火堆旁,给他取暖,喂了点热水抬上床,老道渐渐缓过气来,看来没生命危险了,但因饱受饥饿和寒冷,在床上一病不起。在这期间,李家人不仅照顾他,还给他请郎中医治,一个多月老道才渐渐好转能下地走路。病愈后老道很受感动,于是就把自己的来历向恩人们诉说了一遍:他本来是追一条龙脉而来的,这条龙脉从你们的家后边路过一直延伸到湖里,走到湖边没路可走了,于是就奔到了你们家门前,身体再也支持不住了。

道人说:"我也没什么可报答你们的救命之恩,就把我追了多年的这条龙脉献给你们。明天我就去找这条龙脉的正穴,找到后你们就把祖坟迁于此,今后定能家族兴旺。"说来也巧,他们的父亲去世已近三年,近期正打算落土安葬,几个儿子把父亲去世的经过向老道细说了一遍。第二天老道就外出找穴，经过几天的奔波，终于把这条龙脉的正穴找到了，又为他们择了良日定穴安葬。

嘴子李一族后来人丁兴旺，百年就发展成了当地的望族，是否与祖坟有关，那只是一种传说。真正原因还是聪明的李家先人们择地而居、辛苦劳作的结果。当年淮河入海顺畅，江淮之间一直没有大的自然灾害，享有"走千走万不如河淮两岸"的美誉。住在湖边，旱涝年头都有饭吃。可到了清咸丰年间，黄河夺淮，淮河失去了入海水道，变成了举世闻名的害河，原来他们这片祥和的栖息地变成了灾害频繁的发生地，流传着"大雨大灾，小雨小灾，无雨旱灾"的民谣。特别是1921年、1931年特大洪水，他们的家园沦为汪洋泽国，水天相连，平地水深数尺，庄稼淹没，房舍为墟，屋上行舟，人畜漂流，惨不忍睹。1950年、1954年、1991年发大水，人们辛辛苦苦一次又一次建起的土坯房，一次又一次地变成了废墟。而旱灾的破坏性也不亚于水灾，1929年、1942年的大旱，这里的河塘干涸、禾苗枯焦、农田绝收，呈现出赤地遍野、饿殍载道的惨景。

面对不利的生存环境，老嘴子人不畏艰难，不怕辛苦，或躬耕田垄、男耕女织、辛勤劳作，或泛舟湖上、出没风波、捕鱼为生，或外出经商、奋力拼搏、维持生计。无论生活有多么艰辛，这里的人们依然对家园一腔热血，一往情深。（李传贵）

徐大树郢子

在瓦埠湖东，70多岁的老人皆知道现在的徐岗就是过去的徐大树郢子。郢子位于大顺集南1.5千米处，有桥东、桥西和上郢3个村民组，居住着上百户徐姓人家。徐大树郢子是因徐家人的祖茔地上的一棵大树而得名。

据徐氏家谱记载，他们的开基始祖新民公于明天启年间由凤阳迁至此地居住，逝后葬于"金锁地"。子孙们在坟地栽植黄连头9棵，这些树在后人的养护下，枝繁叶茂，高大挺拔。19世纪中叶，江淮地区捻军起义时，捻子发现了这9棵大树能做炮筒使用，就拿锯斧砍伐，因锯至第9棵时，发现树干出血，就把这棵滴血的大树留下，其他8棵皆被砍去。

留下来的这棵大树生长得更加高大，高5丈多，树干有5个人拉手合围粗，直径超3米，根系延伸几十米远，树冠覆盖面1000多平方米，犹如南方的大榕树一样巍峨，硕大无朋，在江淮地区绝无仅有。

由于树高冠大，枝叶繁茂，不仅可供人们夏天乘凉，还招来了各种候鸟栖息，有很多鸟类常年在树冠上筑巢安家。粗大的树干枯洞，夏天可以挡风避雨，冬天可以遮雪御寒。有无家可归的逃荒者,到冬天冰雪来临时,带上一捆稻草,钻进树茎枯洞处便可过冬。人称此树为神树,留下了种种神奇的传说。

单就9棵树被砍伐了8棵,而留下的1棵树因受锯流血就很离奇;有传说天龙盘绕于树干几周,在雷鸣闪电、狂风暴雨中腾空飞向天空的;也有传说在月色溶溶的中秋节之夜,看到过嫦娥在大树冠上翩翩起舞的;有穷人蜗居树洞,在冬天冰雪交加中,煎熬数日不吃不喝尚能存活的;有多年不能生育或不生男儿,因求神树赐子而显灵的;还有四面八方的人们因无钱治病或病情严重无法治愈者,把希望寄托在大树身上,向大树敬香求拜,祈求保佑他们平安吉祥的;有富贵人家逢年过节,奉献祭品,祷告大树为他们生财降福的;还有很多祈求大树显灵实现愿望的还愿者,他们锣鼓喧天,抬着整猪全羊感谢神树赐福的……

正是这些神奇的传说,引来方圆百里的人们向大树供奉香火。因为当时人们对大树缺乏保护意识,树底根茎被香火长期烤燎都烧枯了,加之秋天树冠被人们搭盖着山芋秧苗,在冰雪积压下,大树不堪重负,终于在1959年的冬天倒下了。这棵神树便逐渐淡出了人们的记忆。

1954年成立初级社时,徐大树郢子隶属梨园乡小四社。1958年,伴随着高级社进入人民公社,徐大树郢子从属大顺公社新桥大队。1961年实行"定产到田,责任到人"时,徐大树郢子更名为徐岗。2007年新桥村与新集村合并为新集村,徐岗郢子3个村民组隶属新集行政村。(徐东军)

九井寺

九井村来源于九井寺。该寺庙遗址位于大顺镇九井小学北边不远处。

相传,当年庐州府(今合肥)一位母亲生下一个男婴,因失血过多再也没有醒来。男婴被其父当作怪物遗弃,被老虎救起后,与重情重义的哥哥嫂嫂相依为命。该男婴就是历史上大名鼎鼎的包拯。嫂嫂对小包拯疼爱有加,视如己出,待小包拯到了上学的年龄,兄嫂便把他送进学堂。包拯聪颖好学,成绩优异,在不到二十岁的年纪便获得了三年一次的殿试资格。那时的交通极为不便,参加殿试的考生要提前近一个月的时间赶往京城,以免误考。贤惠的嫂嫂早早就为包拯打点好了行囊,临行时还对其千叮咛万嘱咐,赶考途中要不住店、不宿村,只住沿途的寺庙以求安全,并让家中两个小侍从赵龙、赵虎一并随行。

话说一天,包拯和小侍从一行三人行至一村庄时,人困马乏,饥肠辘辘,适逢村庄北边有座寺庙,三人上前投宿,见到庙中的老僧,抱拳施礼。老僧问道:"后生一行远道是来敬香拜佛,还是进京赶考?"包拯答非所问:"我等三人出门在外,天色已晚,想借宝寺一宿,可否?"厚德心善的老僧道:"罢了罢了。"就让僧徒将三人领进寺庙,安排停当。次日一早,三人起床收拾行李,打扫寺院,擦洗香案,忙得不亦乐乎。老僧见状,满脸堆笑,手执佛珠不停地念叨:"善哉,善哉,阿弥陀佛。"而后,包拯三人又来到寺院中的僧井旁打水洗漱,听到井中持续发出咣当咣当的声响,感到很是惊奇,便问老僧原委。老僧道,此井周边还有八眼水井,水脉相通,一井汲水八眼齐动。原来周边的村民也都一大早来到其居住地的水井旁打水盥洗,故此联动了寺院中的僧井发出洪钟般的响声。老僧又道:"这九眼井中的水清澈甘冽且长年不竭,大旱之年,四面八方的人们都来提水以解生活之需,此乃上苍恩泽大地吐乳,善哉,善哉,阿弥陀佛!"此时,包拯与老僧低语了几句,老僧很是振奋,道:"后生可畏!后生可畏!罢了罢了。"当即给寺庙取了个名号,曰"九井寺"。老僧和包拯相视而笑。随后,这一名号不胫而走,十里八乡无人不知,无人不晓。

据传,寺庙南边的这个村庄,当时叫顾家大庄(现在的井前、井后、井东3个村民组),聚居百来户顾姓族人,人丁兴旺,庄内先民男耕女织,开油坊、磨豆腐、做编织,勤劳纯朴。但是"九井寺"名号的出现,使得顾家大庄周边的"九眼井"从独立的个体(如寺内的井叫僧井)演变为群体概念即"九井",随着九井寺声名的远播,善男信女们就不知不觉地用"九井"这一群体概念泛称顾家大庄这一带,顾家先人对用"九井"称呼其居住地,最终也从内心深处予以接受,也自称"九井人"。这样,顾家大庄这一称呼渐渐淡出,"九井"便成了这一块统一的称谓。

由于战乱、匪患的殃及,加之自然力的破坏等诸多因素,顾家大庄周边的九口井相继坍塌,但九井作为地域概念经受住了历史的考验。

新中国成立后,太平安宁,党和政府在历史上顾家先人挥洒汗水与智慧的这方热土上设立了基层组织——九井乡,后更名为九井公社,再后来改名为九井大队,现名为九井村,隶属大顺镇。

九口井永远立于后人的心中,为后人演绎了"一井汲水八眼动,九井天下传奇名"的历史佳话。(顾正领　夏先喜)

淠河湾里张李乡

  张李乡位于寿县西南边陲,东邻迎河航道,与板桥镇毗邻,西隔淠河,与霍邱县冯瓴乡相望,南与安丰镇、隐贤镇接壤,北与迎河镇相连。

  张李乡因张李集而得名。据一些老辈相传,明朝初期,张、李两姓最早迁至现在的张李乡张李村路西、路东、庙西,插标为界,不许后来的其他姓氏来此立足。就这样不知过去了多少年,这种规矩被破除,才有其他姓氏慢慢迁移进来。到了清朝中后期,这里逐渐形成了一条东西南北相交的十字小集市。据《寿州志》记载:"张李集,距城一百十里。"20世纪三四十年代,张家茶馆、李家饭店、林家药铺、曹家杂货铺、张家豆腐作坊、张家牛市以及当时的伪乡公所等等,均设立于此,每天人来人

寿县张李乡人民政府

往，很是热闹。由于街上张姓李姓居多，人们便称之为"张李集"。

传说张李集商贸繁荣，好戏连台，张家牛市旁边搭有木制小戏台，每天锣鼓喧天，周边十里八村的农户拖家带口，前来看戏，就连农忙时，手里还拿着镰刀，都不忘前来看上一段，过过戏瘾。夜晚，张李集的某个人家门前，就会高高挂起一个大红灯笼，很远的地方都会看到，十里八村的人们知道今晚这家有人要"出宝"了。

张李乡因特殊地理位置，分为"九岗十八洼"，过去，三年两头旱，三年两头淹，特别是湾区，因地处梁家湖末梢洼地，淠河容易倒灌，虽然于1952年建成张马淠堤，但历经1954年、1991年大洪水，仍受灾严重，不得不从1991年11月开始，重新对张马淠堤加固，历经6年多，于1998年8月完工，并从1997年10月开始修建时淠排涝站。随着1998年7月时淠排涝站的投入使用，张李乡的水患问题终于得到有效解决。

张李乡盛产水稻、小麦、油菜等农作物，以前还在小麦田里大量套种打瓜。据传，元末时期，朱元璋同陈友谅决战于鄱阳湖，邑人石良将军率援军携粮草，带打瓜参战，将士食后斗志倍增。马皇后品之亦赞不绝口，马皇后亲口将打瓜命名为马陵瓜。明朝建立后，打瓜子被定为贡品，随着人口的迁移，传入张李乡，一度成为当地的创收产品。近年来，乡村旅游逐渐兴起，张李乡境内的淠河金沙滩越来越受到人们的欢迎，成为周边城市市民节假日休闲的好场所。

张李乡境内不但有金沙滩，还有八蜡庙、迎水寺等众多遗址，特别是位于张李村的八蜡庙（当地人称蚂蚱庙），地势高出四周农田2—3米，西北高，东南低。据文物部门勘探，遗址文化层深2米多，土褐色，较松软，在平剖面上可见大量红烧土，西半部散见较多的鼎足、鬲足、器物圈足及盆、豆、罐等陶器残片，多红陶，质多夹砂，纹饰以绳纹为主，篮纹、附加堆纹次之。遗址介于新石器时代至商周之际，保存基本完好，于1957年被定为安徽省级文物保护单位。

1949年在此置张李乡。1958年成立张李公社。1960年并入迎河公社。1969年析并入沛东、双门两公社。1972年9月恢复张李公社建制。1983年改社为乡。1992年与时张李乡合并，命名时寺乡。1993年乡政府驻地迁至张李集，更名张李乡。

据当地老人回忆，新中国成立初期，短暂成立沛东一社，政府驻地小高瓦，张李集逐渐退出了历史的舞台，变成了村庄。人们至今还习惯地把路东、路西两队称为张李集。张李乡政府驻地依托张李集与时家寺，以岗湾为界，张李乡与时寺乡的建制分分合合，终于在1992年3月合并成立时寺乡，1993年为张李乡。乡政府驻地张李小街（张李集），延续至今。

随着 2023 年张李小街(张李集)街道的拓宽,以及合周高速张李连接线的兴建,张李乡加快了发展的步伐,发展得越来越好,张李乡的故事也会变得越来越精彩。(林家海)

时家寺

一百多年前,张李乡时氏家族修建宗祠,除主殿供奉时氏历代祖先之外,还在偏殿供奉一些菩萨,引得当地村民纷纷前来焚香祈福,久而久之,形成逢会,于是人们把时氏宗祠称为"时家寺"。由于一些历史原因,时氏宗祠后被食品站占用。自2017 年始,在时氏家族有识之士的倡导与组织下,举全族之力,在原有的基础上进行重建,一座崭新的时氏宗祠呈现在人们面前,让时氏族人引以为傲。

宗祠大殿气势恢宏、庄严肃穆,时氏名人馆古香古色,高贵典雅,最让人瞩目的当属时苗纪念馆,一代廉吏,流芳百世。话说东汉末年,时苗带上自家喂养的一头老牛来到寿春(今寿县)赴任,在任期间,时苗把寿春治理得井然有序,人们安居乐业。一年后,老牛产下一头小牛犊。后来,时苗到他地任职。时苗临行前,把官印悬挂在大堂之上,小牛犊则拴在县衙门前。大小官吏见状忙说:"六畜不识父,自当随母。"力劝其将小牛犊带走,时苗执意不从,并说这头小牛犊是老牛来到寿春后产下,吃着寿春的水草长大的,理应留给寿春的父老乡亲。

后来,人们为了纪念时苗为官清廉,把小牛犊饮水之池取名为"留犊池",又在牛犊栖身地建起"留犊坊"。明成化年间(1465—1487 年),知州赵宗顺从民意,又在池北建祠祭祀时公,因称"时公祠"或"留犊祠",池、祠之间的街巷曰"留犊祠巷"。

因为时氏宗祠内建有时苗纪念馆,时氏宗祠还被寿县人民政府命名为"寿县人民政府廉政教育基地",每年会定期组织一些党员干部前来参观学习,接受廉政教育。

紧挨着时氏宗祠南边有个小集市,以时大郢为依托,时姓人家居多,聚市成街,从事商品买卖交易活动,路牌上明明写着时寺,但当地人仍习惯称之为"时家寺"。新中国成立后,经过几次变更,张李乡被分成张李公社与沛东公社,汪家坝、金桥、高瓦一带划给了双门公社,冯台、徐家河套、八大家一带划给了霍邱县,而原属于迎河公社的迎东、迎南划给了张李公社。沛东公社政府驻地北赵台,沛东公社更名为时寺乡后,乡政府开始驻地甄台,后搬至时大郢,乡所属一些机关单位、学校、卫生院、粮店、供销社集中于此,时家寺逐渐热闹起来。

以前张李乡、时寺乡境内多岗湾,家家种植亚麻,人们把整理好的麻匹,车推肩挑,送到时家寺供销社销售,把亚麻卖掉,同时从时家寺买些日用品回家,辛苦且幸福着。

撤区并乡时,时寺乡并入张李乡,时寺乡成为历史,乡政府以及乡属各种机关单位、粮店、医院、派出所搬至张李小街,时家寺逐渐冷清起来,成为露水集。

不过时家寺地理位置比较好,南接隐贤镇,北通迎河镇,242省道穿越而过,多少带来些人气。

曾经有这么一个故事,以前有个驾驶员运货到了迎河集,时家寺的货主请他进饭店吃饭,驾驶员说到你们寺(市)里再吃吧。现在时家寺街边的人有时候还对时家寺街上的人调侃说:"到你们寺(市)区来逛逛,比我们郊区热闹。"(林家海)

"东水西调"

张李乡南部的梁家湖"东水西调"引水工程是20世纪70年代"农业学大寨"时期的重要成果。

"东水西调"工程东起安丰塘上游的双门街道以南,西抵淠河大堤的张马淠堤,全长16千米,是继安丰塘渠系工程后,再次新建的以灌溉为主的一条人工河。此工程的兴建彻底改善了梁家湖以西的原张李公社、隐贤公社、淠东公社约6万亩的农业生产和人畜用水条件。从安丰塘上游的淠东干渠向西开挖一条横穿淠东公社南部的灌溉进水渠,为便于向该公社北部村农田送水,设计从梁家湖向西先筑起一定高度的堤坝,抬高渠底高程,再以堤坝为基础,在堤坝上建水渠。工程横跨三个公社,工程量较大,被称为"寿县东水西调工程",又被称为寿县的"红旗渠"。

工程设计梁家湖以西渠堤基础宽60米,高3米,再在基础堤上建一条开口宽6米,底宽3米,深2.5米的"凹"字形进水渠,计划2年时间完成。1976年10月公社党委召开了万人动员大会,举全社之力,展开了轰轰烈烈的"东水西调"工程大会战。整个工程由县水利局负责设计,当地政府负责组织实施,县政府补助当地政府7000元专项资金。工程全部土法上马,自力更生完成。远地民工全部在靠近工地处搭建庵棚,吃住在工地,肩挑手推运土。工地上红旗招展,歌声嘹亮。数九时节,天寒地冻,民工们赤膊上阵,热火朝天。工地广播站统一司号,统一作息。公社所有的社办企业、机关事业单位,全部安排人力上堤。我们当时正在初中学习,学校停课一周,师生一起驻工地参战。这样,经过2年时间,到1977年底,一条人工河横空出世,土方工程基本完工。

最艰难的工程是梁家湖渡槽大桥和沿渠的桥涵、进水闸,需要大量的石料。梁家湖大桥设计为连拱桥,桥长 60 米,宽 5.5 米,桥底结构为浆砌片石桥台,不影响汛期梁家湖退水;桥中部为渡槽,连接东西进水渠;桥上面为路面,行人行车。时任县水利局工程技术员尹谊同志驻守在湖中心的湖家湾指挥工程施工。公社从每个生产大队抽调 5 名身强力壮的民工驻点施工,每天每人补助 0.2 元菜金、1.5 斤粮食;从每个大队抽调 30 人,从百千米的八公山人工拉石料。他们用木板车周转,每 10 里路设一个中转站,从堰口、戈店、板桥、双门等地周转到各施工点,经过了两冬两春的苦战,到 1978 年春暖花开时,梁家湖渡桥及沿渠各桥涵、闸全部按要求竣工。当安丰塘水自流灌溉到淠东大地时,沿渠群众雀跃欢呼。书法家司徒越先生奋笔疾书,在渡槽桥身处写下了"自力更生、艰苦创业"八个遒劲大字,目前依然清晰可见。

2021 年秋,为更好利用"东水西调"工程,县交通部门投入 360 万元项目资金对梁家湖渡槽老桥进行了改建。当年那不畏艰难、发奋图强、团结协作、无私奉献的精神,在我们心中留下深深的印记。(时本放)

梁家湖

寿州西南岗湾交汇之所,张李、时寺、隐贤、杨仙四乡接壤之处,有一块神奇的土地——梁家湖。梁家湖上游承接六安、众兴下来的花水,下游至幸福涵入淠河,全长 33000 多米,流域面积 210 多平方千米。经过数次治理后的梁家湖,彻底改变了易涝易旱的状态,成为风水宝地,成为摘金银的聚宝盆。

寿县淠东平原,沟塘湖河,随处可见,丰年蓄水灌田,灾年水患无穷。据《寿州志》载,沿淮河、淠河右岸和瓦埠湖沿岸,地面高程 18—23 米,主要为径流不畅的低平洼地,呈碟状散见于淮、淠河东岸,形成独特的小型湖泊,如寿西湖、梁家湖、肖严湖等。地表多为黄泛沉积物及淠河冲积物,虽然土地肥沃,但地势低洼又无排水系统,水来一片汪洋,水去一片荒凉。梁家湖中心地带近 10 平方千米土地旱涝频发,长年抛荒。有歌谣为证:"梁家湖,老虎口,种一石收八斗,丢又丢不掉,留又没法留。"

其实,记忆中的梁家湖并不怎么荒凉,虽高洼不平,但也郁郁葱葱,阡陌绿草,渠里青萍。不经意间有许多野花盛开,或洁白素雅,或粉红娇艳,或浅紫摇曳,或淡蓝兀立。天然的湿地,水草旺盛,天然的牧场,畜禽乐园,附近几个生产队都将牛羊猪鹅赶来这里放牧。当时有"湖家湾的牛,西姚郢的猪,菜园队的鹅"一说,湖家湾队的牛不仅强壮而且好斗,猪和鹅则以数量占先。春天的荸荠、夏天的茅菅与地拉皮、秋天的鸡骨爪与野菱角,更是放牧人的最爱。当雪花飞舞的时候,梁家湖才真正与周边的田野融为一体,天地一色,银装素裹,整个冬天很少有人打扰梁家湖的静谧与安闲。

听老人说,新中国成立前这里河汊纵横,通往梁家湖唯一的一条官道就是卞家大桥(已损毁)。由于梁家湖人迹罕至、多乡交界、易于隐藏的特殊地理环境,成为当时中共地下党聚会议事的安全场所。赵策、涂仲庸、徐聃池等一批有志青年,怀着崇高的革命理想,为了寿县和中国人民的解放事业,时常在此集会,畅谈美好未来,接受上级党组织指示,制订工作计划和斗争目标。梁家湖南通六安、合肥,北上寿县、淮南,地利之便使它成为红色交通线上一颗闪亮的明珠。

20 世纪 70 年代中叶,县政府在梁家湖修建了堪称寿县水利史上"红旗渠"的"东水西调"工程。该工程横穿梁家湖,引安丰塘水入隐贤、时寺,畅通团岗支渠,联通隐染支渠和木北支渠,加固时圩坝埂,从根本上解决了梁家湖西部农田自流灌溉的生产用水问题。改革开放后,各乡村先后对梁家湖进行了改造提升,或辟作精养鱼塘,或建作养殖基地,充分利用得天独厚的湖面资源,兴利除弊,变废为宝,为农谋利,为民造福。

特别是 2013 年的梁家湖改造工程的实施,大大提升了梁家湖蓄水、保水和防汛抗洪能力,高效利用耕地 13 万多亩,受益人口 15 万人以上。老树发新芽,梁家湖焕发青春,昂首挺胸,以崭新的姿态,投入和美乡村的建设之中,与时俱进,扬帆远航。(姚尚平)

卞家大桥

在张李乡流行着这么一个歇后语:"卞家大桥——接着修。"

卞家大桥坐落在卞氏宗祠东北 3 里处的高台村卞桥队,民国八年(1919 年)春竣工,后与祠堂同遭厄运,被强行拆毁。

大桥长约 15 米,宽 5 米,孔高 4 米,双孔跨径各 4 米,拱脚厚 0.5 米,拱顶高 0.5 米。孔脚处有石雕龙首迎水,属双孔连拱券砌型全石桥。双孔拱券上方镶嵌石刻"公义桥"。

话说一百多年前,淠河的一条支流叫小洪河,从隐贤集北边的花龙口在湾区七拐八绕,流经现在的高台村卞大郢时,向东南方伸出一段猪拱嘴,然后转头向北,又绕了几道弯,成了潭子湖北端张家老坟旁的这条河渠。虽说为流经的田地提供了灌溉用水,但给住在河东河西两岸的村民,无论是种地还是出行带来了麻烦。隔河渡水不为近,每天靠着渡口的一条小船摆渡,总是耽误事。

到了民国初期,陈家楼的梁姓人家凭借有人在京为官,发了大财,于是就想出资建桥,苦于工匠难寻,拖沓日久,迟迟不能动工。有"老斋公"之誉的当地名士卞茂盛知道后,主动找到梁姓人家,经过一番商议,由梁姓人家出资,卞姓人家出人,共同来修建一座大桥。

卞茂盛当时40多岁,正值壮年,虽然从来没有建过桥,但他不辞辛苦,四处寻访能工巧匠,在其子卞多田和"老懂事"的协助下,终于召集了一帮造桥高手。据传,大桥开工这天,一杆大旗高高竖起,迎风飘扬,方圆几十里的卞氏青壮年齐聚施工现场,挥汗如雨,忙碌不停,一时间热火朝天。

经过一段时间的施工,大桥到了最难的砌券收顶阶段,工匠们小心翼翼地施工时,忽然电闪雷鸣,乌云密布,本来大家以为一场暴雨不可避免,让人惊奇的事,一阵大风过后,只稀稀落落丢了几点水滴,乌云散尽,依旧太阳当空,建桥没受任何影响。

到了快要竣工,大家准备庆祝的时候,双方却因为大桥的命名起了纷争,都想把自家姓氏刻在大桥的显著位置。因为这事,双方还闹上了官衙,打起了官司,大桥不得不暂时停工。双方有识之士见到这种情况,为了顾全大局,出面协调,经过一番商议,决定以"公义桥"为大桥命名,才平息这场纷争,大桥得以继续修建,这才有了"卞家大桥——接着修"这个歇后语,并流传至今。

随着新河道的开挖与张李乡"东水西调"工程的动工,小洪水河渠断流,大桥失去了它的作用,被彻底拆除,而"公义桥"三字却留在了人们的心中。(林家海)

潭子湖

发源于大别山北麓的淠河,流经张李乡时转了三道弯,分别是孙家湾、时家湾、聂家湾。三湾过后,水势趋缓,带来的丰富泥沙慢慢堆积,长年累月,在湾区形成了一个地势平坦的冲积平原。而作为张李乡的粮仓,潭子湖就在这个冲积平原的低洼处。

潭子湖以前是个荒湖,没有名字,里面长满了芦苇与荻柴。由于当地农户芦苇、荻柴不分,统称为"荻柴",当地人习惯把潭子湖称为"荻柴湖"。每年8月下旬至9月上旬,芦苇、荻柴花开,随风飘荡,很是漂亮。以前家家都是土房子,人们把芦苇收割回来,可以编房笆,扎房间隔墙,编芦苇席等等,而荻柴则收割回家烧火做饭。由于它们的用处很多，家家都需要，于是以家庭人口多少分地，谁家地里生长的芦苇、荻柴就归谁家收。即使这样，还会有人因为边界问题闹矛盾。据老辈说，有两人就因为收割芦苇、荻柴过界了大打出手，最后闹出了人命，于是当地又称其为"人命湖"。潭子湖地处低洼，长年积水，湖里生长着很多黑鱼，加之此湖又形似一条大黑鱼，当地人又称其为"黑鱼洼"。

话说这一年，绰号"黑鱼转子"的土匪被曹瞎子带兵一路追捕，慌不择路，一头钻进潭子湖芦苇丛中。曹瞎子带兵搜索几天也没搜到，一问之下不禁哑然失笑，"黑鱼转子"钻进了"黑鱼洼"，又怎么能够轻易搜得到呢？曹瞎子立即下令停止搜索，围在潭子湖四周，静等"黑鱼转子"出来。过了几天，"黑鱼转子"又冷又饿，实在忍不住了，趁着士兵松懈，从芦苇丛中钻了出来，向东南方向一路逃窜，最后逃到张李小鬼窝南边晒网滩的地方，实在是跑不动了，只能乖乖地束手就擒。

1964 年，上级派来工作组，把荻柴湖分给岗边的周家岗、庙西、张李集、林郢等一些生产队开荒，每个生产队的男女劳动力扛着大锹，到湖里一锹一锹地把芦苇根挖掉运走。当芦苇根清除干净，有人开着大型拖拉机来进行犁耙整平。那时候都还在使用老牛耕田，人们根本没见过拖拉机，附近村庄的男女老幼纷纷前去观看，有些人跟前跟后，摸摸这摸摸那，很是稀奇，不知道是什么东西，只知比老牛厉害多了，于是这台大型拖拉机成了人们口中的"大铁牛"。

从此以后，荻柴湖被整成了几千亩的农田，种上了庄稼，成了张李乡的"粮仓"。芦苇、荻柴没有了，再叫荻柴湖已名不符实，叫人命湖更不好听。因为该湖湖底地势低洼，四周高，形似一个深潭，于是人们便改称为"潭子湖"，只有周家岗因为在潭子湖的南边，一直还习惯把潭子湖称为"北湖"。（林家海）

马　嘴

从张李五号路一直向西，建在洰河大堤坝的村庄，就是当地有名的马嘴。

那时候还没有现在的五号路，只有一条小路从曹台、熊台、徐家老台穿过，大坝堤也没有现在那么高，大概只有现在二坝堤的高度，洰河河道也没有现在这么宽。当时河道内方还有一道坝堤，而油坊小学的位置以前是防汛台，堆满了防汛物资。

1969 年，洰河一场大洪水，马嘴水位告急没多久，二道大坝堤也没能撑住，被洪水冲破了一个大豁口，洪水倾泻而下，湾区瞬间一片汪洋，经营多年的徐家油坊也在顷刻间倒塌。洪水退却，河道内方的大坝堤消失不见，河道变宽，人们对河道外方的大坝堤加高加宽，修了现在的五号路，方便人们的出行。

淠河沙滩

1971年,在防汛台上建起了油坊小学。在聂圣纪校长的精心带领下,油坊小学如一棵弱不禁风的幼苗,逐渐长成为一棵粗壮的参天大树,成了全县闻名的小学,走出了一批又一批优秀人才。只是如今的油坊小学早已停办,聂圣纪老校长也早已退休。油坊小学大门常闭,几间破旧的教室成了沙场员工的住处,而那个校铃,也已锈迹斑斑。

至于这个地方为什么被称为马嘴,当然现在如果翻开卫星地图,不难发现,淠河从隐贤镇进入张李乡境内后,兜兜转转,转了几个弯之后,一路向北。以张李乡境内的242省道为线,从花龙口开始,到聂大台,活脱脱一个大海马,花龙口为尾,铁匠台、赵台子这一大片为腹,韩家河口为颈,聂大台为冠,甄台子为眼,汪滩为鼻,徐家老台正好为大海马的嘴部。

只是当时人们并没有卫星地图,不知道他们是如何命名马嘴的,也许他们看到这段滩头,往淠河河道里伸得有些长,跟一匹马伸长脖子把嘴扎在淠河里饮水一样。(林家海)

下马桥、饮马井与歇马亭、军庄子

张李乡东北马郢村境内有一条南北横穿的十里长冲,此处有四个地点一直被人们称作"下马桥""饮马井""歇马亭"和"军庄子"。这是明朝初年,将军、都督马鉴解安丰之围战斗胜利后经过的地方,现已成为历史遗迹。

朱元璋称帝后,尚未完成对元末农民起义军的平定,此时姑苏(现苏州)张士诚率领一支农民起义军围攻安丰。朱元璋得报后,立即命大将徐达、常遇春前往收服。因久攻不下,朱元璋随后又命都督马鉴率部队增援。在两路大军的夹击下,朱元璋平息了张士诚叛乱,收服了张士诚旧部。

战斗结束后,将军马鉴率部下回到了祖居地马郢休整。他过桥下马,遇井饮马,坐地休息。后人为缅怀马将军的功绩,把他下马过桥的桥称为"下马桥",饮马的井称为"饮马井",并在他坐地休息的地方建一凉亭,取名"歇马亭",驻军队的村庄叫"军庄子"。现在,"歇马亭"已不复存在,"下马桥""饮马井"与"军庄子"尚存。(赵德改)

寿县(寿春、寿阳、寿州)建制沿革表

时代	年代	名称	隶属关系	备注
战国楚	考烈王二十二年 (前241年)	郢都	楚国国都①	
秦	始皇帝二十六年 (前221年)	寿春县	属九江郡,为郡治所②	
西汉	高祖四年 (前203年)	寿春	属淮南王国,英布、刘长、刘安相继为淮南王,都寿春③	
	武帝元狩元年 (前122年)	寿春县	属九江郡,为郡治所④	
	元封五年 (前106年)	寿春县	隶属州刺史部,九江郡,为郡治所⑤	
东汉	建武元年 (25年)	寿春县	隶扬州九江郡,州治原在历阳(今和县),汉末先后移寿春、合肥⑥	
	建安二年 (197年)	寿春	袁术在寿春称帝,建号仲家⑦	
三国魏	黄初元年 (220年)	寿春县	隶扬州淮南郡,为州、郡治所⑧	

时代		年代	名称	隶属关系	备注
西晋		泰始元年 (265年)	寿春县	隶扬州淮南郡,为郡治所⑨	前241至 373年,以 寿春为名 至少614 年
东晋		元帝建武元年 (317年)	寿春县	隶于豫州淮南郡⑩	
		孝武帝元年 (373年)	寿阳县	孝武帝时,因避帝后讳,寿春 故改称寿阳。淝水之战(太元 八年,即383年)以后,寿阳为 豫州淮南郡治所⑪	以寿阳为 名48年
南北朝	宋	永初二年 (421年)	睢阳县	寿阳一度改为睢阳,隶豫州南 梁郡,为州、郡治所⑫	以睢阳为 名58年
	南齐	建元元年 (479年)	寿阳县	复称寿阳,隶豫州,为州治所⑬	以寿阳为 名21年
	北魏	景明元年 (500年)	寿春县	再称寿春,隶扬州、淮南郡,为 州、郡治所⑭	以寿春为 名50年
	梁	普通七年 (526年)	寿春县	隶豫州(后为南豫州),为州 治所⑮	
	东魏	武定七年 (549年)	寿春县	隶扬州,为州治所⑯	
	北齐	天宝元年 (550年)	寿春县	隶扬州,为州治所⑰	
	陈	太建五年 (573年)	寿阳县	隶豫州,为州治所	以寿阳为 名6年
	北周	大象元年 (579年)	寿春县	隶扬州淮南郡,为州、郡治所, 二年(580年)置扬州总管府, 驻寿春	
隋		开皇九年 (589年)	寿州寿春县	隶淮南行台,为尚书省治所,次 年改为寿州总管府,为府治所, 领寿春、安丰2县⑱	
		大业三年 (607年)	寿春县	为淮南郡治所,领寿县、安丰、 霍邱、下蔡4县⑲	

续表

时代		年代	名称	隶属关系	备注
唐		武德三年 （620 年）	寿州、寿春县	为州治所，领寿春、安丰，后增领霍邱县[20]	从 579 年到 1369 年，以寿春为名 790 年
		贞观元年 （627 年）	寿州、寿春县	隶淮南道，为州治所，领寿春、霍邱、安丰、霍山、盛唐 5 县[21]	
		天宝元年 （742 年）	寿春县	隶淮南道，寿春郡，为郡治所，领寿春、安丰、霍邱、霍山、盛唐 5 县[22]	
		乾元元年 （758 年）	寿州、寿春县	隶淮南节度使，寿州府治所，领寿春、安丰、霍邱、霍山、盛唐 5 县[23]	
五代十国	吴	天佑四年 （907 年）	寿州、寿春县	隶忠正军节度使，为军、州治所[24]	
	南唐	昇元元年 （937 年）	寿州、寿春县	隶清淮军节度使，为军、州治所[25]	
	后周	显德四年 （957 年）	寿州、寿春县 （南寿春）	隶忠正军节度使，寿州府。周徙军治、州治所于下蔡（北寿春）[26]	
北宋		政和六年 （1116 年）	寿春府、寿春县 （南寿春）	隶淮南西路，寿春府，府治所于北寿春（下蔡）[27]	
南宋		绍兴十二年 （1142 年）	寿春县	隶安丰军，治所在安丰县。金据淮北，以下蔡称寿州，隶汴京路（后改为南京路）[28]	
		绍兴三十二年 （1162 年）	寿春府、寿春县	隶淮南西路，寿春为府治，领寿春、安丰、六安、霍邱 4 县[29]	

续表

时代	年代	名称	隶属关系	备注
南宋	乾道三年 （1167 年）	寿春县	隶于淮南西路安丰军（改寿春府为安丰军），军治所寿春，辖寿春、安丰、霍邱、六安 4 县㉚	从隋开皇九年（589 年）到民国元年（1912 年）以寿州为名 1047 年
元	至元十四年 （1277 年）	寿春县	隶于河南行中书省安丰路总管府，为总管府治所，领寿春、安丰、霍邱 3 县，至元二十八年（1291 年）增领下蔡、蒙城 2 县及濠州㉛	
元	至正二十四年（1364 年）、韩林儿宋龙凤十年，朱元璋始称吴王	寿州、寿春县	隶属于（吴）临濠府，寿春县为州治所㉜	
明	洪武二年 （1369 年）	寿州寿春县	直隶京师中书省，寿春为州治所㉝	
明	洪武四年 （1371 年）	寿州	隶中都临濠府，寿春、安丰、下蔡 3 县合并为寿州，领霍邱、蒙城 2 县㉞	
明	永乐十九年 （1421 年）	寿州	隶凤阳府、寿州，领霍邱、蒙城 2 县㉟。	
清	顺治元年 （1644 年）	寿州	隶江南省凤阳府、寿州，领霍邱、蒙城 2 县㊱	
清	康熙六年 （1667 年）	寿州	原江南省左布司改称安徽布政使，凤阳府隶之㊲	
清	雍正二年 （1724 年）	寿州	霍邱、蒙城 2 县改隶于颍州府，寿州改为散州，不领县，仍隶于凤阳府，十一年（1733 年）析寿州所属故下蔡县地置凤台县，县治所在寿州城东北隅㊳	

续表

时代	年代	名称	隶属关系	备注
清	乾隆二十五年 （1760 年）	寿州	隶安徽省凤阳府㊿	
	同治四年 （1865 年）	寿州	隶安徽省凤颍六泗道凤阳府㊵	
中华 民国	民国元年 （1912 年）	寿县	直隶安徽省。三年（1914 年），隶安徽省淮泗县道。十七年（1928 年）道撤，复直隶于省	1912 年至2018 年，以寿县为名 106 年
	民国二十一年 （1932 年）	寿县	隶安徽省第四行政督查区，督查区专员驻寿县。二十七年（1938 年）改隶于第三行政督查区。二十九年（1940 年）改为第二区	
中华 人民 共和国	1949 年	寿县	隶于皖西行政公署。6 月改隶于皖北行政公署六安专区	
	1952 年	寿县	隶于安徽省六安专区	
	1971—1998 年	寿县	隶于安徽省六安地区	
	1999—2015 年	寿县	隶于安徽省六安市	
	2016—2023 年	寿县	隶于安徽省淮南市	

注释：

①《湖广通志》卷一百一十八。

②《史记》卷四十，《御批历代通鉴辑览》卷十，《建康实录·沿革》，《禹贡会笺》卷六。

③《晋书》卷十五。

④《宋书》卷三十五。

⑤《玉海》卷十七。

⑥⑯⑰《记纂渊海》卷十二。

⑦⑧《资治通鉴》卷六十二。

⑨《记纂渊海》卷十二。

⑩《通典》卷一百八十一。

⑪《通典》卷一百八十一,《元经》卷六。

⑫⑬《旧唐书》卷三十八。

⑭⑮《梁书》卷三。

⑱《御定渊鉴类涵》卷七十五。

⑲《隋书》卷三十一。

⑳㉑㉒㉓㉔㉕㉖《新唐书》卷四十一。

㉗《元史》卷五十九。

㉘《续宋编年资治通鉴》卷五。

㉙《钦定续通典》卷一百三十二。

㉚《宋史》卷八十八。

㉛㉜《元史》卷五十九。

㉝㉞《皇朝文献通考》卷二百七十六。

㉟《明会典》卷一百六十四。

㊱《钦定大清会典则例》卷三十一。

㊲《大清一统志》卷八十七。

㊳清光绪《凤台县志》。

㊴㊵清光绪《寿州志》。

后　记

　　2018年12月,寿县获得中国地名文化遗产保护"千年古县"的称号,这是继"国家历史文化名城"之后寿县获得的又一块金字招牌。当年在"千年古县"申报陈述答辩时,时任县长程俊华同志(现任淮南市副市长)代表寿县庄严承诺:开展地名文化保护、利用、研究,编撰寿县地名图、录、志、书,出版发行《寿县地名故事》等。

　　2023年初,中共寿县县委转发的"县政协2023年工作要点",将编撰《寿县地名故事》纳入年度重点工作之一,摆上县政协工作的重要位置。县政协主席李琼同志亲自参与选题策划,分管副主席朱运阔同志、县政协秘书长孙纯珠同志组织县政协文化文史和学习委员会、县政协办公室、县政协专委会综合办公室的同志多次讨论修订编撰方案,召开县民政局及25个乡镇政协负责人参加的专题会,开展培训,深入乡镇开展督导、了解情况,与撰稿人沟通联系、座谈交流,及时解决各地在编写中遇到的困难和问题。初稿形成后,及时修改、编辑、打印样书,呈送县政协领导及编委会成员审阅;召开编委会评审会,对书稿进行评审,收集修改意见后,编辑小组成员再按各自分工进行多轮修改和统稿。

　　《寿县地名故事》内容编写上做到了25个乡镇全覆盖,每个乡镇包括"乡镇篇"和"故事篇"。这是一部经过筛选的地名故事选萃,共28万字,配图74幅。

　　在组稿、编写过程中,我们深深感到地名故事的博大精深和无穷魅力。每一个人都有一个出生地,每一个出生地都有一个地名,每一个地名背后都有历史积淀的故事。但是,随着城乡发展、时代变迁,有些地名正在淡出我们的视野,那些口口相传的故事、传说面临消失。因此,收集、记录、抢救、保存地名故事,刻不容缓,这是为我们的子孙后代保留一份家园的密码、乡愁的基因,这是对生养我们那块土地的崇敬和敬畏的最好表达,无论我们走多远,最后都要回家,即便远隔千万里,心中也会想着故土老家。正所谓:乡归何处,大地有名。

《寿县地名故事》的编写过程中,得到了 25 个乡镇和县民政局的大力支持,在此表示感谢。感到遗憾的是,由于时间紧、任务重、资料收集量大,而本书的体量有限,还有许多地名故事没能编入。同时,由于水平所限,书中的缺点和不足在所难免,真诚希望社会各界提出批评指正。

2023 年 8 月 30 日